AF826807

Carsten Brodersen

Die Vereinbarkeit „religiöser Paralleljustiz“ mit den Gleichheitssätzen nach Art. 3 GG

utzverlag

Neue Juristische Beiträge

herausgegeben von
Prof. Dr. Klaus-Dieter Drüen (Ludwig-Maximilians-Universität München)
Prof. Dr. Georg Steinberg (Universität Potsdam)
Prof. Dr. Fabian Wittreck (Universität Münster)

Band 146

Zugl.: Diss., Münster, Univ., 2024

Bibliografische Information der Deutschen Nationalbibliothek: Die Deutsche Nationalbibliothek verzeichnet diese Publikation in der Deutschen Nationalbibliografie; detaillierte bibliografische Daten sind im Internet über http://dnb.d-nb.de abrufbar.

Das Werk ist urheberrechtlich geschützt. Sämtliche, auch auszugsweise Verwertungen bleiben vorbehalten.

Copyright © utzverlag GmbH · 2024

ISBN 978-3-8316-5052-1 (gebundenes Buch)
ISBN 978-3-8316-7787-X (E-Book)

Bei Fragen zur Produktsicherheit wenden Sie sich bitte an unsere Adresse: utzverlag GmbH · Herr Matthias Hoffmann· Nymphenburger Straße 91 80636 München · Telefon: 0049-89-27779100 oder www.utzverlag.de
Printed in EU
utzverlag GmbH, München
089-277791-00 · www.utzverlag.de

Vorwort

Die vorliegende Arbeit wurde im Wintersemester 2023 von der Juristischen Fakultät der Universität Münster als Dissertation angenommen. Das Literaturverzeichnis basiert auf dem Stand von Oktober 2023.

Mein erster Dank gebührt meinem Doktorvater, Herrn Professor Dr. Fabian Wittreck, der mich während der Promotionszeit vorbildlich unterstützt und mir gleichzeitig die erforderliche wissenschaftliche Freiheit gewährt hat. Ebenso bin ich ihm dankbar für die Möglichkeit der Veröffentlichung in der vorliegenden Schriftenreihe.

Zudem danke ich Herrn Professor Dr. Joachim Englisch für die Übernahme und zügige Erstellung des Zweitgutachtens.

Weiterhin möchte ich Cäcilia Hermes und Wilhelm Dumrath für die Durchsicht dieser Arbeit und ihre wertvollen Ratschläge danken. Ihre Unterstützung hat wesentlich zur Fertigstellung beigetragen.

Größter Dank gebührt zuletzt meinen Eltern, Cornelia und Ingwer Brodersen, die mir während der gesamten juristischen Ausbildung beständig und herzlich Rückhalt gegeben haben.

Berlin, im August 2024

Carsten Brodersen

Inhaltsverzeichnis

Abkürzungsverzeichnis

Abs.	Absatz
AcP	Archiv für die civilistische Praxis
ADR	Alternative Dispute Resolution
AEUV	Vertrag über die Arbeitsweise der Europäischen Union
a.F.	alte Fassung
AfD	Alternative für Deutschland
AGG	Allgemeines Gleichbehandlungsgesetz
AöR	Archiv des öffentlichen Rechts
arab.	arabisch
ARD	Arbeitsgemeinschaft der Rundfunkanstalten Deutschlands
Art.	Artikel
Aufl.	Auflage
BAGE	Entscheidungen des Bundesarbeitsgerichts
Bd.	Band
Begr.	Begründer
BeratungshilfeG	Gesetz über Rechtsberatung und Vertretung für Bürger mit geringem Einkommen
BGB	Bürgerliches Gesetzbuch
BGH	Bundesgerichtshof
BGHZ	Entscheidungen des Bundesgerichtshofes in Zivilsachen
GmbH	Gesellschaft mit beschränkter Haftung
BMJV	Bundesministerium der Justiz und für Verbraucherschutz
BT-Drs.	Bundestagsdrucksache
BVerfG	Bundesverfassungsgericht
BVerfGE	Die Entscheidungen des Bundesverfassungsgerichts
BVerfGG	Bundesverfassungsgerichtsgesetz
bzw.	beziehungsweise

CEDAW	UN-Konvention zur Beseitigung jeder Form von Diskriminierung der Frau
CDU	Christlich Demokratische Union Deutschlands
CSU	Christlich-Soziale Union in Bayern
ders.	derselbe
dies.	dieselbe(n)
DÖV	Die öffentliche Verwaltung: Zeitschrift für Öffentliches Recht und Verwaltungswissenschaften
DP	Deutsche Polizei
DRiZ	Deutsche Richterzeitung
DuR	Demokratie und Recht
ebda.	ebenda
EG	Europäische Gemeinschaft
EGBGB	Einführungsgesetz zum Bürgerlichen Gesetzbuche
Einl.	Einleitung
EMRK	Konvention zum Schutze der Menschenrechte und Grundfreiheiten
endg.	endgültig
EuGH	Europäischer Gerichtshof
EuR	Zeitschrift für Europarecht
EWG	Europäische Wirtschaftsgemeinschaft
EZIRE	Erlanger Zentrum für Islam und Recht
f., ff.	folgende
FamRZ	Zeitschrift für das gesamte Familienrecht
FeiertagsG NW	Gesetz über die Sonn- und Feiertage Nordrhein-Westfalen
Fn.	Fußnote
FPR	Familie Partnerschaft Recht
GG	Grundgesetz für die Bundesrepublik Deutschland
GRCh	Charta der Grundrechte der Europäischen Union

Hrsg.	Herausgeber
ICERD	Internationale Übereinkommen zur Beseitigung jeder Form von Rassendiskriminierung
IPR	Internationales Privatrecht
IPRax	Praxis des Internationalen Privat- und Verfahrensrechts
i.S.d.	im Sinne des
i.S.v.	im Sinne von
i.V.m.	in Verbindung mit
JA	Juristische Arbeitsblätter
JGG	Jugendgerichtsgesetz
Jura	Juristische Ausbildung
JuS	Juristische Schulung
JZ	JuristenZeitung
Kap.	Kapitel
KErzG	Gesetz über die religiöse Kindererziehung
KOM	Europäische Kommission
KJ	Kritische Justiz
LPartG	Lebenspartnerschaftsgesetz
m.w.N.	mit weiteren Nachweisen
NGOs	non-governmental organisations
NJ	Neue Justiz – Zeitschrift für Anwalts und Justizpraxis
NJW	Neue Juristische Wochenschrift
NJW-RR	Neue Juristische Wochenschrift Rechtsprechungs-Report Zivilrecht
NStZ	Neue Zeitschrift für Strafrecht
NStZ-RR	Neue Zeitschrift für Strafrecht Rechtsprechungs-Report Strafrecht
NuR	Zeitschrift Natur und Recht
NVwZ	Neue Zeitschrift für Verwaltungsrecht
NZFam	Neue Zeitschrift für Familienrecht

OLG	Oberlandesgericht
PStG	Personenstandsgesetz
RabelsZ	Rabels Zeitschrift für ausländisches und internationales Privatrecht
RAM	Repräsentativuntersuchung Ausgewählte Migrantengruppen in Deutschland
RdA	Recht der Arbeit: Zeitschrift für die Wissenschaft und Praxis des gesamten Arbeitsrechts
RL	Richtlinie
Rn.	Randnummer
RNotZ	Rheinische Notar-Zeitschrift
RuP	Recht und Politik
S.	Seite
StAZ	Das Standesamt: Zeitschrift für Standesamtswesen, Familienrecht, Staatsangehörigkeitsrecht, Personenstandsrecht, internationales Privatrecht des In- und Auslands
StGB	Strafgesetzbuch
StPO	Strafprozessordnung
sog.	sogenannt
TierSchG	Tierschutzgesetz
türk.	türkisch
u.a.	und andere
Übers.	Übersetzer
Vorb.	Vorbemerkung
VRÜ	Verfassung und Recht in Übersee
VVDStRL	Veröffentlichungen der Vereinigung der Deutschen Staatsrechtslehrer
WAZ	Westdeutsche Zeitung
WDR	Westdeutscher Rundfunk Köln
WRV	Weimarer Reichsverfassung

ZaöRV	Zeitschrift für ausländisches öffentliches Recht und Völkerrecht
z.B.	zum Beispiel
ZDF	Zweites Deutsches Fernsehen
ZevKR	Zeitschrift für evangelisches Kirchenrecht
ZfP	Zeitschrift für Politik
ZfRSoz	Zeitschrift für Rechtssoziologie
ZfS	Zeitschrift für Soziologie
ZJJ	Zeitschrift für Jugendkriminalrecht und Jugendhilfe
ZNR	Zeitschrift für Neuere Rechtsgeschichte
ZPO	Zivilprozessordnung
ZRI	Zeitschrift für Recht und Islam
ZRP	Zeitschrift für Recht und Politik

Bei Gesetzen und Verfassungen wird immer von der aktuellen Fassung ausgegangen, es sei denn, es ist anders angegeben.

A. Einleitung

„Muslimische Friedensrichter tragen keine Robe und haben keine juristische Ausbildung. Und doch sind sie Schlüsselfiguren einer islamischen Paralleljustiz, die das deutsche Rechtssystem zunehmend aushebelt. Gemeinsam mit deutschen Strafverteidigern setzen sie durch, dass Messerstecher, Betrüger und Mörder straflos bleiben. Polizei und Gerichte schauen den Machenschaften ohnmächtig zu. Beim Schlichten von Familienkonflikten wenden Imame die Scharia an – und lassen entrechtete Frauen zurück." – so der Klappentext des erstmals 2011 von dem Journalisten *Joachim Wagner* veröffentlichten Buches mit dem Titel „Richter ohne Gesetz: Islamische „Paralleljustiz" gefährdet unseren Rechtsstaat"[1].

Spätestens seit Erscheinen dieses Werkes erfuhr das Thema der sog. islamischen „Paralleljustiz" große Aufmerksamkeit in den deutschen Massenmedien, die noch bis heute anhält[2]. In seinem Buch beschreibt *Wagner* anhand von Einzelfällen eine sich abzeichnende Entwicklung von vornehmlich muslimisch geprägten Migrantengruppen mit patriarchalischen Familienstrukturen, die sich von der staatlichen Justiz abwenden, um ihre rechtlichen Konflikte eigenmächtig unter Ausschluss der Öffentlichkeit zu lösen[3]. Im Rahmen der wissen-

---

1 *J. Wagner*, Richter ohne Gesetz: Islamische Paralleljustiz gefährdet unseren Rechtsstaat, 2011; inzwischen aktualisiert als 2. Aufl. 2012 mit dem ergänzenden Untertitel „Islamische Paralleljustiz gefährdet unseren Rechtsstaat – Wie Imame in Deutschland die Scharia anwenden".

2 Seit 2011 ist beispielsweise erschienen: *D. Freudenreich*, Muslimische Schlichter sind Richter ohne Gesetz, in: WAZ online, https://waz.de/politik/muslimische-schlichter-sind-richter-ohne-gesetz-id5011879.html (1.10.2023); *M. Popp*, Allahs Richter, in: Der Spiegel 35 (2011), S. 57 (57-69); *R. Preuß*, Wie islamische Schiedsgerichte für mehr Frieden sorgen sollen, in: Süddeutsche Zeitung online, https://sueddeutsche.de/politik/justiz-in-deutschland-wie-islamische-schiedsgerichte-fuer-mehr-frieden-sorgen-sollen-1.1274279 (1.10.2023); *F. Obermaier/R. Steinke*, Um Gottes Willen, in Süddeutsche Zeitung online, https://sueddeutsche.de/bayern/scharia-statt-buergerliches-gesetzbuch-um-gottes-willen-1.1298962 (1.10.2023); *H. Sabinsky-Wolf*, Scharia-Gerichte: Im Schatten der Justiz, in: Augsburger Allgemeine online, https://www.augsburger-allgemeine.de/bayern/Scharia-Gerichte-Im-Schatten-der-Justiz-id20870846.html (1.10.2023); *Ç. Ateş*, Im Schatten des deutschen Rechtsstaats entsteht islamische Paralleljustiz, in: DIE ZEIT 49 (2012), S. 66 (66); *E. Lohse*, Wenn Friedensrichter ihre Visitenkarten verteilen, in: Frankfurter Allgemeine Zeitung online, https://faz.net/aktuell/politik/inland/paralleljustiz-in-deutschland-wenn-friedensrichter-ihre-visitenkarten-verteilen-12899082.html (1.10.2023); *T.-R. Stoldt*, Der Kampf gegen die Paralleljustiz, in: Die Welt online, https://www.welt.de/regionales/nrw/article177638534/NRW-Justizminister-Peter-Biesenbachs-Kampf-gegen-die-Paralleljustiz.html (1.10.2023).

3 *Bundesministerium der Justiz und Verbraucherschutz*, Gibt es eine Paralleljustiz in Deutschland? Streitbeilegung im Rechtsstaat und muslimische Traditionen, 2014, S. 7; *M. Rohe*, Paralleljustiz? – Chancen und Gefahren außergerichtlicher Streitbeilegung in Deutschland, in: TOA-Magazin 2 (2013), S. 34 (34).

schaftlichen Diskussion um das Phänomen bezeichnen auch weitere Autoren die sog. (islamischen) Friedensrichter als maßgebliche Akteure bei der Schlichtung von Konfliktfällen innerhalb muslimisch geprägter Migrantenmilieus[4].

Nach den Veröffentlichungen treten diese „Friedensrichter" mutmaßlich in zwei wesentlichen Fällen auf:

Zum einen würden die Schlichter bei gewalttätigen Auseinandersetzungen bzw. strafrechtlich relevanten Sachverhalten zwischen Mitgliedern muslimisch stämmiger Familien bzw. Clans[5] angerufen. Dabei würden diese mit den Konfliktparteien verhandeln und als Ergeb-

---

4 *M. Brocker*, Buchbesprechung: Joachim Wagner, Richter ohne Gesetz. Islamische Paralleljustiz gefährdet unseren Rechtsstaat, in: ZfP 2011, S. 474 (474-476); *A. Kaminski*, Islamische Paralleljustiz? Interkultureller Interessenausgleich? Patriarchalischer Druck?, in: Betrifft JUSTIZ 108 (2011), S. 170 (170-172); *P. Scholz*, Ein überschätztes Problem: Zum Spannungsverhältnis zwischen Staat und Islam in der deutschen Justiz am Beispiel des sogenannten Friedensrichters, in: Betrifft JUSTIZ 108 (2011), S. 168 (168-169); *M. Löhnig*, Über schariatische „Friedensrichter", „Schülergerichte" und die Strukturmerkmale des Rechtsstaats, in: C. Althammer u.a. (Hrsg.), Grundfragen und Grenzen der Mediation Bd. 1, 2012, S. 65 (65-76); *H. Rottleuthner*, Mediation im Schatten des Strafrechts, in: KJ 45 (2012), S. 444 (444-459); *C. Schirrmacher*, Friedensrichter, Streitschlichter, Schariagerichtshöfe: Ist die Rolle der Vermittler auf den säkularen Rechtsstaat übertragbar?, in: Rechtspolitisches Forum 62 (2012), S. 9 ff.; *D. Dienstbühl*, Paralleljustiz in Deutschland: machtlose Polizei?, in: DP 10 (2013), S. 4 (4-8); *E. Özkaraca*, Paralleljustiz in Einwandererviertein, in: ZJJ 2013, S. 36 (36-39); *F. Brosius-Gersdorf*, Dritte Gewalt im Wandel – Veränderte Anforderungen an Legitimität und Effektivität?, in: VVdStRL 74 (2014), 170 (192 f.); *C. Keller*, Scharia: Parallele Gesellschaft, eigene Justiz?, in: DRiZ 2014, S. 163 (163); *F. Wittreck*, Dritte Gewalt im Wandel – Veränderte Anforderungen an Legitimität und Effektivität?, in: VVdStRL 74 (2015), S. 115 (120); *K. Bauwens*, Religiöse Paralleljustiz: Zulässigkeit und Grenzen informeller Streitschlichtung und Streitentscheidung unter Muslimen in Deutschland, 2016; *W. Bausback*, Bayern sagt Schattenrichtern den Kampf an, in: Im Fokus: Paralleljustiz – Sprengstoff für den Rechtsstaat, Politische Studien 469 (2016), S. 16 (16-23); *F. Heller*, Paralleljustiz im Strafverfahren, in: Im Fokus: Paralleljustiz – Sprengstoff für den Rechtsstaat, Politische Studien 469 (2016), S. 33 (33-41); *C. F. Majer*, Scharia-Gerichte in Deutschland – eine rechtliche Bewertung, in: JSE 2014, S. 128 (128); *M. Rohe*, ADR und „Paralleljustiz", in: Im Fokus: Paralleljustiz, Politische Studien 469 (2016), S. 24 (24-32); *K.-S. Stieber*, Paralleljustiz – Ein Fall für Deutschland, in: Im Fokus: Paralleljustiz – Sprengstoff für den Rechtsstaat, Politische Studien 469 (2016), S. 12 (12-15); *M. Jaraba*, „Paralleljustiz" in Berlin's Mhallami Community in View of predominately Customary Mechanisms, in: ZRI 8 (2016), S. 225 (225-239); *M. Porsche-Ludwig*, Wie parallel ist die „Paralleljustiz"?: Rechtliche und politische Vermessungen, in: RuP 52 (2016), S. 218 (218-228).

5 Gesetzesverstöße mit Bezug zu arabischen Großfamilien werden im Rahmen organisierter Kriminalität auch als „Clan-Kriminalität" beschrieben; siehe *K. Liebl*, Wirtschafts- und Organisierte Kriminalität, 3. Aufl. 2020, S. 27 f.; das Bundeskriminalamt definiert Clan-Kriminalität als „Begehung von Straftaten durch Angehörige ethnisch abgeschotteter Subkulturen". Dafür charakteristisch seien verwandtschaftliche Beziehungen, eine gemeinsame ethnische Herkunft sowie eine gesellschaftliche Abschottung der Täter, wodurch die Begehung der Tat erleichtert und die Aufklärung der Tat erschwert werden könne. Elementar sei zudem die Schaffung eines eigenen Wertesystems, welches die deutsche Rechtsordnung ablehne. Regelmäßig würde auch eine starke Ausrichtung auf patriarchalisch-hierarchisch geprägte Familienstrukturen mitsamt mangelnder Integrationsbereitschaft oder die Provokation einer Eskalation bei geringfügigen Anlässen eine Rolle spielen. Der Begriff der Clans begrenzt sich vornehmlich auf

nis eine Entschädigungssumme zu Lasten des Verursachers vereinbaren. Diese Entschädigung sei regelmäßig an die Bedingung verknüpft, dass der Geschädigte die Verurteilung des Schädigers zu verhindern versucht, indem er beispielsweise von einer Strafanzeige absieht oder seine Aussage verweigert[6].

Daneben werden vornehmlich Fälle beschrieben, bei denen „Friedensrichter" familienrechtlich relevante Sachverhalte eigenmächtig „schlichten". Diese würden beispielsweise Ehen schließen und scheiden, Unterhaltsfragen klären oder Frauen, die sich – auch aufgrund von Gewalterfahrungen – von ihren Männern und Familien abwenden, dazu bewegen, bei der Familie zu bleiben bzw. zu ihr zurückzukehren. Dabei wird der Vorwurf geäußert, dass die erzielten Entscheidungen über die Interessen der beteiligten Frauen und Mädchen hinweg bzw. unter Ausübung von Zwang erzielt werden[7].

Personen mit Volkszugehörigkeit der Mhallamiye(-Kurden) sowie mit libanesischer oder palästinensischer Herkunft. Sie agieren vornehmlich in den Ländern Berlin, Bremen, Niedersachsen und Nordrhein-Westfalen; siehe *Bundeskriminalamt*, Organisierte Kriminalität: Bundeslagebild 2018, S. 29, 31.

6 *W. Bausback*, Rechtspolitische Überlegungen zum Thema „Deutsche Justiz und Friedensrichter", 2004, S. 2 ff.; *BMJV*, Paralleljustiz (Fn. 3), S. 3 ff.; *Heller*, Paralleljustiz (Fn. 4), S. 33 ff.; *Keller*, Scharia (Fn. 4), S. 163; *Jaraba*, Paralleljustiz (Fn. 4), S. 234 f.; *Kaminski*, Paralleljustiz (Fn. 4), S. 171 f.; *Majer*, Scharia-Gerichte (Fn. 4), S. 128 ff.; *Özkaraca*, Paralleljustiz (Fn. 4), S. 39; *H. Radtke*, Referat auf dem 70. Deutschen Juristentag, in: Ständige Deputation des Deutschen Juristentages (Hrsg.), Verhandlungen des 70. Deutschen Juristentages, Bd. II/1: Sitzungsberichte – Referate und Beschlüsse, 2015, L 27 (28 f.); *Rohe*, ADR (Fn. 4), S. 28 f.; *M. Rohe/M. Jaraba*, Paralleljustiz, Eine Studie im Auftrag des Landes Berlin, vertreten durch die Senatsverwaltung für Justiz und Verbraucherschutz, 2015, S. 15 ff.; *Rohe*, Paralleljustiz (Fn. 3), S. 34 f.; *M. Rosenthal*, Referat auf dem 70. Deutschen Juristentag, in: Ständige Deputation des Deutschen Juristentages (Hrsg.), Verhandlungen des 70. Deutschen Juristentages, Bd. II/1: Sitzungsberichte – Referate und Beschlüsse, 2015, L 45 (48 f.); *Schirrmacher*, Friedensrichter (Fn. 4), S. 26 f.

7 *Bausback*, Bayern (Fn. 4), S. 20; *Özkaraca*, Paralleljustiz (Fn. 4), S. 38 f.; *Rohe*, ADR (Fn. 4), S. 29.

Zusammenfassend werden diese Schlichtungsverfahren in ihrer Gesamtheit als „islamische" bzw. „religiöse Paralleljustiz"[8] und die zugehörigen Vermittler als „islamische Friedensrichter"[9] bezeichnet.

I. Gleichheitssätze und „religiöse Paralleljustiz"

Im Hinblick auf die scheinbar als sozialschädlich einzustufende „Paralleljustiz" sind die Grundrechte der Beteiligten ins Auge zu fassen.

In einem ersten Schritt drängt sich eine Begutachtung der Grundrechte der offenbar benachteiligten Frauen bei der Ausübung der „Paralleljustiz" auf. So kann unter Einbeziehung der häufig geäußerten Kritik der Ungleichbehandlung von Frauen im islamischen Kulturkreis[10] insbesondere ein Blick auf Art. 3 Abs. 2, 3 S. 1 GG betreffend die Diskriminierung des weiblichen Geschlechts bzw. die förderungswürdige Gleichberechtigung zwischen Mann und Frau geboten sein[11]. Mit Blick auf die begrenzte Bindungswirkung der Gleichheitssätze nach Art. 1 Abs. 3 GG stellt sich dabei übergeordnet die Frage, inwieweit der Staat aufgrund

---

8 Wobei der Begriff der „Parallel*justiz*" schon deshalb verfehlt ist, da es sich bei den „Friedensrichtern" nicht um Richter im Sinne der Justiz handelt. Denn Richter werden in Abgrenzung zu Ratgebern, Vermittlern oder Schlichtern nicht von den Konfliktparteien ausgesucht. Auch kann bei Richtern kein Einfluss auf das Ergebnis der Rechtsprechung angenommen werden, da diese im Gegensatz zum Verfahren nach den Regelungen von „Paralleljustiz" staatlich vorgeschriebene Normen in formellen Verfahren anwenden. Stattdessen handelt es sich bei den „Friedensrichtern" (je nach Situation) wohl eher um Vermittler oder Schlichter. Weitergehend *Rottleuthner,* Mediation (Fn. 4), S. 447 f.; inzwischen zeichnen sich Bestrebungen ab, anstatt mit „Paralleljustiz" auf ein der staatlichen Justiz (vermeintlich) vergleichbares Ergebnis Bezug zu nehmen, durch Verwendung des Begriffs außergerichtlicher „Konflikt*regulierung*" den alternativen *Prozess* des Streitbeilegungsmechanismus in den Vordergrund zu stellen; siehe *H. Elliesie u.a.,* Konfliktregulierung in Deutschlands pluraler Gesellschaft: „Paralleljustiz" – Konzeptioneller Rahmen eines Forschungsprojekts, 2019, S. 5 ff.; *H. Elliesi/F. M. Heller*, Der „Paralleljustiz" in Deutschland begegnen, in: DRiZ 2020, S. 100 (100); dennoch wird aufgrund der weitreichenden Etablierung in der Öffentlichkeit nachfolgend weiterhin der Begriff der (islamischen) Paralleljustiz verwendet.

9 Nach *Dienstbühl* erfasst der Begriff des Friedensrichters „Schlichter und Unterhändler, die nach arabisch-islamischer Tradition Sachverhalte zwischen zwei zerstrittenen Parteien klären": *Dienstbühl*, Paralleljustiz (Fn. 4), S. 5; wobei der Begriff des an einem Friedensgericht tätigen Friedensrichters eine lange Tradition hat und beispielsweise mit den Friedensgerichten in Gegenden des heutigen Baden-Württembergs assoziiert werden kann. 1949 wurde dort das Gesetz über die Friedensgerichtsbarkeit erlassen, wonach Friedensgerichte für Streitigkeiten des bürgerlichen Rechts bis 150 Deutsche Mark oder für Strafsachen mit einem Strafrahmen von bis zu fünf Jahren Freiheitsentzug zuständig waren *Rottleuthner,* Mediation (Fn. 4), S. 451; heute wird mit dem Begriff beispielsweise noch eine Laientätigkeit im Rahmen des gemeindlichen Schiedswesens des Freistaats Sachsen beschrieben, § 4 SächsSchiedsGütStG.

10 Dazu differenziert *P. Wild*, Lieblingsfeind Islam: Historische, politische und sozialpolitische Aspekte des antimuslimischen Rassismus, 2018, S. 41 ff.

11 Instruktiv zum bedenklichen Verhältnis zwischen Mann und Frau bei der Ausübung von „Paralleljustiz" seitens Menschen mit muslimischer Identität siehe *Bauwens*, Paralleljustiz (Fn. 4), S. 143 f.; *BMJV*, Paralleljustiz (Fn. 3), S. 134; *Özkaraca*, Paralleljustiz (Fn. 4), S. 46 f.; *N. Simsek*, Recht ... Herzlich Willkommen, in: Im Fokus: Paralleljustiz – Sprengstoff für den Rechtsstaat, Politische Studien 469 (2016), S. 42 (42 ff.); *Wagner*, Richter (Fn. 1), S. 26 f., 73.

etwaiger Diskriminierungserfahrungen von Frauen auf die sich augenscheinlich im Privatrechtsverkehr vollziehende „Paralleljustiz“ einwirken kann.

Weiterhin ist zu berücksichtigen, dass eine religiöse Verknüpfung mit dem Islam[12] gegeben zu sein scheint und entsprechend die Religiösität schützenden Grundrechte derjenigen betroffen sein könnten, die sich bei der Ausübung auf ihren Glauben berufen. In diesem Zusammenhang könnten sich die Beteiligten der Schlichtung bei etwaigen staatlichen Beschränkungen auf das Diskriminierungsverbot wegen des Glaubens und der religiösen Weltanschauung nach Art. 3 Abs. 3 GG beziehen. Daher ist im Falle staatlicher Interventionen die Religionsfreiheit nach Art. 4 Abs. 1, 2 GG samt ihrer Schranken zu berücksichtigen. Angesichts des Wortlauts von Art. 4 Abs. 1 und 2 GG, der die Religionsfreiheit vorbehaltlos garantiert, wäre zu überprüfen, ob der Staat dennoch aufgrund einer Kollision der Schlichtungspraxis mit einem Rechtswert aus Art. 3 GG tätig werden kann. In Summe scheint das Spannungsverhältnis von Religionsfreiheit und Gleichberechtigung der Geschlechter mitsamt Fragen von Toleranz eine entscheidende Rolle zu spielen[13].

Zuletzt sind potenzielle Beschränkungen noch an dem Diskriminierungsverbot wegen der Herkunft nach Art. 3 Abs. 3 S. 1 GG zu messen. So könnten sich die Beteiligten bei Beschränkungen ebenso aufgrund ihrer Herkunft aus dem sog. Nahen Osten ungerechtfertigt stigmatisiert fühlen.

Im Hinblick auf eine zu erwartende besondere Begründungspflicht staatlicher Maßnahmen bei der Einschränkung und Förderung von Grundrechten gilt in einem ersten Schritt herauszuarbeiten, welche – empirisch erhobenen – Daten für „Paralleljustiz“ im deutschen Rechtsraum existieren und so eine taugliche Tatsachengrundlage für staatliches Handeln schaffen können. Anhand dieser Daten gilt es dann zu erforschen, inwiefern gerade Frauen Diskriminierung bei der Schlichtung erfahren. Weiterhin ist zu überprüfen, ob die Praxis überhaupt auf den islamischen Glauben zurückgeführt werden kann, so dass ein Bezug zu Art. 3 Abs. 3 S. 1 GG bzw. Art. 4 GG hergestellt werden kann. In diesem Zuge ist zudem zu beleuchten, welche Motivation die Beteiligten von „Paralleljustiz“ abseits vermeintlich religiöser Beweggründe antreiben könnte. Dabei gilt es insbesondere kulturelle Faktoren ins Auge zu fassen, die auf die Herkunft aus dem Nahen Osten zurückgehen könnten.

---

12 Wie es beispielsweise die inzwischen verstorbene Jugendrichterin *Kirsten Heisig* im Rahmen von Jugendstraftaten wahrnahm: „Mich beschleicht dabei eher ein ungutes Gefühl, denn das Recht wird aus der Hand gegeben und auf die Straße verlagert oder in ein paralleles System verschoben, indem dann ein Imam oder andere Vertreter des Koran entscheiden, was zu geschehen hat.“ *K. Heisig*, Das Ende der Geduld. Konsequent gegen jugendliche Gewalttäter, 2017, S. 182 f.

13 Wie es im Islam schon das Beispiel der Kopftuch-Debatte aufgezeigt hat. Dazu instruktiv *C. Nikodem*, Kopfzerbrechen um das Kopftuch oder die Frage, wie mit Differenz umgegangen wird, in: M. Ottersbach/E. Yildiz (Hrsg.), Migration in der metropolitanen Gesellschaft: zwischen Ethnisierung und globaler Neuorientierung, 2004, S. 141 (141-152).

Das Phänomen behält insbesondere angesichts des stetigen Zustroms geflüchteter Menschen aus muslimisch geprägten Ländern seine Relevanz. So ist zu erwarten, dass im Zuge der Migration sowohl kulturelle als auch religiös geprägte Gewohnheiten mitsamt eigenständigen Konfliktlösungsmechanismen stetig importiert werden und das in seinen Grundzügen dargestellte Phänomen in seiner Quantität zunehmend die deutsche Justiz beschäftigen könnte[14]. Insofern wird im Zuge der Migrationsbewegung auch regelmäßig auf eine vermeintlich strukturelle Diskriminierung von Frauen hingewiesen, die ebenfalls stattfindet[15].

II. Gang der Untersuchung

Zusammenfassend beschränkt sich diese Ausarbeitung bei der Analyse des zuvor summarisch dargestellten Phänomens der „Paralleljustiz" auf die folgenden verfassungsrechtlich relevanten Faktoren:

- Mit Blick auf das weibliche Geschlecht gilt es im Rahmen des Art. 3 Abs. 2, 3 S. 1 GG die Rolle der Frau bei der Schlichtung zu beleuchten. Diesbezüglich werden zunächst die Aussagen der einschlägigen (empirischen) Quellen illustriert (Kap. B) und die zugehörigen Erkenntnisse im Rahmen des (islamischen) Familienrechts beleuchtet (Kap. C.II). In diesem Rahmen wird exemplarisch noch ein Blick auf die Grenzen der Privatautonomie bei Eheverträgen geworfen, um Rückschlüsse für einen Maßstab an Diskriminierung gegenüber Frauen zu erschließen (Kap. C.II.2.c)). Sodann wird herausgearbeitet, inwieweit die geschlechtsbezogenen Wertungen des Art. 3 Abs. 2, 3 S. 1 GG auf den Fall von „Paralleljustiz" sinnvoll Anwendung finden können (Kap. C.I, III)
- Weiter gilt es mit Blick auf Art. 3 Abs. 3 S. 1 GG zu ermitteln, ob eine etwaige (legislative) Beschränkung nicht auch selbst ein Diskriminierungsverbot – insbesondere aufgrund der Merkmale der Religion und Herkunft – betrifft (Kap. D). Zu diesem Zweck ist zunächst die Systematik und Reichweite der Diskriminierungsverbote nach Art. 3 Abs. 3 S. 1 GG zu erörtern (Kap. D.II). Sodann gilt es insbesondere zu klären, inwiefern der Islam als Rechtfertigung für das Phänomen dienen kann.

---

[14] Diese Prognose äußert auch *Porsche-Ludwig*, Paralleljustiz (Fn. 4), S. 218; und das Bayerische Staatsministerium der Justiz reagierte beispielsweise mit der mehrsprachigen Broschüre „So funktioniert die deutsche Rechtsordnung" um damit auch bei Flüchtlingen, Vertrauens- und Informationsdefiziten entgegenzuwirken; siehe *BMJV*, Paralleljustiz (Fn. 3), S. 10; die Broschüre ist abrufbar unter https://justiz.bayern.de/media/images/broschuere_rechtsordnung.pdf (1.10.2023); zu einer Wahrnehmung der Öffentlichkeit, dass die Scharia im Rahmen von deutschen Gerichtsverfahren zunehmend Anwendung finde, siehe noch *Elliesie u.a.*, Konfliktregulierung (Fn. 8), S. 15 f.

[15] Zu denken wäre beispielsweise an die undifferenzierte Debatte nach den Vorfällen auf der Kölner Domplatte in der Silvesternacht 2016; siehe *F. Hermann*, Unbemerkte Botschaften. Wie Populismus in die Leitmedien einfließt, in: M. Müller/J. Precht (Hrsg.), Narrative des Populismus: Erzählmuster und -strukturen populistischer Politik, 2019, S. 147 (147 ff.).

Auch diesbezüglich werden vorerst die Aussagen der benannten Quellen dargestellt und die Erkenntnisse anschließend anhand der Literatur zu islamisch-rechtlichen Vorschriften eingeordnet (Kap. D.IV). Zudem werden Aspekte der Herkunft als Beweggrund zur Teilnahme an der „Paralleljustiz" anhand der Quellen untersucht und im selben Zuge aus der Perspektive der Rechtssoziologie betrachtet (Kap. D.V).

- Zuletzt werden die einschlägigen Rechtswerte aus Art. 3 Abs. 2, 3. S. 1 GG im Rahmen einer Grundrechtsprüfung nach Art. 4 Abs. 1, 2 GG (Kap. E) als Gegenrecht im Wege der sog. praktischen Konkordanz herangezogen.

B. Erkenntnisstand zu den die Rechtswerte aus Art. 3 GG betreffenden Faktoren der „religiösen Paralleljustiz"

Um das Phänomen der „islamischen" bzw. „religiösen Paralleljustiz" als solches benennen und angesichts ihrer für Art. 3 GG relevanten Umstände im Rahmen der Grundrechte einordnen zu können, ist zunächst eine Bestandsaufnahme der aktuellen Erkenntnisse erforderlich.

Bis dato befassten sich diverse Veröffentlichungen und Veranstaltungen mit dem Phänomen der „(islamischen) Paralleljustiz" im deutschen Rechtsraum.

Den Ausgangspunkt der öffentlichen medialen Diskussion bildet – wie eingangs erwähnt – das Buch *Wagners* mit dem Titel „Richter ohne Gesetz". Darauf folgten diverse Veröffentlichungen und Veranstaltungen in Form von Interviews[16], Fernsehreportagen[17], Fachveranstaltungen[18], einer Podiumsdiskussion[19], eines Kongresses[20], eines europaweiten Projekts[21] sowie insbesondere Studien[22], die sich allesamt mit dem Thema der „islamischen Friedensrichter" bzw. „Paralleljustiz" auseinandersetzen.

---

[16] Siehe nur das Interview mit der deutsch-türkische Rechtsanwältin *Nazan Simsek* zu ihren Erfahrungen mit der religiösen Paralleljustiz bei *Bauwens*, Paralleljustiz (Fn. 4), S. 240 f.

[17] 2013 veröffentlichte der WDR die Reportage „Menschen hautnah: Selbsternannte Richter" mit dem Nebentitel „Schattenjustiz bei Muslimen in Deutschland", in der der kurdische „Friedensrichter" *Mustafa Özbek* aus Bremen begleitet wird; siehe *G. Balci*, Selbsternannte Richter, Schattenjustiz bei Muslimen in Deutschland, in: Westdeutscher Rundfunk, Sendung der Reihe „Menschen hautnah", 20.6.2013, nicht mehr abrufbar; dazu wurde im Auftrag des ZDF die Reportage „Recht ohne Gesetz? Blutrache, Familienehre, Paralleljustiz" produziert; siehe *Medi Cine Medienproduktions GmbH*, Recht ohne Gesetz? Blutrache, Familienehre, Paralleljustiz, in: Zweites Deutsches Fernsehen, Dokumentation des Fernsehsenders ZDFinfo, 2017, nicht mehr abrufbar.

[18] Beim 70. Deutschen Juristentag wurde im Rahmen des Tagesordnungspunkts „Kultur, Religion, Strafrecht – Neue Herausforderungen in einer pluralistischen Gesellschaft" auch zu „Paralleljustiz" referierte: *Radtke*, Referat (Fn. 6), L 1 ff.; *Rosenthal*, Referat (Fn. 6), L 1 ff.; „Paralleljustiz" war zudem Thema auf der 83. Konferenz der Justizministerinnen und Justizminister, bei der auf Initiative des Bundeslandes Bayern auch ein entsprechender Beschluss „TOP I.2: Paralleljustiz" erging, http://www.jm.nrw.de/JM/jumiko/beschluesse/2012/fruehjahrskonferenz12/I_2.pdf (1.10.2023).

[19] Die Friedrich-Ebert-Stiftung veranstaltete 2012 die Podiumsdiskussion „Richter ohne Gesetz – Gefährdet Islamische Paralleljustiz unseren Rechtsstaat?"; siehe *BMJV*, Paralleljustiz (Fn. 3), S. 8 f.

[20] Die CDU/CSU-Bundestagsfraktion veranstaltete 2012 den Kongress „Islamische Paralleljustiz in Deutschland? – Eine Herausforderung für den Rechtsstaat?", https://www.csu-landesgruppe.de/presse/pressemitteilungen/islamische-paralleljustiz-deutschland-eine-herausforderung-fuer-den-rechtsstaat (1.10.2023).

[21] Siehe das von der Europäischen Kommission finanzierte Forschungsprojekt namens „Religious Diversity and Secular Models in Europe – Innovative Approaches to Law and Policy". Im Rahmen dieses Forschungsauftrags leitete *Rohe* die Arbeitsgruppe „Family and the Law", welche sich mit der Ermittlung der Sachlage und anschließender juristischer Analyse von religiös-kultureller außergerichtlicher Streitbeilegung – mitsamt „Paralleljustiz" – befasste *Europäische Kommission*, RELIGARE – Ergebnis in Kürze, Religion versus Säkularismus in der EU, 12.4.2012; *dies.*, Final Report Summary – RELIGARE (Religious Diversity and Secular Models in Europe – Innovative Approaches to law and Policy), 2014, S. 1 ff.

[22] In der Folge an die Diskussion um *Wagners* Ausführungen richtete das Bayerische Staatsministerium der Justiz und für Verbraucherschutz (StMJV) 2011 eine Arbeitsgruppe zum Zwecke der Untersuchung des Phänomens in Bayern ein. Die Ergebnisse wurden auf eine persönliche Anfrage hin nicht ausgehändigt. Verfügbar ist eine in diesem Zuge veröffentlichte mehrsprachige Broschüre „So funktioniert die deutsche Rechtsordnung", mit der Vertrauens- und Informationsdefiziten entgegengewirkt werden soll: https://www.justiz.bayern.de/media/images/broschuere_rechtsordnung.pdf (1.10.2023); eine erstmals ausgiebige wissenschaftliche Behandlung erfolgte im Wege der Studie des Bundesjustizministeriums „Gibt es eine Paralleljustiz in Deutschland? Streitbeilegung im Rechtstaat und muslimische Traditionen" aus dem Jahr 2014. Diese stützt sich auf die bis dato

Bei der Analyse der bis dato veröffentlichten Beiträge ist mit Blick auf die Gleichheitssätze nach Art. 3 GG herauszuarbeiten, ob und inwieweit bei der Ausübung einer solchen „Paralleljustiz“ neben dem Geschlecht, noch die Religion und/oder die Herkunft der Betroffenen eine Rolle spielen bzw. was die grundsätzliche Motivation zur Ausübung dieser informellen Streitbeilegung ist.

Zu diesem Zweck wird neben einleitenden Ausführungen zu Wagners kritisch zu behandelnder Ausarbeitung exemplarisch[23] die Studie für den Raum Berlin dargestellt.

Die folgenden Ausführungen stellen hauptsächlich den *tatsächlichen* Blick auf die Umstände des Phänomens dar. Eine (verfassungs-)rechtliche Einordnung der Befunde erfolgt in einem nächsten Schritt[24].

---

vorhandenen Materialien und Ergebnisse und schließt vor allem die Arbeit des Bayerischen Staatsministeriums der Justiz ein; siehe *Porsche-Ludwig*, Paralleljustiz, (Fn. 4), S. 219; eigene empirische Daten erhebt die Studie jedoch nicht; siehe *BMJV*, Paralleljustiz (Fn. 3), S. 5; einen Erkenntnisgewinn versprechen insbesondere die unter *Matthias Rohe* vollzogenen Studien zu Berlin und Baden-Württemberg, von denen sich die erst genannte ausschließlich dem benannte Phänomen unter Muslimen widmet, während die zweite auch weitere Gruppierungen (z.B. Rockergruppen) ins Auge fasst; siehe *Erlanger Zentrum für Islam und Recht in Europa*, Pressemitteilung vom 16.7.2019, https://www.ezire.fau.de/2019/07/17/auch-im-suedwesten-gibt-es-paralleljustiz-studie-von-mathias-rohe/ (1.10.2023); *M. Rohe*, Paralleljustiz: Eine Studie im Auftrag des Ministeriums der Justiz und für Europa Baden-Württemberg, 2019; zuletzt ist im Rahmen des Projekts „Konfliktregulierung in Deutschlands pluraler Gesellschaft“ des Max-Planck-Instituts eine Studie über strafrechtlich relevante Aspekte der Paralleljustiz in Nordrhein-Westfalen entstanden; siehe *H. Elliesie/C. Rigoni*, Paralleljustiz in Nordrhein-Westfalen aus strafrechtlicher Sicht, 2022.

23 Die zuvor angesprochenen Studien kommen im Wesentlichen zu denselben Ergebnissen; siehe *Elliesie u.a.*, Konfliktregulierung (Fn. 8), S. 5; siehe zuletzt die Zusammenfassung der Studie zu Baden-Württemberg, die die Ergebnisse der vorherigen Studien einbezieht: *Rohe*, Studie (Fn. 22), S. 4 ff.

24 Siehe Kap. C, D und E.

I. *Joachim Wagners* „Richter ohne Gesetz"

Das von *Wagner*[25] veröffentlichte Buch „Richter ohne Gesetz" hat besondere Relevanz, da es maßgeblich die Diskussion in der Rechtswissenschaft anstieß[26] und bereits Anlass für diverse rechtspolitische Maßnahmen gab[27].

Einleitend trug *Wagner* 16 aktenkundige Fälle der Justiz aus Berlin, Bremen und Nordrhein-Westfalen zusammen[28] und veröffentlichte auf deren Grundlage die erste Auflage seines Buches im Jahr 2011[29]. Dabei beschreibt er den Ablauf der „islamischen Paralleljustiz" zunächst anhand der Begehung von Straftaten[30]. Daneben macht *Wagner* insbesondere noch Ausführungen zur Schlichtung von familienrechtlich relevanten Sachverhalten. Dies betreffe beispielsweise grundsätzliche Konfliktfälle innerhalb der Familie, muslimische Eheschließungen und -scheidungen oder güterrechtliche Vereinbarungen. In diesen Fällen würde sich eine Diskriminierung des weiblichen Geschlechts am deutlichsten zeigen[31].

---

25 Der Volljurist *Wagner* ist war als Fernsehjournalist tätig *Wagner*, Richter (Fn. 1), S. 1.

26 Ausdrücklich auf *Wagner* berufen sich: *Bauwens,* Paralleljustiz (Fn. 4), S. 23 f.; *Bausback*, Bayern (Fn. 4), S. 16; *BMJV*, Paralleljustiz (Fn. 3), S. 5 f.; *Schirrmacher*, Friedensrichter (Fn. 4), S. 27 Fn. 43; *Brocker*, Buchbesprechung (Fn. 4), S. 474 ff.; *Dienstbühl*, Paralleljustiz (Fn. 4), S. 8; *Elliesie u.a.*, Konfliktregulierung (Fn. 8), S. 5; *B. v. Heintschel-Heinegg,* Islamische Paralleljustiz gefährdet unseren Rechtsstaat, in: Beck-Blog online, 22.4.2014, https://community.beck.de/2014/04/22/islamische-paralleljustiz-gef-hrdet-unseren-rechtsstaat (1.10.2023); *Heller*, Paralleljustiz (Fn. 4), S. 35; *Jaraba*, Paralleljustiz (Fn. 4), S. 226 f.; *Kaminski*, Paralleljustiz (Fn. 4), S. 170; *Özkaraca*, Paralleljustiz (Fn. 4), S. 36; *Porsche-Ludwig*, Paralleljustiz (Fn. 4), S. 218; *Radtke*, Referat (Fn. 6), L 28 f.; *Rohe*, ADR (Fn. 4), S. 26 f.; *ders*, Paralleljustiz (Fn. 3), S. 34; *ders./M. Jaraba u.a.*, ISLAM IN BAYERN, Policy Paper für die Bayerische Staatsregierung im Auftrag der Bayerischen Akademie der Wissenschaften, S. 69 f.; *Rosenthal*, Referat (Fn. 6), L 45; *Rottleuthner,* Mediation (Fn. 4), S. 444 ff.; *F. Wittreck*, Deutsche Justiz und „Friedensrichter". Plädoyer für den säkularen Verfassungsstaat, in: K. Gelinsky (Hrsg.), Schlichten statt Richten?, 2015, S. 25 (25 f.).

27 *Jaraba*, Paralleljustiz (Fn. 4), S. 227.

28 Damit handelt es sich um die erste Studie zu diesem Thema im deutschen Raum.

29 *Bausback*, Bayern (Fn. 4), S. 16; *Brocker*, Buchbesprechung (Fn. 4), S. 475.

30 Im Rahmen dieser Konfliktlösung würden Opfer und Zeugen bedroht sowie Beweise vernichtet bzw. manipuliert. Strafprozesse sollen grundsätzlich vereitelt werden, indem vorab keine Anzeigen erstattet werden oder ein Gerichtsverfahren mangels Beweisen mit einem Freispruch abschließt. Im Falle der Hauptverhandlung würde dies insbesondere durch den Ratschlag der Berufung auf das Auskunftsverweigerungsrecht aufgrund der Selbstbelastungsfreiheit nach § 55 StPO bewerkstelligt. Dies erfolge regelmäßig dergestalt, dass der Zeuge behauptet, seine im Ermittlungsverfahren getätigten Aussagen seien falsch gewesen, sodass bei einer Korrektur der Angaben in der Hauptverhandlung eine Strafbarkeit wegen falscher Verdächtigung eines zuvor benannten Täters nach § 164 StGB droht; siehe ebda., S. 11 ff.; 39 ff., 63, 115, 127, 139, 165, 185, 199; *S. Maier* in: Münchener Kommentar zur StPO, Bd. I, 1. Aufl. 2014, StPO, § 55 Rn. 23.

31 Im Zuge einer weiteren Auflage fand das Kapitel „Schlichtung bei Familienkonflikten: männerfreundlich und frauenfeindlich" eingang; siehe *Wagner*, Richter (Fn. 1), S. 14 f., 249 ff.

1. Stigmatisierung von Muslimen in Deutschland?

Es ist insbesondere ein kritischer Blick auf *Wagners* Erkenntnisse zu den religiösen Einflüssen bezüglich der vorgetragenen Fälle zu werfen. Angesichts der palästinensischen[32], libanesischen[33] sowie der vornehmlich kurdisch[34](-libanesischen) Abstammung der beschriebenen Beteiligten erscheint ein Zusammenhang zu der vornehmlich islamischen Religion nicht abwegig.

Einen solchen Bezug stellt er schon mit dem interpretierenden Titel „Richter ohne Gesetz: Islamische Paralleljustiz gefährdet unseren Rechtsstaat – Wie Imame in Deutschland die Scharia anwenden" her. Inhaltlich aufgegriffen wird diese These insbesondere, indem er grundlegende Prinzipien der wahrgenommennen Schlichtungspraxis auf den Koran zurückführt[35]. Beispielsweise fände sich das generelle Konsensstreben als Grundlage für eine Tradition der Schlichtung in Sure 49, Vers 11[36]. Zwar sei die Scharia in fast allen islamischen Staaten durch staatliches Recht ersetzt worden, jedoch würden die Protagonisten solch islamisches Recht unter Ausschluss der Öffentlichkeit in Deutschland weiterhin anwenden, um ihre eigene Strafrechtsordnung und Strafgerichtsbarkeit zu errichten[37]. Auch bei familienrechtlich relevanten Sachverhalten sei die Schlichtung auf den Islam zurückzuführen[38]. So habe das Institut des Streitschlichters mit Sure 4, Vers 35[39] generell Eingang in das islamische Recht gefunden[40].

---

32 In Palästina machen Muslime ca. 93 Prozent der Bevölkerung aus, die wiederum überwiegend der sunnitischen Richtung des Islams angehören; siehe *S. Farsoun*, Culture and Customs of the Palestinians, 2004, S. 73 ff.

33 Im Libanon machen Muslime einen Bevölkerungsanteil von ca. 54 Prozent aus (davon 34 Prozent Schiiten und 20 Prozent Sunniten); siehe *R. N. Dralonge*, Economics and Geopolitics of the Middle East, 2008, S. 151.

34 *Wagner*, Richter (Fn. 1), S. 45 ff., 52 ff., 71 ff., 76 ff., 116 ff., 129 ff., 153 ff., 159 ff.; die Mehrheit der Kurden ist sunnitischen Glaubens. Dagegen machen die nicht zum islamischen Glauben zählenden Yeziden nur einen Bruchteil aus. Derzeit leben in Deutschland ca. 600.000 Kurden, wovon der überwiegende Teil aus der Türkei stammt; siehe *B. Ammann*, Kurden in Europa: Ethnizität und Diaspora, 2001, S. 140, 254 ff.

35 *Wagner*, Richter (Fn. 1), S. 17 ff.

36 Wobei *Wagner* sich wohl auf Sure 49, Vers 10 mit folgendem Wortlaut bezieht: „Die Gläubigen sind Brüder; so stiftet Frieden zwischen euern Brüdern und fürchtet Allah; vielleicht findet ihr Barmherzigkeit" M. Henning (Übers.): Der Koran: Vollständige Ausgabe, 8. Aufl. 2018, 49:10.

37 *Wagner*, Richter (Fn. 1), S. 18 f.; entsprechend beschreibt er die Schlichtung strafrechtlich relevanter Fälle durch Imame, wobei sich diese auch auf islamische Normen berufen würden ebda., S. 63 ff.

38 Ebda., S. 21.

39 „Und so ihr einen Bruch zwischen beiden befürchtet, dann sendet einen Schiedsrichter von ihrer Familie und einen Schiedsrichter von seiner Familie. Wollen sie sich aussöhnen, so wird Allah Frieden zwischen ihnen stiften. Siehe, Allah ist wissend und weise." Henning, Koran (Fn. 36), 4:35.

40 *Wagner*, Richter (Fn. 1), S. 252 f.

Kurioserweise stellt *Wagner* aber auch fest, dass die drei – seiner Ansicht nach – wesentlichen Elemente der „Paralleljustiz“, namentlich Schlichtung, Wiedergutmachung und Selbstjustiz *nicht* unmittelbar auf islamischem Recht beruhen würden, sondern viel mehr traditionell erwachsen seien[41]. Ohnehin sei die „Paralleljustiz“ ein über die muslimische Kultur hinaus bekanntes Problem[42]. Bemerkenswert ist daher, dass er das Phänomen losgelöst von dem Nachweis einer stetigen Berufung der „Friedensrichter“ auf islamische Normen allgemein als islamisch betitelt und all den Menschen in Deutschland mit muslimischer Idenität[43], das Betreiben einer verwerflichen Paralleljustiz pauschal unterstellt[44]. Schlussendlich kann selbst nach *Wagner* nicht eindeutig von einem *maßgeblich* „islamischen“ Phänomen ausgegangen werden[45].

2. Zwischenergebnis

Insgesamt wird der Eindruck erweckt, *Wagner* gehe es statt einer differenzierten Auseinandersetzung mit dem Thema der „Paralleljustiz“, um eine populistische Kritik von Muslimen. So suggeriert er undifferenziert das Bild von bildungsfernen, fundamentalistisch-religiösen und deshalb gewaltbereiten Einwanderern aus muslimisch geprägten Ländern, gegen die die deutsche Justiz nicht konsequent genug vorgeht[46]. Dieses durch *Wagner* geschaffene Bild der „Paralleljustiz“ bescherte ihm zumindest hohe Aufmerksamkeit für sein Buch und wird bis heute von Rechtspopulisten aufgegriffen, um Stimmung gegen muslimische Einwanderer zu machen[47]. Jedenfalls kann man anhand der beschriebenen Einzelfälle nicht auf

---

41 Ebda., S. 60.

42 Außergerichtliche Streitbeilegung werde beispielsweise auch von Roma und Sinti, Albanern, Jesiden und christlichen Arabern praktiziert; siehe ebda., S. 60.

43 Aufgrund des Selbstdefinitionsrechts eines Muslims gestaltet sich eine Bezifferung als kompliziert und kann insbesondere nicht unmittelbar anhand der Herkunft der Menschen gemessen werden. Nach einer Studie der deutschen Islamkonferenz (DIK) lebten in Deutschland 2015 zwischen 4,4 und 4,7 Millionen Muslime; siehe *M. Rohe*, Der Islam in Deutschland: Eine Bestandsaufnahme, 2. Aufl. 2018, S. 75 ff.

44 *Wagner*, Richter (Fn. 1), S. 60.

45 Zu diesem Urteil kommt auch *Matthias Rohe*, der *Wagner* attestiert, die beschriebenen Fälle zwar „gut dokumentiert“, hinsichtlich ihrer religiösen Inspiration jedoch als im Kern islamisch und damit falsch eingeordnet zu haben; siehe *U. Heitmüller*, Forschungslücke Paralleljustiz, Interview mit dem Juraprofessor und Islamwissenschaftler Mathias Rohe, 2014, in: Heise online, https://heise.de/tp/features/Forschungsluecke-Paralleljustiz-3363137.html (1.10.2023).

46 Eine ähnliche Einordung vollzieht *Brocker*, Buchbesprechung (Fn. 4), S. 475; dazu sieht *Rottleuthner* Parallelen zu *Thilo Sarrazins* umstrittenem bzw. rechtspopulistischen „Deutschland schafft sich ab“; siehe *Rottleuthner*, Mediation (Fn. 4), S. 444.

47 Beispielsweise greift die Alternative Für Deutschland (AfD) den Begriff der „Paralleljustiz“ auf: https://afdkompakt.de/tag/paralleljustiz/ (1.10.2023); siehe noch die Kleine Anfrage der AfD-Fraktion im Bundestag hinsichtlich des Kenntnisstandes der Bundesregierung zu „Paralleljustiz“ in BT-Drs. 19/3728; auch nennt *Alice Weidel* (AfD) „Messereinwanderung“ explizit im Zusammenhang mit „Paralleljustiz“, https://www.alice-weidel.de/alice-weidel-keine-gewoehnung-an-die-neue-normalitaet-von-messereinwanderung-und-paralleljustiz (1.10.2023).

einen nachweislichen Trend hinsichtlich einer allgegenwärtigen islamischen Schlichtungspraxis von Muslimen in Deutschland schließen[48].

II. Studie „Paralleljustiz" des Landes Berlin

Einen nüchternen Blick auf das Phänomen bietet die Studie „Paralleljustiz" des Landes Berlin. Das Erlanger Zentrum für Islam und Recht in Europa (EZIRE) an der Friedrich-Alexander-Universität Erlangen-Nürnberg stellte im Dezember 2015 eine Studie zu der spezifischen Situation im Bundesland Berlin vor[49]. Im Rahmen dieser Studie wurden circa 100 anonymisierte Interviews mit Vertretern und Organisationen aus unterschiedlichen ethnischen religiösen Milieus geführt[50]. Auch wurden Experten der Polizei, Staatsanwaltschaft, Justiz, sonstiger Verwaltung, Wissenschaft sowie Non-Governmental Organizations (NGOs) befragt[51]. Die nachfolgend dargestellten Ergebnisse sind aufgrund eines großen Dunkelfeldes quantitativ zwar nicht repräsentativ, stellen aber die „bei weitem umfangreichste Untersuchung in Kontinentaleuropa"[52] dar. So lassen sich aus den vielen übereinstimmenden Aussagen zumindest bestimmte Problembereiche eingrenzen[53].

1. Soziale Beweggründe zur Teilnahme an „Paralleljustiz"

Als wesentliches Ergebnis stellt die Studie voran, dass die „Paralleljustiz" primär auf Streitbeilegungsmechanismen im Rahmen gesellschaftlich abgeschotteter Milieus basiere. Dabei würden Beteiligte auch unter Anwendung von Gewalt zur Teilnahme gedrängt[54]. Weiterhin würden Betrofffene von der Wahrnehmung staatlicher Rechtsdurchsetzungsmechanismen abgehalten, indem auf den Familienzusammenhalt verwiesen und ein Ausschluss aus diesem Verbund in Aussicht gestellt werde[55]. Das Absehen von staatlichen Streitbeilegungsmechanismen sei zudem auf eine besondere Schamkultur zurückzuführen, die das Ausbreiten familieninterner Konflikte verhindere[56]. Als Objekte der Schlichtung seien vor allem

---

[48] Zu dieser Wertung siehe *BMJV*, Paralleljustiz (Fn. 3), S. 10 ff.; *Brocker*, Buchbesprechung (Fn. 4), S. 475 f.; *Rosenthal*, Referat (Fn. 6), L 46; *Heller*, Paralleljustiz (Fn. 4), S. 35; *Jaraba*, Paralleljustiz (Fn. 4), S. 226 ff.; *Wittreck*, Justiz (Fn. 26), S. 25 f.; *Wagner* stellt insofern selbst fest, dass außergerichtliche Schlichtungen auch von anderen Bevölkerungsgruppen wie Sinti und Roma betrieben werden; siehe *Wagner*, Richter (Fn. 1), S. 60.

[49] *Senatsverwaltung für Justiz und Verbraucherschutz*, Pressemitteilung vom 9.12.2015, nichtmehr abrufbar.

[50] *Rohe/Jaraba*, Paralleljustiz (Fn. 6), S. 10, 12, 29 ff.

[51] Ebda., S. 10, 31.

[52] Ebda., S. 11, 32 f.; mithin handelt es sich um die erste empirische Feldstudie zur „Paralleljustiz" in Deutschland; siehe *Porsche-Ludwig*, Paralleljustiz (Fn. 4), S. 220.

[53] *Rohe/Jaraba*, Paralleljustiz (Fn. 6), S. 11 f.

[54] Ebda., S. 12, 14.

[55] Ebda., S. 14, 16, 81.

[56] Ebda., S. 23, 56 f.

sozial schwache Mitglieder bzw. Frauen und Kinder betroffen[57]. Dass die zuvor genannten Umstände nach wie vor präsent sind, sei auf gescheiterte Migrationsvorgänge zurückzuführen[58]. So rühre die Skepsis gegenüber der deutschen Rechtsordnung und ihrer staatlichen Justiz auch auf Unkenntnissen der Menschen in mangelhaft integrierten (muslimischen) Milieus. Beispielsweise würde eine Scheidung in Folge häuslicher Gewalt gar nicht erst in Erwägung gezogen, da die Angst besteht, dass das Jugendamt anschließend den Eltern die Kinder entzieht. Auch würden mangelnde Sprachkenntnisse sowie einhergehende Diskriminierungserfahrungen insbesondere von Frauen den Zugang erschweren[59].

2. Religiöse Eheschließungen zulasten von Frauen

Grundlegend werde das weibliche Geschlecht in den für die „Paralleljustiz" relevanten Kulturkreisen durch männliche Protagonisten bevormundet[60]. Familienkonflikte würden ohnehin als reine Privatsache angesehen, die getrennt von staatlichen Institutionen auszutragen seien[61]. Großes Konfliktpotential betreffe im Rahmen familiärer Konflikte vor allem Fragen der religiösen Eheschließung[62]. Häufigster Fall sei der Scheidungswunsch von Frauen aufgrund von Vernachlässigungen von Familienaufgaben oder häuslicher Gewalt seitens der Ehemänner[63]. Damit einher gehe der Umstand, dass die Scheidung bzw. Verstoßung (arab. *talaq*) ein alleiniges Recht des Ehemannes darstelle und dies missbraucht werde, um der Frau im Gegenzug unzumutbare Bedingungen aufzudrängen[64]. Entsprechend problematisch sei, dass das deutsche Recht keine Regelungen für rein religiöse Eheschließungen vorweise, da lediglich standesamtliche Zivilehen anerkannt seien. Falls eine solche religiöse Ehe scheitere, gäbe es keine verbindlichen Regelungen für Fragen des Unterhalts- oder Sorgerechts[65]. Im Falle einer ausschließlich religiös geschlossenen Ehe stehe den beteiligten Frauen somit nur der Weg zu religiösen Würdenträgern als Vermittler offen, um ihre Interessen durchzusetzen. Dies bereite den Weg für die „Paralleljustiz"[66].

3. Anwendung islamischer Normen

Allgemein sei die „Paralleljustiz" für keine ethnische oder religiöse Gruppierung charakteristisch und beruhe in der Regel auf kulturellen Gewohnheiten[67]. So sei das Phänomen auch

---

57 Ebda., S. 35, 41.

58 Ebda., S. 19 ff.

59 Ebda., S. 19 f.

60 Ebda., S. 67, 167.

61 Ebda., S. 18 f.

62 Ebda., S. 21 ff., 124 ff., 170 ff.

63 Ebda., S. 22.

64 Ebda., S. 125, 127.

65 Ebda., S. 124.

66 Ebda., S. 22, 127.

67 Ebda., S. 13, 35.

nicht typisch für eine bestimmte Religionszugehörigkeit. Islamisches Recht würde aber im Bereich des Familienrechts, speziell bei der Eheschließung und Ehescheidung angewandt[68]. Auch werde das Bestreben nach einvernehmlichen Konfliktlösungen im Islam zwar als wünschenswert angesehen[69], die Motivation, familiäre Probleme intern aufzulösen, stütze sich aber primär auf traditionelle Werte[70]. Zudem werde schlichtenden religiösen Autoritäten[71] neben religiöser Legitimität auch moralische Souveränität zugetraut[72]. Entsprechend sei die Tätigkeit von Imamen von hinreichender Bedeutung, da viele Familienkonflikte im Zusammenhang mit islamischen (Gesellschafts-)Normen stünden[73]. Angesichts der starken ethnischen Vielfalt wichen die religiösen Akteure jedoch voneinander ab und es nähmen sich auch nicht alle Moscheen entsprechender Probleme an[74]. Nach einem Bericht der Türkisch-Islamischen Union der Anstalt für Religion (türk. abgekürzt als *DİTİB*) würden ihre Imame der Masse an Schlichtungsanfragen teils jedoch kaum noch gerecht werden[75]. Letztlich könnten ca. 10 Prozent der im Rahmen von islamischen Zentren erfolgten Schlichtungen als religiöse Entscheidungen eingeordnet werden[76]. Auch würden sich die Schlichter zumindest bei der Beilegung von Familienkonflikten regelmäßig auf das islamische Recht berufen[77]. Gewohnheitsrecht werde daneben auch angewandt, dies sei jedoch islam-rechtlich legitim und darüber hinaus auch eine wichtige Quelle der Rechtsfindung[78].

4. Das *ṣulḥ*-Verfahren

Eines der wichtigsten Instrumente zur Streitbeilegung sei die Versöhnung (arab. *ṣulḥ*), mit der die Clans versuchen würden, Konflikte eigenmächtig ohne Eskalation zu lösen[79]. Das sog. *ṣulḥ*-Verfahren erkennen die Autoren dabei in diversen Sachverhalten der Berliner

---

[68] Ebda., S. 12; wie erwähnt, sei insbesondere die rein religiöse Eheschließung ein Einfallstor für die Schlichtung durch religiöse Autoritäten und es fänden sich auch Moscheen und Imame, die sich an polygamer religiöser Eheschließung beteiligen würden; siehe ebda. S. 21 ff.

[69] Ebda., S. 21.

[70] Ebda., S. 61 f.

[71] In der Studie wird eine religiöse Vermittlung grundsätzlich weit gefasst als „Verhandlungsprozess, den islamische Akteure [...] durchführen, die ihre Legitimation und ihre Handlungsmotivation aus der islamischen Religion und ihren Werten ableiten, sowie ihre Maßnahmen zur Beilegung alltäglicher, die Muslime betreffenden Konflikte auf der Basis religiöser Texte“ definiert; siehe ebda. S. 101.

[72] Ebda., S. 97.

[73] Ebda., S. 98; solche Vermittlungen in Familienangelegenheiten würden sogar eine der wichtigsten Funktionen von Moscheen und islamischen Zentren einnehmen; siehe ebda. S. 100.

[74] Ebda., S. 103 f.

[75] Ebda., S. 104.

[76] Ebda., S. 148.

[77] Ebda., S. 156.

[78] Ebda., S. 158.

[79] Ebda., S. 72.

Strafverfahren wieder[80]. Diese Form der Streitbeilegung gehe auf eine vorislamische Zeit zurück und sei von den Muslimen übernommen worden und sogar Bestandteil des islamischen Rechtssystems. Ursprünglich handele es sich dabei um eine traditionelle Form der Schlichtung, die auf Normen arabischer Stämme basiere. Es sei aber üblich, dass sich Rechtssysteme in arabischen Staaten wie dem Libanon oder Palästina aus einer Mixtur von Stammesnormen und Zivilgesetzen zusammensetzen[81].

5. Zwischenergebnis

Zusammenfassend sei die kulturelle Prägung bei der „Paralleljustiz" nach der Studie zwar das primäre Element[82], jedoch zeigt die Aktivität von religiösen Würdenträgern im Rahmen von religiösen Einrichtungen unter – wenn auch nur teilweiser – Anwendung von islamischem Recht, dass eine religiöse Rechtfertigung zumindest nicht gänzlich abwegig erscheint. So scheint auch das *ṣulḥ*-Verfahren islamische Normen einzubeziehen.

Weiter kann festgehalten werden, dass Frauen aufgrund patriarchalischer Familienstrukturen mitsamt korrespondierender Ehrvorstellungen, die teils auch auf islamische Normen rückführbar sind, systematisch diskriminiert werden. Die islamische Eheschließung unter Vermeidung von Zivilehen scheint dabei ein großer Konfliktherd zu sein, da bei entsprechenden Schlichtungen klassisch islamische Normen und Wertvorstellungen statt zivilrechtlicher Maßstäbe zur Anwendung gelangen.

Zudem scheinen die Beteiligten von ihren Vorstellungen zu „Paralleljustiz" bis heute nicht abzurücken, da es integratorische Fehler gab, die eine (zwanghafte) Weitergabe der Werte an die nachfolgenden Generationen begründen.

Zuletzt muss jedoch darauf hingewiesen werden, dass die Studie nur den Lebensraum Berlin abdeckt und angesichts des darüberhinaus bestehenden Dunkelfeldes keine repräsentative Wirkung entfalten kann[83].

III. Ausblick

Bis heute können angesichts der mangelhaften Faktenlage keine abschließenden Aussagen zum Phänomen der „Paralleljustiz" im deutschen Raum getätigt werden[84]. Dennoch kann man den wenigen *empirischen* Quellen erste einheitliche Tendenzen entnehmen:

---

80 Ebda., S. 82 ff.

81 Ebda., S. 72.

82 Ebda., S.166 f.

83 Dennoch stellt sie die bisher umfangreichste empirische Erfassung des Phänomens dar, auf die sich auch die Bundesregierung im Rahmen einer Antwort auf eine kleine Anfrage im Bundestag bezüglich ihres Erkenntnisstandes zu „Paralleljustiz" beruft; siehe BT-Drs. 19/4150; wie eingangs erwähnt, decken sich die wesentlichen Ergebnisse auch mit den weiteren Erhebungen; siehe Fn. 23.

84 *Elliesie*, Konfliktregulierung (Fn. 8), S. 5.

- Es handelt sich um eine informelle Form der Streitschlichtung unter dem regelmäßigen Ausschluss staatlicher Justiz, die *auch* von muslimisch stämmigen Menschen in Deutschland betrieben wird und dabei nicht institutionalisiert ist[85], sondern von individuell handelnden Autoritäten des Milieus („Friedensrichtern") ausgeübt wird.
- Die Streitbeilegungsmechanismen werden als Tradition vererbt und sind *vornehmlich* kulturell bedingt. Der Islam sieht das (prozessuale) Bestreben nach einer einvernehmlichen Konfliktlösung aber wohl als wünschenswert an und islamische Würdenträger werden entsprechend als Schlichter eingesetzt. Inhaltich finden islamisch Normen überwiegend im Rahmen von familienrechtlichen Fragen eine unmittelbare Anwendung. Diese Normen haben das Potential, Frauen einseitig zu diskriminieren.
- Zudem werden Frauen grundsätzlich als Objekte und ohne Zubilligung eigener Rechte bzw. der Verfolgung eigener Interessen behandelt. Insofern werden sie als maßgebliches Ehrsubjekt der Familie behandelt. Weiterhin fallen entsprechende Konflikte in die Intimsphäre der Familien und werden intern verhandelt, um die Familienehre gegenüber Außenstehenden zu wahren. Fundament für die Unterdrückung des weiblichen Geschlechts scheint auch zu sein, dass Bildungsdefizite und dies insbesondere bezüglich der Unkenntnis der deutschen Sprache feststellbar sind, die als Hemmnis zur Anrufung deutscher (Justiz-)Behörden wirken.
- Die allgemeine Abschottung von der deutschen Justiz ist auch auf integrationspolitische Versäumnisse zurückzuführen. Dadurch haben sich Parallelgesellschaften gebildet, in deren Rahmen die aus dem Nahen Osten importierte „Paralleljustiz" als Kulturgut aufrechterhalten wird.

---

85 Wie es bespielsweise suggeriert, wird von *M. Erath*, Der Koran als Gesetz – Schariagerichte in Deutschland, in: Deutsche Welle, Sendung der Reihe Politik Direkt, 16.3.2012, https://www.dw.com/de/der-koran-als-gesetz-schariagerichte-in-deutschland/av-6730844 (1.10.2023); *Sabinsky-Wolf*, Scharia-Gerichte (Fn. 2); dazu siehe weiterhin *Majer*, Scharia-Gerichte (Fn. 4), S. 128; die Debatte entstand mit Blick auf die in Kanada oder Großbritannien anerkannte islamische Schiedspraxis (sog. Sharia Councils); siehe *M. Ohlenschlager*, Scharia und Grundgesetz: Über die Anwendbarkeit islamischen Rechts im Geltungsbereich des Grundgesetzes, 2017, S. 235 f.; *F. Hötte*, Religiöse Schiedsgerichtsbarkeit: Angloamerikanische Rechtspraxis, Perspektive für Deutschland, 2013, S. 159 ff., 175 ff.; anders als staatlich anerkannte Scharia-Gerichte, die sich mit zivilrechtlichen Belangen auseinandersetzen, treten die gegenständlichen „Friedensrichter" im Rahmen der „Paralleljustiz" informell auf und sind daher thematisch zu trennen; siehe *Schirrmacher*, Friedensrichter (Fn. 4), S. 13, 21; für eine Übersicht zu gesetzlichen Grundlagen, zu gesellschaftlichen Debatten und einer tatsächlichen Einrichtung solcher Gerichte in Europa und Nordamerika siehe noch *M. Brocker*, Scharia-Gerichte in westlichen Demokratien. Eine Betrachtung aus Sicht der Politischen Philosophie, in: ZfP 2012, S. 314 (319 f.).

Diese Tendenzen werden nachfolgend im Rahmen der verfassungsrechtlich relevanten Faktoren des weiblichen Geschlechts, der Religion sowie der Herkunft der Beteiligten nach Art. 3 GG untersucht.

C. Begründet die „religiöse Paralleljustiz" einen zu ahndenden Verstoß gegen die Gleichheitssätze nach Art. 3 GG?

Den Quellen lassen sich bei „Parallejustiz" vorherrschende Strukturen entnehmen, die die Diskriminierung beteiligter Frauen zumindest begünstigen. Dies insbesondere mit Blick auf die Zwangsausübung zur Teilnahme am Verfahren sowie auf die einseitig ausgestalteten Entscheidungen auf der vermeintlichen Grundlage islamischer Normen.

Aufzulösen ist insofern, ob die Inkaufnahme dieser Praxis einen Verstoß gegen einen Rechtswert von Art. 3 GG begründet, der den Schutz vor Geschlechterdiskriminierung bzw. die Förderung der Gleichbehandlung von Mann und Frau vorsieht[86]. Im Anschluss stellt sich die Frage, inwiefern der Staat im Falle positiver Feststellung zu gegenläufigen Maßnahmen berechtigt ist.

I. Grundkonzeption der Geschlechtergleichberechtigung nach Art. 3 GG

Der Gedanke der Gleichberechtigung der Geschlechter resultiert aus der Feststellung, dass eine differierende Behandlung der Geschlechter nicht sachgerecht erscheint, da Männern und Frauen – zumindest heute[87] – grundsätzlich[88] die gleichen Rechte und Pflichten in der Gesellschaft zukommen. Trotz der Zugehörigkeit zu verschiedenen Geschlechtergruppen soll ihnen der identische rechtliche und tatsächliche Status zukommen[89].

Insofern ist es angezeigt den, diese Werte augenschenlich schützenden, Art. 3 GG hinsichtlich seiner verfassungsrechtlichen Vorgaben zu beleuchten.

---

[86] Darauf deutet beispielsweise die Aussage zur Paralleljustiz „Die Grundentscheidungen unserer Verfassung werden in unerträglicher Weise ignoriert, wie insbesondere die Gleichbehandlung von Mann und Frau" hin; siehe *Bausback*, Bayern (Fn. 4), S. 19; weitergehend zu entsprechenden Konfliktfällen mit traditionellen islamischen Vorstellungen siehe *BMJV*, Paralleljustiz (Fn. 3), S. 4; siehe zudem *Elliesie/Rigoni*, Paralleljustiz (Fn. 22), S. 22 f.

[87] Die Idee der Gleichberechtigung von Mann und Frau in rechtlicher Hinsicht hat sich erst langsam seit der Revolution von 1918 entwickeln können; siehe dazu *W. Heun*, in: H. Dreier (Hrsg.), Grundgesetz-Kommentar, Bd. I, 3. Aufl. 2013, Art. 3 Rn. 1 ff.; *K. Stern/M. Sachs/J. Dietlein*, Die Gleichberechtigung von Mann und Frau, in: K. Stern, Das Staatsrecht der Bundesrepublik Deutschland, Bd. IV/2, 2011, S. 1599; zu der verfassungsrechtlichen Entwicklung der Gleichberechtigung der Geschlechter siehe Kap. C.I.2.a).

[88] Dagegen siehe nur Art. 12a Abs. 1, 4 GG; dazu *K.-A. Schwarz*, in: G. Dürig/R. Herzog/R. Scholz (Hrsg.), Grundgesetz-Kommentar, Art. 12a (2015), Rn. 75.

[89] *D. Richter*, Gleichberechtigung von Mann und Frau, in: D. Merten/H.-J. Papier (Hrsg.), Handbuch der Grundrechte in Deutschland und Europa, Bd. V, 2013, § 126 Rn. 1.

1. Der subsidiäre allgemeine Gleichheitssatz nach Art. 3 Abs. 1 GG

Zunächst bietet sich ein Blick auf die Wertungen des allgemeinen Gleichheitssatzes nach Art. 3 Abs. 1 GG hinsichtlich der Gleichberechtigung von Mann und Frau zu werfen.

Dieser konstutiert im Zuge der Formulierung „Alle Menschen sind vor dem Gesetz gleich" ein subjektiv öffentliches (Abwehr-)Recht auf Gleichbehandlung[90]. Gebunden werden – wie auch durch die nachfolgenden Absätze – nach Art. 1 Abs. 3 GG[91] (zumindest) *unmittelbar* alle drei Staatsgewalten. Aufgrund der engen Bindung an die Garantie der Menschenwürde[92] sowie an das Recht auf Persönlichkeitsentfaltung wird Art. 3 Abs. 1 GG von der sog. Ewigkeitsgarantie des Art. 79 Abs. 3 GG[93] erfasst[94]. Berechtigt sind alle Menschen im Sinne natürlicher Personen sowie auch juristische Personen des Privatrechts i.S.v. Art. 19 Abs. 3 GG[95].

a) Rechtfertigung von Ungleichbehandlungen

Der allgemeine Gleichheitssatz nach Art. 3 Abs. 1 GG verbietet die ungerechtfertigte Ungleichbehandlung von wesentlich Gleichem sowie die Gleichbehandlung von wesentlich Ungleichem seitens der verpflichteten staatlichen Stellen[96]. Insofern ist der allgemeine Gleichheitssatz dann verletzt, wenn „eine Gruppe von Normadressaten oder Normbetroffenen im Vergleich zu einer anderen anders behandelt wird, obwohl zwischen beiden Gruppen keine Unterschiede von solcher Art und solchem Gewicht bestehen, dass sie die unterschiedliche Behandlung rechtfertigen können"[97].

---

90 *J. v. Achenbach*, in: F. Brosius-Gersdorf (Hrsg.), Dreier-Grundgesetz-Kommentar, 4. Aufl. 2023, Art. 3 II, III Rn. 24 f.; *S. Boysen*, in: I. v Münch/P. Kunig (Begr.), Grundgesetz-Kommentar, Bd. 1, 7. Aufl. 2021, Art. 3 Rn. 1; *Heun*, (Fn. 87), Art. 3 Rn. 18.

91 „Die nachfolgenden Grundrechte binden Gesetzgebung, vollziehende Gewalt und Rechtsprechung als unmittelbar geltendes Recht." Art. 1 Abs. 3 GG.

92 Nach *Hasso Hofmann* garantiert Art. 1 Abs. 1 GG die „prinzipielle rechtliche Gleichheit aller Menschen" und verbiete daher „jede Art systematischer Diskriminierung oder Demütigung" *H. Hofmann*, Die versprochene Menschenwürde, in: AöR 118 (1993), S. 353 (363).

93 „Eine Änderung dieses Grundgesetzes, durch welche die Gliederung des Bundes in Länder, die grundsätzliche Mitwirkung der Länder bei der Gesetzgebung oder die in den Artikeln 1 und 20 niedergelegten Grundsätze berührt werden, ist unzulässig." Art. 79 Abs. 3 GG; dazu eingehend *D. Zacharias*, Die sog. Ewigkeitsgarantie des Art. 79 Abs. 3 GG, in: M. Thiel (Hrsg.), Wehrhafte Demokratie, 2003, S. 57.

94 BVerfGE 84, 90 (121); *Heun* (Fn. 87), Art. 3 Rn. 16.

95 *Boysen* (Fn. 90), Art. 3 Rn. 29, 31; *H. D. Jarass*, in: ders./B. Pieroth (Begr.), Kommentar zum Grundgesetz für die Bundesrepublik Deutschland, 16. Aufl. 2020, Art. 3 Rn. 7.

96 *Boysen* (Fn. 90), Art. 3 Rn. 62; *J. Englisch*, in: K. Stern/F. Becker (Hrsg.), Grundrechte-Kommentar, 3. Aufl. 2019, Art. 3 Rn. 9 f., 105; *Jarass* (Fn. 95), Art. 3 Rn. 10, 12.

97 BVerfGE 55, 72 (88).

Zu der Feststellung einer Ungleichbehandlung sind also zunächst Vergleichsgruppen zu bilden[98], die bei „Paralleljustiz" durch Männer und Frauen Gestalt annehmen können.

Eine Benachteiligung könnte wiederum grundsätzlich darin bestehen, dass sich im Rahmen des Verfahrens für eine Gruppe nachteilige Sachentscheidungen ergeben[99].

Zur Rechtfertigung einer etwaigen Ungleichbehandlung im Rahmen der „Paralleljustiz" ist sodann – und dies zunächst unabhängig von der Frage, ob Art. 3 Abs. 1 GG überhaupt die mutmaßlichen Verursacher in Gestalt der beteiligten Männer bzw. natürlichen Personen bindet (Art. 1 Abs. 3 GG) – zu berücksichtigen, dass Art. 3 Abs. 1 GG keinen Gesetzesvorbehalt vorsieht[100]. Insofern bereitet insbesondere eine (gesetzliche) Ungleichbehandlung aufgrund von Gründen, die keinen unmittelbaren, kollidierenden verfassungsrechtlichen Bezug[101] vorweisen, Sorge[102]. Vor diesem Hintergrund hat das Bundsverfassungsgericht konkrete Anforderungen entwickelt, die grundsätzlich zum Zwecke der Rechtfertigung herangezogen werden und heute[103] durch die sog. neue Formel Gestalt annehmen[104]. Unter Einbeziehung der darauf aufbauenden Judikatur bedarf eine Rechtfertigung Sachgründe, „die dem Differenzierungsziel und dem Ausmaß der Ungleichbehandlung angemessen sind. Dabei gilt ein stufenloser am Grundsatz der Verhältnismäßigkeit orientierter verfassungsrechtlicher Prüfungsmaßstab, dessen Inhalt und Grenzen sich nicht abstrakt, sondern nur nach den jeweils betroffenen unterschiedlichen Sach- und Regelungsbereichen bestimmen lassen"[105] Unter Berücksichtigung des Verhältnismäßigkeitsgrundsatzes[106] muss die Ungleichbehandlung folglich zur Erreichung des Zwecks erforderlich, geeignet, sowie verhältnismäßig im engeren Sinne sein.

---

98 *Boysen* (Fn. 90), Art. 3 Rn. 63; *Englisch* (Fn. 96), Art. 3 Rn. 10; *A. Nußberger*, in: M. Sachs (Hrsg.), Grundgesetz-Kommentar, 8. Aufl. 2018, Art. 3 Rn. 80; *Jarass* (Fn. 95), Art. 3 Rn. 10.

99 Zur Benachteiligung im Sinne eines „Nachteils" siehe *Jarass* (Fn. 95), Art. 3 Rn. 14; einen Überblick über die Feststellung von Ungleichbehandlung im Sinne von Rechtsnormen gibt *Boysen* (Fn. 90), Art. 3 Rn. 63.

100 Dazu weitergehend *Boysen* (Fn. 90), Art. 3 Rn. 102 f.

101 Zu einer Rechtfertgigung auf Grund kollidierenden Verfassungsrechts siehe *M. Sachs/C. Jasper*, Der allgemeine Gleichheitssatz. Das Eingriffsmodell zu Art. 3 I GG als Abwehrrecht, in: JuS 2016, S. 769 (773).

102 *Boysen* (Fn. 90), Art. 3 Rn. 102.

103 Ursprünglich wurde vom Bundesverfassungsgericht die sog. Willkürformel vertreten. Danach ist der Gleichheitssatz verletzt, „wenn sich ein vernünftiger, sich aus der Natur der Sache ergebender oder sonstwie sachlich einleuchtender Grund für die gesetzliche Differenzierung oder Gleichbehandlung nicht finden lässt, kurzum, wenn die Bestimmung als willkürlich bezeichnet werden muss" BVerfGE 1, 14 (52).

104 Zu der Entwicklung von dem traditionellen Willkürverbot hin zu der sog. neuen Formel siehe *Englisch* (Fn. 96), Art. 3 Rn. 11 ff.

105 BVerfGE 75, 108 (157); 93, 319 (348 f.); 107, 27 (46); 126, 400 (416); 129, 49 (69).

106 *Boysen* (Fn. 90), Art. 3 Rn. 104; dazu kritisch *Nußberger* (Fn. 98), Art. 3 Rn. 90 f.

Zusammenfassend kann schon angesichts des allgemeinen Gleichheitssatzes nach Art. 3 Abs. 1 GG eine verfassungsrechtliche Gewährleistung der Gleichberechtigung der Geschlechter angenommen werden, wobei – zumindest ohne schon die Bindungswirkungen von Art. 3 Abs. 1 GG nach Art. 1 Abs. 3 GG ins Auge zu fassen – entsprechende Defizite im Sinne der neuen Formel zu messen sein könnten.

b) Verhältnis zu den besonderen Gleichheitssätzen

In Abgrenzung zu den allgemeinen Anforderungen an die Gleichberechtigung von Mann und Frau im Lichte von Art. 3 Abs. 1 GG sind insbesondere die speziellen geschlechtsbezogenen Werte des Art. 3 Abs. 2, 3 GG zu beleuchten.

So gilt es, das Verhältnis des allgemeinen Gleichheitssatzes zu den speziellen Gleichheitssätzen aufzulösen. Dies ist der Fall, da wie eingangs erwähnt, eine etwaige Ungleichbehandlung *grundsätzlich* schon unter Art. 3 Abs. 1 GG subsumiert werden könnte.

Nach überwiegender Ansicht wird Art. 3 Abs. 1 GG zumindest bei Überschneidung[107] der betroffenen Merkmale durch die Regelungen in Art. 3 Abs. 2, 3 GG aufgrund abschließender Regelungen bzw. Anforderungen verdrängt[108]. Entscheidend ist im Sinne eines Verständnisses von lex specialis zu lex generalis folglich, ob ein etwaiger speziellerer Gleichheitssatz die bei „Paralleljustiz" vermutete Ungleichbehandlung im Sinne einer verbotenen Differenzierung wegen des Geschlechts erfasst.

Mit Blick darauf existieren gleich mehrere Anknüpfungspunkte hinsichtlich einer ablehnungswürdigen Ungleichbehandlung der Geschlechter:

- „Männer und Frauen sind gleichberechtigt" (Abs. 2 S. 1),
- „Der Staat fördert die tatsächliche Durchsetzung der Gleichberechtigung von Frauen und Männern und wirkt auf die Beseitigung bestehender Nachteile hin." (Abs. 2 S. 2) und
- „Niemand darf wegen seines Geschlechtes [...] benachteiligt oder bevorzugt werden" (Abs. 3 S. 1)[109].

---

[107] Eine Anwendung von Art. 3 Abs. 1 GG neben Art. 3 Abs. 2, 3 GG ist dagegen möglich, wenn zwar der selbe Sachverhalt, aber nicht das selbe Merkmal (wie das Geschlecht) betroffen ist; siehe *Nußberger* (Fn. 98), Art. 3 Rn. 78; *Sachs/Jasper*, Gleichheitssatz (Fn. 101), S. 775.

[108] BVerfGE 85, 191 (206); *Heun* (Fn. 87), Art. 3 Rn. 142; *Englisch* (Fn. 96), Art. 3 Rn. 159; *C. Langenfeld*, in: Maunz/Dürig Grundgesetz-Kommentar, Art. 3 Abs. 2 (2015), Rn. 12 ff.; *Nußberger* (Fn. 98), Art. 3 Rn. 77 f.; *Richter*, Gleichberechtigung (Fn. 89), § 136 Rn. 34; *Sachs/Jasper*, Gleichheitssatz (Fn. 101), S. 775.

[109] Insbesondere das subjektiven Abwehrrecht in Form der Diskriminierungsverbots nach Art. 3 Abs. 3 S. 1 GG weist eine maßgebliche Überschneidung zu der Schutzrichtung des Art. 3 Abs. 1 GG auf *Boysen* (Fn. 90), Art. 3 Rn. 116.

Insofern ist für die Feststellung etwaiger Frauendsikriminierung bei „Paralleljustiz“ angezeigt, ein besonderes Augenmerk auf diese Rechtswerte zu werfen.

2. Die speziellen besonderen Gleichheitssätze nach Art. 3 Abs. 2, 3 GG

Angesichts des zuvor benannten Wortlauts von Art. 3 Abs. 2, 3 GG werden zunächst drei spezielle Regelungskomplexe deutlich: So ist der Grundsatz der Gleichberechtigung in Art. 3 Abs. 2 S. 1 GG enthalten, während Art. 3 Abs. 2 S. 2 GG ein explizites Förderungsgebot vorsieht und zuletzt Art. 3 Abs. 3 S. 1 GG noch ein Diskriminierungsverbot „wegen“ des Geschlechtes enthält[110].

Demnach gilt es, die die Gleichberechtigung sowie Diskriminierung von Frauen betreffenden speziellen Rechtswerte aus Art. 3 Abs. 2, 3 S. 1 GG systematischnachvollziehbar auf den Fall der „Paralleljustiz“ anzuwenden.

a) Verfassungsrechtliche Entwicklung des Art. 3 Abs. 2, 3 S. 1 GG

Da der Art. 3 Abs. 2, 3 S. 1 GG das Geschlecht[111] vielfach aufführt, muss zunächst die grundsätzliche Systematik hinsichtlich dieses Merkmals erschlossen werden. Zu diesem Zweck ist ein erster Blick auf die verfassungsrechtlichen Ursprünge des Gleichberechtigungsgebots geboten.

aa) Verfassungsrechtliche Ursprünge des Gleichberechtigungsgebots

Um eine Antwort auf die Systematik zu finden, bietet sich zunächst ein Blick auf die Entstehung des verfassungsrechtlichen Gleichberechtigungsgebots sowie Diskriminierungsverbots an. Die Gleichberechtigung von Männern und Frauen ist ein Gedanke, der sich erst seit Anfang des 20. Jahrhunderts langsam in Europa entfaltet. Während der Weimarer Republik wurde erstmals 1919 im Wege des Art. 109 Abs. 2 WRV reglementiert, dass „Männer und Frauen […] grundsätzlich dieselben staatsbürgerlichen Rechte und Pflichten [haben]“[112]. Angesichts der Begrenzung auf *grundsätzlich* gleich zu garantierende staatsbürgerliche Rechte und Pflichten sowie des Vorbehalts aller Reichs- und Landtagsgesetze bedurfte es für eine Realisierung konkretisierender Gesetze. Die Verabschiedung solcher Gesetze scheitert jedoch am massiven politischen Streit um die Gleichberechtigung der

---

110 *Boysen* (Fn. 90), Art. 3 Rn. 155.

111 Das Geschlecht i.S.v. Art. 3 GG bezieht sich auf die Eigenschaft eines Menschen als Frau oder Mann, was grundsätzlich anhand der körperlichen Geschlechtsmerkmale bestimmt wird; siehe *Englisch* (Fn. 96), Art. 3 Rn. 77.

112 *S. Baer/N. Markard*, in: H. v. Mangoldt/F. Klein/C. Starck, Kommentar zum Grundgesetz, Bd. I, 7. Aufl. 2018, Art. 3 Rn. 339; *Richter*, Gleichberechtigung (Fn. 89), § 136 Rn. 26.

Frauen zumeist schon im Entwicklungsstadium. Damit hat Art. 109 Abs. 2 WRV kaum dafür Sorge tragen können, dass der gesellschaftlichen Privilegierung von Männern hinreichend Einhalt geboten werden konnte[113].

Daher wurde im Wege des Grundgesetzes (1949) mitsamt Art. 3 Abs. 2 GG (a.F.) ein neuer Ansatz gewagt: Mit der uneingeschränkten Formulierung „Männer und Frauen sind gleichberechtigt“ wurde Art. 109 Abs. 2 WRV nun über die staatsbürgerlichen Rechte und Pflichten hinaus erweitert[114]. Damit sah Art. 3 Abs. 2 GG (a.F.) ein *Gebot* der Gleichberechtigung der Geschlechter und Art. 3 Abs. 3 GG (a.F.) ein *Verbot* der Benachteiligung – unter anderem – wegen des Geschlechts vor[115]. Diese beiden Formulierungen wurden gewählt, damit Abs. 2 den Unterschied zu Art. 109 Abs. 2 WRV hervorheben und Abs. 3 als Differenzierungsverbot darüber hinaus klarstellend Wirkung entfalten konnte, so dass der Gleichbehandlungsgrundsatz für die gesamte Rechtsordnung[116] und so insbesondere auch für Regelungen von Ehe und Familie Wirkung entfaltet[117]. Damit wurde Gleichberechtigung zumindest aus *rechtlicher* Perspektive negiert, wenn ein formelles Gesetz nur an die Angehörigen eines Geschlechtes adressiert ist, beide Geschlechter divergierend behandelt oder gar unterschiedliche Sanktionen für dasselbe Verhalten vorsieht[118].

In den 80er Jahren haben Stimmen in der Literatur den Versuch angestellt, aus Art. 3 Abs. 2 GG in Verbindung mit dem Sozialstaatsprinzip nach Art. 20 Abs. 1, 28 Abs. 1 S. 1 GG einen über die rechtliche Gleichstellung hinausgehenden Auftrag zu einer *faktischen* bzw. tatsächlichen Gleichstellung der Geschlechter herzuleiten[119].

---

[113] *C. Starck*, Woher kommt das Recht?, 2015, S. 173 f.; *Richter*, Gleichberechtigung (Fn. 89), § 136 Rn. 26; *Stern/Sachs/Dietlein*, Gleichberechtigung (Fn. 87), S. 1605.

[114] *M. Sachs*, Besondere Gleichheitsgarantien, in: J. Isensee/P. Kirchhof (Hrsg.), Handbuch des Staatsrechts der Bundesrepublik Deutschland, Bd. VIII, 3. Aufl. 2010, § 182 Rn. 86.

[115] Aufgrund der nun verfassungsrechtlich gebotenen Gelichberechtigung musste daher die gesamte Rechtsordnung umfangreich umgestaltet werden. Dafür war in Art. 117 Abs. 1 GG eine Anpassungsfrist bis zum 31. März 1953 vorgesehen, die rückblickend zu kurz bemessen war, da noch deutlich später Gesetzesänderungen des Familien- Arbeits- oder Sozialrecht von Nöten waren; siehe *Boysen* (Fn. 90), Art. 3 Rn. 155 f.; *Sachs*, Gleichheitsgarantien (Fn. 114), § 182 Rn. 99 ff.

[116] *Starck*, Recht (Fn. 113), S. 174; dabei war schon das Merkmals des Geschlechts in Art. 3 Abs. 3 GG (a.F.) im Rahmen der Beratungen des Parlamentarischen Rates sehr umstritten, weshalb es nicht überrascht, dass auch die gesonderte Gewährleistung der Gleichberechtigung von Männern und Frauen in Abs. 2 erst gegen massiven Widerstand Einzug erhielt; siehe *Baer/Markard* (Fn. 112), Art. 3 Rn. 339; *Boysen* (Fn. 90), Art. 3 Rn. 155; *Nußberger* (Fn. 98), Art. 3 Rn. 227, 231; weitergehend siehe noch *B. Böttger*, Das Recht auf Gleichheit und Differenz, 1990, S. 160 ff.

[117] *Baer/Markard* (Fn. 112), Art. 3 Rn. 340.

[118] *Richter*, Gleichberechtigung (Fn. 89), § 126 Rn. 8, 29 ff.

[119] Ebda., § 126 Rn. 8; *Starck*, Recht (Fn. 113), S. 175.

bb) Die Nachtarbeitsverbot-Entscheidung

Das Bundesverfassungsgericht griff diesen Gedanken auf und führte erstmals in der sog. Nachtarbeitsverbot-Entscheidung[120] aus, dass der über das Diskriminierungsverbot des Art. 3 Abs. 3 GG hinausgehende Regelungsgehalt von Art. 3 Abs. 2 GG darin bestehe, „dass er ein Gleichberechtigungsgebot aufstellt und dieses auch auf die gesellschaftliche Wirklichkeit erstreckt“[121]. Seit dieser Entscheidung hat das Bundesverfassungsgericht über den Wortlaut des ursprünglichen Gleichberechtigungsgebots hinaus eine weitergehende staatliche Schutzpflicht zum Zwecke einer tatsächlichen gesellschaftlichen Gleichberechtigung aufgestellt. Diese sollte auch als Legitimationsgrundlage für den Ausgleich entsprechender tatsächlicher Nachteile dienen und sogar verstärkend Einfluss auf eine Etablierung im Privatrechtsverkehr nehmen[122]. Schlussendlich wurde als Reaktion auf die benannten Stimmen in der Literatur, der Rechtsprechung des Bundesverfassungsgerichts sowie der Frauenbewegung in der Nachkriegszeit[123] im Wege einer Verfassungsänderung von 1994 der zweite Absatz um einen Satz ergänzt, der nun ein bis heute geltendes Gleichstellunggebot anordnet[124]. Seit dieser Verfassungsrevision ist die benannte Auslegung von Literatur und Bundesverfassungsgericht obsolet[125].

b) Ausblick

Angesichts der offenen Formulierung hat der Verfassungsgeber die Auslegung von insbesondere Art. 3 Abs. 2 GG dem Gesetzgeber sowie der Rechtsprechung übertragen[126], was bis heute anhaltende Diskussionen zur Folge hat. Diese werden insbesondere geführt, da trotz der in Art. 3 Abs. 2 GG verankerten Gleichberechtigung der Geschlechter bis heute Diskrepanzen zwischen der formal-rechtlichen Gleichstellung und der sozialen Wirklichkeit beobachtet werden[127].

---

[120] Das Urteil hatte ein gesetzliches Verbot der Nachtarbeit von Frauen in Fabriken zum Gegenstand, das noch aus dem deutschen Kaiserreich stammte. Hintergrund war die patriarchalische Vorstellung, dass die nächtliche Arbeit von insbesondere jungen Frauen einem Sittenverfall gleichkäme; siehe *S. Schmitt*, Der Arbeiterinnenschutz im Deutschen Kaiserreich, 1995, S. 9 ff.

[121] BVerfGE 85, 191 (206 f.).

[122] BverfGE 89, 276 (286); 85, 191 (207); 92, 91 (109); 97, 332 (347 f.); 109, 64 (89 f.); umfangreiche Ausführungen zu dieser neuartigen Rechtsprechung des Bundesverfassungsgerichts bei *Nußberger* (Fn. 98), Art. 3 Rn. 258 ff.

[123] *Baer/Markard* (Fn. 112), Art. 3 Rn. 341.

[124] BT-Drs. 12/6000, S. 50; *v. Achenbach* (Fn. 90), Art. 3 II, III Rn. 1; *Baer/Markard* (Fn. 112), Art. 3 Rn. 341; *Nußberger* (Fn. 98), Art. 3 Rn. 224; *Richter*, Gleichberechtigung (Fn. 89), § 126 Rn. 8.

[125] *Boysen* (Fn. 90), Art. 3 Rn. 162; *Langenfeld* (Fn. 108), Art. 3 Abs. 2 Rn. 88; *Sachs*, Gleichheitsgarantien (Fn. 114), § 182 Rn. 82; *Starck*, Recht (Fn. 113), S. 175.

[126] *Baer/Markard* (Fn. 112), Art. 3 Rn. 341.

[127] *v. Achenbach* (Fn. 90), Art. 3 II, III Rn. 20 f., 23; *Heun* (Fn. 87), Art. 3 Rn. 98; siehe dazu die Angaben bei *Bundesministerium für Familie, Senioren, Frauen und Jugend*, Familienreport 2012, S. 70 ff.; *World Economic Forum*, The Global Gender Gap Report 2020, S. 9 ff., 29.

Insofern gilt es nachfolgend zunächst konkrete Feststellungen hinsichtlich einer etwaigen Diskrepanz zwischen einer formal-rechtlichen Gleichstellung und sozialen Wirklichkeit von Frauen im Rahmen von „religiöser Paraleljustiz“ festzustellen. Sodann wird der Versuch angestellt, die geschlechtsbezogenen Wertungen der besonderen Gleichheitssätze systematisch nachvollziehbar der sich augenscheinlich im Privatrechtsverkehr vollziehenden „Paralleljustiz“ zuzuordnen.

II. Mangelnde Gleichberechtigung bei durch „Paralleljustiz“ vermittelte Sachentscheidungen?

Indiziert werden könnte eine Diskriminierung im Sinne der Verkürzung von Gleichberechtigung insbesondere, wenn im Rahmen der Streitschlichtung patriarchalische Vorstellungen deutlich werden, die die vermitteltenden Sachentscheidungen einseitig zu Lasten von Frauen beeinflussen. In diesem Zuge könnten insbesondere privatrechtliche Normen mit Schutzwirkung zugunsten von Frauen verletzt bzw. umgangen werden. Insofern wurden insbesondere die folgenden Fallgruppen im Rahmen der „Paralleljustiz“ beschrieben:

- Interventionen bei Fragen der Ehe: Beispielsweise in Form von Schließung sowie Scheidung von Ehen und dies insbesondere nach ausschließlich religiösem Ritus sowie unter Vermeidung von Zivilehen.
- Die Vermittlung von Regelungen hinsichtlich des Unterhalt- und Sorgerechts und dies regelmäßig infolge einer (religiösen) Scheidung der Ehe[128].

In diesem Zuge legen die Quellen auch dar, dass bei der Vermittlung auch darauf abgezielt wird, Normen des hiesigen Familienrechts zu umgehen, um stattdessen islamischem (Familien-)Recht zur Anwendung zu verhelfen[129].

Zusammenfassend scheinen insbesondere Fragen eherechtlicher Vereinbarungen eine Rolle zu spielen. Daher wird nachfolgend zunächst ein Überblick über das islamische Familien- sowie Eheverständnis gegeben sowie insbesondere familienrechtliche Sachentscheidungen zu Unterhaltsfragen unter Einbeziehung klassisch islamischer Vorstellungen beleuchtet.

---

[128] Einen Überblick zu familienrechtlichen Schnittpunkten der Paralleljustiz gibt beispielsweise *Bausback*, Bayern (Fn. 4), S. 20 f.

[129] Gerade dieser Vorwurf birgt großes Potential für Stimmungsmache gegen Muslime. Zu denken wäre beispielsweise an die undifferenzierte Debatte nach der Aussage des Altbundespräsident *Christian Wulff*, dass der Islam ein Teil Deutschlands sei. Einprägsam war dabei vor allem *Angela Merkels* irreführende Reaktion, nach der in Deutschland das Grundgesetz gelte „und nicht die Scharia“; siehe *M. Drobinski/R. Preuß*, Kritik an Wulff-Rede über Islam: „Es gilt das Grundgesetz und nicht die Scharia", in: Süddeutsche Zeitung online, https://www.sueddeutsche.de/politik/kritik-an-wulff-rede-ueber-islam-es-gilt-das-grundgesetz-und-nicht-die-scharia-1.1009094 (1.10.2023); dabei ist *Merkels* Aussage angesichts der denkbaren Anwendung des islamischen Rechts in Deutschland im Wege des IPR als falsch einzuordnen; siehe *K. Krebs*, Internationales Privatrecht, 3. Aufl. 2019, Rn. 2; zur Anwendung islamischer Normen im Rahmen des IPR siehe Kap. C.II.2.a).

1. Rechtswirkungen von ausschließlich nach islamischem Ritus geschlossenen Ehen

Es wurde festgestellt, dass bei den zu schlichtenden familiären Konflikten häufig die ausschließlich nach religiösem Ritus vollzogenen Eheschließungen Probleme bereiten[130]. Mit Blick auf diese beschriebene Problemstellung gilt es zunächst herauszuarbeiten, nach welchen Regelungen sich eine Anerkennung religiös geschlossener Ehen bemisst bzw. wie die Rechtsfolgen in diesem Rahmen ausgestaltet sind.

Einleitend ist bei den sog. Imamehen[131], die nach rein islamischen Regularien und ohne Mitwirkung eines Standesbeamten geschlossen werden[132], auf den in §§ 1310-1312 BGB enthaltenen Grundsatz der obligatorischen Zivilehe hinzuweisen[133]. Nach diesem Grundsatz ist für eine Eheschließung im deutschen Rechtssinne grundsätzlich eine staatliche Mitwirkung erforderlich. Konkret kann eine Ehe nach §§ 1310 Abs. 1 S. 1, 1311 S. 1 BGB nur durch die persönliche Erklärung der Eheschließenden gegenüber einem Standesbeamten, mit dem Inhalt, die Ehe miteinander eingehen zu wollen, wirksam geschlossen werden[134]. Sinn und Zweck dieses Erfordernisses ist, die Verlobten im Sinne einer Warnfunktion auf die Rechtsfolgen eine Eheschließung hinzuweisen sowie die persönlichen Verhältnisse mit Blick auf etwaige Ehehindernisse zu prüfen[135]. Daraus folgt, dass falls zumindest einer der Verlobten die deutsche Staatsangehörigkeit innehat, die Voraussetzungen von § 1310 BGB im Falle der rein religiösen Eheschließung ohne Mitwirkung eines Standesbeamten nicht erfüllt sind. Als Fehlerfolge läge eine sog. Nichtehe vor, die keinerlei Ehewirkungen im Sinne des Zivilrechts erzeugt[136].

Falls dagegen *keiner* der Verlobten die deutsche Staatsangehörigkeit innehat, erfolgt eine gesonderte Prüfung der Anerkennung der Ehe in Deutschland. Dies ist der Fall, da auch religiöse Eheschließungen aufgrund eines im Ausland anerkannten Eheschließungsverfahrens in Deutschland Wirkung entfalten können. Mangels deutscher Staatsbürgerschaft liegt in diesen Fällen ein Sachverhalt mit Auslandsbezug vor, weshalb

---

[130] *Rohe*, ADR (Fn. 4), S. 30; *ders./Jaraba*, Paralleljustiz (Fn. 6), S. 111 ff.

[131] *M. Heger*, in K. Lackner/K. Kühl, Strafgesetzbuch-Kommentar, 29. Aufl. 2018, StGB, § 237 Rn. 3; beispielsweise zum Prozedere einer islamischen Eheschließung in Berlin siehe *Wagner*, Richter (Fn. 1), S. 256 ff.

[132] *Rohe/Jaraba*, Paralleljustiz (Fn. 6), S. 171.

[133] *M. Wellenhofer*, in: MüKoBGB, Münchener Kommentar zum BGB, Bd. IX, 8. Aufl. 2019, § 1310 Rn. 1.

[134] *W. Siede*, in: C. Grüneberg, Kommentar zum Bürgerlichen Gesetzbuch, 82. Aufl. 2023, § 1310 Rn. 1 ff.

[135] *Siede* (Fn. 134), § 1310 Rn. 5; *Wellenhofer* (Fn. 133), § 1310 Rn. 1.

[136] *Siede* (Fn. 134), § 1310 Rn. 4, 10; *Wellenhofer* (Fn. 133), § 1310 Rn. 26; zur Rechtsfolge der Nichtehe im Rahmen von sog. Kinderehen siehe noch BVerfG BeckRS 2023, 5426 Rn. 120 ff., 154 ff.

auf die Regelungen des internationalen Privatrechts (im Folgenden kurz: IPR) zurückzugreifen wäre, Art. 3 EGBGB[137]. Dabei gilt nach der einschlägigen Kollisionsnorm Art. 13 Abs. 4 S. 2 EGBGB[138], dass eine Ehe zwischen Verlobten, von denen keiner Deutscher ist, vor einer von der Regierung des Staates, dem einer der Verlobten angehört, ordnungsgemäß ermächtigten Person in der nach dem Recht dieses Staates vorgeschriebenen Form geschlossen werden kann. Folglich müsste der eheschließende Imam als Geistlicher im Ausland durch einen staatlichen Hoheitsakt bzw. ein staatliches Gesetz dazu ermächtigt worden sein[139]. Diese Regelung gilt jedoch nur, soweit diese formwirksam geschlossene Ehe keinen Verstoß gegen grundlegende Wertvorstellungen Deutschlands nach Art. 6 EGBGB begründet[140]. In solchen Fällen würde die Ehe nicht von der deutschen Rechtsordnung anerkannt.

a) Mangelnde Rechtsfolgen von sog. Nichtehen als Einfallstor für „Paralleljustiz"

Wie festgestellt, entfalten informell geschlossene religiöse Ehen regelmäßig keine zivilrechtlichen Wirkungen in Deutschland. Folglich könnte eine solche Nichtehe auch nicht zivilrechtlich geschieden werden, so dass auch die gesamten Instrumentarien des Scheidungsrechts nicht einschlägig wären[141].

Problematisch ist dabei insbesondere die Unkenntnis beteiligter Frauen über den Umstand, dass eine informelle religiöse Eheschließung keine mit der Zivilehe vergleichbaren Rechtsfolgen auslöst[142]. Die beteiligten Männer wählen diese Form der Eheschließung dagegen häufig bewusst. Dies beispielsweise, da Papiere zur Genehmigung einer standesamtlichen Heirat[143] fehlen, Ängste vor finanziellen Folgen der gesetzlichen Ehe bestehen oder ein ablehnender christlicher Einfluss bei der deutschen Behördentätigkeit unterstellt wird[144]. Entscheidend ist, dass im Falle des Scheidungswunsches bei solch informellen Ehen kein Weg

---

[137] *M. Ebner/M. Müller*, Zeugnisverweigerungsrecht gemäß § 52 StPO bei in der Bundesrepublik Deutschland geschlossener „Imam-Ehe"?, in: NStZ 2010, S. 658 (658); weitergehend zur etwaigen Anwendung islamischer Normen im Wege des IPR siehe Kap. C.II.2.a).

[138] *R. Kemper*, in: R. Schulze/H. Döner u.a. (Hrsg.), Handkommentar Bürgerliches Gesetzbuch, 10. Aufl. 2019, Art. 13 EGBGB Fn. 15 ff.

[139] *J. Eisele*, in: A. Schönke(Begr.)/H. Schröder, Kommentar zum Strafgesetzbuch, 30. Aufl. 2019, StGB, § 237 Rn. 14.

[140] *V. Haas*, Der neue Straftatbestand der Zwangsheirat (§ 237 StGB) – eine kriminalpolitische Bewertung, in: JZ 2013, S. 72 (77); *Heger* (Fn. 131), § 237 Rn. 3; beispielsweise widerspricht es dem sog. ordre public, dass im iranischen oder pakistanischen Recht der Vater oder Großvater als Ehevormund (arab. *wali mudschbir*) eine Ehe auch gegen den Willen der Braut wirksam schließen kann; siehe *Eisele* (Fn. 139), § 237 Rn. 13.

[141] *BMJV*, Paralleljustiz (Fn. 3), S. 45; *R. Stockmann*, in: C. Münch (Hrsg.), Familienrecht in der Notar- und Gestaltungspraxis, 3. Aufl. 2020, § 1 Rn. 24.

[142] *BMJV*, Paralleljustiz (Fn. 3), S. 45.

[143] *M. Rohe*, Alternative Dispute Resolution in Europe under the Auspices of Relgious Norms, in: RELIGARE Working Paper No. 6, 2011, S. 2.

[144] *Rohe/Jaraba*, Paralleljustiz (Fn. 6), S. 122 ff.

zu deutschen Zivilgerichten eröffnet ist, was den Weg für informelle Streitbeilegungsmechanismen, auch denen der „Paralleljustiz“, ebnet[145]. Zusätzlich ist denkbar, dass die Anrufung eines entsprechenden (geistlichen) Schlichters auch verstärkt aufgrund einer religiösen Überzeugung erfolgen kann.; Häufig sehen Muslime Fragen, die die Ehe tangieren, als religiöse Angelegenheit sowie als schambehaftet an, woraus auch ein sozialer Druck seitens der Familie erwachsen kann.

Im Rahmen der Schlichtung von Problemen mit Bezug auf *religiöse* Eheschließungen greifen augenscheinlich kulturelle und religiöse Normen sowie deutsche Gesetze ineinander[146]. Insofern ist fraglich, ob insbesondere die nach islamischer Vorstellung verlaufenden Verfahren zur Eheschließung und Scheidung mitsamt Streitschlichtung gegenüber den Frauen gleichberechtigt ausgestaltet sind.

Zur Feststellung etwaiger Normen und Vorstellungen, die der Schlichtung einen diskriminierenden Charakter verleihen könnten, gilt es zunächst einen Blick auf das Konstrukt der klassisch islamischen Ehe zu werfen.

b) Die islamische Ehe

Die Ehe ist ein zentraler Bestandteil des islamischen Familienrechts[147]. Nach diesem wird sie primär als zivilrechtlicher und somit weltlicher[148] Vertrag[149] verstanden, wobei ihr nach Ansicht vieler Gelehrter auch eine ergänzende religiöse Bedeutung zukommt[150]. Die Fähigkeit zur Eheschließung ist gegeben, wenn die Verlobten[151] das geschäftsfähige Alter erreicht haben. Nach traditioneller islamischer Auffassung tritt das erforderliche Mindestalter bei Jungen mit Eintritt der Pubertät und damit zwischen neun und spätestens 12 Jahren ein.

---

145 *Rohe*, Dispute (Fn. 143), S. 2.

146 *Rohe/Jaraba*, Paralleljustiz (Fn. 6), S. 111.

147 *M. Rohe*, Das islamische Recht: Eine Einführung, 2013, S. 23.

148 Daher wird der Eheschluss in der Moschee auch nur empfohlen; siehe *M. Rohe*, Das islamische Recht: Geschichte und Gegenwart, 3. Aufl. 2011, S. 81.

149 *Bauwens*, Paralleljustiz (Fn. 4), S. 67; *A. al-Mudarris*, Papyrologische Untersuchungen zur arabischen Diplomatik anhand von Eheurkunden aus den ersten islamischen Jahrhunderten, 2009, S. 45; *L.-M. Möller*, Die Golfstaaten auf dem Weg zu einem modernen Recht für die Familie?: Zur Kodifikation des Personalstatuts in Bahrain, Katar und den Vereinigten Arabischen Emiraten, 2015, S. 25.

150 *Rohe*, Einführung (Fn. 147), S. 24; zudem ist sie zwar kein Sakrament, jedoch gelten Heirat und Familiengründung als rühmenswerte Handlungen. Ergänzend wird die Ehe als nötiges Konstrukt zur Vermeidung von Unmoral sowie als legitimer Rahmen zur Fortpflanzung angesehen; siehe *al-Mudarris*, Untersuchungen (Fn. 149), S. 46; *C. Schirrmacher*, Islam, in: B. Budde/C. Laue-Bothen (Hrsg.), Harenberg Lexikon der Religionen: Die Religionen und Glaubensgemeinschaften der Welt: Ihre Bedeutung in Alltag, Geschichte und Gesellschaft, 2002, S. 462.

151 Der Eheschließung geht regelmäßig ein Verlöbnis (*ḫiṭba*) voraus, welche durch das Zitieren der ersten Sure des Korans (*al-Fātiha*) sowie den Austausch von Geschenken untermauert wird; siehe *Rohe*, Recht (Fn. 148), S. 81.

Mädchen sind pauschal ab neun Jahren ehefähig[152]. Dabei können Männer – die Volljährigkeit wird ab 15 Jahren vermutet – eigenständig einen Ehevertrag abschließen, während für minderjährige und überwiegend auch volljährige Frauen ein Ehevormund (*al-wālī*) eingesetzt werden muss[153]. Dieser Vormund wird regelmäßig durch den Vater besetzt, der stellvertretend den eigenständigen Willen der Braut nach außen trägt[154]. Trotz grundsätzlicher Willensfreiheit der Frauen kann die Wahl des Ehepartners im Einzelfall eingeschränkt werden[155]. So kennt das traditionelle islamische Recht auch die Zwangsehe[156]. Erwähnenswert ist, dass das Schweigen einer Jungfrau auf ein Heiratsangebot als Zustimmung gewertet werden kann[157]. Dies wird auch mit einer unterstellten Scham der Frau begründet, ihren Willen zur Eheschließung öffentlich zu äußern[158]. Bevor die Ehe als Vertrag geschlossen wird sind noch etwaige Ehehindernisse, beispielsweise mit Blick auf nahe Verwandte oder Anhänger anderer Religionsgemeinschaften, zu beachten[159]. Bestandteil des Ehevertrags ist zudem regelmäßig die Zahlung einer Geldsumme des Bräutigams an seine Frau im Wege

---

152 *Bauwens*, Paralleljustiz (Fn. 4), S. 68; *Rohe*, Recht (Fn. 148), S. 79, 82; *ders.*, Einführung (Fn. 147), S. 24 f.

153 *Bauwens*, Paralleljustiz (Fn. 4), S. 68; *Rohe*, Recht (Fn. 148), S. 84; *ders.*, Einführung (Fn. 147), S. 24 f.; es sind jedoch nationale Reformen in muslimisch geprägten Staaten zu erkennen, nach denen das Alter auf eine Schwelle von 15 bis 20 Jahren angehoben wird. Dabei liegt das Mindestalter der Frauen jedoch nach wie vor regelmäßig unter dem der Männer, wobei im Fall junger Verlobter meist der Vormund sowie ein Gericht zustimmen müssen; siehe *ders.*, Recht (Fn. 148), S. 210.

154 *Bauwens*, Paralleljustiz (Fn. 4), S. 68; *Rohe*, Recht (Fn. 148), S. 79.

155 *Rohe*, Einführung (Fn. 147), S. 25.

156 Diese kann beispielsweise angedacht werden, wenn der Vormund bei einer Verheiratung mit dem gewünschten Ehepartner einen negativen Lebenswandel der Tochter befürchtet; siehe *Rohe*, Recht (Fn. 148), S. 84.

157 Wobei die gegen ihren Willen verheiratete Frau theoretisch ab Erreichung der Volljährigkeit die Auflösung der Ehe verlangen kann; siehe ebda., S. 85.

158 Naheliegender ist es jedoch, ein Schweigen als Ausfluss einer sozial untergeordneten Stellung und der Furcht damit einhergehender sozialer Konsequenzen im Rahmen patriarchalischer Strukturen zu deuten; siehe *Rohe*, Einführung (Fn. 147), S. 25.

159 *Bauwens*, Paralleljustiz (Fn. 4), S. 69 ff.; *al-Mudarris*, Untersuchungen (Fn. 149), S. 47; *Rohe*, Recht (Fn. 148), S. 82; In solchen Fällen erhält der Ehevormund ein Anfechtungsrecht, das zur Aufhebung der Ehe führen kann; siehe *Rohe*, Einführung (Fn. 147), S. 25.

der sog. Brautgabe (arab. *mahr*)[160]. Die Brautgabe ist mit Vollzug der Ehe fällig und die Ehefrau kann bis zur Zahlung die Erfüllung ihrer ehelichen Pflichten verweigern[161].

aa) Rechte und Pflichten der Ehegatten

Die Rechte und Pflichten der Ehegatten sind ein Spiegelbild des patriarchalen Rollenverständnisses im islamischen Kulturkreis[162]. Nach klassischer islamischer Auffassung ist der Mann für die Übernahme der Verantwortung zuständig und die Frau zu Gehorsam verpflichtet[163]. Konkret muss der Mann für Unterkunft und Unterhalt sorgen und die Frau ist für die Erziehung der Kinder zuständig. Diese Differenzierung wird auch mit einem höheren Grad an Emotionalität der Frauen und der dagegen stärker ausgeprägten Vernunft von Männern begründet. Die Rollenverteilung findet sich mitsamt einem Züchtigungsrecht in Sure 4, Vers 34 wieder, welches beispielsweise bei Fällen von sexueller Verweigerung oder bei unerlaubter Entfernung von der Familie einschlägig ist. Auch soll die Frau nicht ohne Erlaubnis des Mannes das Haus verlassen dürfen und bei Genehmigung soll ihm der konkret geplante auswärtige Aufenthalt mitgeteilt werden[164]. Bemerkenswert ist demgegenüber, dass Gütertrennung zwischen den Ehegatten herrscht, so dass die Frau die Herrschaft über ihr Vermögen behält und im Fall umfangreichen Vermögens grundsätzlich nicht zum finanziellen Unterhalt der Familie beitragen muss[165].

Die zuvor dargestellte traditionelle Auffassung der Geschlechterrollen ist nach wie vor im Familienrecht von muslimisch geprägten Staaten wiederzufinden. Beispielsweise sind Gehorsamspflichten der Frau häufig explizit geregelt und können sich beispielsweise im Ver-

---

160 Diese darf nicht mit einem Kaufpreis verwechselt werden und dient stattdessen der finanziellen Absicherung der Frau sowie der Bekräftigung der Eheschließung. Falls die Brautgabe nicht ausdrücklich (vertraglich) vereinbart wird, ist dennoch eine „übliche" Zahlung zu leisten; siehe *al-Mudarris,* Untersuchungen (Fn. 149), S. 53; *Rohe,* Recht (Fn. 148), S. 85; *ders.*, Einführung (Fn. 147), S. 26; *P. Scholz*, Islam-rechtliche Eheschließung und deutscher ordre public, in: StAZ 2002, S. 321 (330 f.); dazu weitergehende Ausführungen bei *N. Yassari*, die Brautgabe im Familienvermögensrecht: Innerislamischer Rechtsvergleich und Integration in das deutsche Recht, 2014, S. 84 ff.

161 Zudem kann im Ehevertrag vereinbart werden, dass die Zahlung im Falle einer einseitigen Verstoßung der Frau durch den Ehemann (arab. *talāq*) zurückerstattet werden muss. Schlussendlich wird die Ehe überwiegend auf Lebenszeit und ohne Bedingungen eingegangen, wobei diverse (einseitige) Möglichkeiten zur Auflösung wie der zuvor genannte *talāq* existieren; siehe *Bauwens*, Paralleljustiz (Fn. 4), S. 73; *Rohe*, Recht (Fn. 148), S. 82.

162 *Möller*, Golfstaaten (Fn. 149), S. 25.

163 *Bauwens*, Paralleljustiz (Fn. 4), S. 73; *Möller*, Golfstaaten (Fn. 149), S. 25; *Rohe*, Recht (Fn. 148), S. 88.

164 *Bauwens*, Paralleljustiz (Fn. 4), S. 73 f.; *S. Fontana*, Universelle Frauenrechte und islamisches Recht: Zur Umsetzung von Menschenrechten in einer islamisch geprägten Rechtsordnung, 2017, S. 91 f.; *Rohe*, Recht (Fn. 148), S. 89.

165 *Bauwens*, Paralleljustiz (Fn. 4), S. 74 f.; *Fontana*, Frauenrechte (Fn. 164), S. 92; *Rohe*, Recht (Fn. 148), S. 89.

lust des Unterhaltsanspruchs bei sexueller Verweigerung äußern. Dagegen finden sich jedoch auch Reformen, nach denen Frauen beispielsweise eine berufliche Tätigkeit zugebilligt wird[166].

bb) Auflösung der islamischen Ehe

Die Scheidung ist zwar grundsätzlich möglich[167], jedoch rufen schon Koran und Sunna dazu auf, am Bestehen der Ehe festzuhalten[168].

(1) Scheidungsrecht des Mannes

Im Falle des Scheiterns der Ehe kann der Ehemann die Scheidung im Wege der sog. *talāq* als einseitiges und unbeschränktes Verstoßungsrecht ausüben (Sure 2, Vers 229 und Sure 65, Vers 1 f.)[169]. Dabei bedarf der Ausspruch der *talāq* keiner Begründung und muss nicht einmal gegenüber der Ehefrau erklärt werden[170]. Die Verstoßung wird allein dem Mann zugebilligt, da nur ihm im Anschluss an die Pubertät die erforderliche geistige Reife zur einseitigen Auflösung der Ehe zugesprochen wird[171]. Zuvor kann lediglich die Brautgabe (*mahr*), soweit sie im Falle der Scheidung fällig wird, den Ehemann am willkürlichen Ausspruch hindern[172]. Dabei muss darauf hingewiesen werden, dass diese Ausgleichszahlungen keinesfalls das Defizit des gleichberechtigten Zugangs zu dieser Scheidungsform aufwiegen und so auch nicht für die Annahme einer Gleichberechtigung sorgen kann[173].

---

[166] *Rohe*, Recht (Fn. 148), S. 214 f.

[167] *al-Mudarris*, Untersuchungen (Fn. 149), S. 55; *Bauwens*, Paralleljustiz (Fn. 4), S. 79.

[168] So gebietet Sure 4, Vers 35 zuvor den Versuch einer gütlichen Einigung zwischen den Ehegatten. Zudem sollen sich Ehegatten auch nicht aufgrund trivialer Gründe scheiden lassen und ohnehin versöhnlich und fair miteinander umgehen (Sure 2, Vers 228 f.); siehe *Bauwens*, Paralleljustiz (Fn. 4), S. 79; *Lizzio*, Law (Fn. 192), S. 670; *Rohe*, Recht (Fn. 148), S. 91.

[169] *al-Mudarris*, Untersuchungen (Fn. 149), S. 57; *Bauwens*, Paralleljustiz (Fn. 4), S. 79 f.; *Fontana*, Frauenrechte (Fn. 164), S. 94; *Lizzio*, Law (Fn. 192), S. 670; *Möller*, Golfstaaten (Fn. 149), S. 25; *Rohe*, Recht (Fn. 148), S. 91; *ders.*, Einführung (Fn. 147), S. 28.

[170] *Bauwens*, Paralleljustiz (Fn. 4), S. 80; *B. Bolz*, Verstoßung der Ehefrau nach islamischem Recht und deutscher ordre public, in: NJW 1990, S. 620 (620); *Fontana*, Frauenrechte (Fn. 164), S. 94.

[171] Etwaige weitere Anforderungen an die *talāq* variieren je nach Rechtsschule; siehe *Lizzio*, Law (Fn. 192), S. 670 f.; *Rohe*, Einführung (Fn. 147), S. 28; im Regelfall wird die Erklärung widerruflich ausgestaltet, was zur Folge hat, dass die Ehe erst nach Ablauf einer Wartefrist aufgelöst wird. Im Falle des Widerrufs vor Ablauf dieser Frist bleibt die Ehe bestehen; siehe *Bolz*, Verstoßung (Fn. 170), S. 620; *Fontana*, Frauenrechte (Fn. 164), S. 94.

[172] *Bolz*, Verstoßung (Fn. 170), S. 620; *Rohe*, Recht (Fn. 148), S. 87.

[173] Entsprechend zum Verstoß gegen das Gebot des gleichberechtigten Zugangs zur Ehescheidung nach Art. 10 Rom III-VO; siehe *W. von Mohrenfels*, in: Münchener Kommentar zum BGB, Bd. XI, 8. Aufl. 2020, Rom III-VO, Art. 10 Rn. 11.

(2) Scheidungsrecht der Frau

Konträr können Frauen die Scheidung nur in Ausnahmefällen erzielen. Erstens steht ihnen kein entsprechendes formloses Verstoßungsrecht zu, da dieses als alleiniges und fundamentales Recht des Mannes angesehen wird[174]. Stattdessen kann jedoch eine gerichtlich festgestellte Scheidung erzielt werden. Dies gilt jedoch nur in besonders gelagerten Fällen, wie beispielsweise bei fortgesetzter Unterhaltsverweigerung oder schwerer erlittener Misshandlung[175]. Daneben kann die Frau das Recht zum Scheidungsausspruch (arab. *chul' oder khula*) ehevertraglich vereinbaren[176]. In diesem Fall hat sie jedoch Teile der Brautgabe zurückzuerstatten (Sure 2, Vers 229), was einen langen Prozess zur Klärung der finanziellen Verbindlichkeiten sowie wirtschaftliche Unsicherheiten der Frau im Nachgang der Scheidung zur Folge haben kann[177]. Zuletzt kann das Verstoßungsrecht nach einem liberalen Verständnis ehevertraglich an die Frau delegiert werden[178].

(3) Zwischenergebnis

Somit billigt das (klassische) islamische Recht den Ehefrauen nur in eingeschränkten Fällen die Scheidung zu und das auch regelmäßig nur mit finanziellen Einbußen. Der Mann genießt dagegen im Wege eine einseitige und unkomplizierte Scheidungsfreiheit. Gleichwohl gilt, dass die konkrete Ausgestaltung des Scheidungsrechts in den Rechtsordnungen islamisch geprägter Staaten unterschiedlich ausgestaltet ist. Je nach Einfluss der einschlägigen Rechtsschule oder gar Frauenrechtlern sind zumindest teilweise Strömungen zu erkennen, die Frauen zumindest gewisse Ausgleiche für die einseitige Verstoßung versprechen[179].

cc) Ausblick

Grundsätzlich kommen Ehe und Familie im Islam eine zentrale Bedeutung zur Schaffung von Familienzusammenhalt und Solidarität zu. Damit geht jedoch auch ein gering ausgeprägter Individualismus einher[180], der sich zu Lasten der Entscheidungsfreiheit von Frauen äußern kann. Die Ehe legitimiert und verfestigt somit das klassische patriarchalische

---

174 *Lizzio*, Law (Fn. 192), S. 671.

175 *Bauwens*, Paralleljustiz (Fn. 4), S. 83; *Rohe*, Einführung (Fn. 147), S. 28; die berechtigenden Gründe variieren je nach einschlägiger Rechtsschule stark voneinander; siehe *Lizzio*, Law (Fn. 192), S. 672.

176 Ebda., S. 672; *Rohe*, Einführung (Fn. 147), S. 28.

177 *Bauwens*, Paralleljustiz (Fn. 4), S. 83; *Lizzio*, Law (Fn. 192), S. 670; *Rohe*, Einführung (Fn. 147), S. 28.

178 *Bauwens*, Paralleljustiz (Fn. 4), S. 83; *Lizzio*, Law (Fn. 192), S. 672; *Rohe*, Recht (Fn. 148), S. 94 f.; *ders.*, Einführung (Fn. 147), S. 28; Allein in diesem Fall wäre an eine Form von Gleichberechtigung zu denken. Zumindest soweit keine finanziellen Nachteile aus der Scheidung entstehen; siehe *Rohe*, Einführung (Fn. 147), S. 28.

179 Pauschale Antworten sind aufgrund der sehr diversen Ausgestaltungen der Rechtsordnungen zu vermeiden; siehe *M. Andrae*, Anwendung des islamischen Rechts im Scheidungsverfahren vor deutschen Gerichten, in: NJW 2007, S. 1730 f.

180 *Schirrmacher*, Islam (Fn. 150), S. 462.

Rollenverständnis mitsamt einer – aus mitteleuropäischer Perspektive – Diskriminierung der verheirateten Frau[181].

In diesem Rahmen macht schon das einseitige Scheidungsrecht und dies insbesondere mit Blick auf den *talāq* deutlich, dass die Geschlechter traditionell ungleich im Rahmen der islamischen Ehe behandelt werden[182]. Diese Feststellung gilt zudem angesichts der im klassisch islamischen Recht anerkannten Zwangsehe[183], Verheiratung von minderjährigen Mädchen[184] sowie Ehen mit mehreren Frauen[185]. Ebenso spricht die einseitige Aufgaben-

---

181 Dazu differenzierend unter Berücksichtigung der traditionellen islamischen Vorstellung; siehe *Fontana*, Frauenrechte (Fn. 164), S. 93.

182 *Andrae*, Anwendung (Fn. 179), S. 1730 (1730).

183 Eine religiöse Zwangsehe kann nur aufgehoben werden, wenn sie standesamtlich bestätigt und nach § 1313 S. 1 BGB eine richterliche Aufhebung aufgrund der in §§ 1313 S. 3, 1314 BGB definierten Fälle beantragt wird; siehe *Siede* (Fn. 134), Einf. v. § 1313 Rn. 1 ff.; als einer dieser abschließenden Gründe ist die fehlerhafte Willensbildung nach § 1314 Abs. 2 Nr. 4 BGB genannt, was eine widerrechtliche Drohung als Ursache der Eheschließung voraussetzt; siehe *Wellenhofer* (Fn. 133), § 1314 Rn. 27; zudem ist nach dem neu geschaffenen § 237 Abs. 1 StGB die Nötigung zur Eingehung einer Zwangsheirat mit Strafe bedroht; siehe *B. Wieck-Noodt*, in: Münchener Kommentar zum StGB, Bd. IV, 3. Aufl. 2017, § 237 Rn. 24; in diesem Rahmen ist jedoch umstritten, ob auch ausschließlich religiös geschlossene Ehen erfasst werden; siehe *Haas*, Straftatbestand (Fn. 140), S. 78 ff.; *B. Valerius*, in: B. v. Heintschel-Heinegg (Hrsg.), Beck'scher Online-Kommentar StGB, 46. Edition 2020, § 237 Rn. 6.1.

184 Die Ehefähigkeit ist nach deutschem Recht gegeben, wenn sowohl die Ehemündigkeit nach § 1303 BGB sowie die Geschäftsfähigkeit aus § 1304 BGB bei den Ehewilligen vorliegt *Wellenhofer* (Fn. 133), § 1303 Rn. 1; nach § 1303 S. 1 BGB setzt die Ehemündigkeit wiederum grundsätzlich die Volljährigkeit voraus; siehe *M. Löhnig*, in: Staudinger, Kommentar zum Bürgerlichen Gesetzbuch, Bd. §§ 1297-1352 (2018), § 1303 Rn. 2; erwähnenswert ist in diesem Rahmen, dass die zwingende Voraussetzung der Volljährigkeit erst 2017 durch das Gesetz zur Bekämpfung von Kinderehe eingeführt und damit in Einklang mit der allgemeinen Geschäftsfähigkeit gebracht wurde; siehe ebda., § 1303 Rn. 3, 9; *M. Andrae*, Flüchtlinge und Kinderehen, in: NZFam 2016, S. 923 (923 ff.); das Bundsverfassungsgericht das Gesetz zur Bekämpfung von Kinderehen inzwischen jedoch für unwirksam erklärt. Zur Begründung führte es im Wesentlichen aus, dass das Gesetz über die Folgen der Unwirksamkeit, wie beispielsweise Unterhaltsansprüche sowie über eine Möglichkeit, betroffene Auslandsehen nach Erreichen der Völljährigkeit als wirksame Ehe behandeln zu können, keine erforderlichen Regelungen vorsah; siehe BverfG BeckRS 2023, 5426 Rn. 154 ff.; nach der Studie „Zwangsverheiratungen in Deutschland" des Bundesfamilienministeriums waren 53 Prozent aller nach religiösem Ritus Zwangsverheirateten jünger als 18 Jahre; vergleiche *Bundesministerium für Familie, Senioren, Frauen und Jugend*, Zwangsverheiratung in Deutschland – Anzahl und Analyse von Beratungsfällen. Kurzfassung, 2011, S. 38.

185 Das Zivilrecht sieht in § 1306 BGB ein Verbot für Mehrehen vor, bei denen einer der Ehewilligen bereits mit einer dritten Person verheiratet ist bzw. zu dieser Person eine Lebenspartnerschaft besteht; siehe *Siede* (Fn. 134), § 1306 Rn. 1 ff.; Ausnahmen bestehen nur, wenn die vorherige Ehe eine Nichtehe ist, bereits geschieden (§ 1564 BGB), aufgehoben (§ 1313 BGB), oder wenn sie nach früher geltendem oder ausländischem Recht für nichtig erklärt wurde ebda., § 1306 Rn. 3; dabei handelt es sich um ein sog. zweiseitiges Ehehindernis, dass an beide Ehewillige adressiert ist; siehe *M. Coester*, in: MüKoBGB, Bd. XI (Fn. 173), Art. 13 Rn. 61; weitergehend siehe noch

verteilung dergestalt, dass Männer für den finanziellen Unterhalt der Familie zu sorgen haben, als ausschließliche Vertreter der Familie nach außen auftreten sowie ihnen regelmäßig Letztentscheidungen zustehen, während Frauen die Mutterrole ausfüllen sowie den Haushalt führen, für eine Imparität[186]. All dies spiegelt eine Weltauffassung wider, nach der die Gleichwertigkeit von Mann und Frau mitsamt Rechten negiert wird.

Insofern könnten insbesondere familienrechtlich relevante Sachentscheidungen, die Friedensrichter aufgrund des klassisch islamischen Rechts treffen, eine Imparität der Geschlechter aufzeigen. Dies wird nachfolgend anhand des Beispiels von unterhaltsrechtlichen Vereinbarungen aufgezeigt.

2. Familienrechtliche Sachentscheidungen am Beispiel des Unterhaltsrechts

Als Gegenstand der „Paralleljustiz" werden insbesondere Vereinbarungen beschrieben, die Ansprüche auf Sorge und Unterhalt betreffen[187].

Dabei ist das Personenstands-, Familien- sowie Erbrecht in Form hochrangiger Rechtsquellen umfangreich im islamischen Recht geregelt[188]. Zwar existieren diesbezüglich abweichende Auffassungen zwischen den Rechtsschulen, jedoch können die Ansichten auf charakteristische Kernregelungen sowie -auslegungen reduziert werden, in denen sich die Strömungen einig sind[189].

Mit Blick auf Fragen der Diskriminierung von muslimischen Frauen ist erst einmal festzuhalten, dass sich deren rechtliche Stellung im Vergleich zur vorislamischen Zeit grundsätzlich verbessert hat[190]. Beispielsweise verbietet der Koran die ursprüngliche Praxis der „Vererbung" von Frauen nach dem Tod ihres Mannes und den Frauen wird ein begrenztes Erbrecht zugebilligt[191]. Damit geht eine stetige Reformation des islamischen Familienrechts zur

---

C. F. Majer, Polygamie in Deutschland – Rechtslage und Reformdiskussion, in: NZFam 2019, S. 242 (242 ff.).

186 Dieses Rollenverständnis wird teilweise dadurch gefestigt, dass für Töchter häufig keine Berufsausbildung angedacht wird und diese bereits in frühen Jahren in spätere Haushaltspflichten eingeführt werden; siehe *Schirrmacher*, Islam (Fn. 150), S. 462 f.

187 *Wagner*, Richter (Fn. 1), S. 267 f.; dies beispielsweise in Form eines vollständigen Sorgerechtsverzichts einer Mutter bezüglich des gemeinsamen Kindes; siehe *BMJV*, Paralleljustiz (Fn. 3), S. 44.

188 So wurde insbesondere das traditionelle Familien- und Erbrecht in staatliches Gesetz übernommen, wenn auch teilweise reformiert; siehe *Rohe*, Recht (Fn. 148), S. 77; *H.G. Ebert*, Tendenzen der Rechtsentwicklung, in: W. Ende/U. Steinbach (Hrsg.), Der Islam in der Gegenwart, 5. Aufl. 2005, S. 199 (199 ff.); *P. Scholz*, Scharia in Tradition und Moderne – Eine Einführung in das islamische Recht, in: Jura 2001, S. 525 (525); weitergehend zur Begrifflichkeit des islamischen Rechts siehe Kap D.IV.2.b).

189 *Rohe*, Recht (Fn. 148), S. 79.

190 Ebda., S. 80; *Schirrmacher*, Islam (Fn. 150), S. 462.

191 *Rohe*, Recht (Fn. 148), S. 80; *ders.*, Einführung (Fn. 147), S. 24.

Stärkung der Rechte von Frauen einher. Dieses Bestreben ist jedoch stets mit starkem Widerstand verbunden und bereits vollzogene Änderungen können je nach politischer Lage auch schnell revidiert werden[192].

Um eine etwaige Ungleichberechtigung bei insbesondere unterhaltsrechtlichen Fragestellungen nachvollziehen können, bietet sich exemplarisch ein vergleichender Blick auf die klassisch islamischen Unterhaltspflichten an. Zuvor gilt es jedoch, die unmittelbare Anwendung von islamischen Normen durch deutsche Behörden und Gerichte summarisch zu beleuchten.

a) Exkurs: Anwendung islamischer Normen im Wege des internationalen Privatrechts

Islamisch-rechtliche Normen[193], die Bestandteil einer ausländischen Rechtsordnung sind, können auch im deutschen Rechtsraum Wirkung entfalten[194]. So kann das IPR im Zuge der grundsätzlichen Anerkennung der Gleichwertigkeit ausländerischer Rechtsordnungen einen Rechtsanwendungsbefehl dieses Rechts für deutsche Gerichte und Behörden vorsehen[195]. Damit sollen die individuellen Interessen von Personen mit Bezug zu mehreren Rechtsordnungen bzw. deren kulturelle Identität Berücksichtigung finden[196]. Beispielsweise kann ein maßgebliches Interesse daran bestehen, dass eine Ehe auch im Ausland anerkannt und respektiert wird[197]. Die Frage der Anwendung in- oder ausländischen materiellen Rechts richtet sich nach dem einschlägigen Kollisionsrecht, welches in Deutschland überwiegend in Art. 3 ff. EGBGB geregelt ist[198]. Eine Anwendung religiösen Rechts kann insofern angezeigt sein, soweit die staatliche Rechtsordnung, auf die durch das deutsche Kollisionsrecht verwiesen wird, ihrerseits auf religiösem Recht basiert[199]. Im Einzelfall verbietet

[192] *C. Lizzio*, Law: Islamic Traditions, in: R. Emery (Hrsg.), Cultural Sociology of Divorce: An Encyclopedia Bd. 2, 2013, S. 670 (670).

[193] Siehe dazu Kap. D.IV.2.b).

[194] *Lizzio*, Law (Fn. 192), S. 351 f.; *Rottleuthner*, Mediation (Fn. 4), S. 446; *F. Wittreck*, Paralleljustiz in ethnischen Minderheiten? – Die bundesdeutsche Perspektive, in: A. Deixler-Hübner/M. Schauer (Hrsg.), Migration, Familie und Vermögen, 2014, S. 91 (108 f.).

[195] *BMJV*, Paralleljustiz (Fn. 3), S. 17; *Rohe*, Recht (Fn. 148), S. 352; wobei der Begriff „internationales Privatrecht" irreführend sein kann, da die entsprechenden Kollisionsnormen kein „internationales" Recht – beispielsweise in Form anerkannten Völkerrechts nach Art. 25 GG – darstellen, sondern vielmehr staatliche Normen des jeweiligen nationalen Gesetzgebers sind, die aufgrund staatsvertraglich vereinbarter Kollisionsnormen über eine Grenze hinweg zu einer Anwendung gelangen; siehe *D. Looschelders*, Die Ausstrahlung der Grund- und Menschenrechte auf das Internationale Privatrecht, in: RabelsZ 2001, S. 463 (465 f.).

[196] *Looschelders*, Ausstrahlung (Fn. 195), S. 468; *Rohe*, Recht (Fn. 148), S. 352.

[197] *BMJV*, Paralleljustiz (Fn. 3), S. 17.

[198] *Rohe*, Recht (Fn. 148), S. 351 f.

[199] BGH NJW 1980, 1221 (1221).

Art. 6 EGBGB jedoch die Anwendung des fremden Sachrechts, falls das Ergebnis mit der deutschen Rechtsordnung bzw. den Grundrechten[200] – offensichtlich unvereinbar ist[201].

Mit Blick auf die Anwendung von Recht, das auf klassisch islamische Normen zurückzuführen ist, sind Reibungspunkte hinsichtlich der Gleichberechtigung der Geschlechter zu erwarten[202], die mittelbar auch auf eine in Deutschland praktizierte „Paralleljustiz" rückführbar sein könnten. Zu denken wäre insbesondere an im Ausland vermittelte islamische Eheschließungen, für die – nach einer Rückkehr der Ehegatten nach Deutschland – eine Anerkennung begehrt wird. Abseits davon geht es bei der „Paralleljustiz" jedoch um *im Inland* vermittelte Rechtsgeschäfte, die sich anscheinend – unter bewusster Umgehung zwingender Zivilrechtsnormen – an klassisch islamischen Normen orientieren. Daher verspricht ein Aufzeigen der Grenzen der Anwendung des islamischen Familienrechts beim IPR in diesem Rahmen keinen besonderen Erkenntnisgewinn. Zuletzt sei darauf hingewiesen, dass die deutsche Rechtsprechung auch unter Berücksichtigung des ordre public viele Rechtsgeschäfte anerkennt, obwohl diese auf augenscheinlich diskriminierenden islamischen Normen basieren[203].

---

[200] Die vom Bundesverfassungsgericht aufgestellten Grundsätze zur Geltung der Grundrechte bei kollisionsrechtlicher Verweisung auf ausländisches Recht sind im sog. Spanier-Beschluss zu finden; siehe BVerfGE 31, 58 (71 ff.); angesichts des Merkmals der Offensichtlichkeit wird deutlich, dass jede Grundrechtsverletzung einen offensichtlichen Verstoß gegen diesen sog. ordre public begründet; siehe *Looschelders*, Ausstrahlung (Fn. 195), S. 478.

[201] BVerfGE 31, 58 (72 ff.), *Looschelders*, Ausstrahlung (Fn. 195), S. 473 f.; *K. Thorn*, in: Grüneberg (Fn. 134), Art. 6 EGBGB Rn. 7; *J. v. Hein*, in: Münchener Kommentar zum BGB, Bd. XII, 8. Aufl. 2020, Art. 6 EGBGB Rn. 1.; daneben existieren auch noch speziellere Klauseln bzw. sog. einseitige Kollisionsnormen, wie beispielsweise die Sonderanknüpfung der Ehemündigkeit in Art. 13 Abs. 3 EGBGB oder der Grundsatz der obligatorischen Zivilehe in Art. 13 Abs. 4 S. 1 EGBGB; siehe *v. Hein* (Fn. 201), Art. 6 EGBGB Rn. 51.

[202] *Rohe*, Recht (Fn. 148), S. 353.

[203] Beispielsweise wurde bei der einseitigen Verstoßung der Frau im Wege der *talāq* kein Verstoß gegen Art. 6 EGBGB angenommen, da die nach deutschem Recht erforderlichen Bedingungen für eine Scheidung ohnehin gegeben waren und entsprechend im Scheidungsverfahren glaubhaft gemacht worden sind, so dass das Ergebnis in Form der Scheidung selbst keinen Grundrechtsverstoß begründen konnte; siehe OLG Hamm IPRax 2008, 353 (353); OLG Frankfurt a.M. NJW 2019, 3461 (3461 f.); zudem wurde selbst unter Berücksichtigung einer abstrakten Ungleichbehandlung von Ehefrauen bei einer nur dem Mann zugänglichen *polygamen Eheschließung* kein Verstoß angenommen, da es erneut auf das Ergebnis einer konkreten Rechtsfrage, wie beispielsweise dem Trennungsunterhalt, ankommt; siehe *Majer*, Polygamie (Fn. 185), S. 242 f.; diese Wertung sorgt seit jeher für Diskussionen und hat auch schon zur einem Reformvorschlag des Freistaates Bayern geführt, durch den wirksam im Ausland geschlossene Mehrehen behördlich aufgehoben werden können, falls die Ehepartner ihren gewöhnlichen Aufenthalt nach Deutschland verlegen; siehe *S. Martens*, Wider die Bekämpfung der Mehrehe, in: ZRP 2018, S. 242 (242 ff.).

b) Vergleichender Überblick über die Unterhaltsregelungen

Nachfolgend soll der vergleichende Überblick über die jeweiligen Grundwertungen des Unterhaltsrechts eine erste Wertung zu etwaigen Diskriminierungserfahrungen von Frauen im Rahmen von „Paralleljustiz" ermöglichen.

aa) Klassisch islamische Unterhaltsregelungen

Mit Blick auf das Güterrecht sind fast ausschließlich die Männer zum Unterhalt gegenüber ihrer Familie verpflichtet, Frauen dagegen erst, wenn der Mann mangels ausreichender finanzieller Mittel nicht dazu in der Lage ist[204]. Mit der maßgeblich dem Mann zugeteilten Verpflichtung wird auch dessen Entscheidungsmonopol über die Familie begründet. Daher ist eine Verfehlung dieser Pflicht auch einer der wenigen Scheidungsgründe zugunsten der Frau. Anspruchsberechtigt sind zunächst die Ehefrauen, dazu Söhne bis zum Erreichen der Volljährigkeit und Töchter bis zur Heirat und ab dem Tod des Ehemannes bzw. ab dem Zeitpunkt, an dem die Scheidung unterhaltsrechtlich wirksam wird[205].

Darüber hinaus erhält die Frau im Anschluss an eine Scheidung nur einen befristeten Unterhaltsanspruch, der sich an der dreimonatigen Wartezeit bis zu einer möglichen Wiederverheiratung (arab. *iddah*[206]) orientiert[207]. Nur in Einzelfällen kann der verstoßenen Frau noch ein weiterer finanzieller Ausgleich zukommen. So billigen die Gesetzgeber diverser islamischer Länder im Falle einer willkürlichen Verstoßung einen Schadensersatzanspruch aufgrund rechtsmissbräuchlichen Verhaltens[208].

Die Vorstellung, dass allein der Ehemann für den finanziellen Unterhalt der Familie zu sorgen hat, dominiert bis heute die Rechtsordnungen muslimisch geprägter Länder. Dennoch gibt es auch bei Fragen des Unterhalts Reformvorschläge. So müssen heute häufig auch wohlhabende Ehefrauen zum Unterhalt beitragen oder geschiedenen Frauen erhalten einen nachehelichen Unterhalt[209]. Entscheidend ist jedenfalls, dass die solidarische Unterhaltsverpflichtung gegenüber den Ehefrauen regelmäßig zum Zeitpunkt der Eheauflösung bzw. der

---

204 *Bauwens,* Paralleljustiz (Fn. 4), S. 74; *Rohe*, Recht (Fn. 148), S. 97 f.

205 *Bauwens,* Paralleljustiz (Fn. 4), S. 74 f.; *Rohe*, Recht (Fn. 148), S. 97 f.

206 *Fontana*, Frauenrechte (Fn. 164), S. 94; *Lizzio*, Law (Fn. 192), S. 670.

207 Einen weitergehendenden nachehelichen Unterhalt kennt das islamische Recht nicht; siehe *Bauwens,* Paralleljustiz (Fn. 4), S. 78; *R. C. Jennings*, Divorce in the Ottoman Sharia Court of Cyprus, 1580-1640, in: Studia Islamica 78 (1993), S. 155 (155 f.); *Möller*, Golfstaaten (Fn. 149), S. 25; *Yassari*, Brautgabe (Fn. 160), S. 84.

208 *Bolz*, Verstoßung (Fn. 170), S. 620; *Rohe*, Recht (Fn. 148), S. 87.

209 *Rohe*, Recht (Fn. 148), S. 229 f.

Wartezeit zur Wiederverheireatung endet, womit der Frau schlimmstenfalls die finanzielle Existenzgrundlage entzogen wird[210].

bb) Zivilrechtliche Unterhaltsregelungen

An dieser Stelle ist zunächst der Ehegattenunterhalt nach §§ 1360 f., 1569 ff. BGB von besonderer Relevanz[211]. Im Rahmen des Familienunterhalts kann als Ausprägung der ehelichen Grundpflicht zur Lebensgemeinschaft ein wechselseitiger Anspruch der Ehegatten auf Unterhalt für sich und den Lebensbedarf der Familie entstehen, § 1360 Abs. 1 S. 1 BGB[212]. Der Unterhalt erfasst nach § 1360a BGB alles nach den Verhältnissen der Ehegatten Erforderliche zur Versorgung der Familie[213]. Im Falle des Getrenntlebens richtet sich der Unterhaltsanspruch nach § 1361 Abs. 1 BGB[214], wobei jedoch nur derjenige Ehegatte berechtigt ist, der unter Berücksichtigung all seiner Mittel gem. § 1577 BGB analog bedürftig erscheint[215]. Anspruchsverpflichtet ist ein Ehegatte, wenn er über die zur Unterhaltszahlung erforderlichen Mittel tatsächlich verfügt oder unter Berücksichtigung von Bildung, Fähigkeiten und Arbeitsmarktlage sowie eventuell vorhandenen Vermögens zumutbar dazu in der Lage ist[216].

Nach § 1569 BGB gilt im Anschluss an die Scheidung der Grundsatz der Eigenverantwortung, nach der prinzipiell eigens für den Unterhalt zu sorgen ist[217]. Ein Anspruch auf Unterhalt kann jedoch aufgrund nachehelicher Solidarität entstehen. So beispielsweise wegen

---

210 *Jennings*, Divorce (Fn. 207), S. 155 f.; *Möller*, Golfstaaten (Fn. 149), S. 25; *Yassari*, Brautgabe (Fn. 160), S. 84.

211 Wobei sich der Ehegattenunterhalt in den Familien-, Trennungs- und nachehelichen Unterhalt *gliedert*; siehe *R. Bömbelburg*, in: P. Wendl (Begr.)/H.-J. Dose (Hrsg.), Das Unterhaltsrecht in der familienrechtlichen Praxis, 10. Aufl. 2019, § 4 Rn. 5.

212 *C. Budzikiewicz,* in: O. Jauernig (Begr.), Kommentar zum Bürgerlichen Gesetzbuch, 18. Aufl. 2021, § 1360a Rn. 1; *B. Weber-Monecke*, in: MüKoBGB, Bd. IX (Fn. 133), § 1360 Rn. 1.

213 *Budzikiewicz* (Fn. 212), § 1360a Rn. 3 ff.; *Weber-Monecke* (Fn. 212), § 1360a Rn. 2; dabei richtet sich der beizusteuernde Anteil nach Arbeitskraft und Vermögen im Verhältnis zum Partner *Budzikiewicz* (Fn. 212), § 1360a Rn. 6; *Weber-Monecke* (Fn. 212), § 1360a Rn. 3.

214 *Budzikiewicz* (Fn. 212), § 1361 Rn. 1 f.; *Weber-Monecke* (Fn. 212), § 1361 Rn. 1.

215 Dies ist der Fall, wenn der Ehegatte seinen Bedarf nicht durch eigene Einkünfte oder zumutbare Erwerbstätigkeit decken kann; siehe *Budzikiewicz* (Fn. 212), § 1361 Rn. 3 ff.; *Weber-Monecke* (Fn. 212), § 1361 Rn. 36.

216 *Budzikiewicz* (Fn. 212), § 1577 Rn. 1 ff.; *Weber-Monecke* (Fn. 212), § 1361 Rn. 17; der Anspruch ist nach § 1361 Abs. 1 S. 1 BGB angemessen, wenn der Unterhalt den vorherigen, ehelichen Vermögensverhältnissen entspricht; siehe *Budzikiewicz* (Fn. 212), § 1577 Rn. 7; *Weber-Monecke* (Fn. 212), § 1361 Rn. 6.

217 *Budzikiewicz* (Fn. 212), § 1569 Rn. 1; *H.-U. Maurer*, in: MüKoBGB, Bd. IX (Fn. 133), § 1569 Rn. 1.

Betreuung eines Kindes, soweit der Betreuende nicht ganztags arbeitet, § 1570 BGB[218]. Weitere Fälle sind Krankheit nach § 1572 BGB[219] oder Bedürftigkeit nach § 1577 BGB[220].

Zusammenfassend zielen die Regelungen des Zivilrechts darauf ab, den Unterhalt den jeweiligen Lebens- und Abhängigkeitsverhältnissen der Familienmitglieder im Einzelfall anzugleichen und dagegen nicht einseitig dem Mann im Ausgleich für eine patriarchalische Rollenverteilung aufzubürden.

c) Grenzen der Privatautonomie am Beispiel der Inhaltskontrolle von Eheverträgen

Den Unterhalt allein den Männern unter Einschluss eines Gewaltmonopols über die Frauen zu erteilen, wird der gesellschaftlichen Vorstellung, Frauen heute die selben Bildungs- und Erwerbsmöglichkeiten mitsamt Selbstbestimmungsrechten zuzubilligen, nicht gerecht. Ebensowenig entspricht es der hiesigen Vorstellung, Frauen Existenzsorgen im Nachgang an eine geschiedene Ehe auszusetzen.

Insofern lassen diese klassisch islamischen Vorstellungen bzw. Regelungen eine systematische Diskriminierung von Frauen erkennen[221]. Dabei darf jedoch nicht vergessen werden, dass es hinsichtlich dieser Frage nicht *den* Islam gibt und sich daher Pauschalisierungen verbieten. Denn das islamische Normensystem mitsamt der Scharia ist so unbestimmt[222], dass auch bei der richterlichen Praxis an religiös orientierten Gerichten im Nahen Osten stets Abweichungen in der Rechtsprechung beobachtet werden[223].

---

[218] *Budzikiewicz* (Fn. 212), § 1570 Rn. 1, 9; *Maurer* (Fn. 217), § 1570 Rn. 1.

[219] *Budzikiewicz* (Fn. 212), § 1572 Rn. 1; *Maurer* (Fn. 217), § 1572 Rn. 1.

[220] *Budzikiewicz* (Fn. 212), § 1577 Rn. 1; *Maurer* (Fn. 217), § 1577 Rn. 1; der Anspruch kann nach § 1577 Abs. 1 i.V.m. §§ 1570-1573, 1575 oder 1576 BGB jedoch nur verlangt werden, wenn der Anspruchssteller nicht in der Lage ist, sich mit eigenen Mittel selbst zu unterhalten. Auch in diesem Fall richtet sich die Höhe des Anspruchs nach den ursprünglichen ehelichen Lebensverhältnissen, § 1578 Abs. 1 BGB. Entsprechend muss der verpflichtete Ehegatte auch hier hinreichend leistungsfähig sein, § 1581 BGB; siehe *Maurer* (Fn. 217), § 1577 Rn. 8; *H. Zischka/B. Weber-Monecke*, in: W. Schulz/J. Hauß (Hrsg.), Handkommentar Familienrecht, 3. Aufl. 2018, § 1578 Rn. 2.

[221] So auch *Brocker*, Scharia-Gerichte (Fn. 85), S. 317, 328; *Rohe*, Recht (Fn. 148), S. 398; *K. A. Schachtschneider*, Grenzen der Religionsfreiheit am Beispiel des Islam, 2. Aufl. 2011, S. 104 f.

[222] *C. Schirrmacher/U. Spuler-Stegemann*, Frauen und die Scharia: Die Menschenrechte im Islam, 2004, S. 32 f.; *Rohe*, Recht (Fn. 148), S. 11; *Wittreck*, Paralleljustiz (Fn. 194), S. 107.

[223] *H.-G. Pauli*, Islamisches Familien- und Erbrecht und ordre public, 1994, S. 15 f.; *Rohe*, Recht (Fn. 148), S. 7; *Wittreck*, Paralleljustiz (Fn. 194), S. 107; dieser Grad an Unbestimmtheit kann insbesondere einer noch aufzuzeigenden Divergenz des staatlichen Rechts muslimisch geprägter Länder entnommen werden; siehe Kap. IV.2.b).dd).

Weiterhin ist entscheidend, dass sich Frauen auch sehr bewusst für einen Lebensstil mit Einbußen von solch gleichberechtigenden Regelungen entscheiden können. Korrespondierend könnte die deutsche Rechtsordnung mit Blick auf die Privatautonomie sogar *weite* Abweichungen vom zuvor angeschnittenen gesetzlichen Leitbild der Familienbeziehungen legitimieren.

Zu klären ist insofern, ob die Vertragsfreiheit begrenzt werden kann, falls im Einzelfall festgestellt wird, dass unter Berufung auf klassische islamische Normen sich Formen von Frauendiskriminierung aufdrängen. Um diese Frage zu beantworten, scheint auch ein Blick auf die Grenzen der Privatautonomie bei der Regelung von Eheverträgen geboten, um im selben Zuge die zivilrechtlichen Grenzen des Erträglichen bei Fragen von Frauendiskriminierung verorten zu können.

aa) „Paralleljustiz" im Rahmen der Privatautonomie nach Art. 2 Abs. 1 GG

Die Vertragsfreiheit ist neben den Freiheitsrechten der Eigentums-, Testier-, Eheschließungs- oder Vereinigungsfreiheit ein wesentliches Element der Privatautonomie[224]. Dabei kommt der Privatautonomie als „elementares Mittel zur freien Entfaltung der Persönlichkeit" Verfassungsrang nach Art. 2 Abs. 1 GG zu[225], welcher sich damit auch auf die Vertragsfreiheit erstreckt[226]. Obwohl die Vertragsfreiheit im BGB nur stillschweigend (von § 305 BGB) vorausgesetzt wird[227], werden umfangreiche Freiheiten in Form des Abschlusses, der Gestaltung sowie die Wahl des Inhalts von privatrechtlichen Verträgen garantiert. Damit soll Privatrechtssubjekten die grundsätzliche Entscheidungsgewalt darüber übertragen werden, eigenverantwortlich Verträge zu schließen, von einem Vertragsschluss abzusehen, oder den Vertragsinhalt frei auszugestalten[228]. Korrespondierend soll auch niemand dazu verpflichtet werden können, Rechenschaft über die Beweggründe zu diesen Handlungen ablegen zu müssen[229].

---

224 *J. Busche*, Privatautonomie und Kontrahierungszwang, 1999, S. 36; *U. Di Fabio*, in: G. Dürig/R. Herzog/R. Scholz (Hrsg.), Grundgesetz-Kommentar, Art. 2 Abs. 1 (2001), Rn. 101; *C. Paulus/W. Zenker*, Grenzen der Privatautonomie, in: JuS 2001, S. 1 (1).

225 *Di Fabio* (Fn. 224), Art. 2 Abs. 1 Rn. 101.

226 *Paulus/Zenker*, Grenzen (Fn. 224), S. 1; ohnehin werden Privatautonomie und Vertragsfreiheit häufig als Synonym verwendet. Umfangreich zu Privatautonomie als Rechtsbegriff; siehe *Busche*, Privatautonomie (Fn. 224), S. 13.

227 *S. Baer*, „Ende der Privatautonomie" oder grundrechtlich fundierte Rechtsetzung? – Die deutsche Debatte um das Antidiskriminierungsrecht, in: ZRP 2002, S. 290 (291); *Paulus/Zenker*, Grenzen (Fn. 224), S. 1.

228 *Busche*, Privatautonomie (Fn. 224), S. 72; *Di Fabio* (Fn. 224), Art. 2 Abs. 1 Rn. 101; *G. Manssen*, Privatrechtsgestaltung durch Hoheitsakt, 1994, S. 119; *Paulus/Zenker*, Grenzen (Fn. 224), S. 1.

229 *Baer*, Ende (Fn. 227), S. 293 f.; *F.-J. Säcker*, „Vernunft statt Freiheit!" – Die Tugendrepublik der neuen Jakobiner – Referentenentwurf eines privatrechtlichen Diskriminierungsgesetzes, in: ZRP 2002, S. 286 (286 f.).

Ebenso unterfällt die Entscheidungsfindung im Rahmen der „Paralleljustiz" der Privatautonomie. So steht solch privaten Streitbelegungsverfahren insbesondere nicht das Rechtsprechungsmonopol entgegen[230]. Zwar ist nach Art. 92 GG die rechtsprechende Gewalt den Richtern anvertraut und wird durch das Bundesverfassungsgericht sowie Bundes- und Landesgerichte ausgeübt[231], jedoch hat dies nicht zur Folge, dass jede Streitigkeit unter natürlichen Personen *zwingend* vor solch staatlich eingesetzten Richtern zu verhandeln wäre. Vielmehr steht es Bürgern grundsätzlich frei, Streitigkeiten im privaten Umfeld bzw. einer religiösen Gemeinde, auszutragen und im Wege einer privatrechtlichen Einigung final beizulegen[232]. In einem Umkehrschluss kann auch grundsätzlich niemand daran gehindert werden, als Schlichter in diesem Umfeld aufzutreten und entsprechende Dienstleistungen anzubieten[233].

Zwar beruht die Vertragsfreiheit unter Einschluss der „Paralleljustiz" im Grundsatz auf staatlicher Anerkennung, jedoch bedeutet dies nicht, dass diese damit grenzenlos wirken muss. So kann der Staat – insbesondere im Wege von zivilrechtlichen Grenznormen – Rahmenbedingungen schaffen, wenn er in gewissen Situationen eine mangelnde Parität der Vertragsparteien erwartet. Denn bei der Feststellung eines solchen Machtgefälles kann nicht mehr von *autonomem* Handeln der Parteien die Rede sein[234], weshalb schon § 138 Abs. 2 BGB die Nichtigkeit von Rechtsgeschäften anordnet, durch die jemand „unter Ausbeutung der Zwangslage, der Unerfahrenheit, des Mangels an Urteilsvermögen oder der

230 Entgegen der Andeutung von *Bausback*, Bayern (Fn. 4), S. 16 ff.

231 *M. Reinhardt*, Konsistente Jurisdiktion: Grundlegung einer verfassungsrechtlichen Theorie der rechtsgestaltenden Rechtsprechung, 1997, S. 91 ff.; *C. D. Classen*, in: H. v. Mangoldt/F. Klein/C. Starck, Kommentar zum Grundgesetz, Bd. III, 7. Aufl. 2018, Art. 92 Rn. 32.

232 Zu den Möglichkeiten und Grenzen privatautonomer Streitbeilegung (bei „Paralleljustiz") siehe *Bauwens*, Paralleljustiz (Fn. 4), S. 110 ff.; *H. Eidenmüller*, Vertrags- und verfahrensrechtliche Grundfragen der Mediation: Möglichkeiten und Grenzen privatautonomen Konfliktmanagements, in: S. Breidenbach/D. Coester-Waltjen u.a. (Hrsg.), Konsensuale Streitbeilegung. Akademisches Symposium zu Ehren von Peter F. Schlosser aus Anlass seines 65. Geburtstages, 2001, S. 54 (54 ff.); *Elliesie u.a.*, Konfliktregulierung (Fn. 8), S. 13; *H. Prütting*, Verfahrensrecht und Mediation, in: S. Breidenbach/M. Henssler (Hrsg.), Mediation für Juristen. Konfliktbehandlung ohne gerichtliche Entscheidung, 1997, S. 57 (61 ff.); *ders.*, Schlichten statt Richten?, in: JZ 1985, S. 261 (261 ff.); *R. Stadler*, Außergerichtliche obligatorische Streitschlichtung – Chance oder Illusion?, in: NJW 1998, S. 2479 (2484); *Wittreck*, Paralleljustiz (Fn. 194), S. 110 f.; *J. Zado*, Privatisierung der Justiz: Zur Bedeutung und verfassungsrechtlichen Zulässigkeit von Privatisierungen in Rechtsprechung, Strafvollzug, Zwangsvollstreckung und Handelsregister, 2013, S. 261 ff.

233 *R. Greger*, Autonome Konfliktlösung innerhalb und außerhalb des Prozesses, in: ders./I. Gleußner/J. Heinemann (Hrsg.), Neue Wege zum Recht: Festgabe für Max Vollkommer, 2006, S. 3 (4 ff.); *Wittreck*, Paralleljustiz (Fn. 194), S. 110 f.

234 BVerfGE 89, 214 (231 ff.); *Paulus/Zenker*, Grenzen (Fn. 224), S. 1 ff.; *Säcker*, Vernunft (Fn. 229), S. 287 f.

erheblichen Willensschwäche eines anderen sich oder einem Dritten für eine Leistung Vermögensvorteile versprechen oder gewähren lässt, die in einem auffälligen Missverhältnis zu der Leistung stehen". Eine entsprechende Grenze wird gezogen, wenn das Rechtsgeschäft gegen ein gesetzliches Verbot nach § 134 BGB und dabei insbesondere gegen strafrechtliche Verbotsnormen nach dem StGB verstößt[235].

Die Rechtsprechung hat für gewisse Lebenslagen, in denen sie eine Schutzbedürftigkeit von etwaig nachteilig gestellten Vertragsparteien erkennt, die Grenzen der Vertragsfreiheit noch weitergehend konkretisiert. Dies wird nachfolgend am im Rahmen der „Paralleljustiz" besonders relevanten Beispiel der Ausgestaltung von Eheverträgen verdeutlicht.

bb) Gestaltungsmöglichkeiten von Eheverträgen

Eheverträge haben nach der Legaldefinition von § 1408 Abs. 1 BGB[236] vertragliche Regelungen zu „güterrechtlichen Verhältnisse[n]" zum Gegenstand. Ergänzend werden aufgrund des Verweises in § 1408 Abs. 2 BGB auf § 6 VersAusglG auch Regelungen zum Versorgungsausgleich erfasst. Weitergehend werden jedoch auch alle weiteren ehebezogenen familienrechtlichen Vereinbarungen von Ehegatten und Verlobten zur Regelung der allgemeinen Ehewirkungen (§§ 1353 ff. BGB), des ehelichen Güterrechts oder der Scheidungsfolgen erfasst[237].

Damit sind vielfältige Regelungen des Ehelebens[238] möglich, was wiederum auf die Vertragsfreiheit zurückgeführt werden kann[239].

Aufgrund der vermeintlich grenzenlosen Möglichkeiten bei der Ausgestaltung ehelicher Verträge stellt sich die Frage unter welchen Umständen der Privatautonomie – bei insbesondere eherechtlichen Gegenständen – Schranken zu setzen sind.

---

235 Strafgesetze sind im Zweifel als Verbotsgesetze i.S.v. § 134 BGB anzusehen, wobei eine Orientierung am jeweiligen Verbotszweck der strafrechtlichen Norm nicht dazu führen darf, dass der Tatbestand zur Erreichung eines Verbotsgesetzes über den Regelungsgehalt hinaus erweitert wird; siehe *C. Armbrüster*, in: Münchener Kommentar zum BGB, Bd. I, 8. Aufl. 2018, § 134 Rn. 51.

236 Für den Abschluss eines Ehevertrags i.S.v. § 1408 BGB ist nach § 1410 BGB die gleichzeitige Anwesenheit beider Teile vor einem Notar sowie eine entsprechende Beurkundung erforderlich. Da es sich nicht um ein höchstpersönliches Rechtsgeschäft handelt ist eine Stellvertretung grundsätzlich möglich. Die Erteilung einer entsprechenden Vollmacht bedarf nach § 167 Abs. 2 BGB nicht der Form des § 1410 BGB; siehe *Budzikiewicz* (Fn. 212), § 1410 Rn. 1 ff.

237 Umfassend zu Begriff und Inhalt des Ehevertrags siehe *L. Bergscheider/A. Wolf*, in: Münch FamR (Fn. 141), § 7 Rn. 5 ff.

238 Die Regelung eines entsprechenden Lebenspartnerschaftsvertrags steht zudem auch eingetragenen Lebenspartnern nach § 7 LPartG i.V.m. §§ 1409 ff. BGB offen.

239 *C. Münch*, in: MüKoBGB, Bd. IX (Fn. 133), § 1408 Rn. 1

(1) Rechtsprechung zu der Inhaltskontrolle von Eheverträgen

Ursprünglich nahmen deutsche Gerichte aufgrund der Eheschließungsfreiheit nach Art. 6 Abs. 1 GG[240] nur in Ausnahmefällen eine (Inhalts-)Kontrolle[241] des Ehevertrags vor, was eine fast gänzlich unbeschränkte Vertragsfreiheit mitsamt all den denkbaren Konsequenzen – insbesondere für Frauen[242] – zur Folge hatte[243].

Diese Auffassung gilt seit einer Leitentscheidung des Bundesverfassungsgerichts[244] für überholt. Danach würde sich ein grundrechtlicher Schutz auch im Rahmen von zivilrechtlichen Generalklauseln[245] entfalten (auch als sog. mittelbare Drittwirkung der Grundrechte bezeichnet[246]). Zwar sei die durch Art. 2 Abs. 1 GG gewährleistete Privatautonomie – die sich maßgeblich in eigens gestalteten Verträgen verwirkliche – zu respektieren. Auch aufgrund einer (mittelbaren Dritt-)Wirkung von Art. 3 Abs. 2 GG[247], wonach eine Ehe als gleichberechtigte Partnerschaft gelebt werden sollte, sei bei einer autonomen Vertragsge-

---

240 „Art. 6 Abs. 1 GG stellt die Ehe unter den besonderen Schutz der staatlichen Ordnung. Damit garantiert die Verfassung nicht nur das Institut der Ehe, sondern gebietet als verbindliche Wertentscheidung für den gesamten Bereich des die Ehe betreffenden privaten und öffentlichen Rechts einen besonderen Schutz durch die staatliche Ordnung (…). Vor allem aber gewährt Artikel 6 Absatz 1 GG den Grundrechtsträgern als Freiheitsrecht Schutz vor verfassungsrechtlich nicht gerechtfertigten Eingriffen des Staates in die Ehe“ BVergG BeckRS 2023, 5426 Rn. 108; weitergehend noch *Wellenhofer* (Fn. 133), Vorb. § 1303 Rn. 19.

241 Vorab der Hinweis, dass der von Rechtsprechung und Literatur verwendete Begriff der „Inhaltskontrolle“ in diesem Rahmen keinen Bezug zu dem Begriff hat, der bei AGB-Kontrollen verwendet wird. Wie § 310 Abs. 4 BGB aufzeigt sind die §§ 305 ff. BGB bei familienrechtlichen Klauseln auch gar nicht erst anwendbar; siehe *J. Basedow*, in: Münchener Kommentar zum BGB, Bd. II, 8. Aufl. 2019, § 310 Rn. 117.

242 Beispielsweise stellte *Schwenzer* im Jahr 1996 fest: „daß sowohl bei Eheverträgen als auch bei Scheidungsvereinbarungen von einer strukturellen Unterlegenheit der Frau auszugehen ist, daß also grundsätzlich diesen Verträgen eine Richtigkeitsgewähr, die die Basis für das Postulat der Vertragsfreiheit abgibt, nicht innewohnt, weil die Frau in der Regel nicht in der Lage ist, ihre Interessen denen des Mannes adäquat entgegenzusetzen“ und forderte entsprechende Vereinbarungen unter Ehegatten einer sog. Inhaltskontrolle zu unterziehen; siehe *I. Schwenzer*, Vertragsfreiheit im Ehevermögens- und Scheidungsfolgenrecht, in: AcP 196 (1996), S. 108 f., 111 ff.

243 Exemplarisch äußerte der Bundesgerichtshof noch 1997 ausdrücklich, dass eine weitergehende besondere Inhaltskontrolle ***nicht*** stattzufinden habe; siehe BGH NJW 1997, 192 (193); für eine Zusammenfassung der Rechtsprechung bis 2001 siehe *J. Bredthauer*, in: H. Scholz(Begr.)/N. Kleffmann (Hrsg.), Praxishandbuch Familienrecht, Teil T Rn. 37 (2017).

244 BVerfGE 103, 89 (89).

245 Wie beispielsweise Treu und Glauben nach § 242 BGB oder die guten Sitten nach § 138 BGB; siehe *A. Guckelberger*, Die Drittwirkung der Grundrechte, in: JuS 2003, S. 1151 (1154).

246 Dazu einleitend siehe *M. Ruffert*, Privatrechtswirkung der Grundrechte: Von Lüth zum Stadionverbot – und darüber hinaus?, in: JuS 2020, S. 1 (1 ff.); weitergehend Kap. III.2.b.bb).

247 Zu einer etwaigen Drittwirkung von Art. 3 Abs. 2 GG im Falle von durch „Paralleljustiz“ vermittelte Sachentscheidungen siehe Kap. III.2.b).

staltung jedoch grundsätzlich eine Grenze zu ziehen, wenn sich die vermeintliche Selbstbestimmung einer Vertragspartei mangels Parität der Parteien in eine Fremdbestimmung wandele. Dies sei der Fall, wenn eine erheblich einseitige Aufbürdung der vertraglichen Lasten *sowie* eine erheblich ungleiche Verhandlungsposition erkennbar seien, was wiederum zur Folge hätte, dass eine Partei aufgrund der überlegenen Stellung die Inhalte des Vertrages faktisch einseitig festlegen könne. Je mehr gesetzliche Rechte zum Nachteil eines Ehegatten abbedungen würden, desto mehr könnte man von einer einseitigen Benachteiligung ausgehen, die einer solchen Gleichberechtigten widersprechen würde. Damit hat das Bundesverfassungsgericht auch ausdrücklich die bisherige Rechtsprechung des Bundesgerichtshofs abgelehnt, nach der die Eheschließungsfreiheit einer Inhaltskontrolle des Ehevertrags widerspreche[248].

(a) Prüfung anhand der Kernbereichslehre

Als Reaktion auf das zuvor benannte Urteil entwickelte der Bundesgerichtshof eine besondere Systematik für die inhaltliche Kontrolle von Eheverträgen. Zwar betonte dieser im Rahmen der einschlägigen Grundsatzentscheidung „Archäologin“[249] zunächst, dass eine grundsätzliche Disponibilität bei entsprechenden Vereinbarungen nicht in Frage gestellt werden könne. Dagegen legitimiere die Eheschließungsfreiheit allein jedoch keine evident einseitige und durch eine individuelle Gestaltung der ehelichen Lebensverhältnisse nicht gerechtfertigte Lastenverteilung.

Zum Zwecke der Überprüfung einer unangemessenen Benachteiligung soll die Inhaltskontrolle in zwei Schritten durchgeführt werden: So wird zunächst eine Kontrolle der Wirksamkeit der Vereinbarung anhand von § 138 Abs. 1 BGB angestellt, wobei der Zeitpunkt des Vertragsschlusses maßgeblich ist. Falls der Vertrag dieser Prüfung standhält, wird noch eine weitergehende Ausübungskontrolle nach § 242 BGB durchgeführt, wonach entscheidend ist, ob eine gegenwärtige Berufung auf den Ehevertrag missbräuchlich erscheint[250]. Im Rahmen dieser Prüfung kommt der vom Bundesgerichtshof entwickelten „Kernbereichslehre“ besondere Bedeutung zu. Nach dieser muss die Prüfung der Grenzen der Privatautonomie umso akribischer durchgeführt werden, je stärker die vertragliche Abbedingung in den sog. Kernbereich des Scheidungsfolgenrechts eingreift[251].

---

[248] Das Urteil des Bundesverfassungsgerichts fassen zusammen: *Bredthauer* (Fn. 243), Teil T Rn. 38; *J. Mayer*, Zur Inhaltskontrolle von Eheverträgen, in: FPR 2004, S. 364 f.; *L. Milzer*, in: K. H. Johannsen (Begr.)/D. Henrich/C. Althammer (Hrsg.), Kommentar zum Familienrecht, 7. Aufl. 2020, § 1413 Rn. 34; *Münch* (Fn. 239), § 1408 Rn. 26.

[249] BGHZ 158, 81 (81 ff.).

[250] Die Vorgaben des Bundesgerichtshofs fassen zusammen: *L. Bergscheider/A. Wolf*, Richterliche Inhaltskontrolle von Eheverträgen, in: NZfam 2018, S. 392 (392 f.); *Milzer*, (Fn. 248), § 1413 Rn. 37; *Münch* (Fn. 239), § 1408 Rn. 50 ff.; *M. Wellenhofer*, Die Inhaltskontrolle von Eheverträgen und die gestörte Vertragsparität, in: NZFam 2020, S. 229 (229 f.).

[251] Dabei wurde die folgende Rangabstufung festgelegt, wobei ein Ausschluss in absteigender Reihenfolge immer leichter zu rechtfertigen ist: Betreuungsunterhalt nach § 1570 BGB,

In diesem Zusammenhang sei darauf hingewiesen, dass diese Rechtsprechung insbesondere Vereinbarungen vor Augen hatte, die zu Lasten des (eigentlich) *Berechtigten* der ausgeschlossenen Regelung ausgestaltet sind[252].

(b) Der sog. Globalverzicht im Rahmen der Wirksamkeitskontrolle nach § 138 BGB

Folglich ist insbesondere zu prüfen, ob die vereinbarte Abbedingung schon bei Zustandekommen den Eindruck machte, dass sie im Falle der Scheidung zu einer ungerechten Lastenverteilung im Sinne eines Verstoßes gegen die guten Sitten führt[253]. Für eine solche Feststellung ist im Wege der sog. doppelten Gesamtwürdigung objektiv zu prüfen, ob sich aus dem Gesamtbild der Umstände der Schluss ziehen lässt, dass die Abbedingung auf eine einseitige Benachteiligung zielt. Sodann ist subjektiv festzustellen, welche Zwecke mit der Abrede verfolgt wurden. Als Maßstab dient das Idealbild des gesetzlichen Scheidungsfolgensystems, nachdem ehebedingte Nachteile, wie Einbußen bei der Karriere, der Altersversorgung oder dem Vermögensaufbau, ausgeglichen werden sollten. Eine Unterlegenheit wird indiziert, wenn eine Partei durch Ausnutzung einer maßgeblich schwächeren Verhandlungsposition der anderen Partei einen bewussten Vorteil zieht[254].

Zur Anschauung der zuvor dargestellten Kriterien taugt insbesondere ein Blick auf die Rechtsprechung zum sog. Globalverzicht auf nachehelichen Unterhalt, Zugewinn sowie Versorgungsausgleich. So wurde beispielsweise die Sittenwidrigkeit eines Ehevertrags angenommen, der einen Verzicht zulasten einer Frau mit ausländischer Staatsangehörigkeit

Krankheitsunterhalt nach § 1572 BGB, Unterhalt wegen Alters nach § 1571 BGB sowie Versorgungsausgleich nach § 1587 BGB, Erwerbslosigkeitsunterhalt nach § 1573 BGB, Krankenvorsorge und Altersvorsorgeunterhalt nach § 1578 Abs. 2, 3 BGB, Aufstockungs- und Ausbildungsunterhalt nach §§ 1573 Abs. 2, 1575 BGB und Zugewinnausgleich nach §§ 1372 ff. BGB; siehe *Bergscheider/Wolf* (Fn. 141), § 7 Rn. 37; *Bredthauer* (Fn. 243), Teil T Rn. 41; *H. Grziwotz*, in: K. Schnitzler (Hrsg.), Münchener Anwaltshandbuch Familienrecht, 5. Aufl. 2020, § 24 Rn. 28, *Münch* (Fn. 239), § 1408 Rn. 50 f.

[252] *Bergscheider/Wolf* (Fn. 141), § 7 Rn. 38.

[253] Als Ausgangspunkt bei der gerichtlichen Inhaltskontrolle von (Ehe-)Verträgen ist zunächst festzuhalten, dass nach der Privatautonomie grundsätzlich *alle* privatrechtlichen Vertragsinhalte erlaubt sind, sofern sie nicht durch zwingendes Recht nach § 134 BGB ausdrücklich verboten sind. Dazu hat der Gesetzgeber angesichts der Vielzahl an denkbar unerträglichen und daher schwer definierbaren Vertragsinhalten die allgemeine Generalklausel des § 138 BGB geschaffen. Diese sieht als Beurteilungsmaßstab nach Abs. 1 „die guten Sitten“, die als „Anstandsgefühl aller billig und gerecht Denkenden“ definiert werden können, die wiederum in der herrschenden Rechts- und Sozialmoral als ethischer Grundlage der Gesellschaft gründen. Für eine Beurteilung einer entsprechenden Sittenwidrigkeit nach § 138 Abs. 1 BGB ist eine Gesamtwürdigung von Inhalt, Motiv und Zweck des Rechtsgeschäfts entscheidend. Als Wirkung eines Sittenverstoßes ist die Nichtigkeit des Rechtsgeschäfts vorgesehen; siehe *Armbrüster* (Fn. 235), § 138 Rn. 1, 11 ff., 157 ff.; *H.-P. Mansel*, in: Jauernig BGB (Fn. 212), § 138 Rn. 1 ff., 25 ff.

[254] Zur besonderen Wirksamkeitskontrolle bei Eheverträgen nach § 138 BGB siehe *Bergschneider/Wolf*, Inhaltskontrolle (Fn. 250), S. 392; *Grziwotz* (Fn. 251), § 24 Rn. 29; *Siede* (Fn. 134), § 1408 Rn. 8 ff.; *Milzer* (Fn. 248) § 1413 Rn. 37; *Münch* (Fn. 239), § 1408 Rn. 35 ff.

vorsah und die zu ihrem zukünftigen Ehemann nach Deutschland eingereist war, ohne zuvor die deutsche Sprache erlernt zu haben oder über eine Ausbildung zu verfügen sowie ohne die Eheschließung auch weder Aufenthalts- noch Arbeitserlaubnis erhalten hätte. In solchen Fällen hätte schon bei Abschluss des Ehevertrags die Schutzlosigkeit der Frau im Scheidungsfall festgestanden[255]. Ohnehin wird die Vertragsfreiheit bei Eheschließung eines deutschen Partners mit einem ausländischen, eingereisten Partner mehr eingeschränkt, da bereits ohne die ehebedingten Nachteile eine konkrete Bedarfssituation im Falle der Scheidung zu erwarten ist[256]. In jedem Fall muss für die die Sittenwidrigkeit eines Globalverzichts noch ein im Einzelfall festzustellendes subjektives Ausnutzungselement hinzukommen[257].

Zusammenfassend können folgende Kriterien für den Schluss auf eine zusätzlich erforderliche verwerfliche Gesinnung herangezogen werden:

- Eine Imparität der jeweiligen Abbedingung,
- eine unterlegene Verhandlungsposition der benachteiligten Partei sowie
- eine verwerfliche Gesinnung der begünstigten Partei,

wobei diese Kriterien bei Ausnutzung einer Zwangslange, sozialer oder wirtschaftlicher Abhängigkeit oder intellektueller Unterlegenheit indiziert sein können[258].

(2) Zwischenergebnis

Zunächst dienen die ermittelten Grenzen der Privatautonomie bei eherechtlichen Belangen dazu, den Rahmen des (zivilrechtlich) Erträglichen bei Fragen von Frauendiskriminierung im Rahmen von Sachentscheidungen der „Paralleljustiz" näher abzustecken. Dabei muss auf diejenigen Grenzen abgestellt werden, die Gesetze und zugehörige Rechtsprechung an individuelle Vereinbarungen zum familiären Zusammenleben ziehen. Diese liegen, wie festgestellt, bei einer Imparität der jeweiligen Abbedingung, einer unterlegenen Verhandlungsposition der benachteiligten Partei sowie einer verwerflichen Gesinnung der begünstigten Partei. Dazu der Hinweis, dass eine unmittelbare Anwendung dieser Maßstäbe offensichtlich ausscheidet, wenn erst gar keine Zivilehe geschlossen wurde. An dieser Stelle kann jedoch festgehalten werden, dass in solchen Fällen schwerlich von Frauendiskriminierung gesprochen werden kann, bei denen schon die Privatautonomie mitsamt

---

255 BGH NJW 2006, 2331 (2331 ff.); 2007, 907 (907 ff.).

256 Für eine Übersicht von Rechtsprechung zu Eheverträgen mit ausländischen Staatsangehörigen siehe *Grziwotz* (Fn. 251), § 24 Rn. 30.

257 Dazu *Wellenhofer* mit kritischen Anmerkungen zu diesen Anforderungen des Bundesgerichtshofs mitsamt der Äußerung, dass eine solche Globalverzichtserklärung als Ergebnis einer evident einseitigen Vertragsgestaltung die tatsächliche Vermutung einer auch subjektiven Benachteiligung stets indizieren sollte: *Wellenhofer*, Inhaltskontrolle (Fn. 250), S. 231 ff.

258 BGH NJW 2017, 1883 (1887).

korrespondierender Rechtsprechung entsprechende weitreichende Abweichungen vom Idealbild der familiären Beziehungen ermöglicht.

3. Exkurs: Mangelndes „Zeugnis" von Frauen im Rahmen der „Paralleljustiz"

Unabhängig von den etwaig diskriminierend wirkenden *Sachentscheidungen* drängt sich auch ein Mangel an Gleichberechtigung bezüglich der Ausgestaltung des *Verfahrens* bei „Paralleljustiz" auf.

So ist denkbar, dass der sog. Schuldvers (arab. *ayat al dayn*) nach Sure 2, Vers 282 Anwendung findet, der das Zeugnis zweier Frauen mit dem eines Mannes gleichsetzt[259]. Dieser Vers ist der umfangreichste im Koran und wird daher auch sehr divers ausgelegt[260]. Einigkeit besteht nur dahin, dass er offenbart wurde, um Muslimen bei Darlehensgeschäften bei der Reduktion von Missverständnissen behilflich zu sein[261]. Dabei deutet schon der erste Satz unter Hinweis auf eine Verschuldung einer Vertragspartei auf einen finanziellen Charakter des Rechtsgeschäfts hin:

> „O ihr, die ihr glaubt, wenn ihr euch mit einer Schuld auf einen benannten Termin verschuldet, so schreibet ihn auf [...]." (2:282)[262].

Um dieses Darlehen für die Zukunft zu beurkunden sieht der Vers weitergehende Anforderungen an die beteiligten Zeugen vor:

> „[...] Sind nicht zwei Mannespersonen da, so sei es ein Mann und zwei Frauen, die euch zu Zeugen passend erscheinen, dass wenn die eine von beiden irrt, die andere sie erinnern kann. [...] (2:282)[263].

Durch den zuletzt zitierten Teil des Verses kommt hinreichend zum Ausdruck, dass Frauen im Vergleich zu Männern weniger Kompetenz als Zeuginnen – zumindest bei finanziellen Angelegenheiten – zugesprochen wird. Um diesen Missstand auszugleichen, müssten demnach gleich zwei Frauen für die Richtigkeit der Aussage garantieren. Begründet wird der Vers insbesondere damit, dass Frauen nicht dieselbe Bildung bzw. geistige Kompetenz zukommt, wie Männern[264].

---

259 *Bauwens,* Paralleljustiz (Fn. 4), S. 89.

260 So ist bereits umstritten, ob er sich dieser lediglich als Empfehlung oder gar als obligatorische Rechtsnorm charakterisieren lässt; siehe *T. J. Al-Alwani*, The Testimony of Women in Islamic Law, in: The American Journal of Islamic Social Sciences 1996, S. 173 (173 ff.); *H. Halil*, The Testimony of Women in the Qur'an, in: Al-BayĀn – Journal of Qur'Ān and Ḥadīth Studies 2016, S. 18 (19).

261 Ebda., S. 173; *Rohe*, Recht (Fn. 148), S. 40.

262 Henning, Koran (Fn. 36), 2:282.

263 Ebda., 2:282.

264 *Al-Alwani*, Testimony (Fn. 260), S. 174; *Halil*, Testimony (Fn. 260), S. 19 f.

Zwar bezieht sich der Wortlaut ausschließlich auf Darlehensgeschäfte, jedoch könnte der enthaltene Gedanke, dass Frauen im Vergleich zu Männern weniger als Zeugen fähig sind, auf *alle* (vor Gerichten) auszutragenden Streitigkeiten übertragen werden[265]. Eine solche Verallgemeinerung wird – je nach Rechtsschule – insbesondere für (aus der Perspektive des klassischen islamischen Rechts) strafrechtlich relevante Sachverhalte, wie dem Ehebruch[266], als auch familienrechtliche Sachverhalte, wie Eheschließung und Scheidung sowie Unterhalt[267], anerkannt.

Aufgrund der Verhandlung entsprechender Sachverhalte im Rahmen der „Paralleljustiz" könnte diese klassisch islamische Vorstellung von der prozessualen Stellung der Frau auch hier Eingang gefunden haben. Die Auswertung der Quellen konnte diese Frage nicht abschließend beantworten, jedoch ist es zumindest wahrscheinlich, dass Frauen gleichlaufend kaum Gehör verschafft wird.

4. Übertragung der Erkenntnisse auf „religiöse Paralleljustiz"

Zunächst können im Zuge rein religiöser Verheiratungen die die Gleichberechtigung garantierenden Ansprüche wie der Unterhalt bei Getrenntleben nach § 1361 Abs. 1 S. 1 BGB, der Geschiedenenunterhalt nach §§ 1569 ff. BGB, oder der Zugewinnausgleich nach §§ 1363 Abs. 2 S. 2, 1378 BGB bewusst umgangen werden. Einschlägig sind in diesen Situationen allenfalls etwaige Ansprüche, die aus der Auflösung einer sog. nichtehelichen Lebensgemeinschaft erwachsen[268]. Darüber hinaus – und unabhängig von scheidungsrechtlichen Fragen – fällt im Falle einer Nichtehe auch die gesetzliche Erbfolge eines Ehegatten i.S.v. 1933 BGB aus[269]. Weiterhin ist mit Blick auf sich an Nichtehen anschließende familienrechtlich relevante Vereinbarungen mit diskriminiender Wirkung grundsätzlich an

---

[265] Eine pauschale Minderwertigkeit des Zeugnisses von Frauen hinsichtlich *aller* rechtlicher Belange kann nach klassisch islamischer Perspektive auf deren vermeintliche mangelnde geistige Zurechnungsfähigkeit zurückgeführt werden; siehe *Bauwens,* Paralleljustiz (Fn. 4), S. 89; *Halil*, Testimony (Fn. 260), S. 19.

[266] *Halil*, Testimony (Fn. 260), S. 20 ff.

[267] Ebda., S. 26 ff.

[268] *BMJV*, Paralleljustiz (Fn. 3), S. 45; denkbar sind Ausgleichsansprüche nach Scheitern einer nichtehelichen Lebensgemeinschaft aus ungerechtfertigter Bereicherung (§ 812 Abs. 1 S. 2 Alt. 2 BGB) und nach den Grundsätzen über den Wegfall der Geschäftsgrundlage (§ 313 BGB); siehe BGHZ 177, 193 (193); BVerfG BeckRS 2023, 5426 Rn. 160; weitergehende Ausführungen zu etwaigen Ansprüchen, die aus dem Scheitern einer Lebensgemeinschaft hervorgehen können bei *R. Gurk*, in: G. Grandel/R. Stockmann (Hrsg.), StichwortKommentar Familienrecht, 2. Aufl. 2014, Nichteheliche Lebensgemeinschaft, Rn. 7 ff.; gemeint ist damit die Lebensgemeinschaft „eines Mannes und einer Frau, die auf Dauer angelegt ist, daneben keine weitere Lebensgemeinschaft gleicher Art zulässt und sich durch innere Bindungen auszeichnet, die ein gegenseitiges Einstehen der Partner füreinander begründen, also über die Beziehungen in einer reinen Haushalts- und Wirtschaftsgemeinschaft hinausgehen." BVerfG FamRZ 2004, 1950 (1950).

[269] *R. Stürner*, Jauernig BGB (Fn. 212), § 1931 Rn. 1; § 1931 BGB ist auch nicht analog auf sog. nichteheliche Lebensgemeinschaften anwendbar; siehe *D. Weidlich*, in: Grüneberg BGB (Fn. 134), § 1931 Rn. 2.

eine Sittenwidrigkeit unter den diskutierten Anforderungen der Rechtsprechung nach § 138 Abs. 1 BGB zu denken[270]. Im selben Zuge wäre eine Anfechtung aufgrund einer widerrechtlichen Drohung oder Täuschung § 123 BGB vorstellbar[271]. Möglich ist insofern die Ausübung (unterschwelligen) psychischen Zwangs, damit die Ehefrau eine gewünschte Willenserklärung abgibt[272]. Ob die zuvor beschriebenen unmittelbaren Diskiminierungen auf der direkten Anwendung islamischer Normen, oder nur auf einer grundlegenden Vorstellung des sozialen Lebens basieren, die letztlich auf solch islamische Normen rückführbar sind, ist angesichts der messbaren faktischen Ungleichberechtigung an dieser Stelle unerheblich[273].

Zuletzt lassen sich insbesondere mittelbare Wertungen für die Diskriminierungsfrage ziehen. So kann erneut bezugnehmend auf die patriarchalischen Strukturen eine bewusste Aufrechterhaltung von intellektueller Unterlegenheit von Frauen mittels der Verweigerung von Bildung und Deutschkenntnissen erwartet werden. Dies könnte beispielsweise zur Folge haben, dass Männer im Rahmen der „Paralleljustiz" ihren Frauen erst eine reine islamische Eheschließung und anschließend korrespondierende einseitige Regelungen zu Fragen wie dem Unterhalt aufdrängen, ohne dass sie mangels gleichberechtigt gelebter Partnerschaft und erforderlicher Bildung reflektieren können, welche Nachteile ihnen dabei tatsächlich aufgebürdet werden. Es kommt erschwerend dazu, dass die Regelungen des Zivilrechts zum Schutze von Frauen und Mädchen sowohl im Wege der Privatautonomie als auch durch Druckausübung ohnehin umgangen werden können. So nützen die zivilrechtlichen Instrumentarien, wie eine Nichtigkeitserklärung nach § 138 Abs. 1 BGB oder eine Anfechtung nach § 123 BGB wenig, wenn diese schlussendlich nicht in Anspruch genommen werden können. Dies auch, wenn es der betroffenen Frau etwa mangels Wissens über staatliche Rechtsinstrumentarien nicht einmal in den Sinn kommt, diese im Wege der Anrufung eines staatlichen Gerichts zu nutzen, oder weil sie sich – aufgrund von (unterschwelliger) Druckausübung – nicht dazu durchringen kann. Zuletzt kommt erschwerend hinzu, dass ein Gericht schwer wird ermitteln können, was die wahren Beweggründe einer Frau sind, ein bestimmtes Familienbild zu verfolgen[274].

---

[270] *BMJV*, Paralleljustiz (Fn. 3), S. 44.

[271] *H. Dörner*, in: Handkommentar BGB (Fn. 138), § 138 Rn. 19.

[272] *Mansel* (Fn. 253), § 123 Rn. 12.

[273] Dazu weitergehend siehe Kap. C.III.1.b).

[274] So fasst *Kaminski* diesbezüglich zutreffend zusammen: „Wie viel Druck der Umwelt dann zum Nachgeben führt, wird nicht überprüft. Ob die Wünsche frei und selbstbewusst oder vom Wunsch der Akzeptanz der Umwelt bestimmt sind, kann und darf das Familiengericht nicht ermitteln." *Kaminski*, Paralleljustiz (Fn. 4), S. 171.

5. Ausblick

Wie festgestellt, ist sowohl die klassisch islamische Vorstellung der Rollenverteilung zwischen den Geschlechtern als auch der Stellenwert der Ehre mitsamt der Objektifizierung von Frauen augenscheinlich symptomatisch für Frauendiskriminierung im Rahmen der privatrechtlichen Paralleljustiz[275]. Dabei werden zum Erhalt dieser reaktionären Ansichten im Rahmen der Sachentscheidungen auch teilweise bewusst deutsche Normen, die darauf abzielen, einen fairen Ausgleich bzw. Sanktionen im Rahmen von familiären Bindungen zu schaffen, umgangen. Dies geschieht beispielsweise durch die Vermeidung von Zivilehen.

Dabei ist jedoch auch zu beachten, dass abseits islamischer Vorstellungen eine Konfliktlösung in familienrechtlichen Fragen allgemein von gesellschaftlichen Faktoren, wie beispielsweise der Familie, dem Freundeskreis oder religiösen Einrichtungen, wie auch den christlichen Kirchen, beeinflusst wird. Demnach bedarf es der Vorsicht, in diesem Rahmen Muslimen gegenüber besondere Skepsis entgegenzubringen. Insbesondere gibt es auch abseits der islamischen Kultur Machtgefälle in Beziehungen zwischen Frauen und Männern. So wäre an das traditionelle Leitbild der Nachkriegszeit in Form des (männlichen) Ernährer-Modells zu denken. Hiernach geht primär der Mann einer beruflichen Tätigkeit mitsamt zugehöriger Sozialleistungen nach und sorgt damit für den Familienunterhalt. Die Frau leistet dagegen vor allem unbezahlte Arbeit in Form der Familienversorgung und Hausarbeit und geht allenfalls einer Nebentätigkeit nach[276]. Zwar gilt dieses Modell in Deutschland nicht mehr unbedingt als vorherrschend[277], jedoch wird es nach wie vor als für das deutsche

---

[275] Dies zeigt zumindest eine potentielle Anwendung klassisch *materieller* islamischer Rechtsnormen auf. Ergänzend kann eine Wertung auch aus *prozessualer* Perspektive einer Diskriminierung entnommen werden. So kann der Schuldvers (2:282) dahingehend ausgelegt werden, dass Frauen regelmäßig nur ein eingeschränktes oder gar überhaupt kein Zeugnisrechtrecht bei Gerichtsprozessen zusteht.

[276] *U. Klein*, Geschlechterverhältnisse und Gleichstellungspolitik in der Europäischen Union: Akteure – Themen – Ergebnisse, 2. Aufl. 2012, S. 192 ff.; *A. Rusconi/C. Wimbauer*, Paare und Ungleichheit(en) – eine Einleitung, in: dies. u.a. (Hrsg.), GENDER Sonderheft 2, 2013, S. 10 (13); *S. Leitner/I. Ostner/M. Schratzenstaller,* Einleitung: Was kommt nach dem Ernährermodell? Sozialpolitik zwischen Re-Kommodifizierung und Re-Familialisierung, in: dies. (Hrsg.), Wohlfahrtsstaat und Geschlechterverhältnis im Umbruch. Was kommt nach dem Ernährermodell?, 2004, S. 9 ff.; zu den ungleich ausgestalteten Erwerbstätigenquoten von Müttern und Vätern nach Alter des jüngsten Kindes siehe noch: Statistisches Bundesamt/Wissenschaftszentrum Berlin für Sozialforschung (Hrsg.), Datenreport 2018. Ein Sozialbericht für die Bundesrepublik Deutschland, 2008, S. 64.

[277] Von Frauen wird heute hauptsächlich ein Zuverdiener-Modell gelebt, das vier Phasen folgt: Berufseinstieg, Elternzeit, Teilzeitarbeit und schließlich der Wiedereinstieg in die volle Erwerbsarbeit; siehe BT-Drs. 18/12840, S. 100; Bundesministerium für Familie, Senioren, Frauen und Jugend/Hans Böckler Stiftung (Hrsg.), Erosion des männlichen Ernährermodells? Die Erwerbstätigkeit von Frauen mit Kindern unter drei Jahren, 2005, S. 1 ff.; zur historischen Entwicklung der Verdienermodelle in Deutschland siehe *T. Schmidt*, Gender und Genderregime, in: Forschungsverbund Sozioökonomische Berichterstattung (Hrsg.), Berichterstattung zur sozioökonomischen Entwicklung in Deutschland – Teilhabe im Umbruch. Zweiter Bericht, 2012, S. 89 (101 ff.).

Wohlfahrtssystem charakteristisch beschrieben[278], was insbesondere aufgrund der mangelhaften Vereinbarkeit von Beruf und Familie aus der Perspektive von Frauen indiziert wird[279].

Dazu muss sich auch stets vor Augen geführt werden, dass sich Frauen im Rahmen der Privatautonomie auch rechtens für eine untergeordnete Rolle entscheiden können. Wie festgestellt endet diese, als auch eine grundsätzliche Toleranz für eigens gestaltete Familienbeziehungen, wenn den betroffenen Frauen ihre Freiheiten entweder offensichtlich objektiv und sogar unter strafrechtlich relevanter Gewalt(-androhung), als auch unterschwellig und subjektiv, beispielsweise durch Verweigerung von Bildung und Aufklärung, genommen werden. Letzteres kann sich auch in einer vermeintlich freiwilligen familienrechtlichen Vereinbarung zeigen, die nach einem Blick auf die Beweggründe jedoch nicht mehr von der Privatautonomie erfasst sein kann.

Zusammenfassend bilden daher die Grenzen der Privatautonomie die rechtlichen Grenzen der Sachentscheidungen als auch den Maßstab in Fragen von (mittelbarer) Frauendiskriminierung gegenüber der sich im Privatrechtsverkehr vollziehenden „Paralleljustiz“. Dazu sei schon an dieser Stelle der Hinweis gegeben, dass daneben nicht diejenigen Grenzen vergessen werden dürfen, die schon das Diskriminerungsverbot wegen des Glaubens, die Religionsfreiheit, als auch die nach Art. 2 Abs. 1 GG geschützt Privatautonomie an eine Aufhebung entsprechender Entscheidungen statuieren könnte.

III. Anwendbarkeit der geschlechtsbezogenen Wertungen des Art. 3 GG im Privatrechtsverkehr?

Unter Berücksichtigung des seitens der deutschen Zivilrechtsordnung aufgestellten Maßstabs an Gleichberechtigung bzw. bezüglich Diskriminierung gilt es nun, entsprechende Defizite von Frauen im Rahmen der „Paralleljustiz“ an den speziellen Gleichheitssätzen nach Art. 3 Abs. 2, 3 GG zu messen. Fraglich sind insbesondere etwaige Wirkungen dieser Werte auf den gegenständlichen Privatrechtsverkehr (Art. 1 Abs. 3 GG).

1. Deutungen der Systematik des Art. 3 Abs. 2 und Abs. 3 S. 1 GG

Zunächst gilt, dass der derzeitige Art. 3 GG aufgrund vielfacher Erwähnung der geschlechtsbezogenen Merkmale mitsamt einem offen formulierten Wortlaut zahlreiche Fragen hinsichtlich der Bindungswirkung sowie Systematik des Gleichberechtigungsgebots

---

278 Beispielsweise zeigte eine Langzeitstudie, dass sogar Beziehungsmodelle, die zunächst partnerschaftlich geprägt sind, sich im Anschluss an die Geburt des ersten Kindes zu einer solch traditionellen Rollenverteilung entwickeln; siehe *D. Grunow/F. Schulz/H.-P. Blossfeld*, Was erklärt die Traditionalisierung häuslicher Arbeitsteilung im Eheverlauf: Soziale Normen oder ökonomische Ressourcen?, in: ZfS 2007, S. 162 (162 ff.).

279 *Rusconi/Wimbauer*, Paare (Fn. 276), S. 14 f.

aufwirft, die sich auf den Regelungsgehalt von Art. 3 Abs. 2 S. 1, S. 2 sowie Abs. 3 S. 1 GG konzentrieren. Bezogen auf die „Paralleljustiz" muss zuerst festgestellt werden, inwiefern eine Ungleichbehandlung der Frauen einem dieser Regelungsgehalte zugeordnet werden kann.

Einleitend ist festzuhalten, dass der Gesetzgeber mit der Einfügung von Absatz 2 Satz 2 eine Aufspaltung in Form einer normativen sowie faktischen Gleichberechtigung vermeiden wollte[280], was schon das Fehlen einer Ausformulierung der Gleichberechtigung wie „vor dem Gesetz" deutlich macht[281]. Daher kann dieser Regelung jedenfalls ein Verfassungsauftrag zur Verwirklichung von Gleichberechtigung in der gesellschaftlichen Realität entnommen werden[282]. Zudem gilt, dass das Grundgesetz den Begriff des Geschlechts an dieser Stelle neutral verwendet, die Regelung jedoch angesichts der tatsächlichen Gesellschaftsverhältnisse, die Frauendiskriminierung bis heute prägen, vor allem auf eine umfängliche Emanzipierung der Frau gerichtet ist[283]. Trotz dieser Zielsetzung kann den Absätzen 2 und 3 angesichts der neutralen Formulierung keine Systematik entnommen werden, die im Wege einer engen Auslegung nur das weibliche Geschlecht erfasst[284]. Zudem kann festgehalten werden, dass der Begriff der Gleichberechtigung in Art. 3 Abs. 2 GG auch nicht dahingehend verstanden werden kann, dass nur Berechtigungen in Abgrenzung zu Verpflichtungen erfasst werden[285].

Darüber hinaus ist der konkrete Inhalt dieses Verfassungsauftrags sowie das Verhältnis zu den anderen Regelungsbereichen von Art. 3 Abs. 2, 3 S. 1 GG jedoch umstritten[286].

a) Divergierende Auffassungen zu Art. 3 Abs. 2, 3 S. 1 GG

Zunächst ist eine *restriktive Deutung* zu finden, die in Absatz 2 Satz 1 sowie in Absatz 3 Satz 1 ein einheitliches, striktes Differenzierungsverbot im Sinne eines Grundrechtsschutzes gegen Geschlechterdiskriminierung sieht, welches eine in Absatz 2, Satz 2 normativ eingebundene Staatszielbestimmung im Sinne eines Förderungsgebots als Schrankenregelung begrenzt[287]. Damit wären etwaige Bevorzugungen von Frauen aufgrund

---

280 „Dabei geht es nicht nur darum, die Lebensverhältnisse von Männern und Frauen auch real anzugleichen. Es handelt sich insoweit weniger um den Versuch der Lösung eines rechtlichen als eines gesellschaftlichen Problems" BT-Drs. 12/6000, S. 50.

281 *Richter*, Gleichberechtigung (Fn. 89), § 126 Rn. 36.

282 *v. Achenbach* (Fn. 90), Art. 3 II, III, Rn. 53; *Langenfeld* (Fn. 108), Art. 3 Abs. 2 Rn. 56, 58; dazu weitergehend siehe Kap. III.1.c).

283 *Richter*, Gleichberechtigung (Fn. 89), § 126 Rn. 1, 28 ff.

284 BverfGE 147, 1 (28); *Boysen* (Fn. 90), Art. 3 Rn. 162.

285 *Richter*, Gleichberechtigung (Fn. 89), § 126 Rn. 1; *Stern/Sachs/Dietlein*, Gleichberechtigung (Fn. 87), S. 1630.

286 *Englisch* (Fn. 96), Art. 3 Rn. 90 f.; *Langenfeld* (Fn. 108), Art. 3 Abs. 2 Rn. 56.

287 *Baer/Markard* (Fn. 112), Art. 3 Rn. 357; *Englisch* (Fn. 96), Art. 3 Rn. 92; *Heun* (Fn. 87), Art. 3 Rn. 101; *Langenfeld* (Fn. 108), Art. 3 Abs. 2 Rn. 57; *Richter*, Gleichberechtigung (Fn. 89), § 126 Rn. 36 f.

der Regelung in Absatz 2 Satz 2 an Absatz 3 Satz 1 zu messen, womit jegliche Anknüpfung an das Geschlecht zu vermeiden wäre. Damit müssten etwaige staatliche Förderungsmaßnahmen geschlechtsneutral formuliert werden.

Zudem kann eine Deutung dergestalt erfolgen, dass zwischen Absatz 2 und Absatz 3 Satz 1 ein *Spezialitätsverhältnis* vorliegt. Danach habe der Verfassungsgeber schon 1948 deutlich gemacht, dass in Abgrenzung zu der WRV nun ein ausdrückliches Grundrecht auf Gleichberechtigung gelten sollte. Dem wurde jedoch angesichts der mangelnden Durchführung mittels Maßnahmen zur Herstellung von Gleichberechtigung in der sozialen Realität nicht Rechnung getragen. Aufgrund der entsprechenden Kritik von Literatur und Rechtsprechung sollte mit Absatz 2 nun dem ursprünglichen Diskriminierungsgebot aus Absatz 3 Satz 1 endlich weitreichende Geltung verschafft werden. Somit handele es sich bei dem gesamten Absatz 2 um „ein individuelles Recht gegen geschlechtsbezogene Diskriminierung", welches aber noch darüber hinaus Wirkung entfalte[288].

Weiter kann Absatz 2 Satz 1 – in Abgrenzung zu dem Diskriminierungsverbot nach Absatz 3[289] – noch als ein *subjektiv*-rechtliches, aber gruppenbezogenes „*Dominierungsverbot*"[290] zum Schutze von Frauen und Absatz 2 Satz 2 als objektiv rechtlicher Verfassungsauftrag verstanden werden, wobei letzterer für die Herstellung realer Chancen Sorge tragen solle[291]. Diese Idee kann zudem noch als individualrechtliches Dominierungsverbot nach Absatz 2 Satz 1 und 2 weiterentwickelt werden, welches weniger auf ein Verbot hinsichtlich der Anknüpfung an das kritische Geschlechtsmerkmal ziele, sondern unter Berücksichtigung der gesellschaftlichen Realität mittelbar diskriminierende Auswirkungen von solchen Regelungen verhindern soll, die insbesondere auf die schützenswerte Gruppe der Frauen wirken. Daher seien auch Regelungen gestattet, die für die dominierende Gruppe der Männer Benachteiligungen vorsehen. Bis eine faktische Gleichstellung der Frauen erreicht werde, dürften diese nicht durch Regelungen der öffentlichen Gewalt benachteiligt werden. Begünstigende Regelungen seien dagegen jedoch möglich. Damit handele es sich bei dem Verfassungsauftrag nach (dem gesamten) Absatz 2 um ein Individualrecht zur Schaffung effektiver Chancengleichheit, jedoch ohne den vorbenannten Gruppenbezug. Dogmatisch folge daraus nur, dass Privilegierungen von Frauen nach Absatz 2, die zugleich Männer benachteiligen, aufgrund von Absatz 3 „etwas schärferen Restriktionen unterliegen"[292].

---

288 *Baer/Markard* (Fn. 112), Art. 3 Rn. 356.

289 *Heun* (Fn. 87), Art. 3 Rn. 102.

290 Diese Ansicht geht zurück auf *U. Sacksofsky*, Das Grundrecht auf Gleichberechtigung, 2. Aufl. 1996, S. 312 ff.; 349 ff.

291 *Heun* (Fn. 87), Art. 3 Rn. 102 ff.; *Richter*, Gleichberechtigung (Fn. 89), § 126 Rn. 36.

292 *Heun* (Fn. 87), Art. 3 Rn. 103.

Darüber hinaus kann noch auf eine Differenzierung zwischen dem in Absatz 2 Satz 1 und Absatz 3 Satz 1 enthaltenen *einheitlichen Abwehrrecht*, sowie auf einen in Absatz 2 Satz 2 enthaltenen Förderauftrag aufgrund einer Staatszielbestimmung abgestellt werden. Damit stellten Absatz 2 Satz 1 und Absatz 3 Satz 1 ein subjektives Abwehrrecht gegen verbotswidrige geschlechtsspezifische Differenzierungen dar[293]. Absatz 2 Satz 2 sei dagegen ausdrücklich als Staatsziel konzipiert und wirke daher als Verstärkung von Absatz 2 Satz 1 im Wege eines verbindlichen Auftrags zur Geschlechtergleichberechtigung in der gesellschaftlichen Realität[294].

In einem nächsten Schritt gilt es insofern, eine nachvollziehbare Auslegung der Systematik herauszuarbeiten

aa) Zustimmungswürdige Auslegung als Unterscheidungsver- und Förderungsgebot

Die größten Abweichungen sind damit in der restriktiven Auffassung zu sehen, die eine Anknüpfung an das Geschlecht grundsätzlich unmöglich macht und damit den Förderauftrag zugunsten von Frauen nach Absatz 2 unzweckmäßig leerlaufen lässt[295]. Angesichts des Wortlauts scheint es dagegen schlüssig zu sein, nach einem einheitlichen Unterscheidungs*verbot* nach Absatz 2 Satz 1 und Absatz 3 Satz 1 sowie zu dem Förderungs*gebot* nach Absatz 2 Satz 2 andererseits zu differenzieren. Denn eine Geschlechtergleichberechtigung i.S.v. Absatz 2 Satz 1 setzt notwendigerweise voraus, dass niemand wegen seines Geschlechts i.S.v. Absatz 3 Satz 1 benachteiligt wird. Zwar erscheint es zunächst systemwidrig, diesen grundsätzlich getrennt aufgeführten Bestimmungen einen einheitlichen objektiven Grundrechtsgehalt zuzusprechen. Die Verfassungsgeber waren sich dieser Parallelität jedoch bewusst und wollten mit dem Begriff der Gleichberechtigung als „politisches Schlagwort“ ergänzend sicherstellen, dass die ablehnungswürdige Anknüpfung an das Geschlecht vor abweichenden Interpretationen gesichert wird. Eine Schutzfunktion, die parallel von mehreren Grundrechtsgehalten garantiert wird ist der Systematik des Grundgesetzes ohnehin nicht fremd, wie beispielsweise Art. 4 Abs. 1, 2 GG sowie Art. 3 Abs. 3 S. 1 GG hinsichtlich der Religion aufzeigen[296]. Dazu kann angesichts der Rechtsentwicklung von Absatz 2 auch gut vertreten werden, dass Absatz 2 Satz 2 ein isoliertes Staatsziel

---

293 *Baer/Markard* (Fn. 112), Art. 3 Rn. 365; *Boysen* (Fn. 90), Art. 3 Rn. 161; *Richter*, Gleichberechtigung (Fn. 89), § 126 Rn. 47; *Sachs*, Gleichheitsgarantien (Fn. 114), § 182 Rn. 82, 84; *Stern/Sachs/Dietlein*, Gleichberechtigung (Fn. 87), S. 1624; eine differenzierte Ansicht sieht zwar in Art. 3 Abs. 2 und 3 GG jeweils eigenständige Abwehrrechte, erkennt jedoch Grundzüge einer einheitlichen Dogmatik mitsamt Schutzzweck vor Geschlechterdiskriminierung; siehe *v. Achenbach* (Fn. 90), Art. 3 II, III Rn. 10, 24 f.

294 *Boysen* (Fn. 90), Art. 3 Rn. 166.

295 *Heun* (Fn. 87), Art. 3 Rn. 101.

296 Dass die Aufnahme des Geschlechts in Art. 3 Abs. 3 S. 1 GG nach der Einfügung von Absatz 2 nicht rückgängig gemacht wurde sei daher auf ein redaktionelles Versehen zurückzuführen; siehe *Stern/Sachs/Dietlein*, Gleichberechtigung (Fn. 87), S. 1625; ähnlich argumentiert: *V. Slupik*, Die

zur Förderung von Gleichberechtigung konstruiert, die sich auch auf die tatsächlichen gesellschaftlichen Verhältnisse erstreckt.

Zusammenfassend handelt es sich damit bei Absatz 2, Satz 1 in Verbindung mit Absatz 3 Satz 1 um ein einheitliches Abwehrrecht gegen staatliche Maßnahmen, die wegen des Geschlechts Benachteiligungen bei entsprechenden Merkmalsträgern verursachen. Bei der Regelung in Absatz 2 Satz 2 handelt es sich hingegen um einen Förderungsauftrag zum Zwecke der Gleichberechtigung in Form einer Staatszielbestimmung.

bb) Verhältnis zwischen dem Diskriminierungsver- und Förderungsgebot

Damit ist jedoch noch nicht geklärt, inwiefern das Verhältnis *zwischen* diesem Diskriminierungsverbot sowie dem Förderungsgebot ausgestaltet ist[297]. Dies gilt insbesondere aufgrund der Formulierung von Absatz 2 Satz 2, der keine ausdrückliche Ausnahme vom Verbot der geschlechtsspezifischen Diskriminierung i.S.v. Absatz 2 Satz 1, Absatz 3 Satz 1 vorsieht[298].

Diese Unsicherheiten bei der Auslegung lassen sich vermeiden, wenn man der Auffassung des Bundesverfassungsgerichts folgt, wonach der aus Absatz 2 Satz 2 zu entnehmende Förderungsauftrag als Bestätigung der Nachtarbeitsverbot-Rechtsprechung und den darauffolgenden Entscheidungen zu Art. 3 Abs. 2 GG a.F. aufgefasst wird[299]. Danach wurden schon vor der Verfassungsrevision von 1994 die objektiven Gehalte des Gebots aus Absatz 2 a.F. als Begrenzung des Verbots aus Absatz 3 a.F. angesehen. Nach der Ergänzung durch Absatz 2 Satz 2 können die schon zuvor hinein interpretierten Grundrechtsgehalte in die Neuregelung übertragen werden. Absatz 2 Satz 2 wird damit als unspezifische Begrenzungsbestimmung gegenüber einem ausnahmslosen Verbot geschlechtsspezifischer Differenzierung angesehen[300].

Damit kann zunächst festgehalten werden, dass der Schutzzweck des objektiven Gleichberechtigungsgebots aus Satz 2 als Rechtfertigung für eine Ungleichbehandlung im Sinne des Diskriminierungsverbots nach Absatz 2 Satz 1 sowie Absatz 1 Satz 1 dienen kann. Dies erscheint auch im Sinne des Instituts der grundrechtlichen Normenkollision, wie es auch

Entscheidung des Grundgesetzes für Parität im Geschlechterverhältnis: Zur Bedeutung von Art. 3 Abs. 2 und 3 GG in Recht und Wirklichkeit, 1988, S. 77.

[297] *Boysen* (Fn. 90), Art. 3 Rn. 166; *Nußberger* (Fn. 98), Art. 3 Rn. 264.

[298] *Boysen* (Fn. 90), Art. 3 Rn. 166.

[299] Ebda., Art. 3 Rn. 167.

[300] Zustimmend *Baer/Markard* (Fn. 112), Art. 3 Rn. 406; *Boysen* (Fn. 90), Art. 3 Rn. 167; *Nußberger* (Fn. 98), Art. 3 Rn. 224; *S. Huster*, Frauenförderung zwischen individueller Gerechtigkeit und Gruppenparität, in: AöR 118 (1993), S. 109 (111).

das noch abschließend zu klärende Kollisionsverhältnis von Art. 4 Abs. 1, 2 GG zu Art. 3 Abs. 2, 3 S. 1 GG aufzeigt, als schlüssig im Rahmen der verfassungsrechtlichen Ordnung[301].

cc) Zwischenergebnis

Der Streit um die Systematik ist damit zwar entschärft, jedoch ist damit noch keine Aussage zu der konkreten *Ausgestaltung* des Abwehrrechts nach Absatz 2 Satz 1 und Absatz 3 Satz 1 sowie des Förderungsgebots aus Absatz 2 Satz 2 getroffen. Mit Blick auf die „Paralleljustiz" könnte folglich daran zu denken sein, dass Frauen sowohl eine Förderung hinsichtlich eines mit gleichen Rechten ausgestalteten Verfahrens, also auch eine Abwehr von entsprechenden Ungleichbehandlungen begehren könnten.

b) Subjektives Abwehrrecht gegen staatliches Handeln nach Art. 3 Abs. 2 S. 1, Abs. 3 S. 1 GG

Wie festgestellt, ist die Ansicht vorzugswürdig, die in Art. 3 Abs. 2 S. 1 und Abs. 3 S. 1 GG ein *einheitliches* Abwehrrecht gegen geschlechtsspezifische Differenzierungen erkennt. Aufgrund einer engen Verbindung mit dem Grundsatz der Menschenwürde[302] handelt es sich dabei um ein *subjektiv rechtliches* Abwehrrecht gegenüber *staatlich* bedingter und damit insbesondere *gesetzlich* verankerter Ungleichbehandlung[303]. Grundrechtsberechtigt sind – wie schon die Formulierung in Absatz 3 „niemand" aufzeigt – alle natürlichen[304] Personen beider Geschlechter[305]. Instruktiv gründet das Diskriminierungsverbot wegen des Geschlechts in der Feststellung, dass dieses geburtsbedingt und damit grundsätzlich[306] unverfügbar ist, weshalb eine Differenzierung auch mangels hinreichender Wahlmöglichkeit dieser Identität unsachgemäß erscheint[307]. Zu diesem Zweck untersagt das insbesondere in Absatz 3 enthaltene Verbot dem Wortlaut nach zwar nur Benachteiligungen oder Bevorzu-

---

301 BVerfGE 92, 91 (111 f.); 114, 357 (364); siehe noch *v. Achenbach* (Fn. 90), Art. 3 II, III, Rn. 59; *Boysen* (Fn. 90), Art. 3 Rn. 167; *Englisch* (Fn. 96), Art. 3 Rn. 91 f.; *Nußberger* (Fn. 98), Art. 3 Rn. 266; *A. Thiele*, in: F. Brosius-Gersdorf (Hrsg.), Dreier-Grundgesetz-Kommentar, 4. Aufl. 2023, Art. 3 I Rn. 84.

302 *Boysen* (Fn. 90), Art. 3 Rn. 133; *Nußberger* (Fn. 98), Art. 3 Rn. 238; *Sachs*, Gleichheitsgarantien (Fn. 114), § 182 Rn. 137.

303 *Richter*, Gleichberechtigung (Fn. 89), § 126 Rn. 41 f., 47; *Heun* (Fn. 87), Art. 3 Rn. 117.

304 Eine Grundrechtsberechtigung von juristischen Personen scheidet grundsätzlich aus, da diese kein menschliches Geschlecht vorweisen können; siehe *Boysen* (Fn. 90), Art. 3 Rn. 133; *Stern/Sachs/Dietlein*, Gleichberechtigung (Fn. 87), S. 1630 f.

305 *Boysen* (Fn. 90), Art. 3 Rn. 133, 163; *Heun* (Fn. 87), Art. 3 Rn. 118.

306 Zu der möglichen Berufung von trans- oder intergeschlechtlichen Menschen auf Art. 3 Abs. 3 S. 1 GG siehe noch *v. Achenbach* (Fn. 90), Art. 3 II, III, Rn. 56; *Boysen* (Fn. 90), Art. 3 Rn. 174 f.; *Richter*, Gleichberechtigung (Fn. 89), § 126 Rn. 12 ff.; *Stern/Sachs/Dietlein*, Gleichberechtigung (Fn. 87), S. 1629.

307 *Boysen* (Fn. 90), Art. 3 Rn. 173.

gungen wegen des Geschlechts. Da jedoch mit jeder Differenzierung wegen dieses Merkmals auch eine Benachteiligung oder Bevorzugung einhergeht, wird dies weitergehend als allgemeines Differenzierungsverbot verstanden[308].

aa) Auslegung der Verfassungswerte nach Art. 3 Abs. 2 S. 1, 3 S. 1 GG

Auslegungsbedürftig bleibt dabei insbesondere noch die Formulierung „*wegen*" in Absatz 3, wofür diverse Modelle vertreten werden[309]. Insofern ist bedeutend, dass das einheitlich zu verstehenden Unterscheidungsverbot insbesondere in Absatz 3 Satz 1 zum Ausdruck kommt[310].

Dabei scheint zumindest das sog. Kausalitätsmodell einhellig anerkannt, nach dem das Merkmal des Geschlechts in irgendeiner Form objektiv[311] *ursächlich* für die Diskriminierung sein muss[312]. In einem nächsten Schritt muss nun eine Antwort darauf gefunden werden, wie dieses Kausalitätserfordernis selbst zu deuten ist[313].

Zu finden ist beispielsweise eine Ansicht, die auf *Finalität* abstellt, was meint, dass die Regelung oder Maßnahme keinerlei Differenzierung nach dem Merkmal des Geschlechts bezwecken darf[314]. Entscheidend für eine Feststellung dieses maßgeblichen Kriteriums soll dabei der Wille des ursächlichen Staatsorgans sein[315]. In einem Umkehrschluss würden dann solche Differenzierungen nicht erfasst, die eine ganz andere Intention als eine maßgeblich auf das Geschlecht zugeschnittene Differenzierung im Sinne hätten[316].

---

308 *Englisch* (Fn. 96), Art. 3 Rn. 67; *Heun* (Fn. 87), Art. 3 Rn. 119; *Nußberger* (Fn. 98), Art. 3 Rn. 251.

309 Einen Problemaufriss bieten *Englisch* (Fn. 96), Art. 3 Rn. 68; *Heun* (Fn. 87), Art. 3 Rn. 120 und *Nußberger* (Fn. 98), Art. 3 Rn. 239; *Sachs*, Gleichheitsgarantien (Fn. 114), § 182 Rn. 68, 74.

310 *Stern/Sachs/Dietlein*, Gleichberechtigung (Fn. 87), S. 1626.

311 Bloß subjektiv empfundene Diskriminierungen genügen dagegen nicht; siehe *Richter*, Gleichberechtigung (Fn. 89), § 126 Rn. 47.

312 *Heun* (Fn. 87), Art. 3 Rn. 121; *Sachs*, Gleichheitsgarantien (Fn. 114), § 182 Rn. 70.

313 *Heun* (Fn. 87), Art. 3 Rn. 121.

314 Ebda., Art. 3 Rn. 122; *Sachs*, Gleichheitsgarantien (Fn. 114), § 182 Rn. 71; dazu kritisch *Nußberger* (Fn. 98), Art. 3 Rn. 252.

315 *E.-W. Fuss*, Gleichheitssatz und Richtermacht, in: JZ 1959, S. 320 (336); *Sachs*, Gleichheitsgarantien (Fn. 114), § 182 Rn. 71; auch das Bundesverfassungsgericht hat zumindest früher diese Auffassung vertreten; siehe BVerfGE 19, 119 (126); 39, 334 (368); 75, 40 (70).

316 *Heun* sieht diese Auffassung in einem Urteil des Bundesverfassungsgerichts (BVerfGE 75, 40 [70]) bestätigt, in welchem auch auf die Intention der Regelung abgestellt wird: „Das Verbot des Art. 3 Abs. 3 GG gilt mithin nicht absolut; es verbietet, wie sich schon aus seinem Wortlaut ergibt ("wegen"), nur die bezweckte Benachteiligung oder Bevorzugung, nicht aber einen Nachteil oder einen Vorteil, der die Folge einer ganz anders intendierten Regelung ist." *Heun* (Fn. 87), Art. 3 Rn. 122.

Weiter kann ein sog. *absolutes* bzw. *striktes Anknüpfungsverbot* vertreten werden, wonach schon die alleinige Verwendung des (Geschlechter-)Merkmals keine Voraussetzung für eine Regelung bzw. Rechtsfolge sein darf[317]. Damit wären beispielsweise auch Förderungsmaßnahmen, die ausdrücklich zulasten der Angehörigen des anderen Geschlechts ausformuliert sind, zu untersagen[318]. Dies würde anhand eines erneuten Umkehrschlusses jedoch auch bedeuten, dass verdeckte bzw. mittelbare Diskriminierungen, die keine solch ausdrückliche Formulierungen aufweisen, nicht erfasst wären[319]. Motive und Zwecke der Regelung wären schlicht gar nicht zu berücksichtigen[320].

Zudem wird teilweise auf ein sog. Begründungsverbot abgestellt. Danach birgt eine Ungleichbehandlung nur dann keinen Verstoß gegen Art. 3 GG, wenn diese begründet wird, ohne zugleich auf eines der Kriterien des Absatz 3 abzustellen[321]. Ein Verstoß wäre jedoch gegeben, soweit eine Regelung durch eine empirisch unbelegte Stereotype begründet wird, die zugleich einem Merkmal des Absatz 3 zugewiesen ist[322].

Das Bundesverfassungsgericht hat dagegen eine eigene, differenziertere Systematik entwickelt, welche zunächst Abs. 3 S. 1 als striktes Anknüpfungsverbot gegen *unmittelbare* rechtliche Diskriminierung vorsieht, was zur Folge hat, dass staatliche Regelungen oder Maßnahmen nicht direkt an das jeweilige Geschlecht anknüpfen dürften[323]. Ergänzend zieht das Gericht aus Abs. 2 (früher auch mitsamt Abs. 3[324]) noch ein weitergehendes allgemeines Verbot gegen tradierte Rollenzuweisungen zulasten von Frauen, die auch im Wege *mittelbarer rechtlicher* Einwirkungen Gestalt annehmen könnten[325].

Der Systematik des Bundesverfassungsgerichts ist beizupflichten. So bietet schon der Wortlaut des Art. 3 Abs. 3 S. 1 GG keinen Anhaltspunkt, dass auf bestimmte Motive oder

---

317 *Englisch* (Fn. 96), Art. 3 Rn. 69; *Nußberger* (Fn. 98), Art. 3 Rn. 240; *Richter*, Gleichberechtigung (Fn. 89), § 126 Rn. 47; *Sachs*, Gleichheitsgarantien (Fn. 114), § 182 Rn. 69, 73 ff.

318 *Richter*, Gleichberechtigung (Fn. 89), § 126 Rn. 47.

319 *Heun* (Fn. 87), Art. 3 Rn. 123.

320 *Sachs*, Gleichheitsgarantien (Fn. 114), § 182 Rn. 73.

321 *Heun* (Fn. 87), Art. 3 Rn. 125; in diese Richtung argumentiert auch *Nußberger* (Fn. 98), Art. 3 Rn. 254.

322 *Englisch* (Fn. 96), Art. 3 Rn. 70.

323 BVerfGE 85, 191 (206); 89 276 (285); 92, 91 (109); 114, 357 (364); *Englisch* (Fn. 96), Art. 3 Rn. 73; *Nußberger* (Fn. 98), Art. 3 Rn. 259; *Sachs*, Gleichheitsgarantien (Fn. 114), § 182 Rn. 69.

324 „Nach Art. Art. 3 Abs. 3 S. 1 GG darf niemand wegen seines Geschlechts benachteiligt oder bevorzugt werden. Das Geschlecht darf auch auf Grund des Gleichberechtigungsgebots in Art. 3 Abs. 2 GG grundsätzlich nicht zum Anknüpfungspunkt und zur Rechtfertigung für rechtlich oder faktisch benachteiligende Ungleichbehandlungen herangezogen werden." BVerfG NZA 2016, 939 (941).

325 BVerfGE 85, 191 (207); 87, 1 (42) 87, 234 (258); 113, 1 (15); 114, 357 (370 f.); 126, 29 (53); 128, 193 (207); *Nußberger* (Fn. 98), Art. 3 Rn. 260; *Sachs*, Gleichheitsgarantien (Fn. 114), § 182 Rn. 97.

Zwecke Rücksicht genommen werden könnte[326]. Abseits davon bündelt sie die Vorteile der anderen Auslegungsvarianten zur Erreichung eines größtmöglichen Schutzniveaus von Frauen vor insbesondere staatlichen Willkürregeln. Insofern wird garantiert, dass nicht scheinheilige Gründe vorgeschobene werden können, die letztlich doch wieder eine Diskriminierung aufgrund des Geschlechts zur Folge hätten[327]. Daher ist ebenso positiv zu bewerten, dass die Rechtsprechung über das bloße Anknüpfungsverbot hinaus auch Regelungen ins Auge fasst, die abseits von eindeutigen Formulierungen auch mittelbar wirkende Diskriminierungen nach sich ziehen können[328].

bb) Zwischenergebnis

Zusammenfassend wirkt das einheitliche Abwehrrecht nach Art. 3 Abs. 2 S. 1, Abs. 3 S. 1 GG sowohl gegen unmittelbare, als auch mittelbare Diskriminierungen, die von staatlichen Organen und dabei vornehmlich vom Gesetzgeber ausgehen. Ohne noch etwaige Rechtfertigungsanforderungen von insbesondere legislativen Maßnahmen, die in irgendeiner Weise das Geschlecht tangieren, zu vertiefen, bleibt an dieser Stelle festzuhalten, dass es sich um ein *subjektives* Abwehrrecht gegen *staatliche* Maßnahmen handelt, wobei – im Gegensatz zu Art. 3 Abs. 2 S. 2 GG – jedoch kein individualrechtlicher Anspruch auf faktische Gleichberechtigung in der sozialen Realität enthalten ist[329].

In diesem Rahmen ist erneut festzuhalten, dass es sich bei den Diskriminierungen im Rahmen der „Paralleljustiz" jedoch um Handlungsformen handelt, die auf der Privatautonomie basieren und daher unmittelbar auf *private* Rechtsträger zurückgehen. Daher scheidet eine *unmittelbare* Anwendung des Abwehrrechts nach Art. 3 Abs. 2 S. 1, Abs. 3 S. 1 GG mangels auf den gegenständlichen Fall zugeschnittener Schutzrichtung aus.

Bevor etwaige *mittelbare* Wirkungen dieses Gebots diskutiert werden, gilt es noch die Verfassungswerts aus Art. 3 Abs. 2 S. 2 GG mit Blick auf etwaige Wirkungen im Privatrechtsverkehr zu erörtern.

---

326 „Denn das Verbot richtet sich nicht gegen eine Handlungsweise, die bestimmte Motive haben oder Zwecke verfolgen kann, sondern ist passivisch gewendet gegen den beim Träger bestimmter Merkmale eintretenden unterschiedlichen Erfolg" *Sachs*, Gleichheitsgarantien (Fn. 114), § 182 Rn. 74.

327 *Sachs*, Gleichheitsgarantien (Fn. 114), § 182 Rn. 77.

328 Denn letztere stellen den Regelfall von Diskriminnierungen von Frauen im Alltag dar; siehe *Baer/Markard* (Fn. 112), Art. 3 Rn. 410; *Boysen* (Fn. 90), Art. 3 Rn. 143; siehe noch Kap. D.II.1.

329 *Heun* (Fn. 87), Art. 3 Rn. 117.

c) Privatrechtliche Wirkungen aufgrund des Verfassungsauftrags nach Art. 3 Abs. 2 S. 2 GG

Neben dem zuvor benannten Abwehrrecht nach Art. 3 Abs. 2 S. 1, Abs. 3 S. 1 GG könnte das in Art. 3 Abs. 2 S. 2 GG enthaltene Förderungsgebot zur Durchsetzung der Gleichberechtigung ein zugunsten der Frauen anwendbaren Verfassungswert im Rahmen der „Paralleljustiz“ begründen.

Nach der amtlichen Begründung der Verfassungsänderung ist Art. 3 Abs. 2 S. 2 GG ausdrücklich als Staatsziel konzipiert, das die staatlichen Organe über Satz 1 hinaus dazu auffordert „Maßnahmen zur Erreichung der tatsächlichen Gleichberechtigung zu ergreifen“. So gehe es darum „die Lebensverhältnisse von Männern und Frauen auch real anzugleichen“, womit es sich auch weniger um „den Versuch der Lösung eines rechtlichen als [mehr] eines gesellschaftlichen Problems“ handele[330]. Zusammenfassend wurde damit ein Auftrag an den Staat konstituiert, Gleichberechtigung in der gesellschaftlichen Wirklichkeit zu erzielen[331].

Grundrechtsberechtigt sind auch hier natürliche[332] Personen unabhängig von der Zuteilung zu einem bestimmten Geschlecht oder einer Staatsangehörigkeit[333].

Darüber hinaus erfordert jedoch auch der Verfassungsauftrag nach Art. 3 Abs. 2 S. 2 GG eine detaillierte Auslegung.

aa) Das Staatsziel nach Art. 3 Abs. 2 S. 2 GG

Bezugnehmend auf die ursprüngliche Rechtsprechung des Bundesverfassungsgerichts stand schon vor der Ergänzung von Absatz 2 um Satz 2 fest, dass der Staat nicht nur angehalten werden soll, diskriminierende Rechtsnormen zu beseitigen, die an die Geschlechtsmerkmale anknüpfen. Vielmehr sollte er darüber hinaus auf die Angleichung der Lebensverhältnisse von Männern und Frauen hinwirken[334]. In dem nun geltenden Satz 2 wird damit eine Festschreibung dieser Rechtsprechung in Form eines Staatsziels verstanden[335], das im Wege einer Zweiteilung von Handlungsauftrag sowie einer – mit der konkreten

[330] BT-Drs. 12/6000, S. 50.

[331] *Boysen* (Fn. 90), Art. 3 Rn. 167; *Richter*, Gleichberechtigung (Fn. 89), § 126 Rn. 34 f.

[332] Eine Anwendung auf juristische Personen „dem Wesen nach“ erscheint auch in diesem Rahmen grundsätzlich abwegig. Denkbar wäre *allenfalls* die Berufung einer Vereinigung mit der Zielsetzung, gesellschaftliche Gleichberechtigung von Frauen zu erreichen; siehe *Baer/Markard* (Fn. 112), Art. 3 Rn. 360.

[333] *Baer/Markard* (Fn. 112), Art. 3 Rn. 360 ff.; *Heun* (Fn. 87), Art. 3 Rn. 107.

[334] BVerfGE 85, 191 (207).

[335] *Richter*, Gleichberechtigung (Fn. 89), § 126 Rn. 98; *Nußberger* (Fn. 98), Art. 3 Rn. 262.

Benachteiligung des Geschlechts verbundenen – Kompensationsklausel Gestalt annimmt[336].

Dogmatisch wird Art. 3 Abs. 2 S. 2 GG überwiegend[337] als *objektiv*-rechtliche[338] Verpflichtung des Staates aufgefasst, das Staatsziel[339] zur Durchsetzung der Geschlechtergleichberechtigung in der gesellschaftlichen Wirklichkeit zu erwirken. Weiter können[340] Staatsziele als „Verfassungsnormen mit rechtlich bindender Wirkung [bezeichnet werden], die der Staatstätigkeit die fortdauernde Beachtung oder Erfüllung bestimmter Aufgaben – sachlich umschriebener Ziele – vorschreiben. Sie umreißen ein bestimmtes Programm der Staatstätigkeit und sind dadurch eine Richtlinie oder Direktive für das staatliche Handeln, auch für die Auslegung von Gesetzen und sonstigen Rechtsvorschriften“[341]. Damit enthält Absatz 2 Satz 2 die zukunftsorientierte „Aufgabe“ des Staates zur Schaffung eines „Programms“, das mittels eines Gesetzgebungsauftrags sowie einer grundsätzlichen Verpflichtung dafür Sorge tragen soll, bestmöglich auf die Beachtung und Durchsetzung der faktischen Gleichberechtigung in der gesellschaftlichen Realität hinzuwirken[342].

Auf welche Art und Weise der Staat diesem Ziel gerecht werden will, unterliegt grundsätzlich seiner eigenen Gestaltungsfreiheit. Um der weitreichenden Unterrepräsentation von Frauen in privaten Lebensbereichen – wie dem familiären oder beruflichen Umfeld[343] – entgegenzuwirken, kommt vor allem dem Gesetzgeber umfassender Spielraum für eine

---

336 BT-Drs. 12/6000, S. 50; siehe noch *v. Achenbach* (Fn. 90), Art. 3 II, III Rn. 10; *Langenfeld* (Fn. 108), Art. 3 Abs. 2 Rn. 59; *Richter*, Gleichberechtigung (Fn. 89), § 126 Rn. 98.

337 Dagegen findet sich beispielsweise eine Ansicht, die in Art. 3 Abs. 2 S. 2 GG ein soziales Grundrecht erkennen will: *S. Rademacher*, Diskriminierungsverbot und „Gleichstellungsauftrag“: Zur Auslegung des Art. 3 Abs. 2 Satz 2 GG, 2004, S. 99 ff.

338 Weitergehend zu den objektiv rechtlichen Grundrechtsgehalten siehe Kap. III.2.a).bb).

339 *M. Schladebach*, Staatszielbestimmungen im Verfassungsrecht, in: JuS 2018, S. 118 (120).

340 Zu der Entwicklung des Begriffs der Staatszielbestimmung, der ursprünglich auf *Hans Peter Ipsen* zurückgeht; siehe ebda., S. 119 f.

341 Bundesminister des Innern/Bundesminister der Justiz (Hrsg.), Staatszielbestimmungen/Gesetzgebungsaufträge, Berichte der Sachverständigenkommission, 1983, S. 21.

342 BverfGE 85, 191 (206 f.); BT-Drs. 12/6000, S. 50; siehe noch *v. Achenbach* (Fn. 90), Art. 3 II, III Rn. 28; *Boysen* (Fn. 90), Art. 3 Rn. 166; *Richter*, Gleichberechtigung (Fn. 89), § 126 Rn. 98; *Thiele* (Fn. 301), Art. 3 I Rn. 89.

343 Frauen tragen bis heute vor allem die Hauptlast bei der Vereinbarung von Familie und Beruf; siehe *Baer/Markard* (Fn. 112), Art. 3 Rn. 369; *Langenfeld* (Fn. 108), Art. 3 Abs. 2 Rn. 59, 62; dies hat auch das Bundesverfassungsgericht erkannt, und daher zum Ausdruck gebracht, dass die Familientätigkeit und Erwerbstätigkeit aufeinander abgestimmt werden könne und die Wahrnehmung der familiären Erziehungsaufgabe nicht zu beruflichen Nachteilen führen dürfe; siehe BverfGE 97, 332 (348).

Umsetzung von Förderungsmaßnahmen zu[344]. Dabei verstößt der Staat jedoch gegen den objektiven Rechtssatz nach Absatz 2 Satz 2, wenn er es unterlässt, gebotene Maßnahmen zu treffen[345] bzw. sogar aktiv entgegen der Beseitigung entsprechender Nachteile handelt. So muss zumindest eine kontinuierliche Planung zur Erreichung des Ziels erkennbar bleiben. Demnach geht der in Satz 2 enthaltene Programmsatz über eine bloße Bemühungspflicht hinaus[346].

Zuletzt gilt jedoch, dass aufgrund des objektiv-rechtlichen Charakters des Staatsziels nach Satz 2, mitsamt des großen Gestaltungsspielraums zur Umsetzung, kein individualrechtlicher Anspruch auf *konkrete* Maßnahmen zur Umsetzung bzw. Förderung der tatsächlichen Gleichberechtigung angenommen werden kann[347].

bb) Faktische Gleichberechtigung i.S.v. Chancengleichheit nach Art. 3 Abs. 2 S. 2 GG

Zunächst kann mit Blick auf Art. 3 Abs. 2 S. 2 GG festgestellt werden, dass zwei Regelungsbereiche enthalten sind: Nach dem ersten Halbsatz wird der Staat zur tatsächlichen Durchsetzung der Gleichberechtigung der Geschlechter verpflichtet und nach dem zweiten Halbsatz soll er weitergehend auf die Beseitigung der bereits bestehenden Nachteile hinwirken. Letzterer Reglungsbereich weist auf die gesellschaftlich bedingten Nachteile in der sozialen Wirklichkeit hin, die über formal rechtliche Regelungen hinausgehen[348].

In diesem Rahmen stellt sich die Frage, ob die förderungswürdige Gleichberechtigung in der sozialen Wirklichkeit für Parität der Geschlechter[349] und somit für „Ergebnisgleichheit" sorgen soll oder dagegen nur entsprechende Hemmnisse beseitigt werden sollen und somit in „Chancengleichheit" mündet. Diese Diskussion wird vor allem mit Blick auf mangelhaft besetzte Positionen von Frauen im Arbeitsumfeld geführt, wobei schon das ewig diskutierte Beispiel der Frauenquote[350] aufzeigt, dass sogar weitreichende, starre Quotenregelungen – zumindest soweit sie nicht auf einen 50-prozentigen Frauenanteil zielen – schwerlich für

344 *v. Achenbach* (Fn. 90), Art. 3 II, III Rn. 28; *Heun* (Fn. 87), Art. 3 Rn. 105; *Richter*, Gleichberechtigung (Fn. 89), § 126 Rn. 35; *Sachs*, Gleichheitsgarantien (Fn. 114), § 182 Rn. 146.

345 *v. Achenbach* (Fn. 90), Art. 3 II, III Rn. 28 ff.; *Baer/Markard* (Fn. 112), Art. 3 Rn. 371.

346 *Richter*, Gleichberechtigung (Fn. 89), § 126 Rn. 35.

347 BT-Drs. 12/6000, S. 50; *Heun* (Fn. 87), Art. 3 Rn. 105; *Richter*, Gleichberechtigung (Fn. 89), § 126 Rn. 98; *Sacksofsky*, Grundrecht (Fn. 290), S. 350 f.

348 BT-Drs. 12/6000, S. 50.

349 Eine Garantie faktischer Parität der Geschlechter erkennt beispielsweise *Slupik*, Entscheidung (Fn. 296), S. 134 ff.

350 Zu der sog. Quotenfrage siehe *Boysen* (Fn. 90), Art. 3 Rn. 169 ff.; *Baer/Markard* (Fn. 112), Art. 3 Rn. 372; *Heun* (Fn. 87), Art. 3 Rn. 98 f., 103 ff.; *Nußberger* (Fn. 98), Art. 3 Rn. 286 ff.; *Richter*, Gleichberechtigung (Fn. 89), § 126 Rn. 102 ff.; *Sachs*, Gleichheitsgarantien (Fn. 114), § 182 Rn. 113.

„Ergebnisgleichheit" sorgen können[351]. Ohnehin ist eine begriffliche Abgrenzung schwer möglich, da beispielsweise auch Chancengleichheit letztlich auf Ergebnisgleichheit abzielt[352].

Damit reduziert sich die Frage mehr darauf, wie *weit* der Gestaltungsspielraum des Staates zu der Herstellung von Chancengleichheit[353] reicht[354]. Dies betrifft zunächst die Beseitigung von tatsächlichen Nachteilen, die über die rechtliche Gleichstellung hinausgehen. Eingeschlossen sind auch Fälle, bei denen Ungleichheit nicht durch aktives Handeln des verpflichteten Staates auftritt, sondern bereits gesellschaftlich verankert ist. Dies bringt zum Ausdruck, dass insbesondere strukturelle Diskriminierung erfasst wird, die auf eine historische Prägung des Geschlechtsverhältnisses zurückgeht[355].

Damit soll auch in der Privatrechtssphäre der weitergehenden Verfestigung „überkommene[r] Rollenverteilungen"[356] entgegengewirkt werden[357]. Nach dem Bundesverfassungsgericht sind solch verfestigte Stereotype und Rollenbilder schädlich, da sie negativen Einfluss auf die freie Entfaltung der Persönlichkeit i.S.v. Art. 2 Abs. 1 GG sowie auf vielfältige Bereiche des gesellschaftlichen Lebens, wie beispielsweise im Wege minderwertiger Berufschancen oder gar sexueller Belästigung, haben könnten[358].

d) Zwischenergebnis

Zusammenfassend zielt Art. 3 Abs. 2 S. 2 GG insbesondere auf die Beseitigung von mittelbaren[359] Diskriminierungen, die sich in der gesellschaftlichen Realität von Frauen und somit auch in ihrem privatrechtlichen Umfeld abspielen. In Abgrenzung zu dem Abwehrrecht des

---

351 *Richter*, Gleichberechtigung (Fn. 89), § 126 Rn. 99.

352 *v. Achenbach* (Fn. 90), Art. 3 II, III Rn. 33 f.; *Baer/Markard* (Fn. 112), Art. 3 Rn. 367; *Sachs*, Gleichheitsgarantien (Fn. 114), § 182 Rn. 150.

353 Dabei kann Chancengleichheit als „Gleichheit der Chancen im Sinne einer realen Möglichkeit zur Ergebnisgleichheit" definiert werden; siehe *K. Schweizer*, Der Gleichberechtigungssatz – neue Form, alter Inhalt?: Untersuchung zu Gehalt und Bedeutung des neugefassten Art. 3 Abs. 2 GG unter Einbeziehung Europäischen Gemeinschaftsrechts, 1998, S. 148.

354 *Baer/Markard* (Fn. 112), Art. 3 Rn. 367; *Nußberger* (Fn. 98), Art. 3 Rn. 284; *Richter*, Gleichberechtigung (Fn. 89), § 126 Rn. 99; *Sachs*, Gleichheitsgarantien (Fn. 114), § 182 Rn. 140, 150.

355 BverfGE 85, 191 (207); 109, 64 (89); *Baer/Markard* (Fn. 112), Art. 3 Rn. 368; *Englisch* (Fn. 96), Art. 3 Rn. 93; *Richter*, Gleichberechtigung (Fn. 89), § 126 Rn. 8 f.

356 BverfGE 114, 357 (370).

357 *Baer/Markard* (Fn. 112), Art. 3 Rn. 364, 369; *Langenfeld* (Fn. 108), Art. 3 Abs. 2 Rn. 59; *Richter*, Gleichberechtigung (Fn. 89), § 126 Rn. 45.

358 BverfGE 85, 191 (207); *Baer/Markard* (Fn. 112), Art. 3 Rn. 369 f.; *Sachs*, Gleichheitsgarantien (Fn. 114), § 182 Rn. 138.

359 *Baer/Markard* (Fn. 112), Art. 3 Rn. 365; *Nußberger* (Fn. 98), Art. 3 Rn. 260; *Sachs*, Gleichheitsgarantien (Fn. 114), § 182 Rn. 95 ff.

Art. 3 Abs. 2 S. 1 GG geht dieser Förderungsauftrag jedoch über formal rechtliche, wenn auch mittelbare, Diskriminierungen hinaus und fasst somit ausdrücklich das private Umfeld der etwaig aufgrund ihres Geschlechts benachteiligten Personen ins Auge.

In einem nächsten Schritt gilt es nun zu diskutieren inwiefern der Staat dem benannten Auftrag zur Herstellung von Chancengleichheit im privatrechtlichen Umfeld, wie dem der „Paralleljustiz", *tatsächlich* Wirkung verschaffen darf.

2. Tatsächlicher Schutz vor privatrechtlichen Diskriminierungen aufgrund der speziellen Gleichheitssätze nach Art. 3 Abs. 2, 3 S. 1 GG

Eingangs stellt sich die Frage, ob ein Verständnis von förderungswürdiger Gleichberechtigung, das Eingriffe in die gesellschaftliche Realität von insbesondere Frauen nimmt, nicht in ablehnungswürdiger Weise mit der ebenfalls verfassungsrechtlich garantierten Privatautonomie nach Art. 2 Abs. 1 GG kollidiert[360]. Dies scheint insofern entscheidend zu sein, da die Vereinbarungen im Rahmen von „Paralleljustiz" ein Ausdruck von Privatautonomie bzw. Vertragsfreiheit sein können.

Diesbezüglich ist es erst einmal ohne Belang, dass der Staat als Privatrechtsgeber nach Art. 1 Abs. 3 GG an das Diskriminierungsgebot nach Art. 3 Abs. 2 S. 1, Abs. 3 S. 1 GG gebunden ist und daher keine gesetzlich verankerten Diskriminierungen wegen des Geschlechts ermöglichen darf[361]. Denn bei der aufgeworfenen Frage geht es vielmehr darum, ob die Grundrechte über das Grundkonzept des Staat-Bürger-Verhältnisses hinaus auch bei rein privatrechtlichen Rechtsbeziehungen Wirkung entfalten können.

a) Rechtswirkungen der Grundrechte

Es gilt – insbesondere mit Blick auf die Bindungswirkungen nach Art. 1 Abs. 3 GG – die Rechtswirkungen der Grundrechte mitsamt Art. 3 GG zu erörtern.

aa) Subjektiv-rechtliche Gehalte

Aufgrund der engen Verknüpfung mit den Menschenrechten, die ihrerseits schon als subjektive Rechte konzipiert sind, werden die Grundrechte seither als einklagbare subjektive Rechte der Bürger verstanden[362]. Auch die Bindungsklausel des Art. 1 Abs. 3 GG, nach der ausschließlich die Legislative, Exekutive und Judikative unmittelbar an die Grundrechte

---

[360] Zu dem problematischen Verhältnis von Diskriminierungsschutz aufgrund von Art. 3 GG sowie der Privatautonomie siehe instruktiv *Baer*, Ende (Fn. 227), S. 290 ff.; *J. Neuner*, Diskriminierungsschutz durch Privatrecht, in: JZ 2003, S. 57 (57 ff.); *M. Schreier*, Das Allgemeine Gleichbehandlungsgesetz – wirklich ein Eingriff in die Vertragsfreiheit?, in: KJ 2007, S. 278 (278 ff.); zu den Reibungspunkten von Privatsphäre und Religionsfreiheit siehe noch *S. Baer*, Gleichberechtigung in pluralen Gesellschaften, in: J. Kokott/U. Mager (Hrsg.), Religionsfreiheit und Gleichberechtigung der Geschlechter, 2014, S. 36 (39 f.).

[361] *H. De Wall/R. Wagner*, Die sogenannte Drittwirkung der Grundrechte, in: JA 2011, S. 734 (739); *Heun* (Fn. 87), Art. 3 Rn. 114; *Langenfeld* (Fn. 108), Art. 3 Abs. 2 Rn. 123.

[362] *C. Starck*, in: v. Mangoldt/Klein/ders., GG I (Fn. 112), Art. 1 Rn. 169.

gebunden sind, sowie die Einrichtung entsprechender Rechtswege, sind ein Argument für diese Konzeption[363]. Damit sind zumindest die sog. subjektiv-rechtlichen Gehalte der Grundrechte unschwer zu fassen, da sie den Regelfall der allgemeinen individualrechtlichen Abwehrfunktion der Grundrechte gegenüber dem Staat umschreiben[364]. Sie können prägnant als „verfassungsrechtlich gewährleistete Rechtsposition, kraft deren ein Grundrechtsträger vom Staat ein Unterlassen oder ein näher umschrieben Verhalten – als Pendant zu einer inhaltlich gleichlautenden Verpflichtung – einfordern und (wegen Art. 19 Abs. 4 S. 1 GG) grundsätzlich auch gerichtlich geltend machen kann“ definiert werden[365].

Zusammenfassend besteht die klassische *Hauptfunktion*[366] der subjektiv-rechtlichen Gehalte der Grundrechte darin, als unmittelbar geltendes Recht Unterlassungs- sowie Beseitigungsansprüche gegen den Staat zu begründen, wenn dieser ungerechtfertigt in die grundrechtlichen Freiheitssphäre der Bürger eingreift[367]. Damit kann diese klassische subjektiv-rechtliche Konzeption auch in dem Abwehrrecht des Art. 3 Abs. 2 S. 1, Abs. 3 S. 1 GG gesehen werden.

bb) Objektiv-rechtliche Gehalte

Da es bei der „Paralleljustiz“ jedoch um ein informelles Verfahren geht, das zwischen Privatrechtssubjekten vollzogen wird, könnte ein weitergehender Grundrechtsgehalt, der über den klassisch individualrechtlichen Abwehrcharakter gegenüber staatlichen Eingriffen hinausgeht, heranzuziehen sein.

Dabei drängt sich der sog. objektiv-rechtliche Gehalt der Grundrechte auf, der schon bei den obigen Ausführungen zu Art. 3 Abs. 2 S. 2 GG Erwähnung gefunden hat. Einleitend

---

363 „Art. 1 Abs. 3 GG kennzeichnet nicht nur grundsätzlich die Bestimmungen des Grundrechtsteiles als unmittelbar geltendes Recht, sondern bringt zugleich den Willen des Verfassungsgebers zum Ausdruck, daß der Einzelne sich der öffentlichen Gewalt gegenüber auf diese Normen als auf Grundrechte im Zweifel soll berufen können“ BVerfGE 6, 386 (387); dazu siehe noch *Starck* (Fn. 362), Art. 1 Rn. 169.

364 *Herdegen* (Fn. 369), Art. 1 Abs. 3 Rn. 14.

365 Ebda., Art. 1 Abs. 3 Rn. 13.

366 Im Rahmen des subjektiv-rechtlichen Gehalts sind neben der abwehrrechtlichen Funktion („status negativus“) noch Leistungs- und Teilhaberechte („status positivus“), wie es das Beispiel des Anspruchs auf Teilhabe an einem Studienplatz Kontingent deutlich macht, sowie Mitwirkungsrechte, wie beispielsweise das aktive und passive Wahlrecht, anerkannt; siehe *A. Voßkuhle/A.-B. Kaiser*, Grundwissen – Öffentliches Recht: Funktionen der Grundrechte, in: JuS 2001, S. 411 (411 f.).

367 BVerfGE 7, 198 (204); *Starck* (Fn. 362), Art. 1 Rn. 173; *H. Lang/H. Wilms*, Staatsrecht II, 2. Aufl. 2020, Rn. 70 ff.; dazu eingehend *G. Lübbe-Wolff*, Die Grundrechte als Eingriffsabwehrrechte, 1988; *R. Porscher*, Grundrechte als Abwehrrechte, 2003.

sind die den Grundrechten zu entnehmenden objektiven Prinzipien den subjektiv-rechtlichen Funktionen nachgeordnet[368] und sollen verstärkend für eine hinreichende Geltungskraft der subjektiv-rechtlichen Abwehrrechte wirken[369]. Teilweise ist diese Funktion schon direkt im jeweiligen Verfassungstext hinterlegt, wie es beispielweise der Schutz der Gewährleistung privatrechtlicher Institutionen wie Ehe und Familie nach Art. 6 Abs. 1 GG[370] oder Eigentum und Erbrecht nach Art. 14 Abs. 1 S. 1 GG[371] aufzeigt[372].

cc) Zwischenergebnis

Da Art. 3 Abs. 2, 3 GG keine ausdrückliche Gewährleistung von solch institutionellen Garantien vorweist, gilt es nachfolgend herauszuarbeiten, inwiefern unter Umständen dennoch objektive Grundrechtsgehalte zu entnehmen sind, die über den bloßen Normtext hinausgehen[373].

Mit Blick auf das Privatrecht werden in diesem Rahmen beispielsweise Ausstrahlungswirkungen sowie Schutzpflichten zugunsten der Grundrechtsträger diskutiert.

b) Verpflichtung der *Judikative* aufgrund einer Drittwirkung nach Art. 3 Abs. 2 S. 1, Abs. 3 S. 1 GG?

Der Gedanke, den Grundrechten auch im privatrechtlichen Bereich Wirkung zu verschaffen, erscheint mit Blick auf die historisch bedingte, subjektiv-rechtliche Grundkonzeption als Abwehrrecht („status negativus") gegen Übergriffe der öffentlichen Gewalt, zunächst abwegig.

Jedoch zeigen schon die derzeitigen gesellschaftlichen Strukturen auf, dass mächtige Privatrechtssubjekte, wie beispielsweise Großunternehmen, ähnlich großes Potential wie der Staat zur Einschränkung von individuellen Freiheiten aufweisen, was ein Überdenken der

---

368 *Starck* (Fn. 362), Art. 1 Rn. 171 ff.

369 BVerfGE 7, 198 (205); *M. Herdegen*, in: G. Dürig/R. Herzog/R. Scholz (Hrsg.), Grundgesetz-Kommentar, Art. 1 Abs. 3 Rn. 18; *Starck* (Fn. 362), Art. 1 Rn. 181.

370 „Ehe und Familie stehen unter dem besonderen Schutze der staatlichen Ordnung" Art. 6 Abs. 1 GG.

371 „Das Eigentum und das Erbrecht werden gewährleistet." Art. 14 Abs. 1 S. 1 GG.

372 *Herdegen* (Fn. 369), Art. 1 Abs. 3 (2019), Rn. 19.

373 Diese wurden insbesondere durch die Rechtsprechung des Bundesverfassungsgerichts entwickelt; siehe *Herdegen* (Fn. 369), Art. 1 Abs. 3 Rn. 20.

Wirkungsweise der Grundrechte nötig gemacht hat[374]. Auch ein Blick auf die Gefahrenquellen von Diskriminierung in Privatsphären, wie dem häuslichen bzw. familiären Umfeld weisen auf diese Problematik hin[375].

Fraglich ist insofern, ob ein Gericht dem Abwehrrecht nach Art. 3 Abs. 2 S. 1, Abs. 3 S. 1 GG bei auf „Paralleljustiz" basierenden Sachentscheidungen Geltung verschaffen kann.

aa) Unmittelbare Drittwirkung des Abwehrrechts nach Art. 3 Abs. 2 S. 1, Abs. 3 S. 1 GG?

Im Rahmen dieser Diskussion wäre zunächst an eine *unmittelbare* Drittwirkung der Grundrechte zu denken, nach der auch Privatpersonen als Adressaten der Grundrechte aufgefasst werden.

(1) Stimmen aus der Literatur und Rechtsprechung

Insbesondere nach *Hans Carl Nipperdey* würde die Verfassung auch grundsätzliche Ordnungsgrundsätze mit Geltung für das soziale Leben aufstellen, die auch unmittelbaren Einfluss auf den privaten Rechtsverkehr nehmen würden. Aufgrund zunehmenden Einflusses von neben dem Staat stehenden Privatrechtssubjekten auf die individuellen Freiheiten, müssten die Grundrechte einem Bedeutungswandel unerzogen werden. Über die Funktion als Abwehrrechte hinaus müssten ihnen auch Höchstwerte entnommen werden, die auf das gesamte Gemeinschaftsleben ausstrahlen würden[376].

Jürgen Salzwedel griff diesen Gedanken hinsichtlich der Diskriminierungsverbote des Art. 3 Abs. 3 GG auf und hielt aufgrund des unmittelbaren Bezugs zu den Garantien der Menschenwürde und des allgemeinen Persönlichkeitsrechts nach Art. 1, 2 GG sogar eine unmittelbare Drittwirkung für möglich[377].

---

[374] Einen Problemaufriss bieten *Armbrüster* (Fn. 235), § 134 Rn. 34; *H.-U. Erichsen*, Die Drittwirkung der Grundrechte, in: Jura 1996, S. 527 (527); *Guckelberger*, Drittwirkung (Fn. 245), S. 1151 f.; *S. Muckel*, Mittelbare Drittwirkung des allgemeinen Gleichheitssatzes, in: JA 2018, 553 (554); *ders.*, Grundrechtsberechtigung und Grundrechtsverpflichtung – Wer kann sich auf Grundrechte berufen und wer wird durch sie verpflichtet, in: JA 2020, S. 411 (411 ff.); *J. Neuner*, Das BVerfG im Labyrinth der Drittwirkung, in: NJW 2020, S. 1851 (1851 ff.); *Ruffert*, Privatrechtswirkung (Fn. 246), S. 1 f.

[375] Für eine feministische Kritik an einem weitgehenden Ausschluss des Rechts aus der häuslichen Sphäre siehe *F. Olsen*, Das Geschlecht des Rechts, in: KJ 1990, S. 303 (312).

[376] *H. C. Nipperdey*, Gleicher Lohn der Frau für gleiche Leistung, in: RdA 1950, S. 121 (124 f.); ähnlich argumentiert *F. Laufke*, Vertragsfreiheit und Grundgesetz, in: Festschrift für Heinrich Lehmann Bd. 1, 1956, S. 145 (156); zustimmend ursprünglich auch das Bundesarbeitsgericht, BAG NJW 1957, 1688 (1689).

[377] *J. Salzwedel*, Gleichheitsgrundsatz und Drittwirkung, in: Festschrift für Hermann Jahrreiß, 1964, S. 347 ff.

Der Judikatur sind jedenfalls Bestrebungen zu entnehmen, neben öffentlichen Unternehmen, die vollständig im Eigentum der öffentlichen Hand stehen, zumindest auch gemischtwirtschaftliche Unternehmen der Bindungswirkung zu unterwerfen. Jedenfalls soweit diese maßgeblich von der öffentlichen Hand beherrscht werden[378].

(2) Ablehnung einer unmittelbaren Drittwirkung gegenüber Privatrechtsträgern

Eine grundsätzlich anzunehmende *unmittelbare* Drittwirkung der Rechtswerte aus Art. 3 GG ist jedoch abzulehnen. Denn angesichts des eindeutigen Wortlauts von Art. 1 Abs. 3 GG sind *ausschließlich* staatliche Organe und damit ausdrücklich nicht Privatpersonen unmittelbar an die Grundrechte gebunden[379]. Zudem gibt es diverse Ausnahmetatbestände in den Grundrechten, wie beispielsweise die Nichtigkeitsanordnung für das Koalitionsrecht einschränkende Vereinbarungen nach Art. 9 Abs. 3 S. 2 GG[380], die im Einzelfall systemkonforme Auswirkung für den Privatrechtsverkehr vorsehen. Damit hat der Verfassungsgeber die Schnittstelle von Verfassung und Privatrecht offensichtlich bedacht, weshalb zumindest eine unmittelbare Drittwirkung als systemwidrig abzulehnen ist[381]. Die Rechtsprechung hat sich dem angeschlossen[382].

(3) Zwischenergebnis

Mangels ersichtlicher staatsähnlicher Strukturen kann auch dem Abwehrrecht nach Art. 3 Abs. 2 S. 1, Abs. 3 S. 1 GG zumindest keine *unmittelbare* Dritt- bzw. Ausstrahlungswirkung gegenüber Privatrechtssubjekten im Rahmen der „Paralleljustiz“ entnommen werden[383].

bb) Mittelbare Drittwirkung des Art. 3 Abs. 2 S. 1, Abs. 3 S. 1 GG?

Darüber hinaus ist jedoch vor allem die sog. *mittelbare* Drittwirkung der Grundrechte ein diskussionswürdiges Thema.

---

[378] Siehe nur das sog. Fraport Urteil BVerfGE 128, 226 (245 ff.).

[379] *Erichsen*, Drittwirkung (Fn. 376), S. 530; *Guckelberger*, Drittwirkung (Fn. 245), S. 1153; *Neuner*, BVerfG (Fn. 376), S. 1852; *Ruffert*, Privatrechtswirkung (Fn. 246), S. 1.

[380] „Abreden, die dieses Recht einschränken oder zu behindern suchen, sind nichtig, hierauf gerichtete Maßnahmen sind rechtswidrig.“ Art. 9 Abs. 3 S. 2 GG.

[381] *Englisch* (Fn. 96), Art. 3 Rn. 106; *C. Grüneberg*, in: ders. BGB (Fn. 134), § 242 Rn. 8; *Guckelberger*, Drittwirkung (Fn. 245), S. 1153; *Neuner*, BVerfG (Fn. 376), S. 1852; auch das Bundesarbeitsgericht hat die Lehre der unmittelbaren Drittwirkung inzwischen aufgegeben, siehe beispielsweise BAG NJW 1986, 85 (86).

[382] Siehe nur BVerfG NJW 2019, 3769 (3770).

[383] *Armbrüster* (Fn. 235), § 134 Rn. 34; *Heun* (Fn. 87), Art. 3 Rn. 139; *Langenfeld* (Fn. 108), Art. 3 Abs. 2 Rn. 123.

(1) Stimmen aus der Literatur

Dieser Ansatz geht insbesondere auf *Günter Dürig*[384] zurück, der der Auffassung war, dass für die Rechtsbeziehungen zwischen Privatrechtssubjekten zwar die zivilrechtlichen Vorschriften maßgeblich sind, die Grundrechte jedoch bei der Interpretation der dort enthaltenen unbestimmten Rechtsbegriffe und Generealklauseln einzubeziehen seien[385].

Ein ähnliches Konzept wurde durch *Claus-Wilhelm Canaris*[386] geprägt, der Grundrechtspositionen im Privatrecht aufgrund der staatlichen Schutzpflichten[387] Geltung verschaffen wollte. Danach müsste der Staat schon aufgrund des Art. 1 Abs. 1 S. 2 GG für die Achtung als auch den Schutz der Menschenwürde Sorge tragen. Dabei würde sich die Verwirklichung dieses Schutzgebots im Wesentlichen durch einfaches Recht verwirklichen, weshalb die staatlichen Schutzgebote insbesondere mit Mitteln des Privatrechts zu erwirken seien. Daher müsste der nach Art. 1 Abs. 3 GG verpflichtete Gesetzgeber bzw. Richter, auf solche Grundrechtsgefährdungen, die im Wege der Privatautonomie Gestalt annehmen, hinreichend schützend reagieren[388].

Daraus kann gefolgert werden, dass wenn ein Zivilrichter im Wege der grundrechtskonformen Auslegung des einfachen Rechts keinen entsprechenden Schutz im Einzelfall gewährleistet, er somit einen Grundrechtsverstoß zu Lasten der staatlichen Gewalt begeht[389]. Gleichlaufend zu *Canaris* Ausführungen kann daher auch angenommen werden, dass die Rechtsfigur der mittelbaren Drittwirkung aus den staatlichen Schutzpflichten resultiert[390].

Für eine abschließende Antwort auf eine etwaige mittelbare Drittwirkung den in Art. 3 GG enthaltenen Rechtswerten zum Schutze vor Frauendiskriminierung ist in einem nächsten Schritt die entsprechende Spruchpraxis des Bundesverfassungsgerichts heranzuziehen.

---

384 *G. Dürig*, in: Festschrift für Hans Nawiasky, 1956, S. 157, 176 ff.; *G. Dürig*, in: ders./R. Herzog/R. Scholz (Hrsg.), Grundgesetz-Kommentar, Art. 1 Abs. 3 (2000), Rn. 131 ff.

385 *Guckelberger*, Drittwirkung (Fn. 245), S. 1154; *R. Uerpmann-Wittzack*, Gleiche Freiheit im Verhältnis zwischen Privaten: Artikel 3 Abs. 3 GG als unterschätzte Verfassungsnorm, in: ZaöRV 2008, S. 359 (361 f.).

386 *C.-W. Canaris*, Grundrechte und Privatrecht, in: AcP 184 (1984), S. 201 (225 ff.).

387 Siehe Kap. C.III.2.c).aa).

388 *Canaris*, Grundrechte (Fn. 386), S. 226 f.

389 *Armbrüster* (Fn. 235), § 134 Rn. 34; *Guckelberger*, Drittwirkung (Fn. 245), S. 1155; *Ruffert*, Privatrechtswirkung (Fn. 246), S. 2 f.

390 *F. J. Säcker*, in: MüKoBGB, Bd. I (Fn. 235), Einl. BGB Rn. 66.

(2) Stimmen aus der Rechtsprechung

Heranzuziehen sind nachfolgend die einschlägigen Aussagen des Bundesverfassungsgerichts. Wegweisend sind die Entscheidungen zu Lüth, dem Stadionsverbot sowie dem Hausverbot.

(a) Das Lüth-Urteil

Einleitend verfolgt auch das Bundesverfassungsgericht seit dem wegweisenden *Lüth-Urteil* aus 1958[391] die Lehre der mittelbaren Drittwirkung[392].

Danach ergebe sich aus der geschichtlich bedingten Konzeption der Grundrechte, dass diese in erster Linie dazu bestimmt seien, die Freiheitsspähre des Einzelnen vor Eingriffen des Staates zu sichern. Demnach seien sie primär als Abwehrrechte des Bürgers gegen den Staat zu verstehen[393].

Darüber hinaus würde die Geltungskraft der Grundrechte noch verstärkt, indem sie eine „objektive Wertordnung" verkörperten, die sich als „verfassungsrechtliche Grundentscheidung" in allen Bereichen des Rechts Wirkung entfalten würden. Insofern würden Gesetzgebung, Verwaltung und Rechtsprechung entsprechende „Richtlinien und Impulse" empfangen[394].

Mit Blick auf das Privatrecht bedeute dies, dass keine bürgerlich-rechtliche Norm in Widerspruch dazustehen dürfte und im „Geiste" der Grundrechte ausgelegt werden müsste. Der Einfluss der beachtlichen grundrechtlichen Maßstäbe zeige sich vor allem bei denjenigen Vorschriften des bürgerlichen Rechts, die einen nahen Verwandtschaftsgrad zum öffentlichen Recht aufweisen, soweit sie im Sinne des ordre public zwingendes Recht enthalte. Solche Normen würden Prinzipien vorgeben, die aus Allgemeinwohlgründen auch für die Gestaltung privatrechtlicher Beziehungen verbindlich sein müssten. Dies nehme insbesondere im Rahmen der Generalklauseln des Zivilrechts, wie im vorliegenden Fall im Wege der Auslegung der „guten Sitten" nach § 826 BGB, Gestalt an[395].

---

[391] Im Rahmen des dem Urteil zugrunde liegenden Sachverhalts hatte der Hamburger Senatsdirektor *Erich Lüth* 1950 über die Presse dazu aufgerufen, einen unter der Regie von *Veit Harlan* entstandenen Spielfilm zu boykottieren. Der Boykott wurde damit begründet, dass *Harlan* während des dritten Reichs für den antisemitischen Films „Jud Süß" als Regisseur verantwortlich war. Im Nachgang wurde er jedoch im Entnazifizierungsverfahren als „Entlasteter" eingestuft und als Regisseur wieder zugelasen. Letztlich hatte sich das Bundesverfassungsgericht im Rahmen des § 826 BGB mit der Frage zu beschäftigten, ob der Boykottaufgrund eines Staatsvertreters zu lasten eines Bürgers als vorsätzliche, sittenwidrige Schädigung zu deuten ist und ob hinsichtlich dieser Bewertung die Grundrechte einzubeziehen sind; siehe BVerfGE 7, 198 (199 f.).

[392] *Ruffert*, Privatrechtswirkung (Fn. 246), S. 1; *Säcker* (Fn. 390), Einl. BGB Rn. 62.

[393] BVerfGE 7, 198 (204 f.).

[394] BVerfGE 7, 198 (205).

[395] BVerfGE 7, 198 (206).

Zusammenfassend würden die Grundrechtsgehalte auf diesem Wege „*mittelbar*" ihre Wirkung auch im bürgerlichen Recht entfalten[396].

Dieser Ansatz ist zustimmungswürdig, da dieser die grundsätzliche Systematik in Form des getrennten Anwendungs- bzw. Verpflichtungsbereichs des Privat- sowie Verfassungsrechts berücksichtigt, wobei im Rahmen der auslegungsbedürftigen Generalklauseln grundrechtliche Prinzipien dennoch im Einzelfall berücksichtigt werden können. Angesichts der vielfältigen gesellschaftlichen Konfliktherde, die vielfältige Diskriminierungen auch seitens privater Beteiligter mit staatsähnlichen Machtbefugnissen verursachen können, erscheint eine mittelbare Anwendung im benannten Rahmen geboten. Damit entfalten die Grundrechte mitsamt ihrem Wertesystem insbesondere über die auslegungsbedürftigen Klauseln der „guten Sitten" nach §§ 138 Abs. 1, 826 BGB sowie von „Treu und Glauben" nach §§ 157, 242, 307 BGB solch mittelbare Drittwirkung[397]. Bei der Auslegung müssten jedoch auch weitere Grundrechtswerte berücksichtigt werden, sodass der Zivilrichter mittels einer auf den Einzelfall zugeschnittenen Güterabwägung im Wege der praktischen Konkordanz etwaige Grundrechtskollisionen aufzulösen hätte[398].

Unabhängig vom benannten Anwendungsbereich muss bedacht werden, dass sich das Modell der mittelbaren Drittwirkung mitsamt entsprechender Judikatur primär auf die Wirkung der *Freiheitsgrundrechte* bezieht[399]. Daher gilt es in einem nächsten Schritt zu klären, ob sich eine Anwendung dieser Rechtsauffassung auch auf die *Gleichheitsrechte*[400], mitsamt des Art. 3 GG, übertragen lässt.

(b) Der Stadionverbots-Beschluss

Wegweisendes äußerte das Bundesverfassungsgericht insbesondere im Wege der Stadionverbotsentscheidung von 2018[401].

---

396 Siehe insbesondere Leitsatz 2 des Urteils BVerfGE 7, 198 (198).

397 *Grüneberg* (Fn. 383), § 242 Rn. 8; *Guckelberger*, Drittwirkung (Fn. 245), S. 1154.

398 *T. Bezzenberger*, Ethnische Diskriminierung, Gleichheit und Sittenordnung im bürgerlichen Recht, in: AcP 196 (1996), S. 395 (409); *J. Hager*, Grundrechte im Privatrecht, in: JZ 1994, S. 373 (379 f., 382 f.); *ders.*, Verkehrsschutz durch redlichen Erwerb, 1990, S. 37 ff.; zum Prinzip der praktischen Konkordanz siehe Kap. E.IV.

399 BVerfGE 7, 198 (204 f.); *Langenfeld* (Fn. 108), Art. 3 Abs. 2 Rn. 127; *Ruffert*, Privatrechtswirkung (Fn. 246), S. 3.

400 Eine Abgrenzung anhand des Schutzzwecks ist zu finden bei *K.-H. Dittrich*/G. *Hommel*, Staatsrecht: Grundlagenwissen, 5. Aufl. 2006, S. 43; *Heun* (Fn. 87), Art. 3 Rn. 17; *F. Wollenschläger*, in: v. Mangoldt/Klein/Starck, GG I (Fn. 112), Art. 3 Rn. 53 ff.

401 Gegenstand der Entscheidung war ein bundesweites Stadionverbot eines Fußballfans, das der Deutsche Fußballbund erlassen hatte, nachdem dieser im Rahmen eines Auswärtsspiels des FC Bayern München an einer gewalttätigen Auseinandersetzung mit einer verfeindeten Fangruppe beteiligt war. Im Wege einer Verfassungsbeschwerde rügte der Fan eine Verletzung seiner Grundrechte dadurch, dass er ohne tragfähige Erklärung und Begründung allein aufgrund eines

Danach lasse sich Art. 3 Abs. 1 GG nach den Grundsätzen der mittelbaren Drittwirkung zumindest kein objektives Verfassungsprinzip entnehmen, wonach die Rechtsbeziehungen zwischen Privaten *prinzipiell* gleichheitsgerecht zu gestalten wären. Grundsätzlich gehöre es zur Freiheit jeder Person, nach eigenen Präferenzen darüber zu bestimmen, mit wem sie unter welchen Bedingungen Verträge abschließen will. Entsprechende Anforderungen würden sich auch nicht aus der mittelbaren Drittwirkung ergeben[402].

Darüber hinaus führte das Bundesverfassungsgericht jedoch auch an, dass in speziell gelagerten Konstellationen *ausnahmsweise* doch eine gleichsgerechte Ausgestaltung privatrechtlicher Beziehung im Wege der mittelbaren Drittwirkung hergeleitetet werden könne. Und zwar insofern, als sich gleichheitsrechtliche Anforderungen für das Verhältnis zwischen Privaten aufgrund einer dem Staat ähnelnden Pflichtenstellung ergeben, die gegeben sei, wenn natürliche Personen Güter oder Dienstleistungen öffentlich anbieten und sie somit ihre geschützten Freiheitsinteressen aufgrund des Zugangs zum öffentlichen Markt zurücktreten lassen[403].

Damit kann diese staatsgleiche Pflichtenstellung anhand von drei Kriterien festgemacht werden:

- Eine besondere faktische Machtstellung des Verpflichteten,
- eine erhebliche Bedeutung der öffentlich angebotenen Ware oder Dienstleistung für das gesellschaftliche Leben des Berechtigten sowie
- eine ausweglose Situation, die es dem berechtigten maßgeblich erschwert oder gar unmöglich macht, Zugang zu der benannten Ware oder (Dienst-)Leistung von einer weiteren Quelle zu erlangen[404].

Dazu der Hinweis, dass das Gericht über etwaige weitergehende Anforderungen aus den den speziellen Gleichheitsrechten wie Art. 3 Abs. 2 und 3 GG ausdrücklich nicht entschieden hatte[405].

Zusammenfassend soll es dem Einzelnen aufgrund seiner verfassungsrechtlich garantierten Individualität grundsätzlich freistehen, seine privaten Rechtsverhältnisse willkürlich nach seinen Vorstellungen vorzunehmen. Dies gilt jedoch nur, soweit keine Monopolstellung eines der Kontrahierenden im Sinne eines Staats-Bürger ähnlichem Verhältnis ersichtlich

---

bloßen Verdachts zur Begehung der Tat vom Stadionbesuch ausgeschlossen worden sei; siehe BVerfGE 148, 267 (268 f.); *Muckel*, Drittwirkung, (Fn. 374), S. 553 f.

[402] BVerfGE 148, 267 (283).

[403] BVerfGE 148, 267 (283 f.).; weitergehend siehe noch *Baer/Markard* (Fn. 112), Art. 3 Rn. 416; *Heun* (Fn. 87), Art. 3 Rn. 139; *U. Kischel*, in: V. Epping/C. Hillgruber (Hrsg.), Beck'scher Online-Kommentar Grundgesetz, 45. Edition 2020, Art. 3 Rn. 210; *Langenfeld*, Maunz/Dürig (Fn. 108), Art. 3 Abs. 3 Rn. 81; *Muckel*, Drittwirkung, (Fn. 374), S. 555; *Thiele* (Fn. 301), Art. 3 I Rn. 86.

[404] BVerfGE 148, 267 (284); für eine Kritik an der Bestimmtheit der Kriterien siehe *Thiele* (Fn. 301), Art. 3 I Rn. 87.

[405] BVerfGE 148, 267 (289).

ist. Denn insofern besteht das Gefährdungspotential hinsichtlich des unsachlichen Ausschlusses von der öffentlichen Teilhabe, dem der strukturell benachteiligte Vertragspartner sich nur schwerlich entziehen kann[406].

(c) Der Hotelverbot-Beschluss

Der zuvor benannten Wertungen der Stadionverbots-Entscheidung schloss sich das Bundesverfassungsgericht auch in der Hotelverbot-Entscheidung aus 2019 an[407].

Im Zuge des ergangenen Beschlusses verwies das Gericht erneut darauf, dass die Wertungen des Art. 3 Abs. 1 GG nicht dazu führen könnten, dass die privatrechtlichen Rechtsbeziehungen grundsätzlich gleichheitsgerecht zu gestalten seien. Eine solche Auffassung sei auch nicht über das Konstrukt der mittelbaren Drittwirkung herleitbar. Ebenso könnten sich etwaige gleichheitsrechtliche Anforderungen für das Privatrechtsverhältnis aus Art. 3 Abs. 1 GG nur für die zuvor beschriebenen spezifischen Konstellationen mit aus struktureller Überlegenheit resultierender Entscheidungsmacht ergeben. Eine solche Konstellation habe im Falle des ausgesprochenen Hausverbots nicht vorgelegen[408].

Darüber hinaus sei hinsichtlich des Art. 3 Abs. 3 S. 1 GG zumindest keine unmittelbare Anwendung im Rechtsverkehr zwischen Privaten gegeben. Unbeantwortet ließ das Gericht jedoch ebenfalls, ob sich aus Art. 3 Abs. 3 S. 1 GG mittelbare bzw. weiterreichende Wertungen als Art. 3 Abs. 1 GG ergeben könnten[409]. Keinesfalls könne jedenfalls daraus gezogen werden, dass zwischen Privaten diesbezüglich ein absolutes Unterscheidungsverbot gelte. Vielmehr bedürfe es eines Ausgleichs mit entgegenstehenden Freiheitsrechten[410].

---

406 So führt *Kischel* richtigerweise an, dass es das Grundgesetz im Lichte der Privatautonomie nichts angehe, wenn ein Bürger „keinen Vertriebenen heiraten, seine Bücher nicht bei Adligen kaufen und sein Motorrad nur an Frauen verkaufen will." *Kischel* (Fn. 403), Art. 3 Rn. 210; zustimmend noch *Englisch* (Fn. 96), Art. 3 Rn. 121; *Heun* (Fn. 87), Art. 3 Rn. 139.

407 Beschwerdeführer war der Bundesvorsitzende der Nationaldemokratischen Partei Deutschlands (NPD). Im Dezember 2009 buchte seine Ehefrau einen Aufenthalt in einem Hotel, der jedoch vom Betreiber abgelehnt wurde, nachdem er ein Hausverbot für den Beschwerdeführer aussprach. Zur Begründung führte der Betreiber aus, dass die politische Überzeugung des Beschwerdeführers nicht mit der Intention des Hotelbetriebs vereinbar sei, jedem Gast ein exzellentes Wohlfühlerlebnis zu bieten. Der Beschwerdeführer klagte gegen das Hausverbot, aber die Gerichte entschieden zugunsten des Hotelbetreibers, wobei der Bundesgerichtshof das bereits vertraglich vereinbarte Zeitfenster bestätigte, jedoch das zukünftige Hausverbot aufrechterhielt. Der Beschwerdeführer legte daraufhin Verfassungsbeschwerde ein, aber das Bundesverfassungsgericht nahm sie nicht zur Entscheidung an, da die angefochtenen Entscheidungen seine Grundrechte nicht verletzten; siehe BverfGE NJW 2019, 3769 (3769).

408 BverfGE NJW 2019, 3769 (3770).

409 Ebda.

410 Im vorliegenden Fall hätte das dem Beschwerdeführer jedoch auch nicht geholfen. So könne für die politische Anschauung kein absolutes Unterscheidungsverbot gelten. Des Weiteren hätten die Freiheitsrechte der Hotelbetreiberin nach Art. 14 Abs. 1 und Art. 12 Abs. 1 GG ohnehin überwogen; siehe BverfGE NJW 2019, S. 3769 (3770).

In Summe wird auch angesichts dieser Entscheidung deutlich, dass Art. 3 Abs. 1 sowie Abs. 3 S. 1 GG keine mittelbare Drittwirkung in dem Sinne entnommen werden kann, dass Private im selben Umfang wie der Staat zur Gleichberechtigung verpflichtet werden, soweit sie untereinander kontrahieren.

(3) Zwischenergebnis

Hinsichtlich der (mittelbaren) Drittwirkung des *allgemeinen* Gleichheitssatzes nach Art. 3 Abs. 1 GG ist zunächst anzuerkennen, dass die Grundrechtssubjekte im Privatrechtsverkehr *grundsätzlich* frei sein sollen, jenseits absoluter Diskriminierungsverbote auch unbegründete Ungleichbehandlung vorzunehmen[411]. Lediglich in Staat-Bürger ähnlichen Verhältnissen mitsamt entsprechendem strukturellen Gefährdungspotential seien Ausnahmen anzudenken.

Insofern kann zustimmungswürdig aus den eng umgrenzten Beschränkungen der Privatautonomie zwar eine Annährerung der (Teil-)Rechtsordnungen entnommen werden. Dem gegenüber muss es nach wie vor bei der Grundkonzeption der Grundrechte verbleiben, wonach der Bürger grundsätzlich nicht im selben Umfang wie der Staat (i.S.v. Art. 1 Abs. 3 GG) von den Grundrechten verpflichtet werden soll[412].

Darüber hinaus hat das Bundesverfassungsgericht jedoch ausdrücklich offengelassen, ob die benannten Ausnahmekriterien bei Art. 3 Abs. 1 GG auf die absoluten Diskriminierungsverbote des Art. 3 Abs. 3 GG übertragbar sind[413].

Aufgrund der Systematik kann den Diskriminierungsverboten nach Absatz 2 Satz 1 und Absatz 3 Satz 1 – im Gegensatz zu Absatz 2 Satz 2 – jedenfalls kein individualrechtlicher Anspruch auf Herstellung faktischer Gleichheit entnommen werden[414]. Dagegen hat Absatz 3 einen objektiv rechtlichen Gehalt, woraus zwar überwiegend keine Schutzpflicht[415], jedoch grundsätzlich eine Berücksichtigung der enthaltenen Werte bei der Auslegung von zivilrechtlichen Generalklauseln angenommen werden kann. Daher ist es schlüssig, dass die Lehre der mittelbaren Drittwirkung auch bei Art. 3 (Abs. 2 S. 1,) Abs. 3 S. 1 GG im selben Maße Anwendung findet[416].

---

411 *Bezzenberger*, Diskriminierung (Fn. 398), S. 408 f.; *Englisch* (Fn. 96), Art. 3 Rn. 106; *Thiele* (Fn. 301), Art. 3 I Rn. 85.

412 *F. Becker*, Öffentliches und Privates Recht, in: NVwZ 2019, S. 1392; *Thiele* (Fn. 301), Art. 3 I Rn. 88.

413 *M. Sachs*, Grundrechte: Drittwirkung von Gleichheitsrechten, in: JuS 2020, S. 185 (186 f.).

414 *Heun* (Fn. 87), Art. 3 Rn. 117, 139; *Uerpmann-Wittzack*, Freiheit (Fn. 385), S. 365 f.

415 Zu etwaigen Schutzpflichten aufgrund Art. 3 Abs. 2, 3 GG siehe Kap. C.III.2.c).aa).

416 Zustimmend *v. Achenbach* (Fn. 90), Art. 3 II, III Rn. 26; *Baer/Markard* (Fn. 112), Art. 3 Rn. 404 f., 415; *Englisch* (Fn. 96), Art. 3 Rn. 106; *Heun* (Fn. 87), Art. 3 Rn. 139; *Kischel* (Fn. 403), Art. 3 Rn. 210; *Muckel*, Drittwirkung, (Fn. 374), S. 556; *Richter*, Gleichberechtigung (Fn. 89), § 126 Rn. 41; *Sachs*, Gleichheitsgarantien (Fn. 114), § 182 Rn. 142; *Uerpmann-Wittzack*,

Zusammenfassend sind die Kriterien des Bundesverfassungsgerichts zu der mittelbaren Drittwirkung des allgemeinen Gleichheitssatzes mitsamt Restriktionen *grundsätzlich* auch auf Art. 3 Abs. 2 S. 1, Abs. 3 S. 1 GG übertragbar[417].

cc) Übertragung der Erkenntnisse auf „religiöse Paralleljustiz"

Fraglich ist nun, inwiefern sich die vorstehenden Feststellungen hinsichtlich der „religiösen Paralleljustiz" auswirken.

Unter der Annahme, dass Art. 3 Abs. 2 S. 1, Abs. 3 S. 1 GG *grundsätzlich* über die Generalklauseln des Zivilrechts zu einer Anwendung gelangen kann, könnte ein Zivilrichter etwaige Vereinbarungen, die im Wege der „Paralleljustiz" entstanden sind, einer Sittenwidrigkeitskontrolle nach § 138 BGB unter Berücksichtigung dieser Verfassungswerte unterziehen[418].

Dem gegenüber darf jedoch nicht vergessen werden, dass der Privatautonomie ebenso ein hoher Stellenwert zukommt und die Gleichheitssätze nicht im selben Umfang wie die Freiheitsrechte im Wege der mittelbaren Drittwirkung auf das Zivilrecht ausstrahlen. Insofern sollte eine mittelbare Drittwirkung auf gesonderte Einzelfälle beschränkt werden, die bestenfalls im Wege seitens der Rechtsprechung ausformulierter Kriterien für besondere Gefährdungslagen seitens staatsähnlicher Machtstrukturen Gestalt annehmen.

Dieses Hemmnis wird insbesondere anhand der maßgeblich in der Stadionverbot-Entscheidung eng formulierten Ausnahmekriterien einer mittelbare Drittwirkung des Art. 3 Abs. 1 GG deutlich. So ist die dort festgestellte Gefährdungslage schwerlich auf den Fall von „Paralleljustiz" übertragbar, da hier keine verweigerte Teilhabe am gesellschaftlichen Leben durch ein Unternehmen mit erheblicher Marktmacht Gegenstand ist. So betreffen die Sachentscheidungen von „Paralleljustiz" viel mehr solche Rechtsgeschäfte, die den intimen, familienrechtlichen relevanten Bereich betreffen und auch maßgeblich dem Schutz der Privatautonomie unterfallen. In Summe mangelt es an einem vergleichbaren staatsähnlichen, öffentlichen Bezug der „Leistung", die aufgrund eines gesellschaftlichen

---

Freiheit (Fn. 385), S. 366 f.; anderer Ansicht ist *Langenfeld*, der jedoch die Lehre der mittelbaren Drittwirkung aufgrund der anfangs benannten systematischen Bedenken in Gänze ablehnt; siehe *Langenfeld* (Fn. 403), Art. 3 Abs. 3 Rn. 81 f.

[417] *Baer/Markard* (Fn. 112), Art. 3 Rn. 416; *Heun* (Fn. 87), Art. 3 Rn. 139; *Kischel* (Fn. 403), Art. 3 Rn. 210.

[418] So insbesondere die Annahme von *Bauwens*, Paralleljustiz (Fn. 4), S. 144 ff.; zu Berücksichtigen ist zudem, dass deutsche Gerichte den Anwendungsbefehl islamischen Rechts aufgrund von Wertungen des Art. 3 Abs. 2 GG wiederholt ausgeschlossen haben. Einen Überblick gibt *W. Bock*, Der Islam in der Entscheidungspraxis der Familiengerichte, in: NJW 2012, S. 122-127 (125); im Vergleich zu § 138 BGB sieht Art. 6 S. 2 EGBGB jedoch *ausdrücklich* die Einbeziehung der Grundrechte – mitsamt Art. 3 GG – vor.

Grundbedürfnisses so bedeutend ist, dass ein Ausschluss unerträglich für den Betroffenen wäre.

Zu berachten sind weiterhin die Ausführungen des Bundesgerichtshofs zu der Inhaltskontrolle von Eheverträgen[419]. So hat dieser zwar angedeutet, neben einer Mitwirkung des Art. 6 Abs. 1 GG eine solche Wirkung auch aufgrund des Art. 3 Abs. 2 GG anzunehmen und diese bei der Auslegung von Eheverträgen zu berücksichtigten, die auf einen Mangel an gleichberechtigter Partnerschaft hindeuten[420]. Jedoch ist selbst diese Rechtsprechung historisch erwachsen und auf die besondere Gefährdungslage zivilehelicher Lebensbeziehungen zurückzuführen, die im Wege der Rechtsprechung hinreichend analysiert werden konnte. Im Falle religiöser Verheiratung sind diese Kriterien zunächst nicht unmittelbar anwendbar und mangels Zuschnitts der in der Tradition der Rechtsprechung des Bundesgerichtshofs zur Inhaltskontrolle von Eheverträgen auch nicht unmittelbar aufgrund einer mittelbaren Drittwirkung des Art. 3 Abs. 2 GG übertragbar.

Zusammenfassend ist aufgrund einer grundsätzlich restriktiv anzuerkennenden mittelbaren Drittwirkung der Gleichheitssätze mitsamt eng umschriebener Ausnahmekriterien seitens der Rechtsprechung keine solche Anwendung des Art. 3 Abs. 2 S. 1, Abs. 3 S. 1 GG zulasten von Sachentscheidungen der „Paralleljustiz“ angezeigt. Dies insbesondere, da es die in Art. 1 Abs. 3 GG vorgesehene Bindungswirkung insbesondere im Privatrechtsverkehr zu wahren gilt. Abseits davon steht es einem Zivilrichter jedoch offen, etwaige Vereinbarungen aufgrund der „Paralleljustiz“ im Wege anderer Wertungen – beispielsweise mit Blick auf eine erkannte Zwangslage – nach § 138 BGB für nichtig zu erklären[421].

(1) Bedenken mit Blick auf das Wesentlichkeitsgebot

Darüber hinaus darf nicht vergessen werden, dass selbst bei einer grundsätzlich anzuerkennenden mittelbaren Drittwirkung des Art. 3 Abs. 2 S. 1, Abs. 3 S. 1 GG neben der nach Art. 2 Abs. 1 GG geschützten Privatautonomie augenscheinlich die Religionsfreiheit nach Art. 4 Abs. 1, 2 GG im Wege einer Prüfung nach § 138 BGB zu berücksichtigten wäre.

Diesbezüglich ist die sog. Wesentlichkeitstheorie des Bundesverfassungsgerichts zu betrachten. Diese wurzelt im Vorbehehalt des Gesetzes i.S.v. Art. 20 Abs. 3 GG und leitet den Gesetzgeber in „grundlegenden normativen Bereichen“ dazu an, „alle wesentlichen Entscheidungen“ selbst zu treffen[422]. Festzustellen ist folglich, ob angesichts der Betrachtung

---

[419] Siehe Kap. C.II.2.c).

[420] *U. Brenneisen*, Lehrbuch Familien- und Erbrecht, 4. Aufl. 2020, Rn. 187.

[421] *BMJV*, Paralleljustiz (Fn. 3), S. 44.

[422] BVerfGE 40, 237 (249); 49, 89 (126 f.); 84, 212, (226); 95, 267 (307 f.); *H. Dreier*, in: ders. (Hrsg.), Grundgesetz-Kommentar, Bd. II, 3. Aufl. 2015, Art. 20 (Rechtsstaat), Rn. 113; *P. M. Huber*, in: v. Mangoldt/Klein/Starck, GG I (Fn. 112), Art. 19 Rn. 114; *Jarass* (Fn. 95), Art. 20 Rn. 71; *M. Kotzur*, in: v. Münch/Kunig, GG 1 (Fn. 90), Art. 20 Rn. 156; *B. Pieroth*, Das Demokratieprinzip des Grundgesetzes, in: JuS 2010, S. 473 (477); *M. Sachs*, in: ders. (Hrsg.), Grundgesetz-Kommentar, 8. Aufl. 2018, Art. 20 Rn. 117.

des einschlägigen Sachgebiets mitsamt Eigenheiten des streitigen Gegenstands, eine Regelung durch den Gesetzgeber notwendig erscheint. Für diese Beurteilung sind wiederum die „tragenden Prinzipien des Grundgesetzes" und so – neben Art. 20 Abs. 1 bis 3 GG – insbesondere die Grundrechte als verfassungsrechtliche Leitlinien heranzuziehen. Je wesentlicher eine Angelegenheit für den Bürger und die Allgemeinheit ist, bzw. je mehr diese dazu taugt, die Grundrechte des Bürgers auszuhöhlen, desto eher ist der Gesetzgeber gefragt[423]. Damit betrifft die Wesentlichkeitstheorie jede Beschränkung des effektiven Schutzbereichs eines Grundrechts[424]. Ebenso ist maßgeblich der Gesetzgeber gefragt, wenn es um die Verwirklichung der – noch zu diskutierenden – Schutzpflichten der Grundrechte geht[425]. Hintergrund der Adressierung des Parlaments bei solch grundrechtssensiblen Fragestellungen ist, dass dieses im Wege des demokraktischen Gesetzgebungsprozesses eine ausgewogene Begründung, hinreichende Transparenz sowie eine Beteiligung gegenläufiger Stimmen, wie beispielsweise Betroffener oder der Opposition, garantieren kann[426].

Angesichts der Unbestimmtheit des Kriteriums der Wesentlichkeit ist jedoch Kritik gegenüber einer vermeintlich ausufernden Parlamentsbefugnis laut geworden[427]. Diesbezüglich lässt das Bundesverfassungsgericht allein die politische Umstrittenheit eines Regelungsgegenstands nicht ausreichen, um grundrechtssensible Materien in Abgrenzung zu den anderen Staatsgewalten grundsätzlich an den Gesetzgeber zu übertragen[428]. Dem gegenüber hat es – wie zuvor erwähnt – jedoch auch regelmäßig die besondere Rolle des Parlaments im Rahmen der demoraktischen Gewaltenteilung hervorgehoben[429].

Jedenfalls kann die geäußerte Kritik nicht entkräften, dass es dem Gesetzgeber im Sinne einer *Befugnis* überlassen werden sollte, solche Sachverhalte, die vielfältige Grundrechtswerte einer Mehrzahl an Personen betreffen und auf keiner hinreichender Tatsachengrundlage fundieren, im Wege einer parlamentarischen Norm grundrechtskonform zu regulieren.

---

423 BVerfGE 40, 237 (248 ff.); 49, 89 (127); 95, 267 (307 f.); 98, 218 (251); 136, 69 (114); 139, 19 (45); *Dreier* (Fn. 422), Art. 20 (Rechtstaat), Rn. 113; *Jarass* (Fn. 95), Art. 20 Rn. 71; *Kotzur* (Fn. 422), Art. 20 Rn. 157; *Huber* (Fn. 422), Art. 19 Rn. 110.

424 *Huber* (Fn. 422), Art. 19 Rn. 112.

425 So obliegt es der Legislative zu entscheiden, inwiefern sie den Schutzpflichten auch im Privatrechtsverkehr Geltung verschaffen will und dies insbesondere, wenn dabei Grundrechte Dritter verletzt werden; siehe BVerfGE 39, 1 (44); *Bauwens*, Paralleljustiz (Fn. 4), S. 157; *J. Isensee*, Abwehrrecht und Schutzpflicht, in: ders./P. Kirchhof (Hrsg.), Handbuch des Staatsrechts der Bundesrepublik Deutschland Bd. IX, 3. Aufl. 2011, § 191 Rn. 281 ff.; die aus Art. 3 Abs. 3 S. 2 GG erwachsenden Schutzpflichten werden in Kap. C.III.2.c). diskutiert.

426 BverfGE 95, 267 (307 f.); 85, 386 (403); *Dreier* (Fn. 422), Art. 20 (Demokratie), Rn. 117; *ders.* (Fn. 422), Art. 20 (Rechtsstaat), Rn. 114.

427 *Kotzur* (Fn. 422), Art. 20 Rn. 158; *Huber* (Fn. 422), Art. 19 Rn. 107.

428 BVerfGE 49, 89 (126).

429 BVerfGE 95, 256 (307 f.).

Der Rechtsprechung ist dagegen nur so lange – maßgeblich – die Kontrolle über die Schutzpflichten zuzubilligen, bis der Gesetzgeber zum Zwecke der Konkretisierung tätig geworden ist[430].

Bezogen auf den Fall der „Paralleljustiz" bedeutet dies, dass es – angesichts der komplexen Materie in Gestalt der vielfältig einschlägigen Verfassungswerte sowie der mangelnden empirischen Faktenlage – dem Gesetzgeber überlassen werden sollte, seine weiterreichenden Kapazitäten zur Schaffung einer hinreichend begründeten Gegenmaßnahme heranzuziehen und dagegen nicht einem Richter im Einzelfall aufzubürden.

Zur Wahrung der verfassungsrechtlichen Kompetenzverteilung bzw. unter Berücksichtigung der Wesentlichkeitstheorie, drängt sich anstatt einer Überprüfung der Judikative im Wege ausleguugngsbedürftiger Generalklauseln folglich mehr eine legislative Maßnahme auf[431]. Dies gilt insbesonders auch mit Blick auf etwaige Einschränkungen im Sinne des Diskriminierungsverbots nach Art. 3 Abs. 3 GG[432]. Eine ähnliche Wertung ist zudem mit Blick auf die noch herauszuarbeitenden Schutzpflichten des Art. 3 GG zu erwarten.

(2) Zwischenergebnis

Insbesondere angesichts der schützenswerten Privatautonomie kann von keiner mittelbaren Drittwirkung des Art. 3 Abs. 2 S. 1, Abs. 3 S. 1 GG ausgegangen werden. Dies ist der Fall, da die durch die Rechtsprechung nachvollziehbar ausdefinierten Ausnahmekriterien für besondere Gefährdungslagen mangels eines Staat-Bürger ähnlichen Verhältnisses vorliegend nicht gegeben sind.

In diesem Zuge ist ohnehin problematisch, dass der Privatautonomie wie auch der Religionsfreiheit ebenso grundrechtlicher Schutz zukommt. Insofern unterliegen etwaige (zivilrechtliche) Gegenmaßnahmen besonderen verfassungsrechtlichen bzw. kompetenzrechtlichen Anforderungen zur Rechtfertigung, die sich nicht schlicht unter Berufung auf die unbestimmte mittelbare Drittwirkung der Grundrechte vermeiden lassen[433]. Demnach kann den einschlägigen verfassungsrechtlichen Gütern im Sinne der verfassungsrechtlichen Kompetenzverteilung nur im Wege eines hinreichend bestimmten und demokratisch legitimierten Mittels Rechnung getragen werden[434], auf die eine mittelbare Drittwirkung des Art. 3 Abs. 2, 3 S. 1 GG keinerlei Rückschlüsse zulässt. Vielmehr beschränkt sich diese auf

---

430 *K. Stern/M. Sachs*, Die objektiven Grundrechtsgehalte, in: K. Stern, Das Staatsrecht der Bundesrepublik Deutschland, Bd. III/1, 1988, S. 951.

431 Zu diesem Gedanken siehe noch *C. Smets*, Die Stadionverbotsentscheidung des BVerfG und die Umwälzung der Grundrechtssicherung auf Private, in: NVwZ 2019, S. 34.

432 *Dreier* (Fn. 422), Art. 20 (Demokratie), Rn. 118.

433 *Boysen* (Fn. 90), Art. 3 Rn. 151; anderer Ansicht sind *Baer/Markard* (Fn. 112), Art. 3 Rn. 415.

434 *Bauwens*, Paralleljustiz (Fn. 4), S. 157 f.

die Auslegung der Generalklauseln im Einzelfall und lässt keinen Anspruch auf Herstellung faktischer Gleichberechtigung im Privatrecht zu[435].

In einem nächsten Schritt gilt es Art. 3 Abs. 2 S. 2 GG als dogmatischen Anknüpfungspunkt bezüglich etwaiger staatlicher Maßnahmen mit Wirkungen für den Privatrechtsverkehr zu beleuchten.

c) Verpflichtung der *Legislative* aufgrund einer Schutzpflicht des Art. 3 Abs. 2 S. 2 GG?

Systematisch drängt sich ein Blick auf Art. 3 Abs. 2 S. 2 GG auf, da dieser schon laut Verfassungsbegründung auf eine (Schutz-)Wirkung im realen Leben zur Lösung des gesellschaftlichen Problems von mangelnder Gleichberechtigung abzielt, welche augenscheinlich bei der „religiösen Paralleljustiz“ bemerkbar ist. Eine entsprechende Legitimationsgrundlage, die Regelungen auch mit Wirkung im Privatrechtsverkehr ermöglicht, könnte daher ein aus Art. 3 Abs. 2 S. 2 GG abzuleitender staatlicher Schutzauftrag bieten.

Insofern wurde Art. 3 Abs. 2 S. 2 GG ausdrücklich als Staatsziel konzipiert, welches auf die reale Angleichung der Lebensverhältnisse von Männern und Frauen im gesellschaftlichen Umfeld zielt. Daher soll über rechtliche Bestimmungen hinaus auf eine faktische Gleichberechtigung in der realen Wirklichkeit hingearbeitet werden. Der Verfassungsbegründung ist jedoch auch zu entnehmen, dass der Staat nicht in alle Bereiche des Privatlebens einwirken dürfe bzw. müsse[436].

Daher gilt nun zu klären, wie weit der Auftrag zur Herstellung von Chancengleichheit im privatrechtlichen Umfeld, wie es bei der „Paralleljustiz“ der Fall ist, reicht. Dafür scheint ein Blick auf den objektiv-rechtlichen Gehalt des Förderungsgebots sowie konkretisierende supranationale Vorgaben zur Gleichberechtigung von Mann und Frau geboten.

aa) Schutzfunktionen der Grundrechte

Wie zuvor erörtert, können Grundrechte objektive Rechtswerte enthalten, die sich über das Verhältnis von Staat zu Bürger hinaus äußern können. Als eine Kategorie der aus den objektiven Rechtswerten erwachsenden Wirkungen, werden auch Schutzpflichten diskutiert[437]. So könnte einem etwaigen objektiv-rechtlichen Gehalt des Gleichberechtigungsgebots nach Art. 3 Abs. 2 S. 2 GG eine Schutzpflicht zugunsten diskriminierungsgefährdeter Grundrechtsträger entnommen werden.

---

[435] *Richter*, Gleichberechtigung (Fn. 89), § 126 Rn. 41; *Heun* (Fn. 87), Art. 3 Rn. 139.

[436] BT-Drs. 12/6000, S. 50.

[437] *Englisch* (Fn. 96), Art. 3 Rn. 96; *Stern/Sachs/Dietlein*, Gleichberechtigung (Fn. 87), S. 1696; teilweise wird die mittelbare Drittwirkung mitsamt den grundrechtlichen Schutzpflichten auch als *einheitliche* Schutzpflichtkategorie aufgefasst; siehe *Langenfeld* (Fn. 403), Art. 3 Abs. 3 Rn. 82;

Zunächst deutet schon die Begrifflichkeit der „objektiv-rechtlichen Gehalte“ der Grundrechte auf die staatlich garantierte Friedensordnung hin[438]. Denn der Staat beansprucht aufgrund der der Verfassung zugrunde liegenden Friedensordnung das Gewaltmonopol für sich und fordert dazu noch Gehorsamspflichten mitsamt einem Verbot privater Gewaltanwendung ein[439]. Damit zieht der Staat die Verteidigung der individuellen Rechtsgüter der Grundrechtsträger an sich, was ihn notwendigerweise dazu verpflichtet, dieser Pflicht auch tatsächlich nachzukommen. Denn nur ausreichend garantierter staatlicher Schutz kann den Umstand legitimieren, dass Private nicht eigens ihre Rechte mit Gewalt verteidigen dürfen[440]. Die staatlichen Schutzpflichten sind folglich das Resultat der zu gewährleistenden staatlichen Friedensordnung. Um die individuellen Rechtsgüter zu schützen, kann der Staat jedoch nicht bei Eingriffen haltmachen, die von nicht grundrechtsgebundenen dritten Personen ausgehen. Falls ein objektiv-rechtlicher Gehalt eines Grundrechts auf den Schutz eines verfassungsrechtlich geschützten Guts eines Grundrechtsberechtigten zielt, kann daraus eine Schutzpflicht mit materieller Rechtswirkung erwachsen, die den Staat verpflichtet, die abzusichernden Schutzgüter positiv vor Beeinträchtigungen Dritter zu bewahren[441]. Insofern ist die Legislative aufgrund des Bedarfs der Konkretisierung der aus den Grundrechten abzuleitenden unbestimmten Schutzpflichten sogar die primäre Anlaufstelle[442].

Bevor eine etwaig aus Art. 3 Abs. 2 S. 2 GG zu entnehmende Schutzpflicht diskutiert wird, gilt es jedoch einen Blick auf die einflussreichen supranationalen Vorgaben zu werfen, da diese die Auslegung des Gleichheitsgebots beeinflussen könnten.

bb) Maßgaben des Unionsrechts für das Gleichberechtigungsgebot im Privatrecht

Über die zuvor benannten grundrechtsdogmatischen Ansätze hinaus setzt insbesondere das Unionsrecht[443] im Wege weitreichender Antidiskriminierungsregelungen mitsamt zugehöriger Rechtsprechung verbindliche Maßstäbe gegenüber den Mitgliedstaaten[444].

ähnlich auch *Canaris* Ansatz zur Geltung der Grundrechte im Privatrechtsverkehr; siehe Kap. C.III.2.b).bb).(1).

438 *E. Klein*, Grundrechtliche Schutzpflicht des Staates, in: NJW 1989, S. 1633 (1635 f.); *Stern/Sachs* (Fn. 430), S. 931.

439 Für weitergehende Ausführungen zum Gewaltmonopol siehe *U. Di Fabio*, Sicherheit in Freiheit, in: NJW 2008, S. 421 (421 ff.); *H.-J. Becker*, Das Gewaltmonopol des Staates und die Sicherheit des Bürgers – Der Ewige Landfriede – vor 500 Jahren, in: NJW 1995, S. 2077 (2077 ff.).

440 *Klein*, Schutzpflicht (Fn. 440), S. 1636.

441 *Guckelberger*, Drittwirkung (Fn. 245), S. 1156; *Isensee*, Abwehrrecht (Fn. 425), § 191 Rn. 281; *Klein*, Schutzpflicht (Fn. 440), S. 1636; *Stern/Sachs* (Fn. 430), S. 951 f.

442 *Stern/Sachs* (Fn. 430), S. 951.

443 Einen Überblick hinsichtlich des Antidiskriminierungsrechts der Union gibt *T. Löbinger*, Entwicklung, Stand und Perspektiven des europäischen Antidiskriminierungsrechts, 2015.

444 *Boysen* (Fn. 90), Art. 3 Rn. 157; *Heun* (Fn. 87), Art. 3 Rn. 9; *Nußberger* (Fn. 98), Art. 3 Rn. 268; *Richter*, Gleichberechtigung (Fn. 89), § 126 Rn. 45.

(1) Charta der Grundrechte der Europäischen Union (GRCh)

So findet sich ein Verbot geschlechtsspezifischer Diskriminierungen mitsamt einem Gleichstellungsgebot in Art. 21 Abs. 1 sowie Art. 23 der Charta der Grundrechte der Europäischen Union (im Folgenden kurz: GRCh). Dabei verbietet Art. 21 Abs. 1 GRCh Diskriminierungen insbesondere wegen des Geschlechts und Art. 23 Abs. 1 GRCh verpflichtet die Mitgliedstaaten die Gleichheit „in allen Bereichen" sicherzustellen. Nach Absatz 2 stehen Förderungsmaßnahmen für das unterrepräsentierte Geschlecht dem Grundsatz der Gleichheit ausdrücklich nicht entgegen[445].

(2) Vertrag über die Arbeitsweise der Europäischen Union (AEUV)

Über die grundrechtliche Verankerung hinaus statuiert noch das vertragliche europäische Primärrecht in Form des Art. 8 Vertrag über die Arbeitsweise der Europäischen Union (im Folgenden kurz: AEUV), dass die Union vollumfänglich auf die Beseitigung von Ungleichheiten sowie die Gleichstellung der Geschlechter hinwirken soll, was auf das sog. Gender-Mainstreaming hindeutet[446].

Zudem ist insbesondere noch Art. 19 AEUV ein wesentliches Element der primärrechtlichen Europäischen Diskriminierungsverbote. So ist die Union nach Art. 19 Abs. 1 AEUV dazu befugt, im Rahmen ihrer Zuständigkeiten geeignete Vorkehrungen zu treffen, um Diskriminierungen (unter anderem) aufgrund des Geschlechts zu bekämpfen[447].

Mit Blick auf eine etwaige privatrechtliche Wirkung ist noch entscheidend, dass die Union nach Art. 19 Abs. 2 AEUV auch Fördermaßnahmen zum Abbau entsprechender Diskriminierung treffen darf. Auf Grundlage dieser Vorschrift sind auch die sekundärrechtlichen Richtlinien 2000/43/EG sowie 2000/78/EG entstanden[448]. Diese Richtlinien kreieren ein gemeinsames Konzept, wonach ausdrücklich über das Verhältnis von Bürger und Staat hinaus auch im Privatrechtsverkehr Antidiskriminierung etabliert werden soll[449]. Im Rahmen

---

[445] *Boysen* (Fn. 90), Art. 3 Rn. 157; *A. Weber*, in: K. Stern/M. Sachs (Hrsg.), Kommentar zur Europäische Grundrechte-Charta, 2016, GRCh, Art. 23 Rn. 25 ff.

[446] *Boysen* (Fn. 90), Art. 3 Rn. 158; der Ansatz des Gender-Mainstreaming wurde bereits 1996 durch die Kommission in das Recht der (damaligen) Europäischen Gemeinschaft eingeführt und zielt seither auf eine „Einbindung der Chancengleichheit in sämtliche politischen Konzepte und Maßnahmen der Gemeinschaft"; siehe KOM(96) 67 endg.; dazu weitergehend *N. Fuhrmann*, Geschlechterpolitik in Europa: Supranationale Gestaltungsimpulse und mitgliedstaatliche Systemtraditionen, in: U. Tömmel/C. Kambas/P. Bauer (Hrsg.), Die EU – eine politische Gemeinschaft im Werden, 2002, S. 95 (95 ff.).

[447] *Boysen* (Fn. 90), Art. 3 Rn. 148, 157; *A. Epiney*, in: C. Calliess/M. Ruffert (Hrsg.), Kommentar EUV/AEUV, 5. Aufl. 2016, AEUV, Art. 19 Rn. 4 ff.

[448] *Boysen* (Fn. 90), Art. 3 Rn. 148; *Heun* (Fn. 87), Art. 3 Rn. 13; *Nußberger* (Fn. 98), Art. 3 Rn. 75.

[449] *Boysen* (Fn. 90), Art. 3 Rn. 149; *Heun* (Fn. 87), Art. 3 Rn. 13; *Nußberger* (Fn. 98), Art. 3 Rn. 75.

dieses Konzepts soll damit neben der unmittelbaren auch die mittelbare Diskriminierung mitsamt von Belästigungen[450] abgebaut werden[451].

(3) Zwischenergebnis

Zusammenfassend geben schon die unionsrechtlichen Diskriminierungs- sowie Gleichstellungsgebote vor, dass ein weitreichender und damit gegen (mittelbare) Diskriminierung wirkender Schutz etabliert werden soll, der auch den Privatrechtsverkehr einbezieht.

cc) Weitergehende Auslegung der Schutzpflicht des Art. 3 Abs. 2 S. 2 GG

Aufgrund der eindeutigen Verankerung des Staatsauftrags in Art. 3 Abs. 2 S. 2 GG, nach dem aktiv für die Etablierung der Gleichberechtigung auch in der gesellschaftlichen Realität hingewirkt werden soll, sowie eines vergleichsweise fehlenden Merkmals in Art. 3 Abs. 3 GG, kann zunächst gefolgert werden, das sich zumindest der Inhalt des Art. 3 Abs. 2 S. 1, Abs. 3 S. 1 GG auf ein Diskriminierungsverbot gegen den Staat reduziert und keine weitergehende objektiv-rechtliche Schutzpflicht begründet[452].

Da der in Art. 3 Abs. 2 S. 2 GG enthaltende Staatsauftrag – vor dem Hintergrund supranationaler Vorgaben – dafür Sorge tragen soll, dass Diskriminierungen aufgrund des Geschlechts auch im gesellschaftlichen Umfeld bekämpft werden, erfordert er notwendigerweise auch Schutz vor entsprechenden Übergriffen von dritten Privatrechtssubjekten[453]. Korrespondierend hat das Bundesverfassungsgericht schon entsprechende Schutzpflichten zum Zwecke der tatsächlichen Durchsetzung der Gleichberechtigung aufgrund des Art. 3 Abs. 2 GG a.F. anerkannt[454], die im Wege der Ergänzung um Art. 3 Abs. 2 S. 2 GG nun eine materielle Bestätigung erfahren haben[455].

Zu klären gilt insofern, wie die Schutzpflicht für den Privatrechtsverkehr – insbesondere mit Blick auf die schützenswerte Privatautonomie – Form annehmen kann.

---

450 Art. 2 Abs. 3 RL 2000/78/EG definiert „Belästigungen", ähnlich zu Art. 2 Abs. 3 RL 2000/43/EG, als „Unerwünschte Verhaltensweisen, die mit einem der Gründe nach Artikel 1 in Zusammenhang stehen und bezwecken oder bewirken, dass die Würde der betreffenden Person verletzt und ein von Einschüchterungen, Anfeindungen, Erniedrigungen, Entwürdigungen oder Beleidigungen gekennzeichnetes Umfeld geschaffen wird".

451 *Boysen* (Fn. 90), Art. 3 Rn. 149; *R. Nickel*, Handlungsaufträge zur Bekämpfung von ethnischen Diskriminierungen in der neuen Gleichbehandlungsrichtlinie 2000/43/EG, in: NJW 2001, S. 2668 (2670); *Nußberger* (Fn. 98), Art. 3 Rn. 75.

452 *Uerpmann-Wittzack*, Freiheit (Fn. 385), S. 365 f.; dazu kritisch *Boysen* (Fn. 90), Art. 3 Rn. 49, 137, 146.

453 *v. Achenbach* (Fn. 90), Art. 3 II, III Rn. 28 f.; *Bauwens*, Paralleljustiz (Fn. 4), S. 145 f.; *Sachs*, Gleichheitsgarantien (Fn. 114), § 182 Rn. 144.

454 BVerfGE 88, 203 (260); 89, 276 (286).

455 *Baer/Markard* (Fn. 112), Art. 3 Rn. 366; *Boysen* (Fn. 90), Art. 3 Rn. 262; *Englisch* (Fn. 96), Art. 3 Rn. 122; *Heun* (Fn. 87), Art. 3 Rn. 115; *Richter*, Gleichberechtigung (Fn. 89), § 126 Rn. 45; *Sachs*, Gleichheitsgarantien (Fn. 114), § 182 Rn. 147.

(1) Auswirkung der Schutzpflicht auf den Privatrechtsverkehr

In Summe sind heute Schutzpflichten aufgrund des Art. 3 Abs. 2 S. 2 GG anzuerkennen, nach denen der Staat dafür Sorge zu tragen hat, dass diskriminierende Unterscheidungen wegen des Geschlechts auch im Privatrechtsverkehr unterbunden werden. Damit wird dem Gedanken Rechnung getragen, dass sich das Gleichbehandlungsgebot aufgrund der besonderen Gefährdungslagen durch strukturelle Diskriminierungen[456] auch auf die soziale Wirklichkeit erstrecken soll[457].

Nachfolgend gilt es zu erläutern, inwiefern die Legislative diesem Gebot entgegen der Privatautonomie Geltung verschaffen kann.

(2) Reduktion auf eine legislative Verpflichtung unter Ausschluss von sog. Egalität

Zunächst kann – wie festgestellt – den objektiv-rechtlichen Schutzpflichten kein individualrechtlicher Anspruch auf Gleichberechtigung entnommen werden[458]. Begründet wird aufgrund des starken Gemeinwohlbelangs insbesondere eine Legitimation zum Erlass von Regelungen, die zur Förderung und Unterstützung der tatsächlichen Gleichberechtigung auf die Beseitigung rollentypischer Gefahrenquellen zielen[459].

Dieser – auch als programmatischer Inhalt – verstandene Auftrag darf jedoch nicht in einer Forcierung von sog. Egalität münden, da dies dem Ziel des als Chancengleichheit verstandenen Begriffs von Gleichberechtigung widersprechen würde[460]. Andernfalls würden auf diesem Wege nicht nur Nachteile beseitigt, sondern zugleich unbillige Stereotype geschaffen werden[461]. Damit kann der programmatische Gehalt *nicht* als „kollektiv-rechtliche[r] Auftrag zugunsten der Gruppen der Frauen" verstanden werden[462].

---

456 *Baer/Markard* (Fn. 112), Art. 3 Rn. 368; *Richter*, Gleichberechtigung (Fn. 89), § 126 Rn. 8 f.

457 *v. Achenbach* (Fn. 90), Art. 3 II, III Rn. 27 ff.; *Englisch* (Fn. 96), Art. 3 Rn. 122; *Heun* (Fn. 87), Art. 3 Rn. 115; *Nußberger* (Fn. 98), Art. 3 Rn. 261; *Richter*, Gleichberechtigung (Fn. 89), § 126 Rn. 41, 45; *Sachs*, Gleichheitsgarantien (Fn. 114), § 182 Rn. 144; *Stern/Sachs/Dietlein*, Gleichberechtigung (Fn. 87), S. 1697 ff.; *Thiele* (Fn. 301), Art. 3 I Rn. 82.

458 *Richter*, Gleichberechtigung (Fn. 89), § 126 Rn. 45.

459 *Baer/Markard* (Fn. 112), Art. 3 Rn. 373; *Englisch* (Fn. 96), Art. 3 Rn. 96; *Heun* (Fn. 87), Art. 3 Rn. 105; *Langenfeld* (Fn. 108), Art. 3 Abs. 2 Rn. 126; *Nußberger* (Fn. 98), Art. 3 Rn. 261; *Sachs*, Gleichheitsgarantien (Fn. 114), § 182 Rn. 144; *Stern/Sachs/Dietlein*, Gleichberechtigung (Fn. 87), S. 1698 ff.

460 *Sachs*, Gleichheitsgarantien (Fn. 114), § 182 Rn. 147; *Stern/Sachs/Dietlein*, Gleichberechtigung (Fn. 87), S. 1700 f.

461 *Baer/Markard* (Fn. 112), Art. 3 Rn. 374.

462 *Sachs*, Gleichheitsgarantien (Fn. 114), § 182 Rn. 147; *Stern/Sachs/Dietlein*, Gleichberechtigung (Fn. 87), S. 1700.

(3) Vergleich der Kritik am Allgemeinen Gleichbehandlungsgesetz (AGG)

Mit Blick auf die Kritik einer zu weitreichenden Einschränkung der Privatautonomie im Wege solcher legislativen Förderungsmaßnahmen[463] kann beispielsweise auf die Umsetzung des Allgemeinen Gleichbehandlungsgesetzes (im Folgenden kurz: AGG) hingewiesen werden.

Dieses wurde auch als Reaktion auf die benannten unionsrechtlichen Diskriminierungsrichtlinien verabschiedet und zielt auf ein umfassendes privatrechtliches Verbot von Benachteiligungen – unter anderem – wegen des Geschlechts auf den Gebieten der Erwerbstätigkeit, der Berufsausbildung, der Bildung sowie hinsichtlich des Zugangs zur Versorgung von öffentlich zugänglichen Gütern und Dienstleistungen[464]. Aufgrund dieser umfassenden Verbotswirkung im Privatrechtsverkehr wurde daher schon hinsichtlich des AGG angeführt, dass entsprechende Initiativen auch nicht durch Art. 3 Abs. 2 S. 2 GG zu rechtfertigen seien[465].

Unterstützung könnte diese Kritik auch in der Verfassungsbegründung finden, wonach eine Neufassung von Art. 3 Abs. 2 GG mit dem Wortlaut „Frauen und Männer sind gleichberechtigt. Der Staat gewährleistet die Gleichstellung der Frauen in allen gesellschaftlichen Bereichen“, sowie „Zum Ausgleich bestehender Ungleichheiten sind Maßnahmen zur Förderung von Frauen zulässig“ als zu weitreichend abgelehnt wurde, da der Staat unmöglich „in alle Bereiche einwirken dürfe oder gar müsse“[466].

(4) Annahme weitreichender Einschränkungen der Privatautonomie

Gegen die zuvor benannte Kritik ist jedoch anzuführen, dass eine legislative Maßnahme bei punktuell identifizierten gesellschaftlichen Missständen mit dem Wortlaut der Verfassungsbegründung in einen Einklang zu bringen ist. Weiterhin spricht auch der unionsrechtliche Rahmen, nach dem ausdrücklich Einfluss auf die gesellschaftliche Realität mitsamt dem Privatrechtsverkehr genommen werden soll, für weitreichende Einschränkungen der Privatautonomie in besonderen Gefährdungslagen. Wie festgestellt ist Frauendiskriminierung auch vornehmlich in der gesellschaftlichen Realität zu finden, weshalb es geboten erscheint, gesetzgeberische Maßnahmen auch auf diesen Bereich zu erstrecken.

Aufgrund der aus Art. 3 Abs. 2 S. 2 GG erwachsenden Schutzpflichten kann also ein Auftrag zu legislatorischen Maßnahmen hergeleitet werden, die zum Schutze vor Geschlechterdiskriminierung bzw. zur Förderung des Abbaus entsprechender gesellschaftlicher Strukturen auch weitreichende Einschränkungen im Privatrechtsverkehr ermöglichen. Dazu sei

---

463 *Richter*, Gleichberechtigung (Fn. 89), § 126 Rn. 41.

464 *v. Achenbach* (Fn. 90), Art. 3 II, III Rn. 37; *Boysen* (Fn. 90), Art. 3 Rn. 150; *Heun* (Fn. 87), Art. 3 Rn. 13; *Nußberger* (Fn. 98), Art. 3 Rn. 75.

465 Diese Vorbehalte sind insbesondere im Rahmen der Diskussion um das AGG laut geworden; siehe *Baer/Markard* (Fn. 112), Art. 3 Rn. 364 m.w.N.

466 BT-Drs. 12/6000, S. 50.

noch erwähnt, dass dem Gesetzgeber zwar großer Spielraum bei der Ausgestaltung dieses legislativen Auftrags zukommt, er aufgrund des sog. Untermaßverbots jedoch nicht untätig bleiben oder diesem gar zuwiderhandeln darf[467].

Entscheidend ist noch, dass aufgrund entsprechender Gesetzgebung, die auf Art. 3 Abs. 2 S. 2 GG zurückgeführt werden kann, auch insbesondere gegenläufige Grundrechte von entsprechenden „Diskriminierungstätern" eingeschränkt werden können[468]. Damit ist ein Gesetz, das aufgrund des Art. 3 Abs. 2 S. 2 GG ergeht, insbesondere im Sinne der verfassungsrechtlichen Kompetenzverteilung bzw. dem Vorbehalt des Gesetzes[469] dazu tauglich, beispielsweise die Religionsfreiheit des Art. 4 Abs. 1, 2 GG im Wege der praktischen Konkordanz einzuschränken.

dd) Zwischenergebnis

Damit eine Schutzpflicht aufgrund des Art. 3 Abs. 2 S. 2 GG greift, nach der eine Gesetzesinitiative zur Förderung von Gleichberechtigung in der gesellschaftlichen Realität ergehen kann, muss bei „religiöser Paralleljustiz" ein Mangel an Gleichberechtigung der Geschlechter erkennbar sein. Wie festgestellt, wird diese als Chancengleichheit verstanden, die jedoch nicht mit Egalität gleichgesetzt werden darf.

An dieser Stelle ist in Erinnerung zu rufen, dass bei der „Paralleljustiz" die Gefahr besteht, dass Frauen zur Unterwerfung genötigt und bei der Verhandlung gar nicht erst einbezogen werden sowie sich letztlich sogar Zwang zur Durchsetzung der ergangenen Vereinbarung ausgesetzt sehen.

Für eine weitergehende Subsumtion unter den Begriff der Chancengleichheit ist erneut die Privatautonomie ins Auge zu fassen. So gilt, dass die „Paralleljustiz" unter dem Deckmantel der Vertragsfreiheit Gestalt annimmt, weshalb Diskriminierung dort beginnt, wo Frauen der gleichberechtigende Zugang zu grundsätzlich autonomen Entscheidungen beim Abschluss sowie der Ausgestaltung privatrechtlicher Verträge verweigert wird. Dies betrifft sowohl den prozessualen Umstand, dass Frauen nicht das gleiche Stimmrecht während der Verhandlung zukommt, als auch die im Anschluss ergehende Sachentscheidung, die diesen Mangel an Waffengleichheit letztlich widerspiegelt. Als Maßstab für diese Grenzen der Privatautonomie dienen insbesondere die Generalklauseln des Zivilrechts. So endet die Vertragsfreiheit in jedem Fall, wenn unmittelbarer Zwang i.S.v. § 138 Abs. 2 Var. 1 BGB zulasten von Frauen angewandt wird oder gar ein Verbotsgesetz nach § 134 BGB aufgrund

---

[467] BVerfGE 88, 203 (254 ff.); siehe dazu m.w.N. *v. Achenbach* (Fn. 90), Art. 3 II, III Rn. 28, 61.

[468] *Langenfeld* (Fn. 108), Art. 3 Abs. 2 Rn. 126; *M. Sachs*, Diskriminierungsverbote im Spannungsfeld zu Freiheitsrechten, in: E. Klein/C. Menke (Hrsg.), Universalität – Schutzmechanismen – Diskriminierungsverbote, 2008, S. 350 f.; *Stern/Sachs/Dietlein* (Fn. 87), Gleichberechtigung, S. 1697, 1700 f. m.w.N.

[469] Siehe dazu Kap. D.II.2.a).

der Vereinbarung verletzt wird. Darüber hinaus sind jedoch auch unterschwellige Drucksituationen i.S.v. § 138 Abs. 1 BGB denkbar, die einen schwer zu ermittelnden mittelbaren Zwang bzw. Diskriminierung begründen können. Insbesondere bei offensichtlich nachteiligen partnerschaftlichen Vereinbarungen im Rahmen einer islamischen Ehe, die dazu unter Vermeidung einer Zivilehe ergehen, kann als Maßstab für Fragen von Diskriminierung die Rechtsprechung des Bundesgerichtshofs zu der Sittenwidrigkeit von Eheverträgen herangezogen werden. Danach ist von Sittenwidrigkeit auszugehen, wenn bei der „Paralleljustiz" eine Imparität der jeweiligen Abbedingung, eine unterlegene Verhandlungsposition der benachteiligten Partei sowie eine verwerfliche Gesinnung der begünstigten Partei (regelmäßig) beobachtet wird. Dabei können diese Kriterien insbesondere bei der Ausnutzung einer Zwangslange, einer sozialen oder wirtschaftlichen Abhängigkeit oder einer intellektuellen Unterlegenheit indiziert sein[470]. All dies scheint jedenfalls dann gegeben, wenn sich die Frauen zwangsläufig den patriarchalischen Strukturen unterordnen müssen und dazu bewusst Bildungsdefiziten in Form von mangelnder Ausbildung oder sprachlichen Kompetenzen ausgesetzt werden.

Darüber hinaus könnten noch weitere tatsächliche Faktoren in einer Gesamtschau für mittelbare Diskriminierungen und somit für einen Mangel an Gleichberechtigung sorgen. So ist ein solch „frauenfeindliches Klima"[471] zumindest ein Indiz für die Annahme von mittelbarer Diskriminierung und damit einem Mangel an Gleichberechtigung. In diesem Rahmen sind insbesondere die patriarchalischen Strukturen, das Frauenbild nach der klassisch islamischen Vorstellung (von Ehe), sowie die zahlreichen im Raum stehenden Straftaten zulasten von Frauen als Begleiterscheinung der „Paralleljustiz" ins Auge zu fassen. Hierzu sollte Berücksichtigung finden, dass der neugefasste Art. 3 Abs. 2 S. 2 GG eindeutig als Reaktion auf die – nach wie vor – in der deutschen Gesellschaft bestehenden patriarchalischen Strukturen verfasst wurde. Ein neuerlicher Import solcher Gesellschaftsbilder durch Menschen aus dem muslimischen Kulturkreis ähnelt diesen mehr als zunächst denkbar und kann allein aufgrund einer gewissen Neuartigkeit oder abweichenden Kernbevölkerungsgruppe auch nicht vom Anwendungsbereich ausgeschlossen werden.

In Summe kann damit bei der „Paralleljustiz" ein Mangel an Chancengleichheit i.S.v. Gleichberechtigung angenommen werden, der eine Schutzpflicht des Art. 3 Abs. 2 S. 2 GG auslöst und somit grundsätzlich den Gesetzgeber anhält, im Rahmen seines umfassenden Gestaltungsspielraums Fördermaßnahmen zu erlassen. Wie diese ausgestaltet werden sollen, ist noch unter Berücksichtigung des Diskriminierungsverbots des Art. 3 Abs. 3 S. 1 GG sowie der Prüfung der praktischen Konkordanzprüfung im Rahmen von Art. 4 Abs. 1, 2 GG zu erörtern. An dieser Stelle bedarf es jedoch erneut des Hinweises, dass die empirisch ermittelte Faktenlage nicht ausreicht, um pauschale Aussagen zu tätigen. Nachfolgend wird

---

470 Siehe Kap. C.II.2.c).aa).

471 *Richter*, Gleichberechtigung (Fn. 89), § 126 Rn. 80 m.w.N.

daher nur *hypothetisch* davon ausgegangen, dass Frauendiskriminierung in der zuvor dargestellten Form eine regelmäßige Erscheinung bei der Ausübung von „Paralleljustiz" ist.

d) Ermächtigung der *Exekutive* aufgrund von Art. 3 GG?

Zuletzt sind noch Eingriffsmöglichkeiten der Exekutive zur Durchsetzung der Gleichberechtigung in Fällen von „Paralleljustiz" anzudenken. Mangels einer derzeit ersichtlichen speziellen Ermächtigungsgrundlage drängt sich insbesondere ein Vorgehen auf Grundlage der ordnungsbehördlichen Generalklausel mit Verknüpfung zu in Art. 3 GG enthaltenen Rechtswerten auf[472].

In Summe kann jedoch insbesondere aufgrund der alleinigen Grundrechtsbindung des Staates i.S.v. Art. 1 Abs. 3 GG sowie der verfassungsrechtlich vorgeschriebenen Kompetenzverteilung zum Einschreiten gegenüber Diskriminierungen im Privatrechtsverkehr zugunsten der Legislative und Judikative von keiner solchen Eingriffsbefugnis ausgegangen werden. Insofern ist insbesondere kein Tätigwerden der Exekutive aufgrund aufgrund einer Subsumtion der Gleicheitssätze unter das Teilschutzgut der Unverletzlichkeit der öffentlichen Sicherheit oder aufgrund der Schutzpflichten aus Art. 3 GG angezeigt[473].

aa) Keine Ermächtigung aufgrund der ordnungsbehördlichen Generalklausel

Einleitend ermächtigen die Generalklauseln die (Polizei- und) Ordnungsbehörden zum Einschreiten bei bestehenden Gefahren für die öffentliche Sicherheit und Ordnung[474]. Von der hier vermeintlich einschlägigen *öffentlichen Sicherheit* wird die „Unversehrtheit von Leben, Gesundheit, Freiheit, Ehre und Vermögen des Einzelnen sowie der Bestand und das Funktionieren des Staates und seiner Einrichtung" erfasst[475]. Insoweit ist es zumindest denkbar, dass ein Mangel an Gleichberechtigung von Frauen bei „Paralleljustiz" nach Art. 3 GG unter einen der öffensichtlichen Sicherheit unterfallendes Teilrechtsgut zu subsumieren und bei unterstellter Gefahr für dieses Gut die Ordnungsbehörden zum Einschreiten zu ermächtigten sind.

(1) Keine Verletzung der objektiven Rechtsordnung

Zunächst bietet sich eine Subsumtion eines Rechtswerts aus Art. 3 GG unter das Teilschutzgut der *objektiven Rechtsordung* im Rahmen der öffensichtlichen Sicherheit an[476].

---

[472] Für umfangreiche Ausführungen zu diesem Gedanken siehe *Bauwens*, Paralleljustiz (Fn. 4), S. 152.

[473] *Bauwens*, Paralleljustiz (Fn. 4), S. 152 ff.

[474] *T. Kingreen/R. Poscher*, Polizei- und Ordnungsrecht mit Versammlungsrecht, 10. Aufl. 2018, § 7 Rn. 1; *W.-R. Schenke*, Polizei- und Ordnungsrecht, 11. Aufl. 2021, § 3 II 4 Rn. 54 f.

[475] *Kingreen/Poscher*, Ordnungsrecht (Fn. 474), § 7 Rn. 2; *M. Möller/G. Warg*, Allgemeines Polizei- und Ordnungsrecht, 6. Aufl. 2012, Rn. 78; *Schenke*, Ordnungsrecht (Fn. 474), § 3 II 4 Rn. 56.

[476] *Bauwens*, Paralleljustiz (Fn. 4), S. 152.

Grundsätzlich erfasst die öffentliche Sicherheit zwar auch den Schutz von Grundrechten[477] in Form öffentlichrechtlicher Normen mit unmittelbar verbindlichem Charakter. Jedoch kann schon keine „Gefahr“ bzw. Verletzung des Art. 3 Abs. 2 GG seitens der an „Paralleljustiz“ beteiligten Männer angenommen werden. Dies ist der Fall, da die Grundrechte – wie erörtert[478] – nur Träger öffentlicher Gewalt nach Art. 1 Abs. 3 GG unmittelbar binden und private Rechtsträger insofern die Grundrechte nicht verletzten können[479].

Eine entsprechende Verletzung seitens Privater könnte höchstens aufgrund einer Drittwirkung des Art. 3 GG hergeleitet werden. Jedoch wäre selbst bei einer in diesem Rahmen ohnehin abzulehnenden mittelbaren Drittwirkung des Art. 3 GG zu berücksichtigen, dass eine vermeintliche Verletzung der enthaltenen Rechtswerte betreffend die Gleichberechtigung erst im Wege auslegungsbedürftiger zivilrechtlicher Generalklauseln Gestalt annimmt. Insofern werden viel mehr allein die zivilrechtlichen Klauseln unmittelbar verletzt[480]. Daraus ist zu folgern, dass der entsprechende Schutz letztlich über das Zivilrecht herzustellen ist, so dass der Grundsatz der Subsidiarität ordungsbehördlichen Handelns einschlägig ist[481]. Weiterhin wäre eine unmittelbare Verletzung der öffentlichen Sicherheit durch Private nur bei der Annahme einer unmittelbaren Drittwirkung des Art. 3 Abs. 2 GG anzunehmen, was jedoch ebenso ablehnungswürdig ist[482].

(2) Keine Verletzung von Individualrechtsgütern

Weiterhin sind die Gleicheitssätze nach Art. 3 GG auch auch nicht als – gegenüber der Rechtsodnung subsidiäres[483] – „Individualrecht“ als Schutzgut der öffentlichen Sicherheit zu qualifizieren.

Denn nach heutiger Aufassung werden die Grundrechte zwar im Allgemeinen diesem Individualschutz zugerechnet und zwar insbesondere solche, die ihrer Konzeption nach maßgeblich auf den Schutz vor Beeinrächtigungen Dritter abzielen[484]. Von einer entsprechenden Einordnung der Gleichheitssätze ist jedoch insofern abzusehen, als diese *grundsätzlich* nur im Rahmen der vertraglichen Beziehungen durch mittelbare Drittwirkung zum Tragen

---

477 Siehe nur § 1 Abs. 2 BWPolG.

478 Siehe Kap. Kap. C.III.2.b).aa).(2).

479 *Bauwens*, Paralleljustiz (Fn. 4), S. 153 f.; *Kingreen/Poscher*, Ordnungsrecht (Fn. 474), § 7 Rn. 15; *Schenke*, Ordnungsrecht (Fn. 474), § 3 II 4 Rn. 63.

480 *Bauwens*, Paralleljustiz (Fn. 4), S. 153; *Schenke*, Ordnungsrecht (Fn. 474), § 3 II 4 Rn. 63.

481 *Möller/Warg*, Ordnungsrecht (Fn. 475), Rn. 81; *Schenke*, Ordnungsrecht (Fn. 474), § 3 II 4 Rn. 63.

482 Eine solche unmittelbare Drittwirkung ist beispielsweise hinsichtlich der menschlichen Würde nach Art. 1 GG anerkannt; siehe dazu *Bauwens*, Paralleljustiz (Fn. 4), S. 153; *Schenke*, Ordnungsrecht (Fn. 474), § 3 II 4 Rn. 63.

483 *Kingreen/Poscher*, Ordnungsrecht (Fn. 474), § 7 Rn. 20.

484 *Bauwens*, Paralleljustiz (Fn. 4), S. 163; *D. Kugelmann*, Polizei- und Ordnungsrecht, 2. Aufl. 2012, 5. Kap. Rn. 59; *Möller/Warg*, Ordnungsrecht (Fn. 475), Rn. 80, 89.

kommen können. Demnach gilt auch diesbezüglich, dass für die Ahndung entsprechender Verstöße speziell die Zivilgerichte und nicht die Exekutive zuständig sind[485].

Eine Ausnahme ist nach den Privatrechtsklauseln des Ordnungsrechts nur anzunehmen, soweit gerichtlicher Schutz nicht rechtzeitig erlangt werden kann und, wenn ohne ordnungsbehördliches Einschreiten die Verwirkung des Rechts erwartet werden muss[486]. Nicht ausgeschlossen wäre zudem die gleichzeitige Verletzung von Tatbeständen des Straf- oder Ordnungswidrigkeitsrechts[487].

Gerade hinsichtlich der bei „Paralleljustiuz" vermittelten Sachentscheidungen ist die Anrufung eines Zivilgerichts jedoch zumindest *theoretisch* jederzeit möglich[488]. Insofern wird an dieser Stelle erneut das Problem der verfassungsrechtlichen Kompetenzverteilung deutlich, nach der primär die Zivilgerichte, und nicht die Exekutive zur Auflösung von Konflikten mit Bezug zur Drittwirkung des Art. 3 GG zuständig sind. Dass eine solche Wirkung im Rahmen der bei „Paralleljustiz" verhandelten Sachentscheidungen ablehnungswürdig ist, vermag der grundsätzlichen Kompetenzverteilung nichts entgegenzusetzen.

bb) Keine Ermächtigung aufgrund der Schutzpflicht des Art. 3 Abs. 2 S. 2 GG

Über die bereits bejahte legislative Befugnis zum Erlass von Reglungen aufgrund des Schutzauftrags zur Herstellung von Gleichberechtigung[489] hinaus, könnte dieser ebenso die Exekutive zum Eingriff gegenüber dritten Privatrechtsträger berechtigen[490].

Letztlich muss die Herleitung einer Ermächtigungsgrundlage zur Durchsetzung der Gleichberechtigung aus der ordnungsrechtlichen Generalklausel in Verbindung mit dem Schutzauftrag aus Art. 3 Abs. 2 S. 2 GG jedoch ebenso abgelehnt werden. Dies gilt selbst unter

---

[485] *Schenke*, Ordnungsrecht (Fn. 474), § 3 II 4 Rn. 57.

[486] *Bauwens*, Paralleljustiz (Fn. 4), S. 164; *Möller/Warg*, Ordnungsrecht (Fn. 475), Rn. 81.

[487] *Bauwens*, Paralleljustiz (Fn. 4), S. 164; *Möller/Warg*, Ordnungsrecht (Fn. 475), Rn. 81.

[488] *Bauwens*, Paralleljustiz (Fn. 4), S. 164.

[489] Siehe Kap. C.III.2.c).aa).

[490] *Bauwens*, Paralleljustiz (Fn. 4), S. 154.

der Einbeziehung der Wertungen des Gentechnik-Urteils des Hessischen Verwaltungsgerichtshofs[491] sowie des Schleyer-Urteils des Bundesverfassungsgerichts[492], wonach Eingriffsbefugnisse zumindest zum Schutze von Leben und körperlicher Unversehrtheit i.S.v. Art. 2 Abs. 2 GG *hypothetisch* herleitbar sind[493].

Dem gegenüber verstößt die Ableitung einer unmittelbaren Eigriffsbefugnis aus grundrechtlichen Schutzpflichten maßgeblich gegen die verfassungsrechtliche Kompetenzverteilung. Und zwar insofern, als eine solche Eingriffsbefugnis faktisch zu einer nach Art. 1 Abs. 3 GG ablehnungswürdigen Drittwirkung der Grundrechte führen sowie den Vorbehalt des Gesetzes umgehen würde, nach dem grundsätzlich die Legislative die Kollision zwischen Grundrechtswerten von Privaten zu regeln hat[494]. Wie zuvor besprochen[495] gilt, dass wesentliche grundrechtseinschneidende Maßnahmen einer gesetzlichen Ermächtigung bedürfen. Entsprechend soll insbesondere die ausführende Gewalt nicht willkürlich zu verfassungsrechtlich bedenklichen Mitteln greifen können, sondern nur aufgrund einer dem Gesetzgeber vorbehaltenen Normengrundlage handeln dürfen, da dieser im Gegensatz vorrangig durch die Bürger im Wege von Wahlen legitimiert ist[496]. Insofern hat die Rechtsprechung etwaige Verpflichtungen der Exekutive zum Einschreiten gegenüber störenden Privatpersonen aufgrund der Grundrechte überwiegend nur im Wege der Auslegung bereits vorhandener Ermächtigungsgrundlagen angenommen[497].

Dabei gelten die vorstehenden Wertungen insbesondere hinsichtlich Art. 3 Abs. 2 (S. 2) GG. Dies ist der Fall, da der Vertragsfreiheit im Rahmen der Privatautonomie nach

---

[491] VGH Kassel JZ 1990, 88 (91); aus dem Urteil lässt sich schließen, dass im Falle des Fehlens eines die Schutzpflicht aus Art. 2 Abs. 2 GG konkretisierenden Gesetzes ausnahmsweise entgegen der grundsätzlichen Kompetenzzuteilung zu dem Gesetzgeber, die grundrechtlichen Freiheiten Dritter ohne Ermächtigungsgrundlage eingeschränkt werden könnten; siehe *Bauwens*, Paralleljustiz (Fn. 4), S. 153.

[492] BVerfGE 46, 160 (165); hier lehnte das Bundsverfassungsgericht im Zuge einer zu überprüfenden einstweiligen Anordnung gegen die Bundesregierung sowie betroffener Landesregierungen zum Zwecke der Freilassung von inhaftierten RAF-Mitgliedern wegen des gewünschten Austauschs des entführten Arbeitgeberpräsidents *Martin Schleyers* ab. Eine entsprechende Eingriffsbefugnis der Judikative bzw. Exekutive aus Art. 2 Abs. 2 S. 1 GG wurde jedoch insofern anerkannt, als diese nur aufgrund des Untermaßverbots abgelehnt wurde. Insofern könne staatlichen Organen keine konkrete Entscheidungsform vorgeschrieben werden; siehe dazu *Bauwens*, Paralleljustiz (Fn. 4), S. 156.

[493] *Bauwens*, Paralleljustiz (Fn. 4), S. 155.

[494] *Bauwens*, Paralleljustiz (Fn. 4), S. 157; *G. Krings*, Grund und Grenzen grundrechtlicher Schutzansprüche: Die subjektiv-rechtliche Rekonstruktion der grundrechtlichen Schutzpflichten und ihre Auswirkung auf die verfassungsrechtliche Fundierung des Verbrauchervertragsrechts, 2003, S. 284 f.; *Isensee,* Abwehrrecht (Fn. 425), § 191 Rn. 281.

[495] Siehe Kap. C.III.2.b).cc).(1).

[496] BverfGE 47, 46, (78 ff.); *Isensee,* Abwehrrecht (Fn. 425), § 191 Rn. 281; *B. Pieroth*, Das Demokratieprinzip des Grundgesetzes, in: JuS 2010, S. 473 (477); *H. Schulze-Fielitz*, in: Dreier, GG II (Fn. 424), Art. 20 (Rechtsstaat), Rn. 113 ff.

[497] *Bauwens*, Paralleljustiz (Fn. 4), S. 157; *Stern/Sachs* (Fn. 430), S. 944 m.w.N.

Art. 2 Abs. 1 GG besonderer Schutz zukommt, dessen Anforderungen insbesondere nicht im Wege etwaiger Exekutivhandlungen entwertet werden dürfen[498].

Zusammenfassend fällt, wie schon im Rahmen der Diskussion um etwaige mittelbare Drittwirkungen von Art. 3 GG angedeutet, die Ausgestaltung grundrechtlicher Schutzpflichten – und dies insbesondere bei Kollision diverser Verfassungswerte – maßgeblich dem Gesetzgeber zu[499].

cc) Zwischenergebnis

In Summe gebietet Art. 3 GG keine auf den Gegenstand der „Paralleljustiz" zugeschnittenene Einschränkungen seitens der Exekutive.

Daher kann festgehalten werden, dass unter Berücksichtigung der verfassungsrechtlichen Kompetenzverteilung im Sinne der Wesentlichkeitstheorie bzw. dem Vorbehalt des Gesetzes maßgeblich dem Gesetzgeber die Berechtigung zuteilwird, wegen Diskriminierungserfahren von Frauen bei „Paralleljustiz" auf den Privatrechtsverkehr[500] zuzugreifen. Dem gegenüber ist die Exekutive erst anzurufen, wenn eine solch ein zum Einschreiten berechtigtenende Ermächtigungsgrundlage im Wege eines demokratisch legitimierenden, parlamentarischen Verfahrens geschaffen worden ist. Etwaige Denkansätze zur Umgehung dieser Kompetenzverteilung sind zum Schutze der Privatautonomie insbesondere aufgrund der Gleichheitssätze abzulehnen.

IV. Ausblick

Es hat sich gezeigt, dass den Diskriminerungenserfahrungen von Frauen im Rahmen der durch „Paralleljustiz" erzielten Sachentscheidungen aufgrund des Wesentlichkeitsgebots maßgeblich im Wege einer legislativen Maßnahme begegnet werden sollte.

Fraglich ist weiterhin, ob entsprechende gesetzgeberische Schritte nicht ihrerseits gegen die in Art. 3 Abs. 3 S. 1 GG enthaltenen Diskriminierungsverbote, insbesondere wegen der Religion und Herkunft, verstoßen könnten. Mit Blick auf eine etwaige Kompromissentscheidung gilt es daher in einem nächsten Schritt die entsprechenden Grenzen der Diskriminierungsverbote des Art. 3 Abs. 3 S. 1 GG zu untersuchen.

---

[498] *Bauwens*, Paralleljustiz (Fn. 4), S. 158 f.

[499] Ebda., S. 158 f.

[500] Wie es beispielsweise bei dem AGG der Fall ist.

D. Beschränkung „religiöser Paralleljustiz" als verbotene Diskriminierung nach Art. 3 Abs. 3 S. 1 GG?

Insbesondere eine parlamentarisch verabschiedete Norm, die für eine Einschränkung der „Paralleljustiz" herangezogen wird, könnte je nach Ausgestaltung, ihrerseits gegen die absoluten Diskriminierungsverbote des Art. 3 Abs. 1 GG verstoßen. Diese Annahme drängt sich auf, da neben dem Geschlecht auch das Merkmal der Herkunft sowie der Religion von Art. 3 Abs. 3 S. 1 GG vor Diskriminierung geschützt werden und eine einschränkende Norm zumindest mittelbar Nachteile für die jeweiligen Merkmalsträger begründen könnte.

Zunächst muss aufgrund eines augenscheinlich mehrfachen Bezugs zu den Diskriminierungstatbeständen des Art. 3 Abs. 3 S. 1 GG deren Verhältnis untereinander aufgelöst werden. In einem nächsten Schritt werden sodann die einzelnen Diskriminierungstatbestände mitsamt ihren Anforderungen für eine etwaige Rechtfertigung geprüft.

I. Mehrfachdiskriminierungen nach Art. 3 Abs. 3 GG

Einleitend gilt, dass eine *Mehrzahl an Diskriminierungen* im Sinne der verpönten Merkmale des Art. 3 Abs. 3 S. 1 GG denkbar sind. So könnten im Rahmen der „Paralleljustiz" die Merkmale des Geschlechts, der Herkunft sowie des Glaubens und der religiösen Anschauung gleichsam betroffen sein.

Dabei gelten die in Art. 3 Abs. 3 GG benannten Merkmale aufgrund des Umstandes, dass diese den Menschen ab der Geburt zukommen bzw. zugeschrieben werden oder gar biologisch bedingt sind, als grundsätzlich unveränderlich. Da Menschen jedoch von Grund auf *jedes* dieser Merkmale in einer persönlichen Ausprägung vorweisen, kann niemand auf nur eines reduziert werden. Beispielsweise ist kein Mensch ausschließlich „Frau oder Mann, Atheistin oder Moslem"[501], sondern stets mehrfach sozial betroffen. Aufgrund dieser Vermengung können sich diese Merkmale sowohl kumulieren als auch überschneiden[502]. Falls eine Regelung nun mehrere dieser Merkmale betrifft, so wird auch von einer sog. Mehrfachdiskriminierung gesprochen[503]. Entscheidend ist, wie schon § 4 AGG[504] aufzeigt, dass solche Mehrfachdiskriminierungen einer Rechtfertigung hinsichtlich *jedes* der betroffenen

---

501 *Baer/Markard* (Fn. 112), Art. 3 Rn. 442.

502 *v. Achenbach* (Fn. 90), Art. 3 II, III, Rn. 67; *Boysen* (Fn. 90), Art. 3 Rn. 173; *Baer/Markard* (Fn. 112), Art. 3 Rn. 442.

503 *Baer/Markard* (Fn. 112), Art. 3 Rn. 443; *Boysen* (Fn. 90), Art. 3 Rn. 154; *K. Stern/M. Sachs/J. Dietlein*, Die sonstigen besonderen Gleichheitssätze, in: Stern, StaatsR IV/2 (Fn. 87), S. 1806.

504 „Erfolgt eine unterschiedliche Behandlung wegen mehrerer der in § 1 genannten Gründe, so kann diese unterschiedliche Behandlung nach den §§ 8 bis 10 und 20 nur gerechtfertigt werden, wenn sich die Rechtfertigung auf *alle* diese Gründe erstreckt, derentwegen die unterschiedliche Behandlung erfolgt." § 4 AGG.

Merkmale erforderlich machen[505]. Entsprechend hat auch das Bundesverfassungsgericht in seiner zweiten Kopftuchentscheidung (neben einer Verletzung der Religionsfreiheit) das Verbot einer Diskriminierung wegen der Religion *sowie* wegen des Geschlechts i.S.v. Art. 3 Abs. 3 S. 1 GG geprüft[506].

Zusammenfassend sind die nachfolgend darzustellenden besonderen Gleichheitssätze grundsätzlich nebeneinander anwendbar, da eine nach mehreren verpönten Kriterien differenzierende Behandlung notwendig auch mehreren Gleichheitsnormen entsprechen muss[507].

II. Systematik und Reichweite der absoluten Diskriminierungsverbote des Art. 3 Abs. 1 S. 1 GG

Fraglich ist nun, welche Merkmale tatsächlich bei einer Einschränkung „Paralleljustiz" betroffen sein könnten und inwiefern eine grundsätzlich angenommene Diskriminierung wegen eines Merkmals einer Rechtfertigung zugänglich ist.

Die in Art. 3 Abs. 3 S. 1 GG aufgelisteten verpönten Merkmale fanden insbesondere aufgrund der negativen Erfahrungen während der Zeit des Nationalsozialismus Einzug als grundrechtliche Gleichheitssätze, da man eine Wiederholung der damals zu beobachtenden Benachteiligung von Minderheiten, und dies insbesondere von Menschen mit jüdischer Identität, in Zukunft verhindern wollte[508]. Aufgrund dieser Historie sowie einer engen Verknüpfung mit der Menschenwürde dienen die Diskriminierungsverbote vornehmlich dem Schutze von Minderheiten, indem ein grundsätzliches Verbot der Anknüpfung an die grundsätzlich veränderlichen Merkmale statuiert wird[509]. Der Schutzzweck der Vermeidung von entsprechender Stigmatisierung knüpft dabei daran an, ob jemand aufgrund seines persönlichen Merkmals Nachteile erleidet bzw. Abwertung erfährt. Im selben Zuge soll auch der Individualität verfassungsrechtlicher Raum verschafft werden. Eine Typisierung soll jedoch weiterhin grundsätzlich möglich bleiben[510], weshalb die Verbote insbesondere auf Rege-

---

[505] *Baer/Markard* (Fn. 112), Art. 3 Rn. 444.

[506] BverfGE 138, 296 (347, 353 f.).

[507] *Heun* (Fn. 87), Art. 3 Rn. 117.

[508] *Jarass* (Fn. 95), Art. 3 Rn. 131; weitergehend zum geschichtlichen Kontext siehe *Stern/Sachs/Dietlein*, Gleichheitssätze (Fn. 503), S. 1707 ff.

[509] *Baer/Markard* (Fn. 112), Art. 3 Rn. 439; *Jarass* (Fn. 95), Art. 3 Rn. 131.

[510] Dies meint, dass auf neutrale Begleitmerkmale abgestellt werden kann, die zwar regelmäßig, aber nicht ausschließlich bei den jeweiligen Merkmalsträgern gegeben sind; siehe dazu *Langenfeld* (Fn. 403), Art. 3 Abs. 3 Rn. 35; inwiefern solch ein Typisierung dennoch als mittelbare Diskriminierung aufgefasst werden kann, wird im nachfolgenden Kapitel erörtert.

lungen zielen, die kategorische Stereotype schaffen und damit zu Diskriminierung führen[511]. Weiter gilt, dass die in Abs. 3 S. 1 benannten Merkmale seit Inkrafttreten der Regelung unverändert geblieben sind und abschließend dahingehend verstanden werden, dass sie keinen Analogieschluss zulassen[512]. Dogmatisch kommen den Diskriminierungsverboten neben einer objektiv rechtlichen Werteentscheidung insbesondere ein subjektives Abwehrrecht des jeweiligen Merkmalsträgers zu[513]. Festgestellt werden kann eine verbotene Differenzierung in Form einer Benachteiligung oder Bevorzugung anhand eines Vergleichs der Lage der Betroffenen mit derjenigen Nichtbetroffener[514].

In einem nächsten Schritt gilt es nun zu prüfen, inwiefern eine Regelung hinsichtlich der „religiösen Paralleljustiz" auch etwaige Rücksicht auf mittelbare Wertungen hinsichtlich Diskriminierungen aufgrund der in Art. 3 Abs. 3 S. 1 GG genannten Merkmale nehmen müsste.

1. Mittelbare Diskriminierungen im Rahmen des Art. 3 Abs. 3 S. 1 GG

Abseits des zuvor breit dargestellten Verbots der geschlechtsspezifischen Diskriminierungen haben die speziellen Diskriminierungsverbote des Art. 3 Abs. 3 S. 1 GG bisher ein „Schattendasein" geführt[515].

Dies kann insbesondere auf den Umstand zurückgeführt werden, dass die Regelung dem Wortlaut nach auf *unmittelbare* (kausale) Anknüpfungsverbote abzielt[516], wie beispielsweise die Anknüpfung an eine Schwangerschaft, die ausschließlich das Merkmal des weiblichen Geschlechts betreffen kann[517].

Dagegen stellen jedoch mittelbare bzw. verdeckte Diskriminierungen, die nicht direkt an ein Merkmal des Abs. 3 anknüpfen, sondern an vermeintlich neutrale Begleitmerkmale, die

---

511 *Baer/Markard* (Fn. 112), Art. 3 Rn. 441; *Boysen* (Fn. 90), Art. 3 Rn. 173.

512 *Baer/Markard* (Fn. 112), Art. 3 Rn. 437; *Langenfeld* (Fn. 403), Art. 3 Abs. 3 Rn. 41; *Stern/Sachs/Dietlein*, Gleichheitssätze (Fn. 503), S. 1724 ff.

513 *Baer/Markard* (Fn. 112), Art. 3 Rn. 405; *Englisch* (Fn. 96), Art. 3 Rn. 108 f.; *Jarass* (Fn. 95), Art. 3 Rn. 131; *Stern/Sachs/Dietlein*, Gleichheitssätze (Fn. 503), S. 1725.

514 *Heun* (Fn. 87), Art. 3 Abs. 3 Rn. 119.

515 BVerfGE 63, 266 (303); *Langenfeld* (Fn. 403), Art. 3 Abs. 3 Rn. 40.

516 *Jarass* (Fn. 95), Art. 3 Rn. 136; *Heun* (Fn. 87), Art. 3 Rn. 120 ff.

517 *Langenfeld* (Fn. 403), Art. 3 Abs. 3 Rn. 34.

so auf subtile Art und Weise dennoch zu einer Benachteiligung der jeweiligen Merkmalsträger führen[518], den *Regelfall* von Diskriminierung dar[519]. Letztere sind häufig gesellschaftlich bedingt und liegen daher im sog. faktischen Bereich, weshalb auch das Synonym der „faktischen Diskriminierung" gebraucht werden kann[520].

Die Besonderheit der Rechtsfigur der mittelbaren Diskriminierung liegt damit in der Einbeziehung vermeintlich neutral formulierter Regelungen, die nicht unmittelbar an ein besonders geschütztes Diskriminierungsmerkmal anknüpfen, sondern die betroffenen Gruppen im Wege eines Merkmals differenzieren, welches grundsätzlich auf die Angehörigen beider Vergleichsgruppen verweisen kann, tatsächlich jedoch nur nachteilige Auswirkungen für eine Gruppe bereithält[521]. Sinn und Zweck ist damit faktische Gleichheit herzustellen, indem solch mittelbare Diskriminierung dem Schutz der besonderen Diskriminierungsverbote unterzogen wird[522].

Anzuerkennen ist die Figur der mittelbaren Diskriminierung – wie oben festgestellt – zumindest hinsichtlich geschlechtsspezifischer Diskriminierungen, was insbesondere auf Anhaltspunkte im nachträglich ergänzten zweiten Absatz des Art. 3 GG zurückzuführen ist[523].

a) Erneute Subsidiarität des allgemeinen Gleichheitssatzes nach Art. 3 Abs. 1 GG

Da die übrigen Merkmale des Absatz 3 Satz 1 jedoch keine entsprechenden Anhaltspunkte bieten und auch der Rechtsprechung des Bundesverfassungsgerichts keine einheitliche

---

518 *v. Achenbach* (Fn. 90), Art. 3 II, III, Rn. 42 ff.; *Boysen* (Fn. 90), Art. 3 Rn. 143; *Englisch* (Fn. 96), Art. 3 Rn. 85; *Langenfeld* (Fn. 403), Art. 3 Abs. 3 Rn. 37; *S. R. Laskowski*, Der Streit um das Kopftuchverbot geht weiter – Warum das Diskriminierungsverbot wegen der Religion nach nationalem und europäischen Recht immer bedeutsamer wird, in: KJ 2003, S. 420 (426); *Richter*, Gleichberechtigung (Fn. 89), § 126 Rn. 71.

519 *Baer/Markard* (Fn. 112), Art. 3 Rn. 410; *Boysen* (Fn. 90), Art. 3 Rn. 143; beispielsweise könnte eine nicht erteilte Erlaubnis zum Schächten trotz neutraler Formulierung der Regelung vergleichsweise vornehmlich Muslime betreffen und daher als mittelbare Diskriminierung für diese Gruppe an Merkmalsträgern verstanden werden; siehe dazu *F. Wittreck*, Religionsfreiheit als Rationalisierungsverbot. Anmerkungen aus Anlaß der Schächtentscheidung des Bundesverfassungsgerichts, in: Der Staat 42 (2003), S. 519 (533 f.).

520 Dabei muss diese faktische Diskriminierung jedoch dem Staat zurechenbar sein; siehe *Richter*, Gleichberechtigung (Fn. 89), § 126 Rn. 71.

521 *Englisch* (Fn. 96), Art. 3 Rn. 85; *A. Peters/D. König*, in: O. Dörr/R. Grote/T. Marauhn (Hrsg.), EMRK/GG Konkordanzkommentar, 2. Aufl. 2013, Kap. 21 Rn. 76; dazu beispielhaft *Wittreck*, Religionsfreiheit (Fn. 519), S. 533 f.

522 *Peters/König* (Fn. 521), Kap. 21 Rn. 77.

523 Entsprechend begründete das Bundesverfassungsgericht, dass im Wege der Ergänzung von Art. 3 Abs. 2 um den zweiten Satz deutlich geworden wäre, dass sich das Gleichberechtigungsgebot auf die gesellschaftliche Wirklichkeit erstrecke und damit auch faktische Diskriminierung erfasst sei; siehe BVerfGE 113, 1 (15); 126, 29 (53); siehe weitergehend *v. Achenbach* (Fn. 90), Art. 3 II, III Rn. 41, 49; *Boysen* (Fn. 90), Art. 3 Rn. 144; *Englisch* (Fn. 96), Art. 3 Rn. 86 ff.; *Heun* (Fn. 87), Art. 3 Rn. 125; *Peters/König* (Fn. 521), Kap. 21 Rn. 79.

Dogmatik entnommen werden kann[524], ist es umstritten, ob die mittelbaren Diskriminierungen auch von Art. 3 Abs. 3 S. 1 GG erfasst werden, oder nicht eher dogmatisch im Lichte von Art. 3 Abs. 1 GG, also dem allgemeinen Gleichheitssatz, zu beurteilen wären[525].

So könnte Art. 3 Abs. 1 GG als eine Art Auffangtatbestand für Rechtsfolgen verstanden werden, die nicht direkt an ein verpöntes Merkmal anknüpfen und damit auch nicht unmittelbar vom Wortlaut des Abs. 3 erfasst werden. Wenn eine Regelung jedoch an Merkmale anknüpft, die den besonderen Diskriminierungsverboten nahekommt, so könnte eine besondere Rechtfertigung aufgrund der Willkürformel nach Abs. 1 in Betracht kommen[526]. Nach neueren Interpretationen[527] dieser Formel müsste im Rahmen einer Verhältnismäßigkeitsprüfung schon grundsätzlich ein hinreichender, sachlicher Grund herangezogen werden, der angesichts des Grades der Beeinträchtigung noch eine Rechtfertigung zu ermöglichen vermag[528]. Aufgrund einer engen Verknüpfung mit den verpönten Diskriminierungsmerkmalen wären jedoch verschärfte Anforderungen an die sachlichen Gründe zu stellen[529]. Zusammenfassend müsste nach dieser Ansicht eine mittelbare Diskriminierung mit engem Bezug zu einem der in Abs. 3 S. 1 benannten Merkmale aufgrund stark ausgeprägter sachlicher Gründe hinreichend begründet werden. Für solch eine Auslegung sprechen insbesondere Abgrenzungsschwierigkeiten bei der Kategorisierung von Diskriminierungen im Rahmen der klar formulierten Merkmale des Abs. 3 S. 1 und eine damit verknüpfte Ausuferungsgefahr von besonderen Diskriminierungen[530]. Zudem kann darauf abgestellt werden, dass der Schutzzweck ausdrücklich nur die geschichtlich besonders diskriminierungsgefährdeten Kernelemente der persönlichen Gleichheit im Recht betreffen würden, weshalb sich die Diskriminierungsverbote auch auf diese Merkmale reduzieren[531].

Eine andere Auslegung könnte sich zunächst unter der Berücksichtigung supranationaler Vorgaben aufdrängen.

---

524 Das Bundesverfassungsgericht hat zwar inzwischen ausdrücklich „neutrale“ Vorschriften als Gegenstand des Art. 3 Abs. 3 GG anerkannt, jedoch bleiben die Maßstäbe an die Rechtfertigung solch mittelbarer Diskriminierung nach wie vor offen; siehe BVerfGE 160, 79 (48 ff.); für eine Einordnung dieser Rechtsprechung siehe *v. Achenbach* (Fn. 90), Art. 3 II, III Rn. 39.

525 *Boysen* (Fn. 90), Art. 3 Rn. 144 f.; *Langenfeld* (Fn. 403), Art. 3 Abs. 3 Rn. 37; *Laskowski*, Streit (Fn. 518), S. 426; *Nußberger* (Fn. 98), Art. 3 Rn. 255 f.; *Peters/König* (Fn. 521), Kap. 21 Rn. 79.

526 Dafür argumentieren *Langenfeld* (Fn. 403), Art. 3 Abs. 3 Rn. 27 f.; *Sachs*, Gleichheitsgarantien (Fn. 114), § 182 Rn. 29, 77; *Stern/Sachs/Dietlein*, Gleichheitssätze (Fn. 503), S. 1758 ff.

527 Siehe die sog. neueste Formel: BVerfGE 88, 87 (96 f.) sowie die sog. stufenlose Formel: BVerfGE 129, 49 (49).

528 Zu einer Auslegung des Willkürverbots im Sinne einer Verhältnismäßigkeitsprüfung siehe *Heun* (Fn. 87), Art. 3 Rn. 26 ff.; *Jarass* (Fn. 95), Art. 3 Rn. 20 ff.

529 *Baer/Markard* (Fn. 112), Art. 3 Rn. 438; *Langenfeld* (Fn. 403), Art. 3 Abs. 3 Rn. 38; *Nußberger* (Fn. 98), Art. 3 Rn. 256; *Stern/Sachs/Dietlein*, Gleichheitssätze (Fn. 503), S. 1759.

530 *Boysen* (Fn. 90), Art. 3 Rn. 144; *Langenfeld* (Fn. 403), Art. 3 Abs. 3 Rn. 38.

531 *Laskowski*, Streit (Fn. 518), S. 426.

b) Supranationale Vorgaben hinsichtlich der zu erfassenden Diskriminierung

Aufgrund der Erkenntnis, dass mittelbare Diskriminierungen den Regelfall von Diskriminierungen bilden, sieht auch das supranationale Recht eine entsprechende Einbeziehung in den verfassungsrechtlichen Schutz vor[532]. Die in den Richtlinien der Europäischen Union sowie dem AEUV enthaltenen Diskriminierungsverbote ergänzen insoweit den Schutzbereich des Art. 3 GG[533].

aa) EU-Richtlinien

Hinsichtlich der unionsrechtlichen Vorgaben ist neben Art. 19 AEUV insbesondere auf die Richtlinien 2000/78/EG (sog. Rahmenrichtlinie) sowie 2000/43/EG (sog. Anti-Rassismusrichtlinie) Bezug zu nehmen.

Beide orientieren sich an der durch die Richtlinie 2002/73/EG geänderten Gleichbehandlungsrichtlinie 76/207/EWG unter Berücksichtigung der jeweiligen Rechtsprechung des Europäischen Gerichtshofs und beinhalten weitreichende Diskriminierungsverbote zur Konkretisierung des Art. 21 GRCh[534]. Dabei sieht schon Art. 1 RL 2000/78/EG vor, dass ein allgemeiner Rahmen „zur Bekämpfung der Diskriminierung wegen der Religion oder der Weltanschauung, einer Behinderung, des Alters oder der sexuellen Ausrichtung in Beschäftigung und Beruf im Hinblick auf die Verwirklichung des Grundsatzes der Gleichbehandlung in den Mitgliedstaaten“[535] geschaffen werden soll. Weiter erfasst der in der Richtlinie verwendete Begriff von Diskriminierung nach der Legaldefinition in Art. 2 auch ausdrücklich „*mittelbare* Diskriminierung wegen eines der in Art. 1 genannten Gründe“[536]. Solch mittelbare Diskriminierungen sollen weiter vorliegen, „wenn dem Anschein nach *neutrale Vorschriften*, Kriterien oder Verfahren Personen […] benachteiligen können“[537]. Zwar kann die Richtlinie 2000/78/EG im Rahmen der „Paralleljustiz“ keine unmittelbare Anwendung finden, da sich der Schutzweck laut Art. 1 RL 2000/78/EG ausschließlich auf Diskriminierungen in den Bereichen von „Beschäftigung und Beruf“ reduziert. Jedoch kann den enthaltenen Regelungen mitsamt der nachfolgend darzustellen Anti-Rassismus-Richtlinie ein einheitliches Konzept gegen mittelbare Diskriminierung entnommen werden, was

---

532 *Boysen* (Fn. 90), Art. 3 Rn. 143; *Englisch* (Fn. 96), Art. 3 Rn. 89; *Langenfeld* (Fn. 403), Art. 3 Abs. 3 Rn. 40; *Laskowski*, Streit (Fn. 518), S. 428.

533 Zu dem Verhältnis zwischen dem Unionsrecht und den nationalen Diskrimienierungsverboten nach Art. 3 GG siehe *v. Achenbach* (Fn. 90), Art. 3 II, III Rn. 17; *Englisch* (Fn. 96), Art. 3 Rn. 89.

534 *K. Koch/A. Nguyen*, Schutz vor mittelbarer Diskriminierung – Gleiches Recht für alle?, in: EuR 2010, S. 364 (369, 372); *Laskowski*, Streit (Fn. 518), S. 439.

535 Art. 1 RL 2000/78/EG.

536 Art. 2 b) RL 2000/78/EG.

537 *S. Korioth*, in: G. Dürig/R. Herzog/R. Scholz (Hrsg.), Grundgesetz-Kommentar, Art. 136 WRV (2003), Rn. 19; *A. Seifert*, Arbeitsrecht, in: R. Schulze/A. Janssen/S. Kadelbach (Hrsg.), Europarecht. Handbuch für die deutsche Rechtspraxis, 4. Aufl. 2020, S. 2693, 2710.

zumindest mittelbare Wertungen hinsichtlich der religiösen „Paralleljustiz" ermöglichen sollte. Entsprechende Reglungen sind daher auch der Richtlinie 2000/43/EG „zur Anwendung des Gleichbehandlungsgrundsatzes ohne Unterschied der Rasse oder der ethnischen Herkunft"[538] zu entnehmen, welche unter anderem das Merkmal der Herkunft ins Auge fasst. So bezweckt die Richtlinie nach Art. 1 RL 2000/43/EG, „die Schaffung eines Rahmens zur Bekämpfung der Diskriminierung aufgrund [...] der ethnischen Herkunft"[539] und sieht zudem eine gleichlautende Definition mittelbarer Diskriminierung in Art. 2 Abs. 2 b) RL 2000/43/EG vor, welche auch scheinbar neutrale Vorschriften miteinschließt.

Danach kann geschlussfolgert werden, dass zumindest vermeintlich neutrale Vorschriften, die Grundrechtsberechtigte mittelbar aufgrund ihres Merkmals betreffen, als verpönte Ungleichbehandlung gelten können. Dazu gilt, dass für eine Feststellung einer divergierenden und dadurch nachteiligen Behandlung einer Gruppe aufgrund einer vermeintlich neutralen Norm Vergleichsgruppen gebildet werden müssen[540].

bb) Europäische Konvention zum Schutze der Menschenrechte und Grundfreiheiten (EMRK)

Bei der Auslegung des Art. 3 Abs. 3 S. 1 GG ist dazu noch die Europäische Konvention zum Schutze der Menschenrechte und Grundfreiheiten (im Folgenden kurz: EMRK) zu berücksichtigen[541]. Zwar kommt ihr nur der Rang eines einfachen Bundesgesetzes zu, jedoch ist sie unter Berücksichtigung der jeweiligen Rechtsprechung des Europäischen Gerichtshofs für Menschenrechte, als „Auslegungshilfe für die Bestimmung von Inhalt und Reichweite von Grundrechten und rechtsstaatlichen Grundsätzen des Grundgesetzes"[542] seitens des Bundesverfassungsgerichts zu beachten[543]. Erwägungen zu vergleichender Diskriminierung sind dabei vor allem Art. 14 EMRK zu entnehmen[544]. Nach diesem werden die in der Konvention anerkannten Rechte und Freiheiten ohne „Diskriminierung insbesondere wegen des Geschlechts, der Rasse, der Hautfarbe, der Sprache, der Religion, der politischen

---

538 Im Gegensatz zu der Richtlinie 2000/78/EG schließt der Anwendungsbereich neben dem beruflichen Umfeld auch den sozialen Schutz, die Hebung des Lebensstandards und der Lebensqualität, den sozialen Zusammenhalt sowie die Solidarität mit ein; siehe Art. 3 e) sowie EWG 9 der RL 2000/43/EG.

539 Art. 1 RL 2000/43/EG.

540 *Englisch* (Fn. 96), Art. 3 Rn. 192; *Laskowski*, Streit (Fn. 520), S. 439 f.; zur Problematik der Erhebung von Daten hinsichtlich der verpönten Merkmale zur Feststellung von Diskriminierung siehe *V. Chege*, EU-Antidiskriminierungsrichtlinien und EU-Gleichstellungsrecht: Praktische Erfahrungen bei Fällen mehrdimensionaler Diskriminierung, in: NJ 2012, S. 503 (506 ff.).

541 Weitergehend ist auch schon bei der Auslegung des Art. 19 AEUV die Rechtsprechung zu Art. 14 EMRK zu berücksichtigten; siehe *Epiney* (Fn. 447), Art. 19 Rn. 4; kritisch dazu *Langenfeld* (Fn. 403), Art. 3 Abs. 3 Rn. 39.

542 BverfGE 74, 358 (370); 83, 119 (128).

543 *Laskowski*, Streit (Fn. 518), S. 428; *Peters/König* (Fn. 521), Kap. 31 Rn. 7 f.

544 *v. Achenbach* (Fn. 90), Art. 3 II, III Rn. 13; *Englisch* (Fn. 96), Art. 3 Rn. 197; *Laskowski*, Streit (Fn. 518), S. 428.

oder sonstigen Anschauung, der nationalen oder sozialen Herkunft, der Zugehörigkeit zu einer nationalen Minderheit, des Vermögens, der Geburt oder eines sonstigen Status" gewährleistet[545].

Fraglich ist also, inwiefern die verbotene „Diskriminierung" zu deuten ist. Zunächst ist festzustellen, dass der bloße Ausdruck „Diskriminierung" zwar nicht auf Gleichheit bzw. Gleichbehandlung schließen lässt, der Europäische Gerichtshof für Menschrechte im Wege ständiger Rechtsprechung jedoch zum Ausdruck gebracht hat, dass Diskriminierung das Gegenstück von Gleichbehandlung ist und das Diskriminierungsverbot daher als „die negative Formulierung […] des Gleichbehandlungsgebots" verstanden wird[546]. Den Ausführungen des Gerichtshofs ist weiter zu entnehmen, dass dieser Gleichbehandlungsgrundsatz so zu verstehen ist, wie er sich in der Rechtsprechung einer großen Zahl demokratischer Staaten herausgeformt hat. Dies bedeutet wiederum, dass eine Regelung oder Maßnahme nur als diskriminierend zu qualifizieren ist, wenn sie hinsichtlich der Gewährleistung des Konventionsrecht zwischen Personen(-gruppen) unterscheidet und dabei kein objektiver und angemessener Rechtfertigungsrund ersichtlich bzw. kein angemessenes Verhältnis zwischen dem Mittel und dem Ziel einschlägig ist[547]. Weiter gilt, dass Art. 14 EMRK nicht jede Unterscheidung bzw. Ungleichbehandlung als Diskriminierung qualifiziert. Damit handelt es sich um kein absolutes Differenzierungsverbot, sondern zur Vermeidung einer Diskriminierung sind entsprechende Unterscheidungen nach den zuvor genannten Erwägungen rechtfertigungsbedürftig[548].

Mit Blick auf eine etwaige Erfassung von auch mittelbarer bzw. passiver Diskriminierung gilt zuletzt folgendes: Dogmatisch wird im Rahmen der EMRK zwischen aktiver und passiver Diskriminierung differenziert, wobei als aktive Diskriminierung neben der unmittelbaren, direkt an den Wortlaut des Merkmals anknüpfenden, auch mittelbare bzw. indirekte Diskriminierung erfasst wird. Dagegen wird unter passiver Diskriminierung insbesondere unterlassener (gesetzlicher) Schutz vor privater Diskriminierung – wie im Rahmen von Art. 3 Abs. 2 S. 2 GG festgestellt – verstanden[549]. Weiter ist die mittelbare von der passiven Diskriminierung zwar zu unterscheiden, jedoch gestaltet sich diese Abgrenzung regelmäßig

---

[545] Art. 14 EMRK.

[546] *Peters/König* (Fn. 521), Kap. 21 Rn. 53 m.w.N.

[547] *Englisch* (Fn. 96), Art. 3 Rn. 201; *Laskowski*, Streit (Fn. 518), S. 428; *J. Meyer-Ladewig/R. Lehner*, in: J. Meyer-Ladewig/M. Nettesheim/S. v. Raumer (Hrsg.), Handkommentar Europäische Menschenrechtskonvention, 4. Aufl. 2017, EMRK, Art. 14. Rn. 9; *Peters/König* (Fn. 521), Kap. 21 Rn. 53 f.

[548] *Englisch* (Fn. 96), Art. 3 Rn. 201; *Peters/König* (Fn. 521), Kap. 21 Rn. 51.

[549] Ebda., Kap. 21 Rn. 55.

als schwierig, da beispielsweise mangelhafter gesetzlicher Schutz vor häuslicher Gewalt faktisch überproportional Frauen betrifft[550].

cc) Zwischenergebnis

Zusammenfassend ist die Rechtsfigur der mittelbaren Diskriminierung aufgrund der supranationalen Vorgaben grundsätzlich anzuerkennen und legislative Maßnahmen daher grundsätzlich an den zuvor benannten Diskriminierungsgeboten zu messen[551]. Insofern werden nicht nur unmittelbar diskriminierend wirkenden Normen, die direkt an ein Merkmal anknüpfen, erfasst, sondern auch vermeintlich neutrale Normen, die sich aber einseitig zu Lasten eines Merkmalträgers auswirken.

c) Einbeziehung mittelbarer Diskriminierungen in den Schutzbereich des Art. 3 Abs. 3 GG

Festzuhalten ist, dass mit Vorlauf der völkerrechtlichen[552] sowie unionsrechtlicher Vorgaben mitsamt korrespondierender Rechtsprechung des Europäischen Gerichtshofs für Menschrechte[553], des Europäischen Gerichtshofs[554] sowie des Bundesarbeitsgerichts[555] inzwischen auch das Bundesverfassungsgericht grundsätzlich signalisiert hat[556], materielle bzw. faktische Wirkungen von Regelungen in der Realität und damit die Rechtsfigur der mittelbaren Diskriminierung in den Anwendungsbereich des Art. 3 Abs. 3 GG einzubeziehen[557].

Damit die besonderen Diskriminierungsverbote vollumfänglich wirken können, sollten auch solche Ungleichbehandlungen eingeschlossen werden, die Angehörige des jeweiligen Merkmals faktisch gleich betreffen, wie eine unmittelbare Anknüpfung an das jeweilige Merkmal. Nur so kann sichergestellt werden, dass auch der regelmäßige Fall einer strukturellen, sich in der Realität auswirkenden Diskriminierung, verfassungsrechtlich bekämpft werden kann[558].

---

550 Ebda., Kap. 21 Rn. 56, 58.

551 *Laskowski*, Streit (Fn. 518), S. 422.

552 Auch Art. 1 des UN-Übereinkommens zur Beseitigung jeder Form von Rassendiskriminierung (ICERD) sowie Art. 1 der UN-Frauenrechtskonvention (CEDAW) fassen mittelbare und faktische Diskriminierung als Diskriminierung im engeren Sinne auf; siehe *Baer/Markard* (Fn. 112), Art. 3 Rn. 429; *Boysen* (Fn. 90), Art. 3 Rn. 143.

553 Siehe nur EGMR NVwZ 2008, 533 (534 f.).

554 Siehe nur EuGH NJW 2008, 1649 (1652 f.).

555 BAGE 53, 161 (167); 68, 320 (325); 72, 64 (72 ff.).

556 Vergleiche dazu BverfGE 97, 35 (43 f.); 89, 276 (288 f.), 85, 191 (206); 104, 373 (393).

557 *Englisch* (Fn. 96), Art. 3 Rn. 87, 92; *Koch/Nguyen*, Schutz (Fn. 534), S. 370 f.; *Laskowski*, Streit (Fn. 518), S. 426; *Nußberger* (Fn. 98), Art. 3 Rn. 255; dazu kritisch *Langenfeld* (Fn. 403), Art. 3 Abs. 3 Rn. 37, 39.

558 *v. Achenbach* (Fn. 90), Art. 3 II, III Rn. 49; *Peters/König* (Fn. 521), Kap. 21 Rn. 77, 83.

Dabei ist zu berücksichtigen, dass es sich bei der Frage der Einbeziehung mittelbarer Diskriminierung ohnehin um ein rein dogmatisches Problem handelt. Denn auch im Rahmen der alternativen Anwendung des allgemeinen Gleichheitssatzes ist die Rechtsfigur der mittelbaren Diskriminierung anzuerkennen, weshalb es auch an dieser Stelle auf die materiellen Wirkungen von Regelungen in der Realität ankommt. Zudem wären bei der anzustellenden Verhältnismäßigkeitsprüfung aufgrund eines erkannten engen Bezuges zu den Merkmalen des Absatz 3 eine gesteigerte Anforderung an die sachlichen Gründe zur Rechtfertigung der Ungleichbehandlung zu statuieren. Aufgrund dieser grundsätzlichen Anerkennung der mittelbaren Diskriminierung im Rahmen des Art. 3 GG liegt der Gedanke nahe, materielle Wirkungen, die mittelbar auf die besonders verpönten Merkmale abzielen, auch direkt an diesen zu messen[559]. So würde dem Schutzzweck der besonderen Diskriminierungsverbote in jedem Fall auf effektive Weise Rechnung getragen[560].

Zusammenfassend erfasst Art. 3 Abs. 3 GG auch vermeintlich neutrale bzw. faktische Regelungen, die zwar nicht unmittelbar an eines der verpönten Merkmale anknüpfen, aufgrund eines engen Bezuges aber vergleichsweise ähnliche Nachteile für die Merkmalsträger begründen[561].

2. Rechtfertigung von Diskriminierung nach Art. 3 Abs. 3 S. 1 GG

Die Diskriminierungsverbote des Art. 3 Abs. 3 GG werden – wie die Religionsfreiheit nach Art. 4 Abs. 1, 2 GG – vorbehaltlos gewährleistet. Daher gilt einleitend für eine Einschränkung, dass ein Eingriff nur aufgrund kollidierenden Verfassungsrechts und weitergehend unter Berücksichtigung der sog. praktischen Konkordanz aufgelöst werden kann[562].

Darüber hinaus könnten besondere rechtsstaatliche Anforderungen an solche Maßnahmen zu stellen sein, die die „Paralleljustiz" beschränken und damit diskriminierend wirken i.S.v. Art. 3 Abs. 3. S. 1 GG.

---

559 *Nußberger* (Fn. 98), Art. 3 Rn. 256.

560 *Baer/Markard* (Fn. 112), Art. 3 Rn. 430; *Richter*, Gleichberechtigung (Fn. 89), § 126 Rn. 75.

561 Zustimmend *Baer/Markard* (Fn. 112), Art. 3 Rn. 429 ff.; *Jarass* (Fn. 95), Art. 3 Rn. 137; *Nußberger* (Fn. 98), Art. 3 Rn. 256; *Laskowski*, Streit (Fn. 518), S. 426; *Peters/König* (Fn. 521), Kap. 21 Rn. 79; *Richter*, Gleichberechtigung (Fn. 89), § 126 Rn. 75.

562 *Baer/Markard* (Fn. 112), Art. 3 Rn. 432; *Boysen* (Fn. 90), Art. 3 Rn. 132; *Englisch* (Fn. 96), Art. 3 Rn. 154 ff.; *Jarass* (Fn. 95), Art. 3 Rn. 152 f.; *Laskowski*, Streit (Fn. 520), S. 426; *Stern/Sachs/Dietlein*, Gleichberechtigung (Fn. 505), S. 1685; hinsichtlich eines vergleichbaren Ablaufs der Verhältnismäßigkeitsprüfung formulieren *Baer* und *Markard*: „Was beim Freiheitsrecht der Eingriff in den Schutzbereich ist, ist hier die Ungleichbehandlung in Bezug auf ein Merkmal" *Baer/Markard* (Fn. 112), Art. 3 Rn. 404; eine umfassende Prüfung der praktischen Konkordanz erfolgt im Rahmen der Kollision mit Art. 4 Abs. 1, 2 GG; siehe Kap. E.IV.

a) Beachtung des Gesetzesvorbehalts

Wie zuvor erläutert, folgt aus dem Rechtsstaats- sowie Demokratieprinzip i.S.v. Art. 20 Abs. 3 GG, dass wesentliche grundrechtseinschneidende Maßnahmen einer gesetzlichen Ermächtigung bedürfen. Insofern ist – wie bei einer Einschränkung der vorbehaltlos garantierten Freiheitsrechte – eine gesetzliche Grundlage notwendig, die hinreichend bestimmt und in diesem Rahmen insbesondere auf die Verwendung des verpönten Differenzierungskriteriums bezogen ist[563].

b) Weitergehende verfassungsrechtliche Anforderungen

Weiter müssten das Einzelfallgesetzverbot des Art. 19 Abs. 1 S. 1 GG[564] sowie das Zitiergebot des Art. 19 Abs. 1 S. 2 GG[565] beachtet werden[566].

Darüber hinaus kann aus der tatsächlichen Möglichkeit einer Einschränkung aufgrund der praktischen Konkordanz geschlossen werden, dass es sich bei Art. 3 Abs. 3 GG nur um ein grundsätzliches und daher um kein striktes Anknüpfungsverbot handelt[567]. Zudem gilt, dass die Prüfung der praktischen Konkordanz bei den besonderen Diskriminierungsverboten des Art. 3 Abs. 3 GG im Lichte des jeweiligen Schutzzwecks modifiziert werden kann[568]. Auch kann als verfassungsrechtlich fundiertes und legitimes Differenzierungsziel im Rahmen der Prüfung der praktischen Konkordanz insbesondere die Durchsetzung der tatsächlichen Geschlechtergleichberechtigung nach Art. 3 Abs. 2 S. 2 GG herangezogen werden[569].

Zuletzt ist darauf hinzuweisen, dass bei mittelbaren Diskriminierungen teilweise gefordert wird, dass an eine Rechtfertigung nur abgeschwächte Rechtfertigungsanforderungen gestellt werden sollten und dies beispielsweise aufgrund von „sachlichen Gründen“[570]. Dem ist jedoch nicht zu folgen. Denn es entspricht der generellen Dogmatik, schrankenlos ge-

---

[563] *Jarass* (Fn. 95), Art. 3 Rn. 152; *Stern/Sachs/Dietlein*, Gleichberechtigung (Fn. 505), S. 1685 f.

[564] „Soweit nach diesem Grundgesetz ein Grundrecht durch Gesetz oder auf Grund eines Gesetzes eingeschränkt werden kann, muß das Gesetz allgemein und nicht nur für den Einzelfall gelten.“ Art. 19 Abs. 1 S. 1 GG.

[565] „Außerdem muß das Gesetz das Grundrecht unter Angabe des Artikels nennen“ Art. 19 Abs. 1 S. 2 GG.

[566] *Stern/Sachs/Dietlein*, Gleichberechtigung (Fn. 505), S. 1687.

[567] *Peters/König* (Fn. 523), Kap. 21 Rn. 236 m.w.N.

[568] *Baer/Markard* (Fn. 112), Art. 3 Rn. 404; *Boysen* (Fn. 90), Art. 3 Rn. 132; *Jarass* (Fn. 95), Art. 3 Rn. 152.

[569] *Englisch* (Fn. 96), Art. 3 Rn. 158; *Nußberger* (Fn. 98), Art. 3 Rn. 280; *Peters/König* (Fn. 521), Kap. 21 Rn. 239; *Richter*, Gleichberechtigung (Fn. 89), § 126 Rn. 74.

[570] Diese Ansicht geht auf ein Urteil des Bundesverfassungsgerichts zurück, nachdem indirekte Diskriminierung zulässig sei, wenn sie auf „hinreichenden sachlichen Gründen beruht“ BVerfGE 113, 1 (20); siehe dazu *Laskowski*, Streit (Fn. 518), S. 426; *Richter*, Gleichberechtigung (Fn. 89), § 126 Rn. 82.

währte Grundrechte ausschließlich im Wege der modifizierten Verhältnismäßigkeitsprüfung im Einzelfall einzuschränken[571], bei der kein Raum für pauschal gesenkte Anforderungen an die Abwägungsentscheidung aufgrund etwaiger sachlicher und gar verfassungsfremder Gründe besteht[572]. Fälle indirekter Ungleichbehandlungen sind damit höchstens im Rahmen der Verhältnismäßigkeitsprüfung und im Einzelfall anders bzw. milder zu behandeln[573]. Dagegen könnten sich sogar höhere Anforderungen an die Abwägungsentscheidung aufgrund eines Zusammentreffens von freiheits- sowie gleichheitsrechtlichen Werten ergeben[574]. Schlussendlich wird eine Norm, die einen ungerechtfertigten Verstoß gegen das Anknüpfungsverbot begründet, regelmäßig nicht für nichtig, sondern nur mit dem jeweiligen Grundrecht für unvereinbar erklärt[575].

3. Zwischenergebnis

Zusammenfassend gelten für eine Rechtfertigung etwaiger Diskriminierungen nach Art. 3 Abs. 3 S. 1 GG grundsätzlich die Anforderungen, die das Gesetz auch sonst an schrankenlose Grundrechte stellt. Insofern ist neben einer aufzulösenden Kollision im Wege der praktischen Konkordanz[576] insbesondere der Gesetzesvorbehalt zu berücksichtigten. Im Rahmen einer solchen Norm, die die „Paralleljustiz" zum Zwecke der Erzielung von Geschlechtergleichberechtigung einschränkt, könnten Männer, Muslime sowie Menschen mit nahöstlicher Verwurzelung folglich eine etwaige Diskriminierung aufgrund Art. 3 Abs. 3 S. 1 GG geltend machen. Daher werden die naheliegenden Merkmale mitsamt Rechtfertigungsanforderungen nachfolgend dargestellt.

III. Diskriminierung wegen des Geschlechts

Wie festgesellt, kommt Art. 3 Abs. 2 S. 1, Abs. 3 GG – neben dem Staatsziel zur Förderung der Gleichberechtigung nach Art. 3 Abs. 2 S. 2 GG – als subjektives Abwehrrecht gegen

---

571 Beispielsweise gilt nach § 3 Abs. 2 AGG für eine Rechtfertigung mittelbarer Diskriminierung auch das Verhältnismäßigkeitsprinzip; siehe dazu *v. Achenbach* (Fn. 90), Art. 3 II, III, Rn. 48 f.; *Richter*, Gleichberechtigung (Fn. 89), § 126 Rn. 82.

572 „Aus materieller Sicht sind an jede Form der Diskriminierung ohnehin dieselben hohen Rechtfertigungsanforderungen zu stellen" *Baer/Markard* (Fn. 112), Art. 3 Rn. 434; siehe noch *Boysen* (Fn. 90), Art. 3 Rn. 132; *Koch/Nguyen*, Schutz (Fn. 534), S. 376 f.; *Richter*, Gleichberechtigung (Fn. 89), § 126 Rn. 82.

573 *v. Achenbach* (Fn. 90), Art. 3 II, III, Rn. 49; *Jarass* (Fn. 95), Art. 3 Rn. 153.

574 *v. Achenbach* (Fn. 90), Art. 3 II, III, Rn. 48 f.; *Nußberger* (Fn. 98), Art. 3 Rn. 257.

575 *Jarass* (Fn. 95), Art. 3 Rn. 132; *Stern/Sachs/Dietlein*, Gleichberechtigung (Fn. 505), S. 1688 ff.

576 Eine detailiierte Prüfung der praktischen Konkordanz erfolgt im Rahmen der Kollision mit Art. 4 Abs, 1, 2 GG; siehe Kap. E.IV.

Geschlechterdiskriminierung eigenständige Bedeutung zu. Dies betrifft insbesondere Fragen der Gleichberechtigung hinsichtlich des Geschlechtsverhältnisses von Männern und Frauen untereinander[577], wie es auch Gegenstand dieser Arbeit ist.

1. Mögliche Diskriminierung wegen des Geschlechts

In diesem Rahmen ist es beispielsweise denkbar, dass eine Regelung, die der Gleichberechtigung der Geschlechter im Rahmen der „Paralleljustiz" dienen soll, im Umkehrschluss von den beteiligten Männern als diskriminierend empfunden wird, da sie das Verfahren nicht wie zuvor gewohnt ausüben können. Ohnehin können Bevorzugungen, die als Privilegierung für eine Gruppe von Merkmalträgern konzipiert werden, aufgrund vermeintlich unfairer Begünstigung einer getrennten Gruppe von Merkmalsträgern für diese diskriminierend wirken[578]. Daher sind auch solche, vermeintlich rein positive Maßnahmen, die bestehende Nachteile zugunsten einer Merkmalsgruppe ausgleichen sollen, nach einem formalen Verständnis des Art. 3 Abs. 3 S. 1 GG grundsätzlich rechtfertigungsbedürftig.

2. Positive Maßnahmen als rechtfertigungsbedürftige Diskriminierung

Dagegen könnte noch angeführt werden, dass ein Rechtfertigungsbedürfnis von positiven Maßnahmen der Schutzrichtung des Absatz 3 widersprechen könnte. So könnte in Frage gestellt werden, ob Förderungsmaßnahmen zugunsten einer Gruppe von Merkmalsträgern überhaupt begrifflich bzw. tatbestandlich vom Diskriminierungsverbot erfasst werden. So gibt es Stimmen, die entsprechende Maßnahmen mit Wirkung beispielsweise gegen faktische Benachteiligung aufgrund tradierter Strukturen oder entsprechende Stigmatisierung, oder tatsächliche Gleichstellung auf andere Art und Weise zu fördern versuchen, nicht mit einer diskriminierenden Benachteiligung im eigentlichen Sinne gleichgesetzt werden könnten[579]. Dies meint, dass positive Maßnahmen, die ausschließlich Nachteile ausgleichen, ohne dabei zusätzliche Nachteile für Dritte zu bewirken schon tatbestandlich keine Diskriminierung darstellen und daher auch nicht rechtfertigungsbedürftig sind[580].

Diese Auslegung erscheint jedoch im Lichte der grundlegenden Dogmatik, Kollisionen von Grundrechten ohne Gesetzesvorbehalt im Wege der praktischen Konkordanz zu lösen, nicht vorzugswürdig. Denn mangels eines Gesetzesvorbehalts in sowohl Absatz 2, als auch Absatz 3, drängt es sich auf, das Förderungsgebot des Art. 3 Abs. 2 S. 2 GG als Gegenrecht zu

---

577 *Boysen* (Fn. 90), Art. 3 Rn. 174.

578 *Baer/Markard* (Fn. 112), Art. 3 Rn. 422.

579 Ebda., Art. 3 Rn. 423.

580 Dazu *Baer/Markard* (Fn. 112), Art. 3 Rn. 423, 435; *Richter*, Gleichberechtigung (Fn. 89), § 128 Rn. 49; *Stern/Sachs/Dietlein*, Gleichheitssätze (Fn. 503), S. 1747 f.

Art. 3 Abs. 2 S. 1, Abs. 3 S. 1 GG im Rahmen der praktischen Konkordanz als Rechtfertigung für etwaige Diskriminierungen wegen des Geschlechts heranzuziehen[581]. Weiter erscheint eine ausschließliche Lösung über die Rechtsfigur der praktischen Konkordanz sinnvoll, da nur im Rahmen einer solchen Verhältnismäßigkeitsprüfung die Legitimität des konkreten Ziels einer Förderungsmaßnahme im Sinne von Eignung, Erforderlich- sowie Angemessenheit eine ausgewogene Abwägung im Einzelfall auf der Ebene der Rechtfertigung ermöglichen kann[582]. Dies dürfte im Übrigen auch der aktuellen Dogmatik des Bundesverfassungsgerichts entsprechen, nach der der Schutzweck des objektiven Gleichberechtigungsgebots als Rechtfertigung für Ungleichbehandlungen im Sinne des Diskriminierungsverbots des Art. 3 Abs. 3 GG herangezogen wird[583].

Im Rahmen der Verhältnismäßigkeit sollte schließlich beachtet werden, dass die gesetzgeberische Besserstellung zur Korrektur der Benachteiligung hinreichend geeignet und zielgerichtet sein muss[584]. Dabei wird jedoch ein strenger Maßstab[585] herangezogen, der nur eine Rechtfertigung im Ausnahmefall zulässt[586]. Auf diesem Wege vermag der Gesetzgeber jedoch sogar eine direkte Anknüpfung an das (weibliche) Geschlecht zu rechtfertigen[587].

3. Zwischenergebnis

Letztlich entspricht es der Systematik schrankenlos gewährleisteter Grundrechte, entsprechende Konflikte im Wege der praktischen Konkordanz aufzulösen und positive Maßnahmen zur Förderung der Gleichberechtigung von Frauen nicht schon tatbestandlich vom Diskriminierungsbegriff auszuschließen. Bei der Zielsetzung, Frauen einen gleichberechtigten Zugang zur privatautonomen Streitschlichtung zu verschaffen, erscheint es ohnehin abwegig, dass die beteiligten Männer im Umkehrschluss eine Diskriminierung erfahren. Darüber hinaus wäre eine solche Maßnahme bei unterstelltem Machtgefälle auch bei direkter Anknüpfung an das weibliche Geschlecht verhältnismäßig im engeren Sinne. Aufgrund dieser

---

581 *Baer/Markard* (Fn. 112), Art. 3 Rn. 461; *Jarass* (Fn. 95), Art. 3 Rn. 115, 118 f.; *Richter*, Gleichberechtigung (Fn. 89), § 128 Rn. 55.

582 *Baer/Markard* (Fn. 112), Art. 3 Rn. 423; *Nußberger* (Fn. 98), Art. 3 Rn. 266.

583 BVerfGE 74, 163 (180); 85, 191 (207); 89, 276 (285); 92, 91 (112); 114, 357 (370).

584 *Jarass* (Fn. 95), Art. 3 Rn. 119; *Richter*, Gleichberechtigung (Fn. 89), § 128 Rn. 55; *Stern/Sachs/Dietlein*, Gleichberechtigung (Fn. 505), S. 1687.

585 Hinsichtlich einer etwaigen Rechtfertigung von unmittelbarer Differenzierung kann noch eine Formel des Bundesverfassungsgerichts herangezogen werden: „Allerdings verstößt nicht jede Ungleichbehandlung, die an das Geschlecht anknüpft, gegen Art. 3 Abs. 3 GG. Differenzierende Regelungen können vielmehr zulässig sein, soweit sie zur Lösung von Problemen, die ihrer Natur nach nur entweder bei Männern oder bei Frauen auftreten können, zwingend erforderlich sind" BVerfGE 85, 191 (207); 92, 91 (109); 114, 357 (364).

586 *Baer/Markard* (Fn. 112), Art. 3 Rn. 461; *Richter*, Gleichberechtigung (Fn. 89), § 128 Rn. 55.

587 *Jarass* (Fn. 95), Art. 3 Rn. 115.

Offensichtlichkeiten bedarf es an dieser Stelle keiner weitergehenden Prüfung der potenziellen Verhältnismäßigkeit.

IV. Diskriminierung wegen des Glaubens sowie der religiösen Weltanschauung

Auch das Verbot der Diskriminierung wegen des Glaubens sowie der religiösen Anschauung findet sich in Art. 21 GRCh sowie Art. 14 EMRK[588].

Dazu überschneiden sich die in Art. 3 Abs. 3 S. 1 GG aufgeführten Merkmale des Glaubens sowie der religiösen Anschauung mit speziellen gleichheitsrechtlichen Verbürgungen, wie beispielsweise hinsichtlich der Zulassung zu öffentlichen Ämtern sowie dem öffentlichen Dienst i.S.v. Art. 33 Abs. 3 GG[589], als auch dem speziellen Freiheitsgrundrecht des Art. 4 Abs. 1, 2 GG[590].

Daraus folgt zunächst, dass die in Art. 3 GG enthaltenen Merkmale im Einklang mit dem Schutzbereich der positiven und negativen Religionsfreiheit des Art. 4 GG auszulegen sind[591]. Neben dem Schutz von Glaube und religiöser Anschauung werden dazu noch antireligiöse Anschauungen geschützt[592], weshalb Art. 3 Abs. 3 S. 1 GG hinsichtlich dieses Merkmals zu einem Element der grundgesetzlichen Garantie weltanschaulich-religiöser Neutralität gezählt wird und sich der Staat dahingehend beispielsweise nicht mit einer bestimmten Religionsgemeinschaft identifizieren oder diese vergleichsweise privilegieren darf[593].

1. Auslegung von Glauben und religiöser Weltanschauung anhand des Art. 4 Abs. 1, 2 GG

Die Durchführung informeller Streitbeilegung in Form der „religiösen Paralleljustiz" müsste im Zuge der gleichsamen Auslegung des Art. 3 Abs. 3 S. 1 GG mit der Religionsfreiheit nach Art. 4 Abs. 1, 2 GG dem Schutzbereich letzerer unterfallen. Betroffen sind insbesondere Fragen nach dem Begriff der Religion und der vom Schutzbereich erfassten Glaubensinhalte.

---

[588] *Baer/Markard* (Fn. 112), Art. 3 Rn. 506.

[589] „Der Genuß bürgerlicher und staatsbürgerlicher Rechte, die Zulassung zu öffentlichen Ämtern sowie die im öffentlichen Dienste erworbenen Rechte sind unabhängig von dem religiösen Bekenntnis. Niemandem darf aus seiner Zugehörigkeit oder Nichtzugehörigkeit zu einem Bekenntnisse oder einer Weltanschauung ein Nachteil erwachsen." Art. 33 Abs. 3 GG.

[590] *Boysen* (Fn. 90), Art. 3 Rn. 189; *Nußberger* (Fn. 98), Art. 3 Rn. 301; *Stern/Sachs/Dietlein*, Gleichheitssätze (Fn. 503), S. 1762.

[591] *v. Achenbach* (Fn. 90), Art. 3 II, III, Rn. 87; *Baer/Markard* (Fn. 112), Art. 3 Rn. 506; *Boysen* (Fn. 90), Art. 3 Rn. 189; *Englisch* (Fn. 96), Art. 3 Rn. 83; *Nußberger* (Fn. 98), Art. 3 Rn. 302.

[592] *Boysen* (Fn. 90), Art. 3 Rn. 189; *Englisch* (Fn. 96), Art. 3 Rn. 83; *Heun* (Fn. 87), Art. 3 Rn. 133.

[593] BVerfGE 19, 206 (216); *Baer/Markard* (Fn. 112), Art. 3 Rn. 509; *Heun* (Fn. 87), Art. 3 Rn. 133; *Langenfeld* (Fn. 403), Art. 3 Abs. 3 Rn. 67; zum Gebot religiös-weltanschaulicher Neutralität des Staates siehe Kap. E.I.1.

a) Der Islam im Rahmen des Schutzbereichs des Art. 4 Abs. 1, 2 GG

Zunächst müsste es sich beim Islam, aus dessen Glaubenssätzen Muslime sich zum Betreiben der „Paralleljustiz" verleitet fühlen können, um eine Religion i.S.v. Art. 4 Abs. 1, 2 GG handeln.

aa) Der Islam als Religion nach Art. 4 Abs. 1, 2 GG

Dabei obliegt es dem Staat, den Begriff der Religion auszulegen. Ein widersprechendes Definitionsverbot sieht das Grundgesetz nicht vor. Lediglich dem Neutralitätsgebot[594] ist zu entnehmen, dass der Begriff der Religion anhand neutraler Kriterien und nicht im Sinne einer bestimmten Theologie ausgelegt werden darf. Insbesondere aus einem christlichen Verständnis darf daher keine Interpretation erfolgen[595]. Trotz der bestehenden Definitionsmacht im benannten Rahmen hat zumindest das Bundesverfassungsgericht noch keine solche dargelegt[596]. Dagegen haben Stimmen in der Literatur und auch vereinzelt in der Rechtsprechung Versuche unternommen den Begriff auf historisch überkommene oder kulturkreistypische Phänomene[597] zu beschränken[598]. Diese Diskussion ist an dieser Stelle jedoch

---

594 Zum Neutralitätsgebot siehe Kap. E.I.1.

595 Zu dem erforderlichen allgemeinen und säkularen Maßstab siehe *S. Muckel/R. Tillmanns*, Die religionsverfassungsrechtlichen Rahmenbedingungen für den Islam, in: S. Muckel (Hrsg.), Der Islam im öffentlichen Recht des säkularen Verfassungsstaates, 2008, S. 234 (234 f.); *ders.*, Religiöse Freiheit und staatliche Letztentscheidung: Die verfassungsrechtlichen Garantien religiöser Freiheit unter veränderten gesellschaftlichen Verhältnissen, 1997, S. 75 ff., 86 ff., 114 f., 121.

596 *Hötte*, Schiedsgerichtsbarkeit (Fn. 85), S. 225.

597 So wie es beispielsweise das Bundesverfassungsgericht einst anhand seiner sog. Kulturvölkerformel deutlich machte: „Das Grundgesetz hat nicht irgendeine, wie auch immer geartete freie Betätigung des Glaubens schützen wollen, sondern nur diejenige, die sich bei den heutigen Kulturvölkern auf dem Boden gewisser übereinstimmender sittlicher Grundanschauungen im Laufe der geschichtlichen Entwicklung herausgefunden hat" BverfGE 12, 1 (4); zu dem Versuch einer Definition siehe beispielsweise BverwGE 90, 112 (115); weitergehend siehe noch *Bauwens*, Paralleljustiz (Fn. 4), S. 91 f.

598 *Muckel*, Freiheit (Fn. 595), S. 14 ff.; *A. v. Campenhausen*, Religionsfreiheit in: J. Isensee/P. Kirchhof (Hrsg.), Handbuch des Staatsrechts der Bundesrepublik Deutschland, Bd. VII, 3. Aufl. 2009, § 157 Rn. 93.

nicht zu vertiefen, da der Islam[599] als eine der alten monotheistischen Weltreligionen unbestritten als Religion nach Art. 4 Abs. 1, 2 GG aufgefasst wird[600]. Dies gilt auch unabhängig von den beiden Hauptströmungen, nämlich des sunnitischen und schiitischen Islams, so dass beispielsweise auch Anhänger der Aleviten[601] einen *individuellen*[602] Schutz von Art. 4 Abs. 1, 2 GG in Anspruch nehmen können[603].

bb) Keine kollektive Berufung auf die Religionsfreiheit

Problematisch könnte sich im Rahmen des Islams jedoch eine *kollektive* Berufung auf die Religionsfreiheit gestalten. Danach können unter Berücksichtigung der sog. Wesensformel nach Art. 19 Abs. 3 GG[604] grundsätzlich auch Kirchen und Religionsgemeinschaften den Schutz für religiös geleitete Handlungen vor staatlichen Eingriffen in Anspruch nehmen[605]. Insoweit könnten beispielsweise Moscheevereine, in deren Rahmen ein Zusammenschluss

---

[599] Mit einer ca. 1400-jährigen Historie ist der Islam die jüngste Weltreligion. Dabei wurde dieser etwa im Jahre 610 durch den Propheten *Abu l-Qasim ibn Abdallah Muhammad* verkündet. Dieser etablierte sich nachfolgend zu einem anerkannten religiösen Führer und gründete zugleich ein politisches Gemeinwesen, zu dessen Gesetzgeber und Heerführer er sich erhob. Als er im Jahr 632 in Medina verstarb, ohne zuvor seine Nachfolge geregelt zu haben, entbrannte unter den Suniiten und Schiiten ein Konflikt über das legitime Erbe als weltliche und geistige Führungskraft der Muslime, der noch bis heute anhält. Heute ist der Islam mit etwa 1,2 Milliarden Anhängern die zweitgrößte Religionsgemeinschaft nach dem Christentum; siehe *Bauwens*, Paralleljustiz (Fn. 4), S. 56 ff.; *Schirrmacher*, Islam (Fn. 150), S. 428 ff.

[600] *Bauwens*, Paralleljustiz (Fn. 4), S. 92; *Muckel/Tillmanns*, Rahmenbedingungen (Fn. 595), S. 235; *C. Hillgruber*, Der deutsche Kulturstaat und der muslimische Kulturimport. Die Antwort des Grundgesetzes auf eine religiöse Herausforderung, in: JZ 1999, S. 538 (540 f.); *R. Tillmanns*, Die Erteilung von Ausnahmegenehmigungen zum betäubungslosen Schlachten nach § 4a Abs. 2 Nr. 2 TierSchG, in: NuR 2002, S. 578 (580); *A. Uhle*, Staat – Kirche – Kultur, 2004, S. 156 f.

[601] Die Aleviten sind eine diverse Glaubensgemeinschaft, die vor allem in der Türkei beheimatet ist und sich teils dem schiitischen Islam zugehörig fühlt, sich aber auch als separate islamische Konfession oder gar eigenständige Religion versteht. Aufgrund des gesellschaftlichen Drucks zulasten dieser Glaubensanhänger in der Türkei ist eine Vielzahl im Zuge der Gastarbeiterbewegung nach Deutschland migriert. Zum Glauben der Aleviten sowie deren Gemeinde in Deutschland siehe *I. Wunn*, Muslimische Gruppierungen in Deutschland: Ein Handbuch, 2007, S. 97 ff.

[602] Persönlich geschützt von Art. 4 Abs. 1, 2 GG ist – unabhängig von Alter oder Nationalität – jede Natürliche Person *R. Herzog*, in: G. Dürig/ders./R. Scholz (Hrsg.), Grundgesetz-Kommentar, Art. 4 (2020), Rn. 33; *v. Campenhausen*, Religionsfreiheit (Rn. 598), § 157 Rn. 100.

[603] *T. Lemmen*, Muslime in Deutschland: eine Herausforderung für Kirche und Gesellschaft, 2001, S. 48, 50; dass sich Religions- und Weltanschauungsgemeinschaften abseits des Christentums auf die Freiheit der Religionsausübung berufen können, ist ohnehin auf das Gebot weltanschaulich-religiöser Neutralität zurückzuführen; siehe BverfGE 18, 385 (386); 19, 2016 (216); 19, 1 (8).

[604] Aufgrund des Schutzzwecks der Grundrechte, für *individuelle* Freiheit und Gleichheit zu sorgen, ist es nicht selbstverständlich, dass auch juristische Personen(-mehrheiten) sich auf die Grundrechte berufen können. Daher ist im Einzelfall zu prüfen, ob das jeweilige Grundrecht dem „Wesen“ nach auf eine juristische Person Anwendung finden kann; siehe *B. Remmert*, in: G. Dürig/R. Herzog/R. Scholz (Hrsg.), Grundgesetz-Kommentar, Art. 19 Abs. 3 (2009), Rn. 1; *F. Schoch*, Grundrechtsfähigkeit juristischer Personen, in: Jura 2001, S. 201 (201 ff.).

[605] *B. Pieroth/C. Görisch*, Was ist eine Religionsgemeinschaft? In: JuS 2002, S. 937 (937 ff.).

von Muslimen „religiöse Paralleljustiz" ermöglicht, vom Schutzbereich des Art. 4 Abs. 1, 2 GG erfasst sein. Daher gilt es zu erörtern, unter welchen Voraussetzungen eine für die Berufung auf die kollektive Religionsfreiheit erforderliche Religionsgemeinschaft nach Art. 4 Abs. 1 GG in Verbindung mit Art. 137 Abs. 2, 4 WRV vorliegt.

Nach dem „klassischen Begriff"[606] der Religionsgemeinschaft bzw. -gesellschaft[607] ist unter einer Religionsgemeinschaft jedoch ein Verband zu verstehen, der die Angehörigen ein und desselben Glaubensbekenntnisses oder mehrerer verwandter Glaubensbekenntnisse zu allseitiger Erfüllung der durch das gemeinsame Bekenntnis gestellten Aufgaben zusammenfasst[608]. Entscheidend ist, dass Muslime häufig keine Mitgliedschaft in einem Gemeindeverband haben und dies ohnehin keine Voraussetzung zur Teilnahme am Glauben ist. Auch weist der Islam im Vergleich zu den christlichen Kirchen einen viel geringeren Grad an Institutionalisierung auf[609].

Als Resultat mangelt es islamischen Verbänden[610] regelmäßig am Kriterium des Zusammenschlusses natürlicher Personen, der Homogenität der Glaubensinhalte sowie an gelebter Gemeinschaft. In einem Umkehrschluss kann bei Erfüllung der benannten Kriterien jedoch

---

606 Die Definition stammt aus der Zeit der Weimarer Republik und geht auf *Gerard Anschütz* zurück; siehe *G. Anschütz*, Die Verfassung des deutschen Reiches vom 11. August 1919, 14. Aufl. 1933, Art. 137 Rn. 2; siehe noch *Bauwens*, Paralleljustiz (Fn. 4), S. 95; *S. Muckel*, Muslimische Gemeinschaften als Körperschaften des öffentlichen Rechts, in: DÖV 1995, S. 311 (312); *Anschütz* war ein deutscher Staatsrechtslehrer und bedeutender Kommentator der Weimarer Verfassung; siehe *H. Dreier*, Ein Staatsrechtslehrer in Zeiten des Umbruchs: Gerhard Anschütz (1867 -1948), in: ZNR 20 (1998), S. 28 (28 ff.).

607 Beispielsweise spricht Art. 7 Abs. 3 GG von der „Religionsgemeinschaft" und Art. 136 Abs. 3, 137 Abs. 2-7, 138 und 141 WRV von der „Religionsgesellschaft".

608 BverwGE 99, 1 (3); *P. Unruh*, in: v. Mangoldt/Klein/Starck, Bd. III (Fn. 231), Art. 137 Rn. 19 f.; *M. Morlok*, in: H. Dreier (Hrsg.), Grundgesetz-Kommentar, Bd. III, 3. Aufl. 2018, Art. 137 WRV Rn. 29; *v. Campenhausen*, Religionsfreiheit (Rn. 598), § 157 Rn. 83.

609 Beispielsweise kennt dieser kein Priestertum und bildet auch keine entsprechenden Hierarchien. Stattdessen verstehen sich die Muslime als islamische Weltgemeinschaft (arab. *Umma*) ohne religiöse Führer. Daher sind die einzelnen Zentren oder Vereine auch dezentral organisiert und unterstehen keiner religiösen Autorität. Zudem nimmt die Zugehörigkeit zu einem Moscheeverein oder einer vergleichbaren islamischen Organisation keinen ähnlich hohen Stellenwert ein, wie es bei christlichen Gemeinden oder Kirchen der Fall ist; siehe *Bauwens*, Paralleljustiz (Fn. 4), S. 95; *W. Hennig*, Muslimische Gemeinschaften im Religionsverfassungsrecht: Die Kooperation des Staates mit muslimischen Gemeinschaften im Lichte der Religionsfreiheit, der Gleichheitssätze und des Verbots der Staatskirche, 2010, S. 26 f.; *Hillgruber*, Kulturstaat (Fn. 600), S. 542; *U. Steinbach*, Der Islam – Religion ohne Kirche, in: H. Abromeit/G. Wewer (Hrsg.), Die Kirchen und die Politik, S. 109 (109 f.); *A. v. Campenhausen*, Neue Religionen im Abendland – Staatskirchenrechtliche Probleme der Muslime – der Jugendsekten und der sogenannten destruktiven religiösen Gruppen, in: ZevKR 25 (1980), S. 135 (135, 142); *H. Weber*, Die Verleihung der Körperschaftsrechte an Religionsgemeinschaften. Grundsätzliche und aktuelle Probleme, in: ZevKR 34 (1989), S. 337 (337, 370).

610 Einen Überblick zu den vielfältigen muslimischen Gruppierungen in Deutschland geben *Hennig*, Gemeinschaften (Fn. 613), S. 32 ff. und *Wunn*, Gruppierungen (Fn. 601).

eine Religionsgemeinschaft im Sinne kollektiver Religionsfreiheit jederzeit angenommen werden.

cc) Zwischenergebnis

Darüber hinaus bietet sich ein Rückgriff auf die *individuelle* Religionsfreiheit der jeweiligen – an der „Paralleljustiz" beteiligten – Muslime an. Der Mangel an Institutionalisierung steht der persönlichen Erfüllung des Schutzbereichs folglich nicht (unbedingt) entgegen.

b) Reichweite des sachlichen Schutzbereichs des Art. 4 Abs. 1, 2 GG

Zum Schutze der Überzeugung ist einhellig anerkannt, dass das Bilden und Haben eines religiösen oder weltanschaulichen Glaubens (sog. *forum internum*) im Sinne von Art. 4 Abs. 1 GG erfasst wird[611]. Dazu wird im Sinne von Art. 4 Abs. 2 GG das sog. *forum externum*, d.h. das Recht, diesen Glauben nach außen zu tragen und das Verhalten gemäß den Lehren des Glaubens auszurichten, geschützt[612].

Hinsichtlich der Frage, ob davon die *gesamte* religiös oder weltanschaulich motivierte Lebensführung umfasst ist[613] oder dagegen größere Anforderungen heranzuziehen sind, die beispielsweise nur *rein kultisches Handeln* einbeziehen[614], legt zumindest das Bundesverfassungsgericht eine extensive Auslegung an den Tag. Danach soll dem Einzelnen das Recht zugebilligt werden, das gesamte Verhalten an den Lehren des Glaubens auszurichten und der inneren Glaubensüberzeugung entsprechend zu leben. Entscheidend wäre danach allein das *Selbstverständnis* des Grundrechtsträgers[615]. Gegen eine solch extensive Auslegung wird angeführt, dass die Freiheit der Religionsausübung auf diesem Wege zu einem Art. 2 Abs. 1 GG[616] verdrängenden allumfassenden „Supergrundrecht"[617] mutieren würde, da so auch äußerlich neutrale (Alltags-)Handlungen stets dem Schutzbereich unterfallen

---

611 *J. Kokott*, in: Sachs, GG (Fn. 98), Art. 4 Rn. 136; *U. Mager*, in: I. v. Münch/P. Kunig (Begr.), Grundgesetz-Kommentar, Bd. 1, 7. Aufl. 2021, Art. 4 Rn. 32; *M. Morlok*, in: Dreier, GG I (Fn. 87), Art. 4 Rn. 63, 76; *Starck* (Fn. 362), Art. 4 Rn. 11, 34 f.

612 BverfGE 32, 98 (106); *Morlok* (Fn. 611), Art. 4 Rn. 66; *v. Campenhausen*, Religionsfreiheit (Rn. 598), § 157 Rn. 70 f.

613 Für einen Problemaufriss des Konflikts eines weiten Verständnisses des forum externum siehe *Mager* (Fn. 611), Art. 4 Rn. 33; *Morlok* (Fn. 611), Art. 4 Rn. 136 f.

614 Zu solch kultischem Handeln siehe beispielsweise *Morlok* (Fn. 611), Art. 4 Rn. 68 m.w.N.

615 BverfGE 32, 98 (106); 33, 23 (28); 41, 29 (49); *Bauwens*, Paralleljustiz (Fn. 4); S. 92; zustimmend *Jarass* (Fn. 95), Art. 4 Rn. 12; *Morlok* (Fn. 611), Art. 4 Rn. 66; zum Maßstab des Selbstverständnisses siehe *ders.*, Selbstverständnis als Rechtskriterium, 1992 sowie *A. Isak*, Das Selbstverständnis der Kirchen und Religionsgemeinschaften und seine Bedeutung für die Auslegung staatlichen Rechts, 1994.

616 Der Schutzbereich der allgemeinen Handlungsfreiheit nach Art. 2 Abs. 1 GG erfasst umfassend „Jedes Tun und Lassen nach dem eigenen Willen und damit letztlich jede Freiheit von staatlichem Zwang [...]" *Di Fabio* (Fn. 224), Art. 2 Abs. 1 Rn. 12.

617 *Majer*, Scharia-Gerichte (Fn. 4), S. 130.

würden, solange der Grundrechtsträger nur behauptet, sein Handeln wäre religiös motiviert[618]. Eindeutig anerkannt blieben danach nur im Rahmen der jeweiligen Glaubensgemeinschaft weit verbreitete bzw. anerkannte kultische Handlungen[619], wie Gottesdienste, Gebete, Sakramente oder auch Glockengeläute[620]. Um der Kritik der Ausuferung Rechnung zu tragen, ist letztlich zu fordern, dass ein plausibler Nachweis darüber zu erbringen ist, inwiefern das Handeln auf religiöse Beweggründe zurückzuführen und verbindlich ist[621]. Im Sinne einer Darlegungslast können dafür objektiv nachvollziehbare Hinweise auf die Lehren der jeweiligen Religionsgemeinschaft erbracht werden[622], wobei jedoch keine herrschende Ansicht vertreten werden muss[623] Ergänzend wird ein extensives Verständnis dadurch relativiert, dass Gegenrechte zum Schutze von Werten mit Verfassungsrang auf Ebene der Schranke gefunden werden können[624].

---

618 Daher müsse das Selbstverständnis des Grundrechtsträgers zwar berücksichtigt, die Letztentscheidung über die Einordnung als religiös motiviertes Handeln jedoch allein dem Staat vorbehalten bleiben. Das maßgebliche Kriterium für die Feststellung, ob ein Handeln religiös motiviert ist, muss daher weniger nach einem eigenen Selbstverständnis erfolgen, sondern mehr anhand der Feststellung einer objektiven organisatorischen Verknüpfung mit der jeweiligen Religionsgesellschaft beantwortet werden; siehe *Bauwens*, Paralleljustiz (Fn. 4); S. 93 f.; *Herzog* (Fn. 602), Art. 4 Rn. 105 f.; *K.-H. Kästner*, Hypertrophie des Grundrechts auf Religionsfreiheit? Über das Verhältnis der Religions- und Weltanschauungsfreiheit zum Geltungsanspruch des allgemeinen Rechts, in: JZ 1998, S. 974 (980); *Majer*, Scharia-Gerichte (Fn. 4), S. 130 f.; *Muckel/Tillmanns*, Rahmenbedingungen (Fn. 595), S. 243; *S. Mückl*, Religionsfreiheit und Sonderstatusverhältnisse – Kopftuchverbot für Lehrerinnen? Transformation des „alten“ Sozialstaates in den „aktivierenden“ Staat?, in: Der Staat 40 (2001), S. 91 (116); *v. Campenhausen*, Religionsfreiheit (Rn. 598), § 157 Rn. 94.

619 *Mückl*, Religionsfreiheit (Fn. 618), S. 116; *F. Schoch*, Die Grundrechtsdogmatik vor den Herausforderungen einer multikonfessionellen Gesellschaft, in: J. Bohnert/C. Gramm u.a. (Hrsg.), Festschrift für Alexander Hollerbach, 2001, S. 149 (158 f.).

620 *Herzog* (Fn. 602), Art. 4 Rn. 101; *Mager* (Fn. 611), Art. 4 Rn. 70, 82 m.w.N.; zu dem sog. Schächten siehe BverfGG 104, 337 (337 ff.); *Muckel/Tillmanns*, Rahmenbedingungen (Fn. 595), S. 260 f.; *Wittreck*, Religionsfreiheit (Fn. 519), S. 520 ff.

621 *Bauwens*, Paralleljustiz (Fn. 4); S. 94; *Morlok* (Fn. 611), Art. 4 Rn. 92; *C. Walter*, Religionsverfassungsrecht: in vergleichender und internationaler Perspektive, 2006, S. 508 f.; *Wittreck*, Religionsfreiheit (Fn. 519), S. 529.

622 *Bauwens*, Paralleljustiz (Fn. 4); S. 94; *Isak*, Selbstverständnis (Fn. 615), S. 160 ff.; *Jarass* (Fn. 95), Art. 4 Rn. 12a; *Morlok* (Fn. 611), Art. 4 Rn. 92; *Wittreck*, Religionsfreiheit (Fn. 519), S. 529.

623 BverfGE 33, 23 (28 ff.); *A. v. Ungern-Sternberg*, Religionsfreiheit in Europa: Die Freiheit individueller Religionsausübung in Großbritannien, Frankreich und Deutschland – ein Vergleich, 2009, S. 234; bei einer Abweichung der Deutung aus dem Blickwinkel des Grundrechtsträgers wäre nur eine plausible Darlegung zu fordern, welche theologischen Quellen zu dieser Annahme herangezogen wurden; siehe *Morlok* (Fn. 611), Art. 4 Rn. 92; *Wittreck*, Religionsfreiheit (Fn. 519), S. 529.

624 *Morlok* (Fn. 611), Art. 4 Rn. 67; *Wittreck*, Paralleljustiz (Fn. 194), S. 112 f.; zu den Schranken der Religionsfreiheit nach Art. 4 Abs. 1, 2 GG siehe Kap. E.III.2.

Damit erfasst der sachliche Schutzbereich das Recht – im Rahmen der Schranken – unter einem objektiv nachvollziehbaren Nachweis auf Lehren der Religionsgemeinschaft jegliches Verhalten an seine religiöse Überzeugung anzupassen.

2. Eröffnung des Schutzbereichs des Art. 4 Abs. 1, 2 GG bei genuin religiöser „Paralleljustiz"

Zusammenfassend ist hinsichlich des Schutzbereichs der Religionsfreiheit *allein* das Selbstverständnis des Grundrechtsträgers entscheidend[625].

Demnach könnten islamische Vorschriften als individuelles Motiv sowohl für das Betreiben der „religiösen Paralleljustiz" selbst, als auch für die verhandelten Gegenstände im Rahmen der Sachentscheidungen vorgetragen werden. Falls dieses Verhalten anhand von Nachweisen auf die jeweiligen Quellen des Islam glaubhaft gemacht werden kann, so wäre der Schutzbereich von Art. 4 Abs. 1, 2 GG eröffnet[626].

a) Mythos einer im Kern islamisch geprägten informellen Streitschlichtung

Hinsichtlich religiöser Einflüsse kommen insbesondere die Studien im Auftrag der Bundesländer bzw. Landesbehörden zu einem geschlossenen Bild, nach dem „Paralelljustiz" vornehmlich eine kulturell geprägte Erscheinung ist. Zur Abgrenzung muss jedoch zwischen den Protagonisten sowie der von ihnen zu schlichtenden Sachverhalte differenziert werden. In diesem Zuge erkennt *Fabian Wittreck* drei unterschiedliche Typen von der „Paralleljustiz":

1. Nicht-religiöse autonome Streitbeilegungsmechanismen der organisierten Kriminalität, die insbesondere durch libanesische Familienclans ausgeübt werden,
2. Nicht-religiöse „Friedensrichter" in der sog. *ṣulḥ*-Tradition, sowie
3. religiös agierende Imame, die unmittelbar die Scharia deuten und anwenden[627].

Diese Einordnung entspricht insofern den empirischen Quellen, als sowohl religiös agierende Imame, die unmittelbar klassisch islamisches Recht in familienrechtlichen Angelegenheiten anwenden, als auch traditionell handelnde Autoritäten des Milieus als Akteure beschrieben werden.

---

625 Diese Auffassung ist insbesondere mit Blick auf den Islam geboten, da dieser keine einheitliche Organisationsstruktur aufweist und daher auch keine einheitlichen Glaubenslehren bereithält, die verbindlich gegenüber allen Muslimen gelten könnten; siehe *Hillgruber*, Kulturstaat (Fn. 600), S. 541.

626 *Bauwens*, Paralleljustiz (Fn. 4), S. 96.

627 *Wittreck*, Justiz (Fn. 26), S. 27.

Fraglich ist noch, ob es sich bei der nur grundlegend beschriebenen *ṣulḥ*-Tradition[628] tatsächlich um eine rein traditionelle Praxis handelt, oder ob diese nicht auch – im Zuge der religiös agierenden Imame – auf den Islam zurückgeführt werden kann.

b) „Paralleljustiz“ im Rahmen der Scharia

Die „Paralleljustiz“ könnte zumindest hinsichtlich der Ausübung von Muslimen als islamisch bezeichnet werden, wenn entsprechende religiöse Normen diesen Streitbeilegungsmechanismus (als verbindlich) vorsehen.

Vor einer solchen Feststellung ist es erst einmal erforderlich, den Begriff der Scharia, als vermeintliches Synonym für das islamische Recht, zu erläutern. Im Anschluss wird ermittelt, ob das informelle Verfahren der „Paralleljustiz“ darunter gefasst werden kann.

aa) Die Scharia und das islamische Recht

Der Begriff der Scharia bzw. *šarīʿa* (arab. Straße, Pfad oder Weg zu einer Wasserstelle[629]) wird häufig schlicht als Synonym für islamisches Recht verwendet[630]. Der Begriff der Scharia ist jedoch vieldeutig und kann nach einem weiten, differenzierten Verständnis vielmehr als „Gesamtheit aller religiösen und rechtlichen Normen, Mechanismen zur Normfindung und Interpretationsvorschriften des Islam“ bezeichnet werden[631]. Die Normen erfassen vor allem Vorschriften hinsichtlich der Gebete, des Fastens, der Verbote von Nahrungsmitteln, der Wallfahrt nach Mekka sowie des Vertrags-, Erb- und Familienrechts[632].

Angesichts dessen, dass sowohl religiöse als auch rechtliche Normen von der Definition erfasst werden, scheint ein einfaches Gleichsetzen mit dem Islamischen Recht nicht geboten. Denn nach *Mathias Rohe* lebe das Recht vor allem davon, dass es durch weltliche Institutionen durchgesetzt werden könne. Dagegen charakterisierten religiöse Vorschriften solche Sanktionen, die erst im Jenseits eintreten können. Eine weltliche Durchsetzung religiöser Vorschriften sei dagegen höchstens mit sozialen Druckmechanismen möglich. Zusammenfassend liege der prägende Unterschied somit in den unterschiedlichen Bereichen der Sanktionierung[633].

---

628 Beispielsweise erkenne *Rohe* und *Jaraba* das *ṣulḥ*-Verfahren in Sachverhalten diverser Berliner Strafverfahren wieder; siehe *Rohe/Jaraba*, Paralleljustiz (Fn. 6), S. 82 ff.

629 Viele Araber waren ursprünglich Wüstenbewohner, weshalb der Weg zu einer Wasserstelle lebensnotwendig war und so einen hohen Stellenwert im Leben einnahm; siehe *M. M. Keshavjee*, Islam, Sharia and Alternative Dispute Resolution: Mechanism for Legal Redress in the Muslim Community, 2013, S. 57.

630 *Rohe*, Recht (Fn. 148), S. 9.

631 Ebda., S. 9.

632 Ebda., S. 9.

633 Ebda., S. 9.

Dieser Unterschied sei auch in der Scharia zu finden, weshalb der Begriff nicht ausschließlich weltlichen oder religiösen Vorschriften zugeordnet werden könne. Entsprechend existieren diesseits sowie jenseits orientierte Bewertungen. Das meint beispielsweise jenseitsorientierte Missbilligungen (arab. *makrūh*), die im Gegensatz zur diesseitsbezogenen Verboten (arab. *ḥarām*) keine unmittelbaren irdischen Sanktionen nach sich ziehen. Ein weiteres Unterscheidungsmerkmal von weltlichen, rechtlichen sowie religiösen Vorschriften sei zudem der personelle und territoriale Geltungsanspruch. So gelte Recht eher territorial. Dagegen richteten sich religiöse Vorschriften an die persönliche, innere Überzeugung und seien deshalb rein personal verknüpft. Dies gelte zumindest, solange eine Staatsreligion im selben Zug keine individuellen religiösen Verhaltensweisen vorschreibe. Zudem könne Recht nur nach äußeren, objektiven Kriterien Geltungskraft entfalten. Dagegen seien religiöse Vorschriften rein an subjektive innere Faktoren (das sog. forum internum) geknüpft. Das Recht knüpfe entsprechend an nach außen getragenes menschliches Verhalten (sog. forum externum) an[634].

Schlussendlich geht der Begriff der Scharia zustimmungswürdig über das islamische Recht hinaus, da neben weltlichen Normen auch religiöse erfasst sind[635].

bb) Der *fiqh* zum Verständnis der Scharia

Für das Verständnis der Scharia bzw. des islamischen Rechts ist noch die Differenzierung entscheidend, dass zwischen der Scharia als göttlichem Konstrukt sowie der menschgemachten *fiqh* differenziert werden muss[636].

Dabei kann der Begriff *figh* als die Kenntnis derjenigen Bestimmungen Gottes definiert werden, die es ermöglichen, die für die Muslime geltenden Handlungsweisen als geboten, verboten, empfohlen, missbilligt oder schlicht erlaubt einzuordnen[637]. Diese Handlungsweisen würden aus dem Koran, der Sunna und dem, was als weitere Quellen und Instrumente (arab. *adilla*) zu ihrer Gewinnung von Gott bereitgestellt wurde, entnommen[638]. Letztere

---

[634] Ebda., S. 10.

[635] *Rohe*, Einführung (Fn. 147) S. 9; *D. Zacharias*, Islamisches Recht und Rechtsverständnis, in: S. Muckel (Hrsg.), Der Islam im öffentlichen Recht des säkularen Verfassungsstaates, 2010, S. 21 f.; zu den Problemen, die aufgrund der Differenzierung von rechtlicher und religiöser Wertung entstehen können siehe *J. C. Wichard*, Recht und Religion im islamischen Recht, in: VRÜ 1997, S. 533 (542 f.).

[636] *Rohe*, Recht (Fn. 148), S. 12.

[637] Umfangreich zur Definition von *figh* siehe *N. Zeineddine*, Die Methodik der islamischen Jurisprudenz – Usul al-Fiqh, 2019; nach einer anderen Definition wird der *figh* als „das Verstehen des Sinnes eines Textes“ verstanden; siehe *Bauwens*, Paralleljustiz (Fn. 4), S. 62 m.w.N.

[638] *Rohe*, Recht (Fn. 148), S. 12.

meinen insbesondere den sog. Gelehrtenkonsens (arab. *idschma*) sowie Analogie und Umkehrschluss (arab. *qiyas*)[639]. Die wichtigste Quelle bei der Auslegung im Wege der *fiqh* stellen der Koran sowie die *Sunna* dar[640].

(1) Der Koran

Der „edle Koran“ (arab. *ql-qur'an al-karim*) ist das heilige Buch der Muslime und deren herausragende Schrift. Nach der Glaubensvorstellung enthält es das unerschaffene, präexistente und ewig gültige Wort Gottes als vollkommenes Gesetz und friedensschaffende Ordnung[641]. Inhaltlich gliedert sich der Koran in 114 Suren[642] mit 6200 zugeordneten Versen. In diesen werden die letzten 22 Jahre (610-632) von *Muhammads* Leben beschrieben[643].

Dabei kann dem Koran selbst aber kein abschließender Rechtscharakter zugeschrieben werden. Dies ist der Fall, da von den benannten Versen nur etwa 500 normativen Charakter haben[644].

---

639 *Bauwens*, Paralleljustiz (Fn. 4), S. 62; wobei die Schiiten den *Qiyas* als Quelle ablehnen; siehe *Rohe*, Einführung (Fn. 147), S. 17; umfangreich zu den Quellen nach der *figh* siehe noch *Zacharias*, Recht (Fn. 635), S. 116 ff.

640 *Bauwens*, Paralleljustiz (Fn. 4), S. 62; *Keshavjee*, Islam (Fn. 629), S. 61; *Rohe*, Einführung (Fn. 147), S. 16; *Zacharias*, Recht (Fn. 635), S. 116 f.

641 *Bauwens*, Paralleljustiz (Fn. 4), S. 63; *Schirrmacher*, Islam (Fn. 150), S. 449; *Zacharias*, Recht (Fn. 635), S. 43 (116 f.).

642 Die Suren gliedern sich der Länge nach in einer absteigenden Reihenfolge. Dabei werden jedoch keine abgeschlossenen Erzählungen geschildert. Vielmehr bestehen sie aus Sequenzen, die aus einem bis mehrere Verse bestehen und in der Regel wechselnde Themen zum Gegenstand haben. Beispielsweise können sich Aussagen über Gottes Handeln mit Erzählungen eines Propheten mischen. Dieses Prinzip der Anordnung der Suren birgt seither viel Grund zur Diskussion. Beispielsweise sind muslimische Theologen häufig der Auffassung, dass einige Verse aufgehoben werden müssten, da *Satan* gegenüber *Muhammad* falsche Offenbarungen gemacht hätte oder Gott sie sogar eigens ersetzt habe. Problematisch ist dabei auch, dass eine genaue Datierung der Verse – mitsamt inhaltlichen Rückschlüssen – nur schwer möglich ist und sich dabei meist grob auf die mekkannische (610-622) bzw. medinensische (622-632) Entstehungszeit beschränkt; siehe *Bauwens*, Paralleljustiz (Fn. 4), S. 63; *Schirrmacher*, Islam (Fn. 150), S. 449 f.; *Zacharias*, Recht (Fn. 635), S. 124 f.; Eine Methode zur Auflösung widersprüchlicher Normen ist die sog. Abrogation *L. Fatoohi*, Abrogation in the Qur'an and Islamic Law. A Critical Study of the Concept of "naskh" and Its Impact, 2013, S. 1 ff.; *Zacharias*, Recht (Fn. 635), S. 124 ff.

643 *Bauwens*, Paralleljustiz (Fn. 4), S. 63; *Schirrmacher*, Islam (Fn. 150), S. 449; enthalten sind vier Kategorien: Die Glaubensartikel, die religiösen Pflichten, die ethischen Vorschriften sowie die Vorschriften für die zwischenmenschlichen Beziehungen; siehe *Schirrmacher*, Islam (Fn. 150), S. 449.

644 *Bauwens*, Paralleljustiz (Fn. 4), S. 63; *Ohlenschlager*, Scharia (Fn. 85), S. 20; *Rohe*, Recht (Fn. 148), S: 48; *Zacharias*, Recht (Fn. 635), S. 122.

Gegenstand der restlichen Vorschriften sind die religiösen Pflichten und Praxen. Meist werden im Koran auch nur sog. ad-hoc Lösungen für spezielle Probleme bzw. Alltagssituationen aufgezeigt, anstatt grundlegende Vorschriften für das gesellschaftliche Zusammenleben zu statuieren.

Zusammenfassend handelt es sich beim Koran also um einen grob formulierten Verhaltenskodex für Muslime, der im Laufe der Zeit nach und nach durch Auslegung konkretisiert werden musste[645].

(2) Die islamische Überlieferung

Die Überlieferung (arab. *hadidth*) besteht aus denjenigen Textsammlungen, die die *Sunna* (Gewohnheit) *Muhammads* zum Gegenstand haben[646]. Diese wurden nach seinem Tod niedergeschrieben und schildern insbesondere, was er für gut und richtig hielt. So wird wiedergeben, welche Entscheidungen Muhammad in konkreten (Alltags-)Situationen traf[647]. Auch sind Ausführungen zu der islamischen Pflichtenlehre (den sog. Fünf Säulen), dem Ehe-, Familien- und Strafrecht, dem gesellschaftlichen Umgang, oder zum Jenseits zu finden. Dabei weist auch schon der Koran explizit darauf hin, dass man sich *Muhammads* Leben als Vorbild nehmen solle[648]. Entsprechend ist die Überlieferung auch die maßgebliche Quelle für die alltägliche Lebenspraxis der Muslime und gilt neben dem Koran als zweitwichtigste Quelle für die Scharia[649].

Dabei wird jedoch nur denjenigen Überlieferungen ein normativer Charakter zugewiesen, die *Muhammad* in der Eigenschaft als Prophet und damit nicht als „fehlbaren" Menschen als Gegenstand haben[650]. Dazu wird stetig über die Authentizität der im Wege der *figh* aufgestellten Normen gestritten. Dies ist auf die teils mangelnde Verlässlicheit[651], die sprach-

---

[645] *Keshavjee*, Islam (Fn. 629), S. 58; *Zacharias*, Recht (Fn. 635), S. 122.

[646] *Bauwens*, Paralleljustiz (Fn. 4), S. 64; *P. Janßen*, Islam und Sozialrecht, in: S. Muckel (Hrsg.), Der Islam im öffentlichen Recht des säkularen Verfassungsstaates, 2010, S. 399 (410); *Schirrmacher*, Islam (Fn. 150), S. 451.

[647] *Schirrmacher*, Islam (Fn. 150), S. 452; *Zacharias*, Recht (Fn. 635), S. 127.

[648] Beispielsweis verweist Sure 33, Vers 21 „Im Gesandten Gottes habt ihr doch ein schönes Beispiel" auf das positive Beispiel *Muhammads* als Propheten; siehe *Schirrmacher*, Islam (Fn. 150), S. 451.

[649] An diversen Stellen enthält die Überlieferung sogar Verschärfungen über den Inhalt des Korans hinaus. So wird beispielsweise die Anordnung der Todesstrafe im Falle des Ehebruchs nur von der Überlieferung vorgeschrieben; siehe ebda., S. 451.

[650] *Rohe*, Einführung (Fn. 147), S. 17; *Zacharias*, Recht (Fn. 635), S. 139 f.

[651] Dies liegt an dem Umstand, dass die einzelnen Texte erst zwei, drei Jahrhunderte nach *Muhammads* Tod entstanden sind und davon nicht alle als authentisch gewertet werden konnten. Entscheidend für eine Einordnung muslimischer Theologen als verlässliche Quellen ist vor allem, ob eine lückenlose Überlieferungskette nachgewiesen werden konnte; siehe *Schirrmacher*, Islam (Fn. 150), S.452; *Zacharias*, Recht (Fn. 635), S. 135.

liche Mehrdeutigkeit der Quellen sowie die inhaltliche Divergenz der Überlieferung zurückzuführen[652]. Einigkeit besteht zumindest darin, dass zwischen Vorschriften zu differenzieren ist, die das Verhältnis zwischen Mensch und Gott einerseits sowie das Verhältnis der Menschen untereinander andererseits regeln[653]. Das erste Verhältnis betreffend handelt es sich meist um Fragen religiös ritueller Handlungen und dabei vor allem um die sog. Fünf Säulen[654]. Was das Verhältnis der Menschen untereinander angeht, geht es um rechtliche Fragen, die die Ehe, Straftatbestände oder das Vertrags-, Gesellschafts-, Delikts- Erb- oder Prozessrecht betreffen. Diese Bereiche werden zusammenfassend *mu'āmalāt* genannt[655].

(3) Zwischenergebnis

Zusammenfassend ist der *fiqh* eine angewandte Rechtswissenschaft, die darauf abzielt, aus den islamischen Quellen die maßgeblich göttlichen Normen der Scharia herauszuarbeiten. Im Wege der Ergründung der Scharia durch *fiqh* werden insofern Normen formuliert, die der göttlichen Beurteilung für jegliche Situationen so nahe wie möglich kommen sollen. Die Scharia ist somit Gegenstand und Zielsetzung der *fiqh*. Zudem stellt die Scharia selbst kein einheitliches singuläres Gesetzbuch dar, sondern besteht mehr aus einem komplexen Normensystem mitsamt zugehöriger Auslegungs- und Interpretationsmöglichkeiten. Insbesondere, da sekundäre Rechtsfindung im Wege von Auslegung und Schlussfolgerung durch muslimische Rechtsgelehrte zur Ergründung der Normen erforderlich ist[656].

Hinsichtlich der Deklaration als islamisches Recht ist zuletzt entscheidend, dass zwischen *religiösen* Normen, die das Verhältnis der Menschen zu Gott (insb. die „fünf-Säulen") betreffen sowie *rechtlichen* Normen (wie dem Straf- oder Vertragsrecht) differenziert werden muss[657]. Als Konsequenz stellt sich jedoch die Frage, ob anhand dieser Ausführungen eine klare Abgrenzung rechtlicher Vorschriften von beispielsweise ausschließlich moralisch

---

652 *Rohe*, Recht (Fn. 148), S. 12.

653 Ebda., S. 12 f.

654 Positiv drückt sich der islamische Glaube vor allem in der täglichen Befolgung der sog. fünf Säulen aus. Diese setzen sich aus dem öffentlichen Glaubensbekenntnis zur Einzigartigkeit Gottes, dem täglichen, fünfmaligen rituellen Gebet, der Leistung von Almosen an Bedürftige, dem Fasten während des Monats Ramadan und der Pilgerfahrt nach Mekka zusammen; siehe *Schirrmacher*, Islam (Fn. 150), S. 436 ff.

655 Ebda., S. 13.

656 Beispielsweise ergibt sich je nach sunnitischer oder schiitischer Auslegung ein unterschiedliches Rechtssystem; siehe ebda., S. 16; zu der Historie der einzelnen Rechtsschulen siehe *Zacharias*, Recht (Fn. 635), S. 73 ff.; aufgrund der diversen Auslegung der Rechtsschulen kann daher auch nicht von *dem* islamischen Recht die Rede sein; siehe *Wichard*, Recht (Fn. 635), S. 533.

657 *Zacharias*, Recht (Fn. 635), S. 152 ff.; diese Differenzierung könnte auch dahingehend relevant sein, dass der Charakter einer islamisch-*rechtlichen* Norm in Abgrenzung zu einer islamisch *religiösen* Norm unter Umständen nicht dem Schutz der Religionsfreiheit nach Art. 4 Abs. 1, 2 GG unterfallen könnte; siehe *Rohe*, Recht (Fn. 148), S. 341 ff.

oder kulturell geprägten Normen möglich ist[658]. Angesichts der Auslegungsbedürftigkeit der Quellen des islamischen Rechts nach der *fiqh* und der damit verbundenen Meinungsvielfalt innerhalb der nicht geschlossenen muslimischen Gemeinschaft mitsamt den divergierenden Rechtsschulen kann mit Blick auf die „Paralleljustiz" wohl zumindest keine pauschalisierte Antwort gefunden werden. Viel mehr wäre auch auf die Auslegung kleiner, lokal angesiedelter Gruppierungen im Einzelfall Rücksicht zu nehmen[659].

cc) *ṣulḥ* innerhalb islamisch (-rechtlicher) Normen

Grundsätzlich kann diejenige Variante der „Paralleljustiz" als islamisch bezeichnet werden, bei der Imame als Schlichter auftreten und sich im Rahmen der Sachentscheidungen *unmittelbar* auf die Scharia berufen[660].

Fraglich ist, ob dieser kategorische Ausschluss auch für den vermeintlich rein traditionellen Typ der Schlichtung gilt, der auch bei muslimisch stämmigen Menschen verortet wird.

Nach *Wittreck* habe diese Variante nahöstliche Ursprünge und basiere auf der sog. *ṣulḥ*-Schlichtung[661]. Entsprechend gilt es erst einmal zu klären, ob sich die empirischen Erkenntnisse in Deutschland auch tatsächlich unter das benannte *ṣulḥ*-Verfahren subsumieren lassen. Darüber hinaus gilt es zu klären, ob nicht auch diese Form der Konfliktbeilegung Eingang in den Islam bzw. das islamische Recht gefunden hat und falls ja, in welchem Rahmen. Einleitend handelt es sich bei *ṣulḥ* (*arab.* für Frieden oder Aussöhnung)[662] um eine institutionalisierte, aber dennoch informelle Variante von Streitbeilegung, deren historische Wurzeln[663] bis in die vorislamische Zeit zurückgreifen[664] und bis heute in den verschiedensten

---

658 Ohnehin sind religiöse und moralische Belange im islamischen Recht miteinander verwoben, was unter anderem auf die parallel verlaufende Entstehungsgeschichte von Recht und Religion des Islam zurückgeführt werden kann; siehe *Zacharias*, Recht (Fn. 635), S. 151.

659 Ebda., S. 156 f.

660 Wobei damit wohl insbesondere auf die Anwendung islamischer Normen im Rahmen der Sachentscheidungen von Paralleljustiz verwiesen wird; siehe *Heisig*, Geduld (Fn. 12), S. 182; *Rohe/Jaraba*, Paralleljustiz (Fn. 6), S. 148; *Wagner*, Richter (Fn. 1), 63 ff.; 274 ff.

661 *Wittreck*, Justiz (Fn. 26), S. 27; auch *Rohe* und *Jaraba* haben in der Studie zum Land Berlin einen Einfluss des *ṣulḥ*-Verfahrens auf strafrechtliche Fälle erkannt; siehe *Rohe/Jaraba*, Paralleljustiz (Fn. 6), S. 82 ff.

662 *U. Qubaja*, Fallstudie von ders.: Ein Ṣulḥ-Verfahren nach einem tödlichen Unfall in der Region Hebron – Wahlmöglichkeiten und Normen im Kontext von rechtlichem Pluralismus, in: GAIR-Mitteilungen 6 (2014), S. 207 (207); *Al-ṣulḥ* leitet sich von arab. *Ṣalaḥa* ab, was wörtlich so viel wie Lösung eines Konflikts im Wege eines Kompromisses bedeutet; siehe *N. Ab Aziz/N. Hussin*, The Application of Mediation (Sulh) in Islamic Criminal Law, in: Shariah Journal 24/1 (2016), S. 115 (115); *Z. Islam*, Provision of Alternative Dispute Resolution Process in Islam, in: Journal of Business and Management 6/3 (2012), S. 31 (31).

663 Beispielsweise siehe zu *ṣulḥ* während der Osmanenherrschaft in Ägypten; siehe *J. Baldwin*, Islamic Law and Empire in Ottoman Cairo, 2017, S. 49 ff.

664 Die arabische Halbinsel war ursprünglich von einer Stammeskultur geprägt, die in der Abstammung von gemeinsamen Vorfahren gründete und den Mittelpunkt des Soziallebens einnahm. Zum Zwecke der Streitschlichtung bei einem Konflikt zwischen Stämmen bzw. Familien

Ländern praktiziert wird[665]. Dabei ist *ṣulḥ* jedoch nur eine von vielen Varianten der (außergerichtlicher) Streitbeilegung in islamisch geprägten Regionen[666]. Das Konzept von *ṣulḥ* ist im Nahen Osten allgemein anerkannt und wird dort regelmäßig praktiziert. Die konkrete Ausformung des Verfahrens ist jedoch aufgrund unterschiedlicher örtlicher Bräuche und Sitten sehr divers in seiner Anwendung. Trotz der unterschiedlichen örtlichen Anwendung sind die Kernelemente von *ṣulḥ* stets dieselben[667].

(1) Grundzüge von *ṣulḥ*

So folgt *ṣulḥ* stets einem klar strukturierten Ablauf und zielt dabei maßgeblich auf die Aussöhnung von zerstritten Parteien im Wege eines Kompromisses ab[668]. Als Parteien stehen sich regelmäßig verfeindete Familienclans gegenüber[669], die nicht unbedingt eine muslimische Identität aufweisen müssen[670]. Inhaltlich verhandelt werden Schuldeingeständnisse, Vergebung sowie materielle Entschädigungen in deren Zuge die Ehre und Würde der zerstrittenen Parteien wiederhergestellt werden soll. Hinter *ṣulḥ* steht also der Versuch, Aussöhnung und Ausgleich (arab. *musalaha*) in Einklang zu bringen[671]. Die Streitbeilegung

---

gaben sie sich aufgrund von Gewohnheitsrecht zwei Prinzipien: Kollektive Verantwortung sowie die Prinzipien von Vergeltung oder alternativer Entschädigung. Damit sollte im Streitfall eine friedliche Lösung zwischen den Konfliktparteien erzielt werden. Zum tribalen Ursprung von *ṣulḥ* siehe *A. Al-Ramahi*, Sulh: A Crucial Part of Islamic Arbitration, in: LSE Law, Society and Economy Working papers 12 (2008), S. 1 (3 ff.).

665 *H. Fenz*, SULH – Islamische Mediation, in: Spektrum der Mediation 51 (2013), S. 5; das Konzept des Friedensschlusses war das erste Mittel arabischer Stammesgesellschaften um in- und externe Konflikte zu besänftigten; siehe *J. Bergner*, Außergerichtliche Konflikteinigung in der islamischen Welt: Alternative Konflikteinigungsmethoden in der islamischen Tradition und deren Umsetzung in der Moderne, 2015, S. 8 ff.

666 Neben *ṣulḥ* steht beispielsweise der formelle und offizielle Gerichtsprozess (arab. *Qada*), bei dem verbindliche Urteile gesprochen werden sowie *takim* als freiwilliges Schiedsgerichtsverfahren, dessen Urteile zwar auch bindend sind, dabei jedoch Einfluss auf die Berufung der Schlichter genommen werden kann; siehe *Fenz*, SULH (Fn. 665), S. 5; *Islam*, Dispute (Fn. 662), S. 31.

667 *H.-C. Rohne*, Cultural Aspects of Conflict Resolution – Comparing Sulha and Western Mediation, in: H.-J. Albrecht/J.-M. Simon u.a. (Hrsg.), Conflicts and Conflict Resolution in Middle Eastern Societies: Between Tradition and Modernity, 2006, S. 187 (189); dabei ist anzumerken, dass der Autor für das dargestellte Verfahren den Übergeordneten Begriff „*sulha*“ verwendet, wobei er mit „*ṣulḥ*“ die Hauptphase der Einigung bezeichnet. Nach *Bergner* können aber beide Termini als Synonym verstanden werden; siehe *Bergner*, Konflikteinigung (Fn. 665), S. 8 Fn. 16.

668 *Fenz*, SULH (Fn. 665), S. 4 f.

669 *Wittreck*, Justiz (Fn. 26), S. 27; wobei bei *ṣulḥ* eine vielfältige Anwendung zwischen allen möglichen Personenkonstellationen denkbar ist und so beispielsweise auch Konflikte zwischen Individuen lösbar sind; siehe *Fenz*, SULH (Fn. 665), S. 5.

670 Ebda., S. 5.

671 Ebda., S. 4.

nach *ṣulḥ* kann universell bei allen möglichen Streitigkeiten Anwendung finden[672]. So werden sowohl zivilrechtlich relevante Fälle wie Ehe- oder Erbstreitigkeiten, als auch strafrechtliche Fälle geschlichtet[673]. Die Parteien können dabei entweder eigenständig untereinander verhandeln oder dazu Dritte bzw. einen Mittelsmann als Mediator einsetzen[674]. Im Falle der Einschaltung eines solchen Mediators – bei dem es sich um ein anerkanntes soziales Oberhaupt[675] oder auch um einen geistlichen Würdenträger[676] handeln kann – versucht dieser zwischen den unterschiedlichen Ansichten der Parteien hinsichtlich des Streitgegenstands zu vermitteln, um einen Interessenausgleich zu erreichen. Dabei kann ein alleiniger Schlichter als auch eine Gruppe mit der Versöhnung beauftragt werden. Die von den Parteien erstrebte Einigung wird im Wege dreier Etappen erreicht: Zunächst wird der Verlust – sei es eine Ressource oder ein Mensch – ermittelt, danach die Entschädigung in Abhängigkeit zu diesem Verlust bestimmt und schlussendlich die klaren Bedingungen für die Streitbelegung ausgehandelt[677]. Bei der folgenden Vermittlung geht es dann vor allem um die Gesichtswahrung der Parteien bzw. darum, dass diese ihre Ehre bewahren können[678]. Allgemein endet die Einigung im Wege der Aufsetzung eines die Parteien bindenden Vertrags. Die Bindungswirkung ist dabei auch darauf zurückzuführen, dass im Falle vertragswidrigen Verhaltens sowohl der Schlichter als auch die ablehnende Partei sozial diskreditiert werde würde. Eine solche Diskreditierung widerspricht dem übergeordneten Gedanken, den Ruf der Familie bzw. des Stammes zu schützen[679].

(2) Parallelen des *ṣulḥ*-Verfahrens zu der „Paralleljustiz“

Vor einer Einordnung in das islamische Normensystem gilt es zu klären, ob die in Deutschland ausgeübte „Paralleljustiz“ in ihren Strukturen dem des *ṣulḥ*-Verfahrens gleicht.

Zunächst wird der Verfahrensablauf dahingehend beschrieben, dass universelle Konflikte zwischen Einzelpersonen als auch Familien in einem standardisierten Verfahren geschlichtet werden, das schlussendlich in einer schriftlichen Vereinbarung mündet. Zudem finden sich bei seiner Schlichtung auch die Grundprinzipien von *ṣulḥ* in Form der Aussöhnung von

---

672 *Bergner*, Konflikteinigung (Fn. 665), S. 15 f.; *Fenz*, SULH (Fn. 665), S. 5; *Rohne*, Aspects (Fn. 667), S. 189.

673 *Ab Aziz/Hussin*, Sulh (Fn. 662), S. 115; *Bergner*, Konflikteinigung (Fn. 665), S. 15.

674 *Ab Aziz/Hussin*, Sulh (Fn. 662), S. 116.

675 In früheren Tagen wurde das Amt des Schlichters innerhalb bestimmter Familien vererbt. Heute werden Männer auch häufig aufgrund eigens erworbenen Ansehens zu Schlichtern ernannt und verfügen dabei auch regelmäßig über eine formelle Ausbildung; siehe *Qubaja*, Ṣulḥ-Verfahren (Fn. 662), S. 212, Fn. 16.

676 Dem widerspricht *Wittreck*, indem er ausführt, dass ausdrücklich nicht geistliche Funktionäre, sondern Honoratioren und spezialisierte Unterhändler als Vermittler auftreten würden; siehe *Wittreck*, Justiz (Fn. 26), S. 27.

677 *Fenz*, SULH (Fn. 665), S. 5.

678 Ebda., S. 6.

679 Ebda., S. 4 ff.

zerstrittenen Parteien im Wege eines durch eine Mittelsperson verhandelten Kompromisses wieder. Zudem findet sich auch der Versuch, Aussöhnung und Ausgleich bei universellen Streitigkeiten zu erreichen und dabei die Ehre der Beteiligten zu wahren, wieder[680]. Entsprechendes ergibt sich zudem aus der Studie zu Baden-Württemberg[681]. Insbesondere die Studie zu dem Land Berlin verweist ausdrücklich in dem Kapitel „Die Versöhnung (arabisch: Sulh) und ihre Instrumente" auf erkannte Parallelen zu dem *ṣulḥ*-Verfahren[682].

Zusammenfassend finden sich in jedem Fall die Grundprinzipien von *ṣulḥ* in der in Deutschland ausgeübten „Paralleljustiz" wieder.

(3) Verankerung von *ṣulḥ* in islamischen Normen

Fraglich ist nun, ob *ṣulḥ* ein rein traditionelles oder gar religiöses Konstrukt ist, das etwa der Scharia im Wege des *figh* entnommen werden kann.

(a) Unterstellung einer maßgeblich tradionell bedingten Praxis

Erst einmal handelt es sich nach *Wittreck* bei *ṣulḥ* um ein rein traditionelles Verfahren, das ausdrücklich „dezidiert nicht religiös konnotiert" sei[683]. So sei dieses auch für diverse Regionen Palästinas gut erforscht und stünde dort als Streitbeilegungsmechanismus selbstständig neben der religiösen sowie der staatlichen Gerichtsbarkeit. Als Argument gegen eine religiöse Inspiration spreche insbesondere, dass *ṣulḥ* auch von Anhängern anderer Religionsgemeinschaften, wie beispielsweise orientalischen Christen, praktiziert werde und somit nicht ausschließlich bei Muslimen zu finden sei[684]. Auch die Islamwissenschaftlerin *Qubaja* ordnet das *ṣulḥ*-Verfahren dem Gewohnheitsrecht palästinensischer Clans zu. Dabei führt

---

680 Siehe dazu insbesondere noch die Ausführungen des Berliner Friedensrichters *Allouche*: *A. Kaminski/F. Nolte*, „Ich will nur Frieden, Ruhe und Sicherheit". Interview mit dem Berliner deutsch-libanesischer „Friedensrichter" Hassan Allouche, in: Betrifft JUSTIZ 108 (2011), S. 173 (173 ff.); *Ç. Akyo*, Friedensrichter, die Bestrafung verhindern, in: Zeit online, https://www.zeit.de/gesellschaft/zeitgeschehen/2012-05/friedensrichter-islam-justiz (1.10.2023).

681 *Rohe*, Studie (Fn. 22), S. 5 ff.

682 Dabei definieren *Rohe* und *Jaraba* das *ṣulḥ*-Verfahren gleichsam als Instrument zur Beilegung interner Streitigkeiten von Clans, mit dem Unruhe und Gewalt bis hin zu Blutrache verhindert werden soll. Dabei werde unter Umständen auch mit der Polizei kooperiert. Konkret würden angesehene Autoritäten der berlinischen arabischen Gemeinschaft einen schnellen, befristeten „Waffenstillstand" zwischen den Familien erzielen, der den eigentlichen Verhandlungen vorausginge. Dieser Waffenstillstand entspricht ausdrücklich den Ausführungen zu der vorausgeschalteten *hudna*. Entsprechend beschreiben die Autoren die eigentliche Verhandlungsphase dahingehend, dass durch gegenseitige Annäherung eine verbindliche Einigung erzielt und als Resultat eine Entschädigungszahlung geleistet wird. Auch diese Ausführungen entsprechen der zuvor getätigten Definition von *ṣulḥ* insofern, als dass eine solche Entschädigungszahlung dem Konstrukt der *dija* gleicht; siehe *Rohe/Jaraba*, Paralleljustiz (Fn. 6), S. 72 ff.

683 *Wittreck*, Justiz (Fn. 26), S. 27.

684 Ebda., S. 26 f.

sie jedoch auch aus, dass sich die normativen Systeme des schariatisch geprägten Rechts und des Gewohnheitsrechts der Clans nicht eindeutig voneinander abgrenzen lassen. Dies sei der Fall, da sich die Systeme im Laufe der Zeit gegenseitig beeinflusst und so beidseitig Normbestände integriert hätten[685].

(b) Religiöse Bezüge

Anzumerken ist in diesem Rahmen, dass sich die Historie von *ṣulḥ* zwar weit in die vorislamische Zeit zurückverfolgen lässt, sich das Verfahren aber im Laufe der Zeit zu einem elementaren Bestandteil der islamischen Kultur und so letztlich zu einem eigenständigen islamischen Konfliktbeilegungsmechanismus entwickelt hat[686]. Auch mit Blick auf *Qubajas* Ausführungen muss an dieser Stelle darauf hingewiesen werden, dass eine Verquickung von Kultur und Religion kein Widerspruch für die Annahme zu einer letztlich religiös motivierten Handlung ist, da sich beide Aspekte stetig beeinflussen und daher nicht voneinander trennen lassen[687]. Folglich verwundert es nicht, dass dieses ursprünglich traditionelle Streitbeilegungsverfahren Eingang in den Koran[688] gefunden hat und zudem der Sunna[689] zu entnehmen ist. Auch existieren entsprechende Aussprüche von Imamen sowie muslimischen Rechtsgelehrten[690]. Aufgrund der Nachweise in diesen Quellen[691] seien sich sogar die sonst zerstrittenen Glaubensrichtungen über die Anerkennung von *ṣulḥ* einig[692].

---

685 *Qubaja*, Ṣulḥ-Verfahren (Fn. 662), S. 207, 220; in diesem Rahmen erkennt *Maisel* in der von *ṣulḥ* angestrebten Versöhnung eine religiöse Legitimierung, die ihre Wurzeln jedoch in einer Stammeskultur habe; siehe *S. Maisel*, Das Gewohnheitsrecht der Beduinen: Der Stellenwert von Urf in den Rechtsvorstellungen tribaler Gruppen im Norden der Arabischen Halbinsel, 2006, S. 251.

686 *Fenz*, SULH (Fn. 665), S. 5; *Rohne*, Aspects (Fn. 667), S. 188.

687 Instruktiv zu einer Wechselwirkung von Religion und Kultur siehe *K. v. Stosch, S. Schmitz, M. Hofmann*, Einleitung, in: dies. (Hrsg.), Kultur und Religionen: Eine interdisziplinäre Bestandsaufnahme, S. 7 (7 ff.).

688 *Ab Aziz/Hussin*, Sulh (Fn. 662), S. 115; *N. Abdul Hak/H. Ambaras Khan*, The Application of Sulh in Resolving Community Disputes, in: SSRN Electronic Journal 2013, S. 1 (1 f.); *Bergner*, Konflikteinigung (Fn. 665), S. 6; *Islam*, Dispute (Fn. 662), S. 31; *Keshavjee*, Islam (Fn. 629), S. 66 f.

689 *Ab Aziz/Hussin*, Sulh (Fn. 662), S. 118 f.; *Bergner*, Konflikteinigung (Fn. 665), S. 7; *Keshavjee*, Islam (Fn. 629), S. 66 f.

690 Einleitend zu einem im Islam gründenden Auftrag an Muslime, einvernehmliche Lösungen in Konfliktfällen zu finden, siehe *Al-Ramahi*, Sulh (Fn. 664), S. 10 ff.

691 Dazu der Hinweis, dass der Scharia keine eindeutige Trennung zwischen allgemeiner Streitbeilegung und dem speziellen *ṣulḥ*-Verfahren zu entnehmen ist, was Rechtsgelehrte jedoch nicht davon abhält, die nachfolgenden Verse dennoch als ausdrücklichen Rückschluss auf *ṣulḥ* zu verstehen; siehe *Ab Al-Ramahi*, Sulh (Fn. 664), S. 12.

692 *Keshavjee*, Islam (Fn. 629), S. 66.

(aa) *ṣulḥ* im Rahmen des Korans

Konkret kann der Auftrag zu der Betreibung von *ṣulḥ* vor allem den Koranversen 49:9, 49:10, 4:35 und 4:114 entnommen werden[693]. Diese Verse werden folgend in Kürze mitsamt dem möglichen Bezug zu *ṣulḥ* dargestellt. Dabei steht häufig der Wert der Versöhnung als „bestes" Urteil und Zielsetzung von *ṣulḥ* im Vordergrund[694]:

> „Und wenn zwei Parteien der Gläubigen miteinander streiten, so stiftet Frieden unter ihnen; und wenn sich die eine gegen die andre vergeht, so kämpftet gegen die, welche sich verging, bis sie zu Allahs Befehl zurückkehrt. Und wenn sie zurückkehrt, so stiftet Frieden unter ihnen in Billigkeit und übt Gerechtigkeit. Siehe, Allah liebt die Gerechtigkeit Übenden." (49:9)[695].

> „Die Gläubigen sind Brüder; so stiftet Frieden unter euern Brüdern und fürchtet Allah; vielleicht findet ihr Barmherzigkeit." (49:10)[696].

Aus diesen Versen geht der grundsätzliche Auftrag zu einer einvernehmlichen Lösung von Streitigkeiten unter Muslimen hervor[697].

> „Und so ihr einen Bruch zwischen beiden (Mann und Weib) befürchtet, dann sendet einen Schiedsrichter von ihrer Familie und einen Schiedsrichter von seiner Familie. Wollen sie sich aussöhnen, so wird Allah Frieden zwischen ihnen stiften. Siehe Allah ist wissend und weise." (4:35)[698].

Diesem Vers kann die Einschaltung von Dritten als streitlichtende Schiedsrichter (bzw. „Friedensrichter") zur Moderation der Streitschlichtung zwischen Mann und Frau entnommen werden[699].

> „Nichts Gutes ist in einem großen Teil ihrer geheimen Reden, es sei denn, wenn einer Almosen [sic] oder was Rechtens ist oder Frieden unter den Menschen gebietet. Und wer solches tut im Trachten nach Allahs Huld, wahrlich, dem werden Wir gewaltigen Lohn geben." (4:114)[700].

---

693 *Ab Aziz/Hussin*, Sulh (Fn. 662), S.117 f.; *Al-Ramahi*, Sulh (Fn. 664), S. 13; *Bergner*, Konflikteinigung (Fn. 665), S. 6 f.; *Fenz*, SULH (Fn. 665), S. 5.; *Hak/Khan*, Sulh (Fn. 688), S. 3; *Islam*, Dispute (Fn. 662), S. 32; *Keshavjee*, Islam (Fn. 629), S. 66 f.

694 *Bergner*, Konflikteinigung (Fn. 665), S. 6; an dieser Stelle auch noch einmal der Hinweis, dass *ṣulḥ* selbst mit Versöhnung oder Frieden übersetzt werden kann.

695 Henning, Koran (Fn. 36), 49:9.

696 Ebda., 49:10.

697 *Ab Aziz/Hussin*, Sulh (Fn. 662), S.117.

698 Henning, Koran (Fn. 36), 4:35.

699 *Al-Ramahi*, Sulh (Fn. 664), S. 13; *Hak/Khan*, Sulh (Fn. 688), S. 3; *Wagner*, Richter (Fn. 1), S. 252.

700 Henning, Koran (Fn. 36), 4:114.

Dieser Vers motiviert zu der gütlichen Beilegung von Streitigkeiten im Wege von Gerechtigkeit und Fairness[701].

(bb) *ṣulḥ* im Rahmen der Überlieferung

Dazu ist bekannt, dass *Muhammad* selbst ein Unterstützer von *ṣulḥ* war und seine Mitmenschen auch aktiv dazu ermutigte[702]. Dabei trat er auch selbst als Schlichter auf[703]. Belegt ist dies beispielsweise in diversen Hadithen, die der Sammlung *Sahīh al-Buchārī*[704] entnommen werden[705]. Danach werden dem Propheten folgende Aussagen zugerechnet:

> „Der Prophet Muhammad war der Ansicht, dass jemand, der zum Zwecke der Friedensstiftung zwischen den Menschen positive Dinge stiftet beziehungsweise Gutes spricht, kein Lügner sei."
>
> „Jedem Menschen obliegt dem Propheten zufolge die Pflicht einer ṣadaqa (freiwillige Gabe, gute Tat) für jedes Gelenk seines Körpers und an jedem Tag, an dem die Sonne aufgeht und das Schlichten zwischen den Menschen ist eine geleistete ṣadaq."[706]

Ergänzend gibt es mindestens zwei aufgezeichnete Vorfälle, bei denen der Prophet zwischen Kriegsparteien versöhnend vermittelte[707].

(cc) Zwischenergebnis

Der zuvor dargestellten Gesamtschau kann mit guten Argumenten ein islamischer Auftrag zur prozessualen Betreibung von *ṣulḥ* bzw. der „Paralleljustiz" entnommen werden[708]. Dabei werden als Parteien zerstrittene Muslime adressiert und *ṣulḥ* funktioniert dabei als weltlicher Mechanismus (forum externum) zur Streitschlichtung. Demnach kann der Auftrag zu

---

701 *Islam*, Dispute (Fn. 662), S. 32.

702 *Al-Ramahi*, Sulh (Fn. 664), S. 13 f.; *Bergner*, Konflikteinigung (Fn. 665), S. 7; *Hak/Khan*, Sulh (Fn. 688), S. 4; *Islam*, Dispute (Fn. 662), S. 32; *Keshavjee*, Islam (Fn. 629), S. 67.

703 *Al-Ramahi*, Sulh (Fn. 664), S. 14; *Bergner*, Konflikteinigung (Fn. 665), S. 7; *Islam*, Dispute (Fn. 662), S. 32.

704 Mit *Sahīh al-Buchārī* wird diejenige Sammlung von Hadithen bezeichnet, die auf den islamischen Gelehrten *Muḥammad ibn Ismāʿīl al-Buchārī* zurückgeht; siehe D. Ferchl (Übers.), Aal-Buḫārī: Die Sammlung der Hadithe, 2010.

705 *Bergner*, Konflikteinigung (Fn. 665), S. 7; *Ab Aziz/Hussin*, Sulh (Fn. 662), S.118; *Islam*, Dispute (Fn. 662), S. 32.

706 Beide Übersetzungen nach *Bergner*, Konflikteinigung (Fn. 665), S. 7; englische Übersetzungen sind zu finden bei *Islam*, Dispute (Fn. 662), S. 32.

707 Nach den hadithen schlichtete *Muhammad* einen Streit zwischen Angehörigen des *Bani Amr bin ,Auf Bani Amr bin ,Auf*-Stammes; siehe *Islam*, Dispute (Fn. 662), S. 32.

708 Für einen entsprechenden Überblick zu der Anerkennung von *ṣulḥ* seitens der diversen Rechtsschulen siehe *Al-Ramahi*, Sulh (Fn. 664), S. 15.

ṣulḥ folglich als islamische *Rechtsnorm* angesehen werden, da das Handeln der Menschen untereinander im Diesseits geregelt wird[709].

Anzuzweifeln wäre jedoch der Grad der Verbindlichkeit. Denn alternativ oder ergänzend zu *ṣulḥ* werden im Wege des sog. forum shoppings[710] auch häufig andere Streitbeilegungsmechanismen, wie solche der staatlichen Justiz, genutzt[711].

dd) Anwendung islamischer Normen in der Diaspora

Unabhängig von einer Verbindlichkeit von *ṣulḥ* sowie dem *ayat al dayn* muss auch diskutiert werden, inwieweit Muslime in der (deutschen) Diaspora[712] überhaupt dazu angehalten sind (solch) islamische Normen anzuwenden.

Nach der klassischen Theorie des islamischen Rechts- und Gesellschaftssystems im Mittelalter wurde die Welt in das sog. Gebiet des Islams (arab. *dār al-Islām*) sowie das sog. Gebiet des Krieges (arab. *dār al-Harb)* geteilt[713]. Zu *dār al-Islām* wurden jede Länder gezählt, in dem sich die Menschen zum islamischen Glauben bekennen und islamische Gesetze das Fundament der staatlichen Gesellschaftsordnung bildeten. Gebiete des *dār al-Harb* wiesen dagegen keine solchen islamischen Herrschaftsmerkmale auf[714]. Dabei verpflichtete die

---

[709] Dazu erneut der Hinweis, dass der Charakter einer islamisch *rechtlichen* Norm unter Umständen dem Schutz der Religionsfreiheit nach Art. 4 Abs. 1, 2 GG entgegenstehen könnte; siehe *Rohe*, Recht (Fn. 148), S. 341 ff.

[710] Mit forum shopping wird der Versuch einer Prozesspartei bezeichnet, einen rechtlichen Sachverhalt vor demjenigen Gericht verhandeln zulassen, von dem man aus der eigenen Perspektive ein möglichst günstiges (materielles) Ergebnis erwartet. Dies beispielsweise durch die Wahl eines bestimmten Gerichtsstands; siehe *G. Groh*, in: K. Weber (Hrsg.), Creifelds Rechtswörterbuch, 23. Aufl. 2019, S. 772; mit Bezug auf die „Paralleljustiz" siehe noch *Elliesie u.a.*, Konfliktregulierung (Fn. 8), S. 6; *Elliesie/Rigoni*, Paralleljustiz (Fn. 21), S. 21.

[711] *Qubaja*, Ṣulḥ-Verfahren (Fn. 662), S. 208; wobei gerade dieser Grad an Flexibilität als charakteristisch für die stetig im Wandel befindliche Scharia beschrieben wird *Al-Ramahi*, Sulh (Fn. 664), S. 13.

[712] Der Begriff „Diaspora" geht auf das altgriechische Wort *diasporá* zurück, welches mit „Zerstreuung" übersetzt werden kann. Erfasst werden damit Menschen, die sich von ihrem Heimatort räumlich wegbewegen. An dieser Stelle ist Deutschland als nicht-islamisch geprägter Staat gemeint. Umfassende Ausführungen zur Begrifflichkeit bei *R. Meyer*, Diaspora: Eine kritische Begriffsbestimmung, 2005, S. 8 ff.

[713] *Bauwens*, Paralleljustiz (Fn. 4), S. 97; teilweise wird auch eine dritte Kategorie namens „Gebiet des Vertrages" (arab. *Dār-al-ahd*) genannt, welche sich im Gegensatz zum *dār al-Harb* durch eine Toleranz des Islams auszeichnet; siehe *U. Matyssek*, Zum Problem der Trennung von Religion und Politik im Islam, in: S. Muckel (Hrsg.), Der Islam im öffentlichen Recht des säkularen Verfassungsstaates, 2010, S. 158 (181); *U. Spuler-Stegemann*, Muslime in Deutschland: Informationen und Klärungen, 2002, S. 304.

[714] *A. T. Khoury*, In einem nicht-islamischen Land leben?, in: ders./P. Heine/J. Oebbecke, Handbuch Recht und Kultur des Islams in der deutschen Gesellschaft. Probleme im Alltag – Hintergründe – Antworten, 2001, S. 276 (282 f.); *ders.*, Was sagt der Koran zum Heiligen Krieg?, 2. Aufl. 2007, S. 13; *Matyssek*, Problem (Fn. 713), S. 181.

klassische Theologie Muslime im Gebiet des *dār al-Harb* die Islamisierung voranzutreiben, um ein Gebiet des *dār al-Islām* zu schaffen[715]. Bis heute ist jedoch Gegenstand von Diskussionen, ob oder inwiefern die genannte Einteilung mitsamt Verpflichtungen noch angezeigt ist[716]. Diese Diskussion ist insofern entscheidend, da es sich bei Deutschland um ein Land mit säkularer Herrschaftsform handelt und so dem *dār al-Harb* unterfällt.

Entscheidend ist, dass sich heute die meisten Muslime in Europa nach einer zeitgenössischen Auslegung der sog. Hanafitischen Rechtsschule[717] richten. Diese gesteht ein, dass die uneingeschränkte Lebensweise nach islamischen Vorschriften in der Diaspora angesichts der kulturellen Vielfalt der Länder kaum zu realisieren sei[718]. Entsprechend sei das Recht des jeweiligen Lebensraums grundsätzlich anzuerkennen[719], Muslime müssten jedoch untereinander – zumindest soweit möglich – islamisches Recht für sich anwenden[720].

Zusammenfassend ist entscheidend, dass Muslime im Einzelfall für den nicht-muslimisch geprägten Lebensraum Deutschland darlegen können, dass es nach ihrem persönlichen (klassischen) Verständnis aufgrund einer Einordnung als *dār al-Harb* zwingend ist, ihr Leben so weit wie möglichen nach islamischen Normen zu gestalten. Selbst nach einer liberalen Auslegung scheint zumindest die Heranziehung islamischer Normen untereinander – wie es bei „Parallejustiz" der Fall ist – angezeigt[721]. Dies könnte eine informelle Streitschlichtung nach dem *ṣulḥ*-Verfahren einschließen.

---

715 Im Falle des Scheiterns solle dagegen in ein *dār al-Islām* geprägten Land ausgewandert werden; siehe *Bauwens,* Paralleljustiz (Fn. 4), S. 97*; Matyssek*, Problem (Fn. 713), S. 181.

716 So wird teilweise an der ursprünglichen Auffassung festgehalten, nach der ein Land nur als *dar al-Islam* bezeichnet werden kann, wenn der Islam bedingungslos anerkannt wird und Muslime sowohl die Mehrheit der Bevölkerung bilden, als auch die staatliche Vorherrschaft inne haben. Dem gegenüber gibt es auch diverse Stimmen, die weniger starke Anforderungen für eine solche Deklaration stellen: So lassen es einige damit genügen, wenn vor Ort auch nur eine Minderheit islamisches Gesetz befolgt, oder wenn islamisches Recht zumindest in größerem Umfang angewandt werden kann. Zuletzt könnte es nach einer Auffassung auch genügen, wenn religiöse Pflichten ungestört ausgeübt werden und Muslime mangels offensichtlicher Feindseligkeit in Sicherheit leben könnten. Als Indiz könnte beispielsweise eine ungehinderte Ausübung kultischer Handlungen, wie das Freitagsgebet, dienen; siehe *Bauwens*, Paralleljustiz (Fn. 4), S. 98; *B. Johansen*: Staat, Recht und Religion im sunnitischen Islam – Können Muslime einen religionsneutralen Staat akzeptieren?, in: H. Marré/J. Stüting (Hrsg.), Essener Gespräche zum Thema Staat und Kirche 20 (1986), S. 12 (12 ff.); *Khoury*, Land (Fn. 714), S. 283 f.; *Matyssek*, Problem (Fn. 713), S. 181 f.

717 Die Hanafitische Rechtsschule geht auf den Gelehrten *Abu Hanifa* (verstorben 767) zurück und zählt zu den (vier) Rechtsschulen der Sunniten; siehe *B. Radtke*, Der sunnitische Islam, in: W. Ende/U. Steinbach (Hrsg.), Der Islam in der Gegenwart, 5. Aufl. 2005, S. 55 (65).

718 *Bauwens,* Paralleljustiz (Fn. 4), S. 98; *Khoury*, Land (Fn. 714), S. 278; *Matyssek*, Problem (Fn. 713), S. 183.

719 *Bauwens,* Paralleljustiz (Fn. 4), S. 98; *Johansen*, Staat (Fn. 716), S. 20; *Khoury*, Land (Fn. 714), S. 281; *Matyssek*, Problem (Fn. 713), S. 183.

720 *Bauwens,* Paralleljustiz (Fn. 4), S. 98; *Johansen*, Staat (Fn. 716), S. 20; *Matyssek*, Problem (Fn. 713), S. 183; *Rohe*, Islam (Fn. 43), S. 72, 93 ff.

721 *Bauwens,* Paralleljustiz (Fn. 4), S. 98.

c) Zwischenergebnis

Es liegt nahe, dass Muslime in Deutschland anhand ihres Selbstverständnisseses glaubhaft darlegen können, dass sie sich wegen ihrer religiösen Zugehörigkeit zum Islam zu der Ausübung von der „Paralleljustiz" berufen fühlen und dies augenscheinlich aufgrund islamischer (Rechts-)Normen. Dabei muss jedoch erneut darauf hingewiesen werden, dass das Phänomen vielschichtig ist und sich Art und Weise des Betreibens von *ṣulḥ* je nach Auslegung bzw. Rechtsschule unterscheiden kann. Auch erscheint es wahrscheinlich, dass das Verfahren zwar im islamischen Recht verankert ist, die Muslime in Deutschland es aber mehr aufgrund von Traditionen ausüben und es sich somit zu einer kulturellen Erscheinung (rück-)gewandelt hat. Die Übergänge sind in jedem Fall fließend und erschweren somit eine klare Abgrenzung der Beweggründe[722]. Zudem muss der islamische Auftrag zu *ṣulḥ* nicht unmittelbar bedeuten, dass sich alle Muslime zwangsläufig zu einer Ausübung berufen fühlen. Entsprechend nutzt der Großteil der Muslime in Deutschland die staatlich bereitgestellten Streitbeilegungsmechanismen[723].

In Summe *kann* damit der Schutzbereich im Einzelfall eröffnet sein, wenn außergerichtliche Streitbeilegung in Form der „religiösen Paralleljustiz" als göttliches Gebot zur Beilegung von Streitigkeiten innerhalb der eigenen Glaubensgemeinschaft als Bestandteil des forum externum verstanden und unter Verweis auf islamische Normen glaubhaft gemacht wird[724]. Dies betrifft somit den vermeintlich eindeutigen Fall, bei dem Imame zur Schlichtung berufen werden und sich bei der Entscheidungsfindung auf entsprechende Koranverse[725] berufen, als auch die vermeintlich rein traditionellen Variante in der Tradition nach *ṣulḥ*.

Als Folge ist eine Differenzierung zwischen diesen Varianten kaum mehr möglich. Dazu noch der Hinweis, dass eine islamische Inspiration zur Betreibung des Verfahrens nach den prozessualen Regelungen der „Paralleljustiz" gedanklich von den in der Folge vereinbarten Sachentscheidungen auf der Grundlage von islamischen Normen zu trennen ist[726]. Dagegen gilt jedoch, dass der Prozess natürlich die materielle Entscheidung bedingt, da er dieser vorgeschaltet ist. Obwohl diese Differenzierung – auch angesichts der mangelnden Faktenlage – schwer eindeutig durchzuführen ist. Jedenfalls sind entsprechende Vereinbarungen

---

[722] Entsprechend schlussfolgert *Scholz*, dass ein jeweiliger „Friedensrichter" in Deutschland aufgrund einer „Mixtur von überkommenen rechtlichen Gewohnheiten seiner Herkunftsgesellschaft, erworbenen Kenntnissen von Grundsätzen des Islam und des islamischen Rechts sowie rechtlichen Erfahrungen in der deutschen Gesellschaft" handelt; siehe *Scholz*, Problem (Fn. 4), S. 169.

[723] *Rohe/Jaraba*, Paralleljustiz (Fn. 6), S. 13.

[724] Zu einem solchen Ergebnis gelangen *Bauwens*, Paralleljustiz (Fn. 4), S. 98 sowie *Hötte*, Schiedsgerichtsbarkeit (Fn. 85), S. 230.

[725] Zu den familienrechtlichen Normen siehe Kap. C.II.2.b).aa); für die Verse, die *ṣulḥ* zugerechnet werden siehe Kap. D.IV.2.b).cc).

[726] *Wittreck*, Paralleljustiz (Fn. 194), S. 105 f.

ein regelmäßiges Resultat der „Paralleljustiz" und damit wesentlicher Bestandteil der Ausübung des Verfahrens. Damit ist es auch vertretbar, solch „religiöse Paralleljustiz" als Gesamterscheinung im Rahmen eines islamisch geleitetet forum externum zu verstehen.

In einem nächsten Schritt gilt es mit Blick auf dem sowohl in dem Freiheitsgrundrecht des Art. 4 Abs. 1, 2 GG verankerten Schutz vor Eingriffen in die Religionsfreiheit, als auch dem in Art. 3 Abs. 3 S. 1 GG vorgesehenen gleichheitsrechtlichen Diskriminierungsschutz wegen des Glaubens bzw. der religiösen Weltanschauung – zu klären, inwiefern das Verhältnis zwischen den Freiheits- und Gleichheitsrechten ausgestaltet ist.

3. Kollision der Freiheits- und Gleichheitsrechte

Herauszuarbeiten ist, ob ein Spezialitätsverhältnis zwischen Art. 4 Abs. 1, 2 GG gegenüber Art. 3 GG besteht.

a) Kein Spezialitätsverhältnis

Zunächst ist es unbestritten, dass sofern der Schutzbereich eines speziellen Freiheitsrechts aufgrund einer staatlichen Handlung betroffen ist, die besonderen Gleichheitsrechte des Art. 3 GG davon *nicht* verdrängt werden[727]. Zwar könnte angenommen werden, dass jeder freiheitsrechtliche Verstoß zugleich einen Gleichheitsverstoß begründet, weshalb beispielsweise an einen Anwendungsvorrang des vermeintlich spezielleren Grundrechts zu denken wäre[728], jedoch kann schon aufgrund der Konzeption dieser beiden Grundrechtskategorien kein solches Spezialitätsverhältnis vorliegen. Denn der Grundkonzeption nach erwächst der gewöhnliche, freiheitsrechtliche Grundrechtseingriff in Form des Eingriffs in die Rechtssphäre des individuellen Grundrechtsberechtigten, während eine verpönte Ungleichbehandlung im staatlichen Handeln als solchem liegt[729].

b) Individuelle Auflösung von Grundrechtskollisionen

Entscheidend ist weitergehend, dass unterschiedliche Maßstäbe an eine Rechtfertigung des jeweiligen Eingriffs anzusetzen sind.

Dazu sind zumindest nach einem formalen Verständnis sowohl Grundrechtskollisionen mit Art. 3 Abs. 3 S.1 GG, als auch Art. 4 Abs. 1, 2 GG im Wege der praktischen Konkordanz zu lösen, da beide Grundrechte keinen Gesetzesvorbehalt vorsehen[730]. Daher könnten bei

---

727 *v. Achenbach* (Fn. 90), Art. 3 II, III Rn. 100; *Boysen* (Fn. 90), Art. 3 Rn. 206; *Heun* (Fn. 87), Art. 3 Rn. 140; *Stern/Sachs/Dietlein*, Gleichheitssätze (Fn. 503), S. 1807.

728 Die Rechtsprechung prüft teilweise allein einen Verstoß gegen das eine Freiheits- oder Gleichheitsrecht, bezieht dann jedoch das andere, verdrängte Grundrecht als Verstärkung des Schutzbereichs mit ein; siehe *Heun* (Fn. 87), Art. 3 Rn. 140 m.w.N.

729 *Boysen* (Fn. 90), Art. 3 Rn. 206.

730 Ebda., Art. 3 Rn. 132, 206; *Laskowski*, Streit (Fn. 518), S. 426; anderer Ansicht ist dagegen *Jarass*, der noch dahingehend differenziert, dass Art. 3 Abs. 3 S. 1 GG bei Ungleichbehandlungen wegen des „Habens" einer Identität heranzuziehen wäre, während Art. 4 GG dagegen allein vor

beiden Grundrechten unterschiedliche Gegenrechte herangezogen werden, was sich wiederum auf eine gesonderte Abwägungsentscheidung auswirken kann. Zudem weisen alle Diskriminierungstatbestände eigene, durch die Rechtsprechung konkretisierte Rechtfertigungserfordernisse auf. Dies zeigt schon der Blick auf das oben benannte Verhältnis von Art. 3 Abs. 2 S. 1 zu S. 2 GG. Zudem können – wie auch schon für den Fall des Art. 3 Abs. 2 S. 1, Abs. 3 S. 1 GG festgestellt – auch mittelbare, nicht unbedingt direkt am Wortlaut festzumachende Diskriminierungen das Verbot tangieren, für die wiederum spezielle Rechtfertigungsanforderungen gelten könnten[731].

c) Zwischenergebnis

Zusammenfassend kann zumindest nicht davon ausgegangen werden, dass Art. 4 Abs. 1, 2 GG aufgrund seines Charakters als Freiheitsrecht die Gleichheitssätze im Sinne eines lex-specialis Verhältnisses verdrängt. Viel mehr sind etwaige Grundrechtskollisionen individuell aufzulösen.

Dennoch ist sowohl bei Art. 3 Abs. 3 S. 1 GG sowie Art. 4 Abs. 1, 2 GG gegenüber Art. 3 Abs. 2 S. 2 GG das Spannungsverhältnis von Religiösität und Gleichberechtigung aufzulösen, so dass an dieser Stelle auf die entsprechende Diskussion im Rahmen der praktischen Konkordanz-Prüfung zwischen Art. 4 Abs. 1, 2 GG und Art. 3 Abs. 2 S. 2 GG verwiesen werden kann.

4. Tatsächliche Relevanz des Diskriminierungsverbots nach Art. 3 Abs. 3 S. 1 neben der Religionsfreiheit nach Art. 4 Abs. 1, 2 GG

Aufgrund der engen Verknüpfung mit dem Freiheitsgrundrecht des Art. 4 Abs. 1, 2 GG haben sowohl Art. 3 Abs. 3 S. 1 GG, als auch Art. 33 Abs. 3 GG, hinsichtlich der Diskriminierung wegen religiös geprägter Merkmale in der Rechtsprechung wenig Wirkung gezeigt[732]. So hat das Bundesverfassungsgericht trotz des grundlegend ungeklärten Verhältnisses von insbesondere Art. 3 Abs. 3 S. 1 GG zu Art. 4 Abs. 1, 2 GG den Merkmalen des Glaubens und der religiösen Anschauung neben der freiheitsrechtlichen Garantie wenig Bedeutung zukommen lassen[733] und prüft entsprechende Beeinträchtigungen vornehmlich am Maßstab des Art. 4 Abs. 1, 2 GG[734].

Ungleichbehandlungen wegen bestimmter (religionsgeleiteter) Handlungsweisen schütze; siehe *Jarass* (Fn. 95), Art. 3 Rn. 147.

[731] *Boysen* (Fn. 90), Art. 3 Rn. 132; *Laskowski*, Streit (Fn. 518), S. 426 f.

[732] *Boysen* (Fn. 90), Art. 3 Rn. 190; *Nußberger* (Fn. 98), Art. 3 Rn. 304.

[733] Siehe nur BverfGE 8, 38 (41); dazu *Baer/Markard* (Fn. 112), Art. 3 Rn. 507; *Boysen* (Fn. 90), Art. 3 Rn. 190; *Langenfeld* (Fn. 403), Art. 3 Abs. 3 Rn. 62; *Nußberger* (Fn. 98), Art. 3 Rn. 304.

[734] *Langenfeld* (Fn. 403), Art. 3 Abs. 3 Rn. 62; siehe noch *v. Achenbach* (Fn. 90), Art. 3 II, III Rn. 43.

Diese Praxis wird nachfolgend anhand der wegweisenden Urteile zur Kopftuch- sowie Schächtfrage beleuchtet.

a) Das Kopftuch-Urteil

Konkret ins Auge zu fassen ist dabei zunächst die Kopftuchentscheidung aus dem Jahr 2015[735].

In diesem Rahmen maß das Bundesverfassungsgericht das behördliche Verbot der religiös motivierten Kopfbedeckung primär an Abs. 4 Abs. 1, 2 GG und befand eine Einschränkung zur Abwehr konkreter Gefahren für den Schulfrieden für gerechtfertigt[736]. Art. 3 Abs. 3 S. 1 GG habe dabei eine „verstärkende Wirkung" auf die Auslegung von Art. 4 Abs. 1, 2 GG. Abseits dieser Wertung wurde Art. 3 Abs. 1 i.V.m. Abs. 3 GG lediglich als Maßstab für etwaige Unterscheidungen des Verbots *zwischen* den Bekenntnissen herangezogen[737].

Dazu der Hinweis, dass das Urteil mit Blick auf die Diskriminierungsverbote des Art. 3 Abs. 3 GG verwundert, da die Vernachlässigung der umfangreichen gleichheitsrechtlichen Aspekte dazu führt, dass die (weiteren) verpönten Merkmale kaum Berücksichtigung finden und damit auch keiner angezeigten Rechtfertigungsprüfung unterzogen werden können. So wurde im vorliegenden Urteil insbesondere das mit dem Kopftuchverbot verknüpfte Merkmal des weiblichen Geschlechts nicht hinreichend gewürdigt. Dies ist der Fall, da ein Kopftuchverbot – neben dem religiösen Merkmal – aufgrund der zugrunde liegenden Theologie ausschließlich Frauen als mögliche Trägerinnen der Kopfbedeckung betrifft[738]. Dieser Umstand hätte – zumindest formaljuristisch – grundsätzlich auch zu einer besonderen Begründung führen müssen, die hier jedoch ignoriert wurde.

b) Das Schächt-Urteil

Wegweisend ist zudem die Schächt-Entscheidung aus dem Jahr 2002[739].

---

735 Dem Urtel zugrunde lagen erfolglose verwaltungsgerichtliche Klagen einer muslimischen Lehrerin, die sich vergeblich um eine Stelle im Schuldienst des Bundeslandes Baden-Württemberg bewarb. Obwohl sie als fachlich geeignet angesehen wurde, wurde ihr Antrag auf Einstellung als Beamtin auf Probe wegen mangelnder persönlicher Eignung abgelehnt, da sie nicht bereit war, während des Unterrichts auf das Tragen ihres Kopftuchs zu verzichten. Das zuständige Oberschulamt begründete seine Entscheidung damit, dass das Kopftuch ein Ausdruck kultureller Abgrenzung und damit nicht nur religiöses, sondern auch politisches Symbol sei. Die mit dem Kopftuch verbundene objektive Wirkung kultureller Desintegration ließen sich mit dem Gebot der staatlichen Neutralität nicht vereinbaren; siehe BverfGE 138, 296 (296).

736 BverfGE 138, 296 (335 ff.); dazu *Boysen* (Fn. 90), Art. 3 Rn. 19; *Nußberger* (Fn. 98), Art. 3 Rn. 304.

737 BverfGE 138, 296 (347 ff.); *Boysen* (Fn. 90), Art. 3 Rn. 191.

738 *Boysen* (Fn. 90), Art. 3 Rn. 191; diese multidimensionale Problematik wird beispielsweise im Rahmen der Entscheidung des Europäischen Gerichtshofs „Achbita" deutlich: EuGH NJW 2017, 1087 (1087 ff.).

739 Der Beschwerdeführer war strenggläubiger sunnitischer Muslim türkischer Staatsangehörigkeit, der seit 20 Jahren in Deutschland lebt und eine Metzgerei in Hessen betreibt. Zunächst erhielt er

In dieser statuierte das Bundesverfassungsgericht, dass sich eine Ausnahmeregelung für die glaubhaftgemachte, verpflichtende religiöse Praktik des Schächtens schon aus der Religionsfreiheit nach Art. 4 Abs. 1, 2 GG ergebe. Das Schächten selbst sowie die Möglichkeit, sich ohne erhebliche Erschwernisse mit Fleisch geschächteter Tiere zu versorgen sei vom Schutzbereich des Art. 4 Abs. 1, 2 GG erfasst, da dem Schlachten ohne Betäubung in der islamischen Religion zentrale Bedeutung zukomme.

Daneben bestünde jedoch kein Raum für einen Verstoß gegen das Diskriminierungsverbot des Art. 3 Abs. 3 S. 1 GG. So stünde es Muslimen ebenso (wie Juden) frei, die gewünschte Ausnahmegenehmigung zu erhalten, um als Metzger das Fleisch geschächteter Tiere gegenüber ihren gläubigen Kunden anbieten zu können[740].

Insofern kann geschlussfolgert werden, dass Art. 3 Abs. 3 S. 1 GG nur Bedeutung erlangt, wenn eine Religionsgemeinschaft gegenüber der anderen benachteiligt wird. Und dies beispielsweise insofern, dass nur die Anhänger der einen Religionsgemeinschaft einen Anspruch auf Gewährung eines Sonderrechts hätten herleiten dürfen, während den Anhängern einer anderen Gemeinschaft dies verwehrt wird[741].

5. Zwischenergebnis

Zusammenfassend erhält Art. 3 Abs. 3 S. 1 GG hinsichtlich religiöser Merkmale nur dann neben Art. 4 Abs. 1, 2 GG eigenständige Bedeutung, wenn Menschen aufgrund ihrer Religionszugehörigkeit unterschiedlich im Vergleich zu Menschen mit einer anderen Religionszugehörigkeit behandelt werden.

Insofern könnte eine die genuin religiöse „Paralleljustiz" einschränkende Norm beispielsweise einen verfassungsrechtlichen Beurteilungsspielraum eröffnen, der von einer Behörde entgegen diesem Diskriminierungsverbot ausgelegt wird[742].

Weiterhin könnte man daher von (mittelbarer) Diskriminierung sprechen, wenn eine gesetzliche Einschränkung entweder ausdrücklich *nur* zu Lasten von Muslimen ausgestaltet ist

---

Ausnahmegenehmigungen für das Schlachten ohne Betäubung gemäß § 4a Abs. 2 Nr. 2 des TierSchG, um seine muslimischen Kunden zu versorgen. Diese Schlachtungen wurden unter veterinärärztlicher Aufsicht in seinem Betrieb durchgeführt. Trotz weiterer Anträge auf Erteilung solcher Genehmigungen wurden diese gerichtlich abgelehnt; siehe BverfGE 104, 337 (337); mit Schächten wird eine Form ritueller Schlachtung von Tieren nach islamischen Vorschriften bezeichnet, wonach dem lebenden Tier ohne Betäubung die Kehle aufgeschnitten wird, damit dieses möglichst gänzlich ausblutet; siehe *H. Mousa*, Schächten im Islam, in: R. Potz/B. Schinkele/W. Wieshaider (Hrsg.), Schächten. Religionsfreiheit und Tierschutz, 2001, S. 16 (16 ff.); *T. Lemmen/M. Miehl*, Islamisches Alltagsleben in Deutschland, 2. Aufl. 2001, S. 41.

[740] BverfGE 104, 337 (355).

[741] *Baer/Markard* (Fn. 112), Art. 3 Rn. 507; *Langenfeld* (Fn. 403), Art. 3 Abs. 3 Rn. 63; *Wittreck*, Religionsfreiheit (Fn. 519), S. 533.

[742] *Langenfeld* (Fn. 403), Art. 3 Abs. 3 Rn. 62.

bzw. entsprechende Vorbehalte anhand der Gesetzesbegründung deutlich werden können[743], oder wenn *ausschließlich einer* Gruppe anderer Religionsanhänger, wie beispielsweise den Juden, eine ausdrückliche Ausnahmegenehmigung zum Praktizieren der religiösen „Paralleljustiz" mitsamt einer zugebilligten Ungleichbehandlung von Frauen erteilt wird[744].

Um eine solch mittelbare Diskriminierung zu vermeiden, müsste eine einschränkende Maßnahme folglich unterschiedslos formuliert werden. Das bedeutet beispielsweise, dass eine „Paralleljustiz" in dieser Form allen Religionsanhängern gleichsam verboten oder im Wege einer Ausnahmeregelung sogar gestattet wird[745].

Dieses Erfordernis kann im Übrigen auch nicht dadurch entkräftet werden, dass die historisch bedingte Staatspraxis zahlreiche Abweichungen von diesem Modell aufweist, wie schon für jüdische Glaubensanhänger gefundene Sonderreglungen zum Schulbesuch[746] oder Arbeitsfreistellung an religiös geprägten Feiertagen[747] aufzeigen, deren Geltung ohnehin auf historische Beweggründe zurückzuführen ist.

Falls dagegen eine Diskriminierung wegen einer ausschließlich auf Muslime zugeschnittenen Regelung, die beispielsweise entsprechende jüdische Praktiken vom Anwendungsbereich ausnimmt, angenommen wird, dann könnte ein Verstoß wiederum durch das Gegenrecht des Art. 3 Abs. 2 S. 2 GG zu rechtfertigen sein.

---

743 Nach *Wittreck* wäre beispielsweise eine behördliche Entscheidung, die das Schächten seitens der Muslime im Einzelfall verbietet, da es sich im Gegensatz zu den Juden um keine verbindliche Glaubenspraktik handele, eine solch mittelbare Diskriminierung; siehe *Wittreck*, Religionsfreiheit (Fn. 519), S. 533 f.

744 *Baer/Markard* (Fn. 112), Art. 3 Rn. 507; *Langenfeld* (Fn. 403), Art. 3 Abs. 3 Rn. 65.

745 *Langenfeld* (Fn. 403), Art. 3 Abs. 3 Rn. 65.

746 BverwGE 42, 128 (128).

747 „An den in Absatz 1 genannten jüdischen Feiertagen steht den bekenntniszugehörigen Beamten und Arbeitnehmern der öffentlichen und privaten Betriebe und Verwaltungen das Recht zu, von der Arbeit fernzubleiben. Weitere Nachteile als ein etwaiger Lohnausfall für die versäumte Arbeitszeit dürfen den Arbeitnehmern aus ihrem Fernbleiben nicht erwachsen." § 9 Abs. 3 FeiertagsG NW.

V. Diskriminierung wegen der Herkunft

Das Diskriminierungsverbot wegen der Herkunft findet sich zum einen unter ähnlicher Bezeichnung in diversen Landesverfassungen[748] und ist als verpöntes Merkmal auch in Art. 21 GRCh[749] sowie Art. 14 EMRK[750] aufgeführt[751].

Dabei wird Herkunft im Rahmen des Art. 3 Abs. 3 S. 1 GG als auf die „von den Vorgefahren hergeleitete soziale Verwurzelung"[752] oder „ständisch-soziale Abstammung"[753] verstanden[754]. In Abgrenzung dazu bezeichnet die „Heimat" die örtliche bzw. geografische Herkunft im Sinne der Geburt oder Ansässigkeit, jedoch nicht den Wohnsitz[755]. Daher zielt dieses Merkmal insbesondere auf den Schutz von Flüchtlingen, Vertriebenen oder Umsiedlern gegen Diskriminierungen[756]. Auch nicht verwechselt werden darf die Herkunft mit dem Merkmal der „Abstammung", welches die „vornehmlich [...] natürliche biologische Beziehung eines Menschen zu seinen Vorfahren"[757] bezeichnet, damit auf die unmittelbare biologische Familie des Merkmalträgers abstellt[758] und so beispielsweise Sippenhaft negiert[759]. Weiterhin kann die Herkunft als ein die Abstammung konkretisierendes bzw. dadurch bedingtes Merkmal verstanden werden, weshalb das Merkmal der Abstammung hinter der dem der Herkunft zurücktritt[760].

Zusammenfassend zielt das Diskriminierungsverbot wegen der Herkunft auf einen teilweisen Schutz der sozialen Lebensumstände und verbietet damit insbesondere Diskriminierung

---

748 „Alle öffentlich-rechtlichen Vorrechte und Nachteile der Geburt oder des Standes sind aufgehoben" Art. 119 Abs. 3 S. 1 Verfassung des Freistaates Bayern.

749 „Diskriminierungen insbesondere wegen [...] der ethnischen oder sozialen Herkunft [...] sind verboten" Art. 21 Abs. 1 GRCh.

750 „Der Genuß der in dieser Konvention anerkannten Rechte und Freiheiten ist ohne Diskriminierung insbesondere wegen [...] der nationalen oder sozialen Herkunft [...] zu gewährleisten." Art. 14 EMRK.

751 *Baer/Markard* (Fn. 112), Art. 3 Rn. 501.

752 BverfGE 9, 124 (129).

753 BverfGE 5, 17, (22); 48, 281, (287 f.).

754 Siehe noch *v. Achenbach* (Fn. 90), Art. 3 II, III, Rn. 78; *Baer/Markard* (Fn. 112), Art. 3 Rn. 503; *Boysen* (Fn. 90), Art. 3 Rn. 184; *Heun* (Fn. 87), Art. 3 Rn. 132.

755 *Englisch* (Fn. 96), Art. 3 Rn. 81; *Heun* (Fn. 87), Art. 3 Rn. 131; *Stern/Sachs/Dietlein*, Gleichheitssätze (Fn. 503), S. 1732.

756 *Heun* (Fn. 87), Art. 3 Rn. 131; *Stern/Sachs/Dietlein*, Gleichheitssätze (Fn. 503), S. 1734 f.

757 BVerfGE 9, 124 (128).

758 *Baer/Markard* (Fn. 112), Art. 3 Rn. 503; *Boysen* (Fn. 90), Art. 3 Rn. 178; *Stern/Sachs/Dietlein*, Gleichheitssätze (Fn. 503), S. 1728 f.

759 *Stern/Sachs/Dietlein*, Gleichheitssätze (Fn. 503), S. 1728.

760 Ebda., § 122, S. 1729 f., 1735 f.

wegen der Zuordnung zu einer gesellschaftlichen Schicht- oder Klasse[761]. Weiter soll dieses Merkmal bei der persönlichkeitsprägenden Umgebung von Kindern und Jugendlichen während der Sozialisierung Berücksichtigung finden, die nicht zu einer Diskriminierung aufgrund eines Wechsels in eine davon fremde Umgebung führen soll[762]. Zumindest in der Rechtsprechung des Bundesverfassungsgerichts spielt das Merkmal der Herkunft bisher wenig bis keine Rolle[763], was auch darauf zurückgeführt werden kann, dass im Kapitalismus zumindest *soziale* Ungleichheit von gesellschaftlichen Schichten in Kauf genommen wird[764].

1. Das Verhältnis zwischen der „Paralleljustiz" und der Herkunft aus dem Nahen Osten

In einem nächsten Schritt gilt sodann zu beleuchten, inwiefern das Betreiben „religiöser Paralleljustiz" ein mit der sozialen Verwurzelung von in Deutschland lebenden Gruppen mit muslimischer Identität verbundes Merkmal ist.

Angesichts der patriarchalischen Familienstrukturen bzw. Clans mit nahöstlichem Ursprung als Begleiterscheinung von der „Paralleljustiz" liegt die Vermutung nahe, dass sich durch integrationspolitische Verfehlungen segregierte Milieus in Deutschland gebildet haben. Eine damit einhergehende kulturelle Prägung könnte die Mitglieder dieser sog. Diaspora aufgrund vielfältiger (integrativer) Belange dazu nötigen, ausschließlich oder überwiegend die „Paralleljustiz" als Streitbeilegungsmechanismus für sich zu nutzen.

Da bei dieser informellen Streitbeilegung die staatliche Justiz regelmäßig umgangen wird, scheint dieser Themenkreis die rechtssoziologische Frage nach dem Zugang zu staatlicher Justiz zu betreffen. Daher werden nachfolgend die relevanten Migrationsvorgänge in einem Überblick dargestellt, um diese anschließend im Rahmen der rechtssoziologischen Forschung nach dem Zugang zum Recht einordnen zu können.

---

761 *Baer/Markard* (Fn. 112), Art. 3 Rn. 502; *Heun* (Fn. 87), Art. 3 Rn. 132; *Stern/Sachs/Dietlein*, Gleichheitssätze (Fn. 503), S. 1735.

762 *Nußberger* (Fn. 98), Art. 3 Rn. 295.

763 *Boysen* (Fn. 90), Art. 3 Rn. 185.

764 *Baer/Markard* (Fn. 112), Art. 3 Rn. 504.

a) Mangelhafte Integration muslimischer Gastarbeiter

Prima facie scheinen Verfehlungen bei der Integration arabisch bzw. muslimisch stämmiger Einwanderer[765] eine Ursache für die Entwicklung von Parallelgesellschaften[766] und -justiz[767] zu sein.

Die Debatte zu fehlgeschlagener Integration von Teilen muslimischer Einwanderer geht zunächst auf die Migrationsbewegung[768] nach dem zweiten Weltkrieg zurück. Aufgrund enormen Wirtschaftswachstums der sog. Wirtschaftswunderjahre sowie des Bedarfs an Arbeitskräften für den Wiederaufbau wurden in den 60er Jahren günstige Arbeitskräfte aus

---

[765] Dabei zeichnen zahlreiche Studien zu der Frage, inwieweit sich Muslime „zufriedenstellend" in Deutschland integrieren, ein widersprüchliches Bild: Beispielsweise ergab eine Studie zu Integration und Religion aus der Sicht von Türkeistämmigen in Deutschland, dass fast die Hälfte der Befragten die Befolgung der Gebote ihrer Religion für wichtiger halten als die Gesetze des Staates, dem sie angehören; siehe *D. Pollack/O. Müller/G. Rosta/A. Dieler*, Integration und Religion aus der Sicht von Türkeistämmigen in Deutschland. Repräsentative Erhebung von TNS Emnid im Auftrag des Exzellenzclusters „Religion und Politik" der Universität Münster, 2016, S. 13; einer weiteren Studie zur Fragen der Integration von Muslimen in Europa lässt sich dagegen die Aussage entnehmen, dass Muslime sich heute überwiegend (94 Prozent der Befragten) mit dem jeweiligen Aufnahmeland identifizieren; siehe *D. Halm/M. Sauer*, Muslime in Europa: Integriert, aber nicht akzeptiert?, 2017, S. 33.

[766] Der Begriff „Parallelgesellschaften" als Erscheinung in der Migrationsdebatte geht auf den Soziologen *Wilhelm Heitmeyer* zurück, der vor dem Hintergrund einer Untersuchung zu islamischen Fundamentalismus unter türkischen Jugendlichen die Gefahr eines Aufbaus religiös-politischer Gruppen von solch intransparenten Parallelgesellschaften abseits der Mehrheitsgesellschaft erkannte. Migranten aus muslimisch geprägten Herkunftsländern stehen in Abgrenzung zu Anhängern anderer Religionsgemeinschaften nach wie vor häufiger in Verdacht für die Bildung solcher Gruppen; siehe *S. Worbs*, „Parallelgesellschaften" von Zuwanderern in Städten?, in: F. Gesemann/R. Roth (Hrsg.), Lokale Integrationspolitik in der Einwanderungsgesellschaft. Migration und Integration als Herausforderung von Kommunen, 2009, S. 217 (218, 221); der Politikwissenschaftler und Historiker *Johannes Kandel* formulierte für eine (Minimal-)Definition des Begriffs sechs Voraussetzungen: „1) Kommunikationsabbruch zur Mehrheitsgesellschaft durch nachhaltige sprachliche, religiös-kulturelle und alltagsweltliche Segregation, 2) sozialökonomische Segregation [...], 3) Abgrenzung durch Aufbau von Parallelinstitutionen [...], 4) Verdichtung sozialer Kontrolle gegenüber den Mitgliedern des sozialen Kollektivs bis zu psychischem und physischem Zwang [...], 5) faktische Verhinderung der Inanspruchnahme der von der demokratischen Rechtsordnung gewährten individuellen Menschen- und Grundrechte und schließlich 6) Forderungen nach Ausbildung eines selbstverwalteten Rechtsbezirks, in dem islamisches Recht neben der für alle geltenden Rechtsordnung Anwendung finden soll." *J. Kandel*, Referat Interkultureller Dialog: Organisierter Islam in Deutschland und gesellschaftliche Integration, 2014, S. 10.

[767] Beispielsweise erkennt der deutsch-ägyptische Politikwissenschaftler und Publizist *Abdel Salam* in Paralleljustiz eine Erscheinung von gescheiterter Integration und der Bildung von Parallelgesellschaften in Deutschland; siehe *H. Abdel Salam*, Integration. Ein Protokoll des Scheiterns, 2. Aufl. 2018, S. 106 f.

[768] Mit Migration wird der vorübergehende oder dauerhafte Wechsel des regelmäßigen Aufenthalts einer Person von einem Staat zu einem anderen Staat bezeichnet; siehe *K. Weber*, in: Creifelds (Fn. 710), S. 978.

dem Ausland angeworben[769]. Der Mangel an Arbeitskräften sollte durch das Anwerben sog. Gastarbeiter[770] ausgeglichen werden, wovon Hundertausende unter anderem aus muslimisch geprägten Ländern wie der Türkei[771], Marokko oder Tunesien nach Deutschland kamen[772]. Diese Menschen waren häufig ohne Ausbildung und hatten in ihrer Heimat schlechte wirtschaftliche Perspektiven. Entsprechend wurde ihnen auch vor allem schlecht bezahlte, wenig prestigeträchtige Arbeit geboten[773]. Deutschland versuchte diesen Menschen von Anfang an zu verdeutlichen, dass sie keine langfristige Perspektive zum Aufenthalt haben und im Rahmen eines „Rotationsprinzips“ nach einer zeitlich begrenzten Arbeitsdauer durch neue Gastarbeiter ersetzt werden sollten[774]. Das Prinzip wurde mangels Akzeptanz der betroffenen Menschen sowie Kritik der Arbeitgeber an den verbundenen Unsicherheiten – zumindest in Westdeutschland – kaum umgesetzt. Aufgrund der stattdessen erhofften langfristigen Perspektive auf dem deutschen Arbeitsmarkt ließen dagegen viele ihre Familien nachziehen[775]. Nach einer ersten Verschärfung der Zuwanderung angesichts der massiv ansteigenden Zahl, worunter sich auch viele Erwerbslose wiederfanden[776], kamen in den folgenden Jahren noch viele politische Asylbewerber[777] im Zuge politischer

---

[769] *M. Bösel*, Religiöse und kulturelle Probleme von Muslimen in Deutschland. Möglichkeiten und Irrwege einer uneingeschränkten Integration, 2012, S. 43; *R. Münz/W. Seifert/R. Ulrich*, Zuwanderung nach Deutschland. Strukturen, Wirkungen, Perspektiven, 2. Aufl. 1999, S. 44 ff.

[770] Angesichts der sich stetig wandelnden deutschen Sozialstruktur findet sich keine einheitliche Definition der „Gastarbeiter“. Umschreiben lässt sich der Begriff jedoch mit aus anderen Ländern angeworbenen Arbeitskräften, die nur vorübergehend in deutschen Betrieben beschäftigt sind und dann nach einiger Zeit wieder in ihr Herkunftsland zurückkehren (sollen); siehe *R. Geißler*, Die Sozialstruktur Deutschlands. Zur gesellschaftlichen Entwicklung mit einer Bilanz zur Vereinigung, 6. Aufl. 2011, S. 231.

[771] Von der Entsendung von Arbeitskräften profitierten teilweise auch die Heimatländer, wie beispielsweise im Falle der Türkei aufgrund einer Reduktionen der damals herrschenden massiven Arbeitslosigkeit sowie des Zuflusses von Devisen durch die regelmäßigen Zahlungen der Gastarbeiter an ihre Familien in der Heimat; siehe *C. Şahinöz*, Der deutsche Islam, 3. Aufl. 2020, S. 29.

[772] Dazu kamen vor allem Menschen aus Italien, Griechenland, Spanien und Portugal; siehe *Bösel*, Probleme (Fn. 769), S. 43 f.; *Rohe/Jaraba*, Paralleljustiz (Fn. 6), S. 43.

[773] *Bösel*, Probleme (Fn. 769), S. 44, 46; *Münz/Seifert/Ulrich*, Zuwanderer (Fn. 769), S. 46 f.

[774] *Bösel*, Probleme (Fn. 769), S. 44; *Münz/Seifert/Ulrich*, Zuwanderer (Fn. 769), S. 46.

[775] Aus den Gastarbeitern wurden damit Zuwanderer (bzw. Arbeitsmigranten); siehe *Münz/Seifert/Ulrich*, Zuwanderer (Fn. 769), S. 48; *Şahinöz*, Islam (Fn. 771), S. 29; *R. Ghadban*, Die Libanon-Flüchtlinge in Berlin: Zur Integration ethnischer Minderheiten, 2. Aufl. 2008, S. 133.

[776] *Bösel*, Probleme (Fn. 769), S. 44.

[777] Als Asylbewerber i.S.v. Art. 16a Abs. 1 GG werden Personen bezeichnet, die in einem anderen Staat als dem ihrer Herkunft aufgrund politischer, religiöser oder sonstiger Verfolgung durch den Staat oder durch Maßnahmen Dritter, die dem Staat zurechenbar sind, Schutz suchen und daher Asyl beantragen; siehe *Weber* (Fn. 710), S. 104.

Unruhen, wie beispielsweise Kurden, Palästinenser oder Libanesen[778] nach Deutschland[779]. Angesichts der stetig wachsenden Zahl an Zuwanderern wurden viele Stimmen laut, nach denen die Einwanderer in ihre Heimatländer zurückkehren sollten. Dabei wurde regelmäßig argumentiert, dass diese Menschen die deutschen Asylgesetze missbrauchen würden, um die gute wirtschaftliche Situation Deutschlands sowie die hiesigen Sozialgesetze auszunützen[780]. Um entsprechende Einwanderungsvorgänge zu limitieren, reagierte die Regierung der 80er Jahre mittels diverser Änderungen der für Asylbewerber relevanten Gesetze[781]. Beispielsweise führten Einschränkungen des Arbeitsrechts für Asylbewerber zu einem befristeten Verbot, einer bezahlten Tätigkeit nchzugehen, was zu einem faktischen Ausschluss aus dem Arbeitsmarkt führte[782]. Daneben wurden auch die Sozialgesetze dahingehend modifiziert, dass die Sozialhilfe um 22 Prozent gekürzt wurde, was soziale und wirtschaftliche Einbußen nach sich zog[783]. Zudem wurden Geldbeträge, die Flüchtlinge bis dahin erhielten, in Wertgutscheine umgewandelt[784], was mit Blick auf deutsche Sozialhilfeempfänger besonders negativ auf das Selbstwertgefühl der Beteiligten schlug[785]. Weiter wurden auch die Bildungsgesetz für staatenlose Asylbewerber dahingehend geändert, dass die Schulpflicht ab dem siebten Lebensjahr ausgesetzt wurde, was einen vorzeitigen Abgang vieler betroffener Kinder aus der Schullaufbahn nach sich zog[786]. Zuletzt sahen sich viele Flüchtlinge einem unsicheren Aufenthaltsstatus ausgesetzt. Insbesondere Palästinenser und Kurden wurden nicht als asylberechtigt anerkannt und teilweise bis in die 90er Jahre nur geduldet[787]. Mangels Perspektive konnten die betroffenen Familien so kein geregeltes Leben in Deutschland aufbauen[788]. Als Folge dieser Asylpolitik und Flüchtlingspolitik fühlten sich die betroffenen Menschen von der deutschen Gesellschaft ausgegrenzt, was die Bildung paralleler Gesellschaftsstrukturen bis heute befeuert[789].

---

[778] Wie beispielsweise in Folge des libanesischen Bürgerkriegs (1975 bis 1990); siehe *R. Ghadban*, The Impact of Immigration Policies on Palestinians in Germany, in: A. Shiblak (Hrsg.): The Palestinian Diaspora in Europe. Challenges of Dual Identity and Adaptation, Refugee and Diaspora Studies Series, No. 2, 2005, S. 32 (34 f.).

[779] *Rohe/Jaraba*, Paralleljustiz (Fn. 6), S. 44.

[780] *Ghadban*, Libanon-Flüchtlinge (Fn. 775), S. 133 ff.; *W. Seifert*, Geschlossene Grenzen – offene Gesellschaften? Migrations- und Integrationsprozesse in westlichen Industrienationen, 2000, S. 117.

[781] *Ghadban*, Impact (Fn. 778), S. 38.

[782] *Seifert*, Grenzen (Fn. 780), S. 118 f.

[783] *Ghadban*, Impact (Fn. 778), S. 39.

[784] *Seifert*, Grenzen (Fn. 780), S. 118.

[785] *Rohe/Jaraba*, Paralleljustiz (Fn. 6), S. 49.

[786] *Ghadban*, Impact (Fn. 778), S. 38 f.

[787] *Ghadban*, Libanon-Flüchtlinge (Fn. 779), S. 163 f.

[788] Ebda., S. 165 f.

[789] *Bösel*, Probleme (Fn. 769), S. 46.

Bei diesen segregierten Milieus herrschen augenscheinlich reges Unwissen sowie diffuse Ängste über die deutsche Rechtsordnung, was einerseits von der Anrufung deutscher Justiz abhält, als auch als Einfallstor für die eigenständige Regelung interner Konflikte nach der „Paralleljustiz“ dient[790].

Die mit der Ausgrenzung gesellschaftlicher Minderheitsgruppen einhergehenden Barrieren zur Justiz sind Gegenstand rechtssoziologischer Forschung[791], welche nachfolgend dargestellt wird.

b) Exkurs: Defizite und Barrieren aufgrund fehlgeschlagener Migrationsprozesse

Bereits seit den 70er Jahren wurde international zu den rechtssoziologischen Themen des Zugangs sowie Alternativen zu Recht geforscht. Der Begriff „Rechte“ wurden dabei häufig mit „Justiz“ gleichgesetzt[792] und im Mittelpunkt standen die Fragen nach den Barrieren und Defiziten bei der „Mobilisierung von Recht“[793] und dabei insbesondere mit Blick auf Gerichtsverfahren. In diesem Rahmen wurde auch die Funktionstüchtigkeit sowie Akzeptanz von Streitentscheidungen staatlicher Gerichte beleuchtet[794]. Dabei wurde zunächst grundlegend festgestellt, dass nur ein Bruchteil der tatsächlichen Konflikte innerhalb einer Gesellschaft im Rahmen von Gerichtsprozessen ausgetragen wird. Stattdessen würden durch einen „Filter“ im Vorfeld bzw. außerhalb der Justiz andere Konfliktbeilegungsmechanismen genutzt, oder der Konflikt gar nicht erst ausgetragen[795] (sog. Prozess vor dem Prozess)[796]. Auch die „Paralleljustiz“ reiht sich hier als vorgeschaltetes Vermittlungsverfahren mit Dritthilfe ein[797]. Dies ist unter anderem auf eine alte Tradition im Nahen Osten zurückzuführen, dem die Bevorzugung von eigenständiger Vermittlung entspringt[798]. Diese Kultur gründet darin, dass es im überwiegenden Teil muslimisch geprägter Staaten kaum eine strikte Orientierung der Gesellschaftlich an staatlichen Strukturen gab, weshalb sich diese

---

[790] *Rohe/Jaraba*, Paralleljustiz (Fn. 6), S. 19 ff.

[791] *Rottleuthner,* Mediation (Fn. 4), S. 444 m.w.N.

[792] Ebda., S. 444.

[793] Den Begriff prägte *Erhard Blankenburg* im Rahmen seiner Ausführungen zu der Frage, wann bei (alltäglichen) Sozialbeziehungen Rechtsrat und Gerichte in Abgrenzung zu sozialen Lösungsversuchen genutzt werden; siehe *E. Blankenburg*, Mobilisierung von Recht, in: ZfRSoz 1 (1980), S. 30 (33 ff.).

[794] *T. Raiser*, Grundlagen der Rechtssoziologie, 6. Aufl. 2013, S. 322; *Rottleuthner,* Mediation (Fn. 4), S. 444.

[795] *K. F. Röhl*, Rechtssoziologie: Ein Lehrbuch, 1987, S. 520 f.; *Rottleuthner,* Mediation (Fn. 4), S. 445.

[796] *Raiser*, Grundlagen (Fn. 794), S. 322.

[797] Mit Blick auf Paralleljustiz im Strafverfahren weist *Rottleuthner* darauf hin, dass aus Untersuchungen zur Selektivität der Strafverfolgung sowie zum Zugang zu Recht entnommen werden kann, dass unabhängig vom muslimischen (Clan-)Milieu eigens vermittelte Entscheidungen von den Betroffenen eine regelmäßige Erscheinung seien. Bemerkenswert sei dabei nur das Ausmaß der involvierten Personen; siehe *Rottleuthner,* Mediation (Fn. 4), S. 450 f.

[798] *Röhl*, Rechtssoziologie (Fn. 795), S. 530.

weniger dominant entwickelten und sich stattdessen urtümliche clanbasierte und damit staatsferne Mechanismen von Konfliktlösung bis heute erhalten haben, die im Wege von Migrationsvorgängen auch in Deutschland gelebt werden. Dass diese Kultur nach wie vor aufrechterhalten wird, kann unter Umständen auch auf die diversen Hemmnisse bei der „Mobilisierung von Recht“ zurückzuführen sein.

Übergeordnet verwundert es mit Blick auf den benannten „Filter“ zunächst, dass nicht in jedem (ernstzunehmenden) Konfliktfall ein Gerichtsverfahren angestoßen wird, denn der soziale Rechtsstaat soll eigentlich allen Rechtsträgern ohne Rücksicht auf soziale oder wirtschaftliche Faktoren den gleichen und dabei möglichst unbeschwerten Zugang zu Gerichten ermöglichen[799]. Tatsächlich hängen der Zugang und damit die „Mobilisierung von Recht“ maßgeblich von etwaigen Hemmnissen ab[800]. Diese können als „Barrieren“ und „Defizite“ bezeichnet werden, wobei man unter Defiziten eher die subjektiven Hindernisse einer Person versteht[801], während man unter (Erfolgs- bzw. Zugangs-)Barrieren vornehmlich objektive Hindernisse fassen kann, die der Umwelt der jeweiligen Person entspringen[802]. Hierzu bedarf es des Hinweises, dass es an dieser Stelle (erneut) an einer fundierten Faktenlage mangelt, weshalb nachfolgend nur Mutmaßungen angestellt werden können.

aa) Subjektive Barrieren bzw. Defizite

Was die subjektiven Barrieren bzw. Defizite angeht, so sind in der Person wurzelnde Umstände gemeint. Diese gliedern sich insbesondere in die Kategorien psychische Schwellen und irrationale Ängste hinsichtlich des Rechts sowie der Justizapparate in Form von Anwälten oder Gerichten, sprachliche Mängel, Unwissen hinsichtlich rechtlicher Relevanz von Konflikten, Unkenntnis hinsichtlich rechtlicher Instrumentarien zur Rechtsverfolgung mitsamt staatlicher Beratungs- und Rechtskostenhilfe oder der Angst vor (vermeintlich) überlegenen Prozessgegnern[803].

Bezogen auf die Beteiligten an der „Paralleljustiz“ können erst einmal unbegründete Ängste mit Blick auf Gerichtsurteile oder Behördenentscheidungen eine Rolle spielen. Zu denken wäre in diesem Rahmen an die wiederholt erwähnten Ängste, dass wenn Gerichte oder Behörden in Konflikte mit Kindern als Gegenstand involviert werden, das Sorgerecht entzogen

---

799 *Raiser*, Grundlagen (Fn. 794), S. 322; ein gesetzliches Gebot zur Herstellung eines gleichwertigen Zugangs zu Recht kann Art. 3 GG, Art. 19 Abs. 4 GG, Art. 103 Abs. 1 GG oder Art. 5 Abs. 1 EMRK entnommen werden; siehe *U. Reifner*, Erfolgs- und Zugangsbarrieren in der Justiz. Eine kritische Bestandsaufnahme der empirischen Forschung, in: DuR 1981, S. 143 (144) m.w.N.

800 *Raiser*, Grundlagen (Fn. 794), S. 322; *M. Rehbinder*, Rechtssoziologie. Ein Studienbuch, 8. Aufl. 2014, S. 146 f.

801 Diese Defizite werden teilweise auch als subjektive Barrieren bezeichnet; siehe *Rehbinder*, Rechtssoziologie (Fn. 800), S. 146.

802 *Raiser*, Grundlagen (Fn. 794), S. 322 f.; *Röhl*, Rechtssoziologie (Fn. 795), S. 531 f.

803 *Raiser*, Grundlagen (Fn. 794), S. 322; *Rehbinder*, Rechtssoziologie (Fn. 800), S. 146.

werden könnte. Allgemeiner kann auch angesichts der Besetzung der Stellen in der Justiz und insbesondere Gerichten durch Menschen, die wohl im seltensten Fall einen Migrationshintergrund vorweisen[804], angenommen werden, dass sich Muslime von diesen Stellen nicht verstanden oder gar diskriminiert fühlen und daher eine generelle Skepsis entwickelt haben. Beispielsweise, da man vor allem eine christlich geprägte Ideologie der Entscheidungsträger unterstellt. Als weiterer Faktor scheinen auch Sprachdefizite eine Rolle zu spielen, die wiederum insbesondere Frauen[805] den Zugang zu Gerichten und Anwälten (mitsamt der komplexen juristischen Fachtermini) erschweren[806]. Damit geht auch ein etwaiges Unverständnis einher, was letztlich als rechtlicher Konflikt zu qualifizieren ist. So ist es denkbar, dass beispielsweise Konflikte im ehelichen Bereich angesichts der damit einhergehenden Scham gar nicht als rechtlich relevant und damit als justiziell händelbar gedeutet werden können. Aufgrund der zuvor benannten Skepsis gegenüber der staatlichen Justiz sowie der sprachlichen Mängel kann auch davon ausgegangen werden, dass staatlich bereitgestellte Instrumentarien wie die Prozesskostenhilfe nach §§ 114 ff. ZPO[807] oder die Beratungshilfe

---

[804] Da das Merkmal vom deutschen Justizwesen nicht gesondert erfasst wird, gibt es keine systematische Erhebung zu der Frage, wie hoch der Anteil an Richtern mit Migrationshintergrund tatsächlich ist. Nach einer Analyse von *Wittreck* des Handbuchs der Justiz 2014/2015 (Deutscher Richterbund [Hrsg.]), welche u.a. vollständig die personelle Besetzung der Gerichte in Bund und Ländern aufzeigt, konnten jedoch nur 70 Namen identifiziert werden, die mit einem türkischen, arabischen oder allgemein islamischen Hintergrund assoziiert werden können; siehe *Wittreck*, Gewalt (Fn. 4), S.130; nach einer Untersuchung an der Universität Münster dürfte der Anteil von Richtern mit Migrationshintergrund in Deutschland insgesamt „eher im Promille-, als im Prozentbereich“ liegen; siehe *A. Maisch*, Migranten in Roben: Richterinnen und Richter mit Migrationshintergrund an deutschen Gerichten, 2019, S. 46.

[805] Beispielsweise wurde in der Repräsentativuntersuchung "Ausgewählte Migrantengruppen in Deutschland" (RAM 2006/2007), in der diverse integrationsrelevante Faktoren bei den fünf größten ausländischen Nationalitätengruppen erforscht wurden, festgestellt, dass türkische Frauen in diesem Rahmen die größte Gruppe mit Defiziten bei deutschen Sprachkenntnissen stellen. So gestand etwa jede vierte befragte Türkin ein, gar keine oder nur sehr schlechte Deutschkenntnisse zu haben; siehe *C. Babka von Gostomski*, Fortschritte der Integration: zur Situation der fünf größten in Deutschland lebenden Ausländergruppen, Forschungsbericht 8 im Auftrag des Bundesministeriums des Innern, 2010, S. 103 ff.

[806] *Raiser*, Grundlagen (Fn. 794), S. 323.

[807] Mit der Prozesskostenhilfe nach §§ 114 ff. ZPO kann einer minderbemittelten Partei finanzielle Unterstützung zur Durchführung eines Gerichtsverfahrens seitens der Staatskasse erteilt werden. Meist durch Verweisung auf die ZPO Vorschriften kommt eine solche Prozess- oder auch Verfahrenskostenhilfe in den meisten Verfahren, wie vor dem Zivil-, Verwaltungs-, Arbeits-, Finanz- oder Sozialgerichten, zu einer Anwendung; siehe *Groh* (Fn. 710), S. 1135; die Pflicht des Staates einem Rechtssuchenden Prozesskostenhilfe zu gewähren wird aus Art. 3 Abs. 1 GG i.V.m. dem Sozialstaatsprinzip abgeleitet und dient der Förderung von Chancengleichheit in rechtsförmigen Verfahren und soll daher von der Vermögenssituation unabhängigen Rechtsschutz ermöglichen; siehe *A. Voßkuhle/T. Wischmeyer*, Grundwissen – Öffentliches Recht: Das Sozialstaatsprinzip, in: JuS 2015, S. 693 (694).

nach dem BeratungshilfeG[808] mangels Kenntnis nicht zur Verringerung der Zugangsbarrieren beitragen.

Zuletzt kann auch das generelle Bildungsniveau eine Rolle spielen, da die Schichten mit niedrigem Bildungsniveau wohl eher dazu neigen, auf Gerichtsverfahren zu verzichten. Dies wohl unter anderem aufgrund eines Gefühls der Macht- und Schutzlosigkeit vor solch anonymen Stellen[809]. Dieser Gedanke mag auf viele Muslime in Deutschland übertragbar sein, da ein nicht unwesentlicher Anteil der in Deutschland lebenden Muslime nach einer Studie im Auftrag der Deutschen Islam Konferenz ein „signifikant niedrigeres Bildungsniveau als die Angehörigen anderer Religionsgemeinschaften" aufweist[810]. Dies gelte bezüglich der Schulbildung im Herkunftsland sowie auch der in Deutschland erzielten Schulabschlüsse[811].

bb) Objektive Barrieren

Als typische Zugangsbarrieren zur Justiz werden *wirtschaftliche* Faktoren wie (zu) hohe oder unüberschaubare Kosten der Rechtsberatung und des Rechtsstreits selbst genannt, als auch *soziale* Themen, wie die soziale Tabuisierung eines Rechtswegs, eine soziale Distanz zu Anwälten und Gerichten, die Gefahr des Abbruchs einer hochrangigen sozialen Beziehung oder andere denkbare soziale Nachteile justizieller Verfolgung eines Rechtsstreits. Dazu existieren noch *rechtliche* Barrieren, wie der Umstand, dass man ein Bedürfnis nur schwerlich rechtlich thematisieren kann, die relevanten Vorschriften zu kompliziert sind, negative Erfolgsprognosen, lange Verfahrensdauer, mangelnde Bereitschaft von Anwälten auf die Bedürfnisse des Mandanten einzugehen und insbesondere (günstigere) Alternativen zu Gerichtsverfahren[812].

---

808 Gleichlaufend zur Prozesskostenhilfe sieht das BeratungshilfeG zur Gewährleistung von Chancengleichheit und gleichem Zugang zu Gerichten eine Beratungshilfe auf Kosten der Staatskasse vor. Damit sollen die Kosten für die Beratung oder Vertretung durch einen Rechtsanwalt abgedeckt werden können; siehe *Groh* (Fn. 714), S. 1160 f.

809 *Rehbinder*, Rechtssoziologie (Fn. 800), S. 147; *Röhl*, Rechtssoziologie (Fn. 795), S. 273 f. m.w.N.

810 *S. Haug/S. Müssig/A. Stichs*, Muslimisches Leben in Deutschland, Forschungsbericht 6 im Auftrag der deutschen Islamkonferenz, 2009, S. 211.

811 Beispielsweise haben laut der Studie „Muslimisches Leben in Deutschland" 14,8 Prozent der in Deutschland lebenden Muslime keinen Schulabschluss bzw. 28,8 Prozent nur eine niedrige Schuldbildung. Das Ergebnis ist auch bei den Angehörigen der zweiten Generation bzw. denen, die in Deutschland zur Schule gegangen sind, vergleichbar. Dieser Umstand sei aber weniger auf die Religionszugehörigkeit, als auf integrative Verfehlungen im Rahmen der Anwerbung von Arbeitsmigranten zurückzuführen, die schon ursprünglich „überwiegend aus bildungsfernen sozialen Schichten" stammten. Dazu noch der Hinweis, dass die Bildungsabschlüsse von Migrantinnen niedriger ausfallen als bei den Migranten; siehe ebda., S. 211, 220.

812 *Raiser*, Grundlagen (Fn. 794), S. 323; *Rehbinder*, Rechtssoziologie (Fn. 800), S. 146.

Hinsichtlich der wirtschaftlichen Aspekte kann eine mangelhafte finanzielle Situation und damit Angst vor den Kosten eines Rechtsstreits eine Rolle spielen[813]. Dies insbesondere, da Zugewanderte und Menschen mit Migrationshintergrund in Deutschland eher von Armut betroffen sind, als nicht zugewanderte Menschen[814].

Angesichts der zuvor benannten Sprachdefizite sowie der kaum von Personen mit Migrationshintergrund besetzten Richterstellen erscheint auch eine generelle soziale Distanz als naheliegend. Wohl entscheidend ist jedoch insbesondere die soziale Barriere der Tabuisierung der Anrufung justizieller Stellen. Diese äußert sich in den patriarchalischen Familien- und Clanstrukturen und der damit einhergehenden Mentalität, Streitigkeiten unter sich auszumachen. Ergänzend konnte in diesen Fällen aufgrund mangelnder Integration wohl nie eine kulturelle Entfremdung zur deutschen Gesellschaft gänzlich aufgelöst werden, weshalb in der arabischen bzw. islamischen Diaspora nach wie vor eine Art „Schamkultur" zur Kenntnis genommen wird, die es erschwert, sich offen vor neutralen staatlichen Stellen zu eigenen Verfehlungen bzw. eigener Verantwortlichkeit zu bekennen[815]. Dies mag insbesondere bei offensichtlich intimen Themen, wie dem inneren familiären Bereich und dabei insbesondere mit Bezug zu den Frauen, eine Rolle spielen.

c) Zwischenergebnis

Die rechtssoziologischen Faktoren sind mit Blick auf den Ursprung der „Paralleljustiz" insbesondere auf integrative Versäumnisse zurückzuführen. Auch weil Muslime teilweise unzureichend integriert wurden, haben sie Parallelgesellschaften gebildet und sich dadurch –

---

813 Zu hohe oder schwer überschaubare Kostenrisiken sind losgelöst vom Phänomen der Paralleljustiz einer der offensichtlichsten Faktoren, weshalb vom Gang zu einem Anwalt oder Gericht abgesehen wird. Dies ist der Fall, da die unterliegende Partei nach der sog. Unterliegenshaftung nach § 91 Abs. 1 ZPO alle Kosten des Rechtsstreits zu tragen hat; siehe *Rehbinder*, Rechtssoziologie (Fn. 800), S. 146; *B. Gehle*, in: A. Baumbach/W. Lauterbach (Begr.), Kommentar zur ZPO, 79. Aufl. 2021, ZPO, Vorb. § 91 Rn. 2; mit Blick auf das subjektive Defizit der Unkenntnis über Unterstützungsmöglichkeiten für den Zugang zur staatlichen Justiz kann auch die Prozesskostenhilfe oder die Kenntnis über eine vergünstigte anwaltliche Erstberatung diese Barriere nicht unbedingt auflösen; siehe *Rohe*, ADR (Fn. 4), S. 30.

814 Wobei die Länge des Aufenthalts die Chance auf Armut mindert; siehe *A. Janßen/J. Bohr*, in: P. Böhnke/J. Dittmann/J. Goebel (Hrsg.), Handbuch Armut: Ursachen, Trends, Maßnahmen, 2018, S. 154 ff.; entsprechend habe die stetige strukturelle Integration von zumindest Teilen muslimischer Einwanderer das erforderliche ökonomische Kapital sowie Rechtsbewusstsein erarbeitet, so dass muslimische Minderheiten seit den neunziger Jahren weit häufiger gerichtliche Prozesse anstoßen; siehe *M. Koenig*, Gerichte als Arenen religiöser Anerkennungskämpfe: eine rechtssoziologische Skizze, in: A. Reuter/H. G. Kippenberg (Hrsg.), Religiöse Konflikte im Verfassungsstaat, 2010, S. 144 (148).

815 *Rohe* sieht in dieser „Schamkultur" ein Gegenbild zur in Deutschland herrschenden „Schuldkultur", nach der es belohnt werde, wenn man sich im Wege eines Geständnisses zu seinen Verfehlungen bekennt; siehe *Rohe*, ADR (Fn. 4), S. 29 f.; rechtshistorisch kann das Geständnis im Rechtssinne auf die Beichte als Sündenbekenntnis vor einem kirchlichen Amtsträger zurückgeführt werden; siehe *J. A. Sickor*, Das Geständnis: Rechtsnatur und Bedeutung im reformierten Strafverfahren, 2014, S. 94 ff.; bei einer Charakterisierung als christliches Kulturgut erscheint eine kulturelle Fremdheit solcher Handlungsweisen aus der Perspektive von Muslimen nicht abwegig.

mitsamt der Praxis von „Paralleljustiz“ – kulturell entfremdet. Im selben Zuge sind bildungsrelevante sowie im mangelnden Wohlstand begründete Defizite zu vermerken, die sich mit weiterreichender Wirkung für die Zukunft verfestigt haben. Insofern sind die Beweggründe für „Paralleljustiz“ vielschichtig und weniger auf wenige, offensichtliche Faktoren, wie eine soziale Verwurzelung, zurückzuführen.

2. Übertragung der Erkenntnisse auf genuin religiöse „Paralleljustiz“

Das Betreiben der genuin religiösen „Paralleljustiz“ kann neben islamisch religiösen Ursachen insbesondere auf soziologisch zu erklärende Zugangs- und Erfolgsbarrieren rückgeführt werden. Vor diesem Hintergrund ist die Traditition der Schlichtung aufgrund der sozialen Verwurzelung im Nahen Osten nur ein Teilaspekt zur Erklärung des Betreibens in Deutschland.

Davon losgelöst werden jedoch Menschen, deren Migrationshintergrund auf Bevölkerungsgruppen des Nahen Osten zurückgeht, regelmäßig mit dieser Form der alternativen Streitbeilegung assoziiert. Hervorzuheben ist dabei die Schlichtung in der Tradition von *ṣulḥ*, die maßgeblich unter Muslimen im Nahen Osten beobachtet wird, wovon Teile in Deutschland migriert sind und die Praxis weiterhin auslebten. Damit lässt sich, auch angesichts der festgestellten Multikausalität, ein Bezug zum Merkmal der Herkunft aus dem Nahen Osten finden.

a) Unmittelbare Diskriminierung wegen der Herkunft

Eine unmittelbare Anknüpfung an das Merkmal der Herkunft aus dem Nahen Osten könnte diskriminierend i.S.v. Art. 3 Abs. 3 S. 1 GG wirken, wenn den Merkmalsträgern im Vergleich zu Trägern eines ähnlichen Merkmals, wie beispielsweise deutschstämmigen Menschen, ausdrücklich und einseitig der Zugang zu der Privatautonomie mitsamt außergerichtlicher Streitbeilegung erschwert wird. Dies insbesondere, wenn die jeweilige Maßnahme ein einseitiges Verbot zu Lasten von Menschen mit einem Migrationshintergrund aus dem Nahen Osten vorsieht, während andere Bevölkerungsgruppen mit ähnlicher Tradition ausgenommen werden.

Mit Blick auf ein hypothetisches Gesetz zur Einschränkung der „Paralleljustiz“ ließe sich eine direkte Anknüpfung an das Merkmal jedoch vermeiden, indem man bei der Ausgestaltung neutrale Begrifflichkeiten ohne Bezug zu der Herkunft aus dem Nahen Osten verwendet, im Rahmen der Gesetzesbegründung nicht maßgeblich auf diese verweist und auf diese Weise unterschiedlos den Kern der Praxis unbilliger außergerichtlicher Streitbeilegung ins Auge fasst.

b) Mittelbare Diskriminierung wegen der Herkunft

Zu bedenken ist, dass solch einschränkende Maßnahme auch abseits einer direkten Anknüpfung mittelbar bzw. faktisch die Nachkommen von Familien betreffen könnte, die aufgrund ihrer Migrationsgeschichte mitsamt Sozialisierung zu religiöser „Paralleljustiz“ neigen.

Dagegen könnte – je nach Ausgestaltung der Maßnahme – argumentiert werden, dass die „Paralleljustiz“ vielschichtig ist, von den verschiedensten Volksgruppen bis hin zu solchen gesellschaftlichen Gruppen wie der organisierten Kriminalität praktiziert wird und sich insofern schwerlich auf ein einheitliches Merkmal der Herkunft reduzieren lässt. Verstärkend wirkt die Feststellung, dass der Erhalt solch informeller Streitbeilegung zwar auch traditionelle bzw. herkunftsbasierte Gründe hat, jedoch mehr auf integrative Verfehlungen zurückzuführen ist, die bis heute Zugangs- und Erfolgsbarrieren zur Justiz erkennen lassen. Letztlich wäre für eine abschließende Beantwortung der Frage nach einer mittelbaren Diskriminierung die konkrete Maßnahme zu überprüfen.

Ebenso ist zu berücksichtigten, dass eine mittelbare Diskriminierung aufgrund des Merkmals der islamischen Religionszugehörigkeit regelmäßig zugleich Menschen mit dem Merkmal der Herkunft des Nahen Ostens betrifft, da diese häufig dem Islam zugehörig sind. Aufgrund dieser Koppelung wäre zu Vermeidung einer mittelbaren Diskriminierung i.S.v. Art. 3 Abs. 3 S. 1 GG besondere Sensibilität hinsichtlich einer unterschiedslos formulierten Maßnahme gefragt.

3. Rechtfertigung von Diskriminierung wegen der Herkunft

Bei Annahme einer (mittelbaren) Diskriminierung ist erneut die Dogmatik heranzuziehen, nach der ein Verstoß gegen Art. 3 Abs. 3 S. 1 GG im Wege der praktischen Konkordanz mit einem weiteren Rechtswert von Verfassungsrang aufzulösen ist. Zum Schutze benachteiligter Frauen bietet sich insofern ein Gegenrecht nach Art. 3 Abs. 2 S. 2 GG an.

Hintergrund der Erforderlichkeit eines verhältnismäßigen Ausgleichs der sich gegenüberstehenden Verfassungswerte bei mittelbarer Diskriminierung im Wege der praktischen Konkordanz ist zudem Art. 2 Abs. 2 lit. b der RL 2000/43/EG. Danach ist eine in Frage stehende, mittelbar diskriminierende Vorschrift nur dann zulässig, wenn sie durch ein rechtmäßiges Ziel sachlich gerechtfertigt ist und die Mittel zur Erreichung dieses Zieles angemessen und erforderlich, also letztlich verhältnismäßig sind, was Parallelen zu dem Grundsatz der praktischen Konkordanz bei Grundrechtskollisionen aufweist.

Da das Merkmal der Herkunft aus dem Nahen Osten eng verknüpft ist mit der Religiösität, kann hinsichtlich der Prüfung der praktischen Konkordanz erneut auf die summarische Abwägung im Rahmen der Einschränkung von Art. 4 Abs. 1, 2 GG durch den Rechtswert aus Art. 3 Abs. 2 S. 2 GG verwiesen werden.

VI. Ausblick

Zusammenfassend müsste bei der Ausgestaltung einer Maßnahme bzw. eines Gesetzes, das Einschränkungen für die vornehmlich von Muslimen ausgeübte genuin religiöse „Paralleljustiz" vorsieht – neben der noch aufzulösenden praktischen Konkordanz gegenüber Art. 4 Abs. 1, 2 GG – beachtet werden, dass bei einer tendenziösen Formulierung die Diskriminierungsverbote des Art. 3 Abs. 3 S. 1 GG einschlägig sein könnten. Dies wäre der Fall, wenn diese Maßnahme direkte bzw. indirekte Vorbehalte gegenüber Muslimen und/oder Menschen mit der Herkunft aus dem Nahen Osten aufweist. Mit Blick auf den Islam gilt dies unter anderem vor dem Hintergrund, dass Praktiken informeller Streitbeilegung auch bei anderen Religionsgemeinschaften beobachtet werden[816] und Muslime diesen gegenüber nicht einseitig benachteiligt werden dürften. Weitestgehend umgehen ließe sich dieser Konflikt durch die Verwendung neutraler Formulierungen sowie unter Vermeidung einer entsprechenden Bezugnahme in der Gesetzesbegründung.

E. Beschränkung genuin religiöser „Paralleljustiz" im Rahmen des Art. 4 Abs. 1, 2 GG aufgrund eines Rechtswerts nach Art. 3 GG?

Wie sich herausgestellt hat, *kann* neben der Variante der religiösen Paralleljustiz, bei der Imame Sachentscheidungen auf der Grundlage islamischer Normen treffen, auch die vermeintlich rein traditionelle Variante nach *ṣulḥ*[817] auf den islamischen Glauben zurückgeführt werden. Etwaige Beschränkungen solch informeller Schlichtungsverfahren müssen angesichts des religiösen Bezugs daher insbesondere noch unter dem Schutzbereich der Religionsfreiheit nach Art. 4 Abs. 1, 2 GG berücksichtigt werden[818].

Daher werden nachfolgend etwaige Einschränkungsmöglichkeit des Staates als Eingriff in den Schutzbereich von Art. 4 Abs. 1, 2 GG diskutiert. Anschließend werden die sog. Schranken der Religionsfreiheit beleuchtet, um etwaige Gegenrechte nach Art. 3 Abs. 2, 3 S. 1 GG an dieser Stelle einzuordnen.

I. Die Religionsfreiheit nach Art. 4 Abs. 1, 2 GG

Aufgrund ihrer Fähigkeit zur Selbstreflektion streben Menschen seit jeher danach, den Sinn ihres Daseins zu erkennen. Glaube und Religion versuchen dafür passende Antworten zu

---

816 Siehe nur *Kaminski/Nolte*, Interview (Fn. 680), S. 174.

817 Dazu erneut der Hinweis, dass die Faktenlage für das Phänomen nach wie vor dürftig ist und die Quellen eher dafür sprechen, dass informelle Streitschlichtung nach dem *ṣulḥ*-Verfahrens vornehmlich auf kulturelle Prägungen zurückzuführen ist. Dennoch kann nicht geleugnet werden, dass das *ṣulḥ* nachweislich Eingang in den Islam gefunden hat, weshalb eine entsprechende Berufung im Rahmen der Religionsfreiheit zumindest *möglich* erscheint. Daher wird nachfolgend mit dieser Hypothese gearbeitet.

818 Instruktiv zu einem „Spannungsverhältnis zwischen Staat und Islam in der deutschen Justiz" siehe *Scholz*, Problem (Fn. 4), S. 168.

geben[819]. Trotz dieses Grundbedürfnisses ist es nicht selbstverständlich, dass der Staat den Bürgern die Suche nach Sinnhaftigkeit in Eigenverantwortung überlässt, beispielsweise weil die Gewährung individueller Glaubensfreiheit mitsamt einem teilweise schwer kontrollierbaren Nebeneinander der Vielzahl an Religionen einem gemeinsamen gesellschaftlichen Fundament widersprechen könnte[820]. Zudem ging das Christentum nach seiner gesellschaftlichen Anerkennung ein lang anhaltendes Bündnis mit dem Staat ein. Dies ließ einerseits Toleranz in Glaubensfragen angesichts eines absoluten Wahrheitsanspruchs[821] vermissen[822], andererseits musste die Säkularisierung[823] aufgrund der tiefen Verbindung von Kirche und Staat im Rahmen eines Jahrhunderte andauernden Prozess – und das insbesondere im Umfeld der Reformation[824] – gesellschaftlich erkämpft werden[825].

Um neben einer grundsätzlichen Trennung von Kirche und Staat den persönlichen Bedürfnissen nach Sinnhaftigkeit möglichst unvoreingenommen Rechnung zu tragen, reglementierte die Weimarer Reichsverfassung von 1919 im Wege von Art. 135 S. 2 WRV[826] erstmals eine weitreichende individuelle Glaubens- und Gewissenfreiheit[827]. Diese von der WRV bereits garantierten Freiheiten wurden sodann durch das 1949 in Kraft getretene Grundgesetz[828] um eine auch kollektiv geltende Religions- sowie Weltanschauungsfreiheit[829] erweitert. Heute sind die Freiheit des Glaubens, des Gewissens und des religiösen

[819] *Herzog* (Fn. 602), Art. 4 Abs. 1 Rn. 13; *Mager* (Fn. 611), Art. 4 Rn. 1.

[820] *Mager* (Fn. 611), Art. 4 Rn. 1.

[821] Zum Absolutheitsanspruch des Christentums unter Einordnung im religionsgeschichtlichen Zusammenhang siehe *R. Bernhardt*, Der Absolutheitsanspruch des Christentums: Von der Aufklärung bis zur Pluralistischen Religionstheologie, 2. Aufl. 1993, S. 6 ff.; *ders.*, Zwischen Größenwahn, Fanatismus und Bekennermut. Für ein Christentum ohne Absolutheitsanspruch, 1994, S. 8 ff.

[822] *Morlok* (Fn. 611), Art. 4 Rn. 1.

[823] Grundsätzlich zur Trennung von organisierter Politik und Religion siehe *G. Roellecke*, Die Entkoppelung von Recht und Religion, in: JZ 2004, S. 105 (105 ff.).

[824] Zum Zusammenhang von Säkularisierung und Reformation siehe *H. Lehmann*, Säkularisierung: Der europäische Sonderweg in Sachen Religion?, 2004, S. 77 ff.

[825] Als Resultat ist die christliche Religion aus Perspektive des Verfassungsrechts als Wertemaßstab weitestgehend durch Vorgaben des staatlichen Rechts ersetzt worden; siehe *Mager* (Fn. 611), Art. 4 Rn. 2; zum Prozess der Säkularisierung sowie Entwicklung der freien Religionsausübung des Einzelnen aus der Perspektive der deutschen Rechtsgeschichte siehe *Morlok* (Fn. 611), Art. 4 Rn. 2 ff.

[826] „Die ungestörte Religionsausübung wird durch die Verfassung gewährleistet und steht unter staatlichem Schutz“ Art. 135 S. 2 WRV.

[827] *Kokott* (Fn. 615), Art. 4 Rn. 1; *Mager* (Fn. 611), Art. 4 Rn. 1; *Morlok* (Fn. 611), Art. 4 Rn. 10; *v. Campenhausen*, Religionsfreiheit (Rn. 598), § 157 Rn. 41.

[828] Zur Entstehungsgeschichte des Grundgesetzes siehe *P. Unruh*, Der Verfassungsbegriff des Grundgesetzes: eine verfassungstheoretische Rekonstruktion, 2002, S. 321 ff.; sowie konkret zu der Entstehung der staatskirchenrechtlichen Vorschriften siehe *v. Campenhausen*, Religionsfreiheit (Rn. 598), § 157 Rn. 47 ff.

[829] *Mager* (Fn. 611), Art. 4 Rn. 2.

und weltanschaulichen Bekenntnisses nach Art. 4 GG unverletzlich. Dazu normiert Art. 4 Abs. 2 GG eine Gewährleistung der ungestörten Religionsausübung[830].

1. Gebot religiös-weltanschaulicher Neutralität

Durch die in Art. 4 GG garantierten Freiheiten wurde der Weg für religiöse Vielfalt in Deutschland bereitet. Im selben Zuge wurden jedoch auch mögliche Gefahren von ungehemmter Religionsausübung zunehmend Bestandteil der öffentlichen Diskussion, wobei insbesondere der Islam als Gefahrenquelle ausgemacht wurde[831].

Dieses Misstrauen könnte Fragen im Rahmen des nach Art. 4 Abs. 1, 2 GG erforderlichen Maßstabs von religiös-weltanschaulicher Neutralität seitens des Staates aufwerfen. Nach diesem Grundsatz, der aus einer Gesamtschau der Art. 4 Abs. 1, Art. 3 Abs. 3 S. 1, Art. 33 Abs. 3 GG sowie Art. 140 GG i.V.m. Art. 136 Abs. 1, 4 und Art. 137 Abs. 1 WRV geschlossen wird, hat sich der Staat „in Fragen des religiösen oder weltanschaulichen Bekenntnisses neutral zu verhalten“[832]. So darf er sich nicht „durch von ihm ausgehende oder ihm zuzurechnende Maßnahmen ausdrücklich oder konkludent mit einem bestimmten Glauben [...] identifizieren“[833]. Damit ist ihm auch die „die Einführung staatskirchlicher Rechtsreformen und [...] auch die Privilegierung bestimmter Bekenntnisse“[834] untersagt. Zusammenfassend wird der Staat aufgrund dieses Grundsatzes sowohl dazu verpflichtet bestimmte Bekenntnisse nicht zu privilegieren, als auch davon abweichende Anschauungen nicht auszugrenzen[835]. Jedoch darf der Grundsatz auch nicht als eine Distanzierung von jeder Art Bekenntnis im Sinne einer laizistischen Trennung von Kirche und Staat verstanden werden, vielmehr soll der Staat alle Bekenntnisse *gleichsam fördern*[836].

Aufgrund des Gebots religiös-weltanschaulicher Neutralität ist bei den nachfolgenden Ausführungen daher stets im Blick zu behalten, dass dem Islam insbesondere im Vergleich mit dem Christentum keine besondere Skepsis zuteilwird, sondern das Phänomen der „Paralleljustiz“ vergleichsweise nüchtern im Lichte der Verfassung betrachtet wird.

---

[830] Die aus Art. 4 GG erwachsenen Rechte stehen jedoch immer noch in einem engen Zusammenhang mit der WRV, da nach Art. 140 GG die Art. 136-141 WRV als Bestandteil des Grundgesetzes gelten; siehe *Kokott* (Fn. 615), Art. 4 Rn. 4.

[831] Zur breiten gesellschaftlichen Skepsis gegenüber dem Islam siehe beispielsweise *H. Bielefeldt*, Das Islambild in Deutschland: Zum öffentlichen Umgang mit der Angst vor dem Islam, 2. Aufl. 2008.

[832] BVerfGE 105, 279 (294).

[833] BVerfGE 108, 282 (300).

[834] BVerfGE 19, 206 (216).

[835] Weitergehend zum Gebot religiös-weltanschaulicher Neutralität siehe *Bauwens*, Paralleljustiz (Fn. 4), S. 91; *v. Campenhausen*, Religionsfreiheit (Rn. 598), § 157 Rn. 5, 58; *Jarass* (Fn. 95), Art. 4 Rn. 5; *Morlok* (Fn. 611), Art. 4 Rn. 13, 48, 60; 161 ff.; *Starck*, (Fn. 362), Art. 4 Rn. 9, 22.

[836] *Jarass* (Fn. 95), Art. 4 Rn. 5.

2. Struktur und Systematik des Art. 4 Abs. 1, 2 GG

Die ersten beiden Absätze von Art. 4 GG enthalten augenscheinlich vier Grundrechte: Die Glaubensfreiheit, die Gewissensfreiheit, die Bekenntnisfreiheit (Absatz 1) sowie die Freiheit zur Religionsausübung (Absatz 2)[837]. Dabei scheinen diese einzelnen Gewährleistungen jedoch nicht eindeutig voneinander abgrenzbar zu sein bzw. weisen Zusammenhänge auf. So könnte die Glaubensfreiheit beispielsweise dahingehend verstanden werden, dass sie inhaltlich die Bekenntnisfreiheit als auch die Freiheit zur Religionsausübung erfasst[838]. Ob die benannten Freiheiten verschiedene Grundrechte darstellen oder schlicht die Ausprägung eines Einzelnen sind, ist daher Gegenstand einer Diskussion in der Rechtswissenschaft[839].

Als Lösung dieser Abgrenzungsfrage hat das Bundesverfassungsgericht durch ständige Rechtsprechung zum Ausdruck gebracht, dass es sich bei Art. 4 Abs. 1, 2 GG um ein *einheitliches* Grundrecht handele. Dies sei der Fall, da das Grundrecht der ungestörten Religionsausübung nach Absatz 2 schon begrifflich in der Glaubens- und Bekenntnisfreiheit nach Absatz 1 aufgehe. Denn der Begriff der Glaubens- und Bekenntnisfreiheit erfasse unabhängig davon, ob es sich um ein religiöses Bekenntnis oder eine religionsfremde Weltanschauung handelt die innere Freiheit (nicht) zu glauben – also sich zu einem Glauben zu bekennen, diesen zu verschweigen, oder auch sich von dem bisherigen Glauben loszusagen – *sowie* auch die Freiheit diesen nach außen zu tragen, wie beispielsweise durch kultisches Handeln, Werben und gar Propaganda. Daher sei die ungestörte Religionsausübung schlicht Bestandteil der Glaubens- und Gewissensfreiheit[840].

Die Literatur hat sich dieser Auffassung überwiegend angeschlossen und geht davon aus, dass die religiös-weltanschaulichen Gewährleistungen des Art. 4 Abs. 1, 2 GG ein einheitliches Grundrecht bilden, wobei sich die Autoren häufig um eine wortlautgetreuere Auslegung bemühen[841].

---

[837] Neben den dem Wortlaut von Abs. 1 und 2 zu entnehmenden vier Freiheiten existiert zudem mit Art. 4 Abs. 3 GG noch das eindeutig eigenständige Grundrecht auf Kriegsdienstverweigerung; siehe *Mager* (Fn. 611), Art. 4 Rn. 15; *Morlok* (Fn. 611), Art. 4 Rn. 56.

[838] *Morlok* (Fn. 611), Art. 4 Rn. 56.

[839] *Mager* (Fn. 611), Art. 4 Rn. 16; *Kokott* (Fn. 615), Art. 4 Rn. 12.

[840] BVerfGE 24, 236 (245 f.); 32, 98 (106); 44, 37 (49); 83, 341 (354); 108, 282 (297).

[841] Für die Auslegung als einheitliches Grundrecht sprechen sich beispielsweise aus: *Bauwens*, Paralleljustiz (Fn. 4), S. 92; *M. Heckel*, Religionsfreiheit und Staatskirchenrecht in der Rechtsprechung des Bundesverfassungsgerichts, in: P. Badura/H. Dreier (Hrsg.), Festschrift 50 Jahre Bundesverfassungsgericht, Bd. 2, 2001, S. 379 (379 ff.); *H. M. Heinig*, Öffentlich-rechtliche Religionsgesellschaften: Studien zur Rechtsstellung der nach Art. 137 Abs. 5 WRV korporierten Religionsgesellschaften in Deutschland und in der Europäischen Union, 2003, S. 119 ff.; *Jarass* (Fn. 95), Art. 4 Rn. 1; *Kokott* (Fn. 615), Art. 4 Rn. 14; *Mager* (Fn. 611), Art. 4 Rn. 17; *Morlok* (Fn. 611), Art. 4 Rn. 58; *U. Sacksofsky*, Religiöse Freiheit als Gefahr?, in: VVDStRL 68 (2009), S. 9 (15 ff.); *v. Campenhausen*, Religionsfreiheit (Rn. 598), § 157 Rn. 51 f.; anderer Ansicht ist *Herzog*, der darauf hinweist, dass die reine Existenz des losgelösten Absatz 2 für eine

Dieses einheitliche Verständnis erübrigt jedoch nicht eine genaue begriffliche Bestimmung des Schutzbereichs[842] – und dies vornehmlich dahingehend, ob „religiöse Paralleljustiz“ als islamisch inspiriertes Handeln erfasst wird.

3. „Religiöse Paralleljustiz“ im Rahmen des Schutzbereichs des Art. 4 Abs. 1, 2 GG

Vorab ist darauf hinzuweisen, dass die deutsche Rechtsordnung keinen Anspruch von (islamischen) Religionsgemeinschaften anerkennt, das Personen-, Familien- und Erbbrecht ihrer Anhänger autonom zu regeln. Vielmehr sind Rechtssätze, die religiösem Recht entspringen von deutschen Gerichts- und Verwaltungsbehörden nur anzuwenden, wenn eine einschlägige deutsche Kollisionsnorm das Recht eines Staats für anwendbar erklärt, das wiederum auf religiösem Recht basiert[843]. Daher kann der Religionsfreiheit nach Art. 4 Abs. 1, 2 GG zumindest kein Recht auf Etablierung einer islamischen Privatrechtsordnung mitsamt einer „religiösen Paralleljustiz“ als verbindliches privatrechtliches Verfahren zur Streitbeilegung entnommen werden. Gelöst von dieser Feststellung birgt die Privatautonomie jedoch viel Freiraum, dennoch Rechtsbeziehungen zwischen Privatpersonen eigenverantwortlich auf der Grundlage religiöser Vorschriften zu gestalten. Entsprechend kann auch informelle Streitbeilegung im Sinne der „religiösen Paralleljustiz“ – als Sonderfall alternativer Streitbeilegung – aufgrund der Privatautonomie zulässig sein[844].

Insofern *kann*, wie zuvor festgestellt[845], ein gläubiger Muslim insbesondere durch Erkenntnisgewinn im Wege der *fiqh* einen Auftrag zur Betreibung der „Paralleljustiz“ für sich glaubhaft darlegen. Ergänzend können Muslime im Einzelfall glaubhaft machen, dass sie diese Normen auch in der Diaspora des Staatsgebiets Deutschland als verbindlich ansehen[846].

---

eigenständige Bedeutung spricht und der Absatz daher nicht rein deklaratorisch sein kann *Herzog* (Fn. 602), Art. 4 Rn. 99.

[842] *Mager* (Fn. 611), Art. 4 Rn. 20; *Herzog* (Fn. 602), Art. 4 Rn. 5.

[843] Dies hat der Bundesgerichtshof bereits 1979 für einen Fall entschieden, bei dem die Anerkennung einer Vaterschaft nach dem islamischen Gesetz der *Hanefiten* – eine der vier Rechtsschulen des sunnitischen Islams – unabhängig von der Staatsangehörigkeit begehrt wurde; siehe BGH NJW 1980, 1221 (1221); dieser Ansicht folgen in der Literatur beispielsweise: *Bauwens*, Paralleljustiz (Fn. 4), S. 91; *A. Funke*, Parallelwelten des Rechts? Die Anerkennung des Rechts und der Gerichtsbarkeit von Religionsgemeinschaften durch den Staat, in: A. Bettenworth u.a. (Hrsg.), Herausforderung Islam, 2011, S. 42 (46); *Rohe*, Recht (Fn. 148); S. 341; *Hötte*, Schiedsgerichtsbarkeit (Fn. 85), S. 191; zur Anwendung religiöser Rechtssätze aufgrund des Verweises deutschen Kollisionsrechts sowie unter Beachtung des ordre public siehe Kap. C.II.2.a).

[844] Siehe Kap. C.II.2.c).

[845] Siehe Kap. D.IV.2.b).cc).

[846] Siehe Kap. D.IV.2.b).dd).

Nachfolgend sind nun etwaige Eingriffe in den Schutzbereich zu erörtern, die die genuin religiöse Paralleljustiz beschneiden oder gar unmöglich machen könnten.

II. Eingriffe in den Schutzbereich des Art. 4 Abs. 1, 2 GG

Im Hinblick auf die Terminologie eines solchen Eingriffs im Rahmen der Grundrechte ist dieser ursprünglich auf eine „klassische" Definition begrenzt worden. Diese Definition bezieht sich auf einen hoheitlichen Rechtsakt, der „unmittelbar und gezielt (final) durch ein vom Staat verfügtes, erforderlichenfalls zwangsweise durchzusetzendes Ge- oder Verbot, also imperativ, zu einer Verkürzung grundrechtlicher Freiheiten führt"[847]. Heute wird dieses Verständnis aufgrund der Geltungsanordnung von Art. 1 Abs. 3 GG, nach dem jede Äußerung staatlicher Gewalt an die Grundrechte gebunden ist, als zu eng angesehen. Vielmehr ist nach einem modernen Verständnis *jede* Beeinträchtigung des Schutzbereiches eines Grundrechtes durch die öffentliche Gewalt an den jeweiligen Grundrechten zu messen und daher auch unabhängig davon, ob die Beeinträchtigung durch einen Rechtsakt, bloß faktisches, oder finales Handeln erfolgt[848].

Als Resultat kommt auch vielfältiges Handeln der nach Art. 1 Abs. 3 GG den Grundrechten – und daher auch Art. 4 Abs. 1, 2 GG – verpflichteten öffentlichen Gewalt[849] in Betracht.

- So könnte schon eine *Warnung*[850] der staatlichen Verwaltung vor einer Einrichtung, einem Imam oder gar dem Verfahren selbst als Eingriff in die Religionsfreiheit anzusehen sein.
- Denkbar ist zudem eine parlamentarisch verabschiedete *Verbotsnorm*[851], die entweder auf eine pauschale Untersagung der genuin religiösen „Paralleljustiz" abzielt oder eine Aufhebung unbillig erscheinender Sachentscheidungen im Einzelfall ermöglichen soll.
- Zudem wäre auch eine gerichtliche *Aufhebung einer (Ehe-)Vereinbarung*[852] als Eingriff zu werten, die beispielsweise i.S.v. § 138 Abs. 1 BGB auf einer erheblich ungleichen Verhandlungsposition einer Partei basiert oder durch eine zuvor benannte, neuartige Verbotsnorm gestützt wird.

---

847 BVerfGE 105, 279 (299 ff.).

848 *Bauwens*, Paralleljustiz (Fn. 4), S. 99; *Herdegen* (Fn. 369), Art. 1 Abs. 3 Rn. 40.

849 *Bauwens*, Paralleljustiz (Fn. 4), S. 99; *Di Fabio* (Fn. 224), Art. 4 Rn. 60; *Herdegen* (Fn. 369), Art. 1 Abs. 3 Rn. 40 f.; *Jarass* (Fn. 95), Art. 4 Rn. 5a; *Mager* (Fn. 611), Art. 4 Rn. 81.

850 Am Beispiel der Warnung vor einer Jugendsekte („Osho-Bewegung") seitens der Bundesregierung siehe BVerwG NJW 1991, 1770 (1770 ff.); BVerfGE 105, 279 (279 ff.).

851 Am Beispiel eines Kopftuchverbots siehe *D. Leitmeier*, Das Kopftuchverbot für Rechtsreferendarinnen, in: NJW 2020, S. 1036 (1036 f.).

852 Am Beispiel der Aufhebung eines Schiedsspruchs, der im Wege eines religiösen Schiedsgerichts sowie aufgrund religiösen Rechts ergangen ist; siehe *Hötte*, Schiedsgerichtsbarkeit (Fn. 85), S. 230.

Zusammenfassend würden diese beispielhaft[853] aufgezeigten Eingriffe eine Beeinträchtigung von glaubensgeleitetem Handeln i.S.d. forum externum[854] nach Art. 4 Abs. 1, 2 GG begründen. Korrespondierend hierzu ist *denkbar*, dass sich als taugliche Grundrechtsträger beispielsweise ein schlichtender Imam oder vergleichbarer „Friedensrichter“, die jeweiligen Ehepartner im Rahmen einer Vereinbarung über ihr Familienleben, die durch „Paralleljustiz“ vermittelt wurde, oder Mädchen[855], die sich aufgrund der Schlichtung zwangsverheiraten lassen, wegen eines Einschnittes in den Schutzbereich der Religionsfreiheit auf eine entsprechende Grundrechtseinbuße berufen. Jedoch sind auch an dieser Stelle Pauschalisierungen zu vermeiden und geboten ist stets eine Entscheidung im Einzelfall.

Dazu ist noch zu beachten, dass bei der Berufung auf einen Eingriff in den Schutzbereich der Religionsfreiheit auf einen konkret ursächlich gewordenen Hoheitsträger abgestellt werden muss. So ist beispielsweise bei einer Verbotsnorm zwischen der gesetzgeberisch tätig gewordenen Legislative und der möglichst grundrechtskonformen Ausführung bzw. Auslegung der Norm durch die Exekutive im Einzelfall zu differenzieren.

III. Rechtfertigung eines Eingriffs in Art. 4 Abs. 1, 2 GG

Zunächst müsste der Schutzbereich der Religionsfreiheit beschränkbar sein. Nur so ließen sich entsprechende Eingriffe in den Schutzbereich rechtfertigen[856]. Angesichts des Wortlauts des Art. 4 Abs. 1 und 2 GG, der keinen Gesetzesvorbehalt für eine Rechtfertigung von Eingriffen enthält[857] und sogar davon spricht, dass zumindest die in Absatz 1 genannten Freiheiten „unverletzlich“ sind[858], kommen daran Zweifel auf.

Einleitend kann zumindest *nicht* davon ausgegangen werden, dass die Schranken anderer Grundrechte – wie insbesondere der sog. Schrankentrias zu entnehmende einfache Gesetzesvorbehalt von Art. 2 Abs. 1 GG – auf Art. 4 Abs. 1, 2 GG angewendet werden können,

---

853 Aufgrund der Vielfältigkeit von einschränkenden Maßnahmen, als auch ursächlichen Hoheitsträgern, beschränken sich die nachfolgenden Ausführungen auf die zugrundeliegende Dogmatik der Grundrechtsabwägung.

854 *Morlok* (Fn. 611), Art. 4 Rn. 118.

855 Wobei auf das Verhältnis der Religionsfreiheit von Minderjährigen zum Erziehungsrecht der Eltern nach Art. 6 Abs. 2 GG hinzuweisen ist, welches im Wege des Gesetzes über die religiöse Kindererziehung (im Folgenden kurz: KErzG) abgegrenzt wird. So ist nach § 5 KErzG ein Kind erst ab Vollendung des 14. Lebensjahres vollumfänglich religionsmündig und wird zuvor in entsprechenden Fragen durch seine Eltern vertreten; siehe *Mager* (Fn. 611), Art. 4 Rn. 41; *Kokott* (Fn. 615), Art. 4 Rn. 8; *J. Schmid*, NomosKommentar Religiöse Kindererziehungs-Gesetz, 2012, § 5 Rn. 1.

856 *Kokott* (Fn. 615), Art. 4 Rn. 129.

857 *Hillgruber*, Kulturstaat (Fn. 600), S. 543; *Kokott* (Fn. 615), Art. 4 Rn. 130.

858 Im Wege dieser Formulierung wird zum Ausdruck gebracht, dass eine Beschränkung der in Art. 4 Abs. 1 GG genannten Freiheiten zumindest einem „besonders kategorische[n] Verbot ihrer Beeinträchtigung“ unterliegen; siehe *Mager* (Fn. 611), Art. 4 Rn. 62.

was in diesem Fall schon auf die Eigenschaft von Art. 2 Abs. 1 GG als subsidiärer Auffangtatbestand für Grundrechtsverletzung, die keinem anderen Schutzbereich zugeordnet werden können, zurückzuführen ist. Zudem spricht die Spezialität anderer Grundrechte mit ihren Schranken, wie auch Art. 4 Abs. 1, 2 GG, gegen eine solche Annahme[859].

Dies bedeutet jedoch nicht, dass der Religionsfreiheit grenzenloser Grundrechtsschutz zukommt, wie nachfolgend aufgezeigt wird.

1. Kein einfacher Gesetzesvorbehalt nach Art. 140 i.V.m. Art. 136 Abs. 1 WRV

Aufgrund der Implementierung der WRV im Wege von Art. 140 GG ist zunächst an eine Anwendung der in Art. 136 WRV enthaltenen Vorbehalte zu denken[860].

So könnte auch[861] Art. 136 Abs. 1 WRV vollgültig in das Verfassungsrecht inkorporiert worden sein[862], sodass die bürgerlichen und staatsbürgerlichen Rechte und Pflichten durch die Ausübung der Religionsfreiheit „weder bedingt noch beschränkt" werden dürften[863]. Dies könnte insofern als allgemeiner Gesetzesvorbehalt verstanden werden, dass die staatsbürgerlichen Pflichten – im Sinne des Grundsatzes staatlicher Neutralität[864] – unabhängig von einer Religion oder Weltanschauung ausgestaltet sein sollen und daher glaubensgeleitetes Verhalten nicht besser behandelt werden dürfe als glaubensfernes Verhalten[865]. Dafür spricht insbesondere, dass der gesamte Art. 136 WRV sehenden Auges übernommen wurde und daher (vermeintlich) nur eine kontinuierliche Anwendung von Art. 136 Abs. 1 WRV erklären kann, weshalb Art. 4 Abs. 1 und 2 GG ohne Schrankenregelung verabschiedet

---

859 Zu einer etwaigen Übernahme der Schranken aus Art. 2 Abs. 1 GG (sowie Art 5 Abs. 2 GG) siehe BVerfGE 32, 98 (107); *Bauwens*, Paralleljustiz (Fn. 4), S. 99; *Di Fabio* (Fn. 224), Art. 4 Rn. 83; *Hillgruber*, Kulturstaat (Fn. 600), S. 542 f.; *Mager* (Fn. 611), Art. 4 Rn. 62; *Morlok* (Fn. 611), Art. 4 Rn. 123; *Kokott* (Fn. 615), Art. 4 Rn. 135; *Starck* (Fn. 362), Art. 4 Rn. 35; *v. Campenhausen*, Religionsfreiheit (Rn. 598), § 157 Rn. 108; zu der sog. Schrankenspezialität siehe noch BVerfGE 32, 98 (107).

860 *Kokott* (Fn. 615), Art. 4 Rn. 131; *Mager* (Fn. 611), Art. 4 Rn. 63.

861 Als Schranke von Art. 4 Abs. 1 GG ist dabei zumindest überwiegend anerkannt, dass den Behörden nach Art. 136 Abs. 3 S. 2 WRV das Recht zukommt, nach der Zugehörigkeit zu einer Religionsgesellschaft zu fragen, falls davon Rechte und Pflichten abhängen oder eine gesetzlich angeordnete statistische Erhebung dies erfordert; siehe *Mager* (Fn. 611), Art. 4 Rn. 63; *Morlok* (Fn. 611), Art. 4 Rn. 125.

862 *Mager* (Fn. 611), Art. 4 Rn. 64; *v. Campenhausen*, Religionsfreiheit (Rn. 598), § 157 Rn. 111.

863 Für eine solche Anwendung argumentieren beispielsweise *W. Bock*, Die Religionsfreiheit zwischen Skylla und Charybdis, in: AöR 123 (1998), S. 444 (462 ff., 474 f.); *M. Heckel*, Zur Zukunftsfähigkeit des deutschen „Staatskirchenrechts" oder „Religionsverfassungsrechts"?, in: AöR 134 (2009), S. 309 (377 f.); *Mager* (Fn. 611), Art. 4 Rn. 65.

864 *Mager* (Fn. 611), Art. 4 Rn. 66.

865 *Bauwens*, Paralleljustiz (Fn. 4), S. 99; *Kokott* (Fn. 611), Art. 4 Rn. 131 f.; *Korioth* (Fn. 540), Art. 136 Rn. 51.

wurde[866]. Dem gegenüber schließt das Bundesverfassungsgericht eine Begrenzung aufgrund von Art. 140 i.V.m. Art. 136 Abs. 1 WRV aus. Dies insbesondere mit der Begründung, dass der Religionsfreiheit mitsamt der Religionsausübung solch eine hohe Bedeutung zukäme, dass Art. 136 WRV von Art. 4 Abs. 1, 2 GG überlagert werde[867]. Anderenfalls müssten jegliche, die bürgerlichen Pflichten regelnden Alltagsnormen zu einem immerwährenden und unmittelbar anzuwendenden Inhalt der Verfassung erklärt werden[868].

Unter Berücksichtigung weiterer schlüssiger Argumente[869], ist davon auszugehen, dass eine Übertragung der Schranken aus Art. 136 Abs. 1 WRV, sowohl aufgrund des eindeutigen Wortlauts von Art. 4 Abs.1, 2 GG, wonach die Religionsfreiheit gerade ohne Schranken gewährleistet werden soll, sowie auch der offensichtlichen Systemwidrigkeit von Schrankenübertragungen aus dritten Normen in das abschließende Grundrechtssystem[870], abzulehnen ist.

2. Einschränkungen aufgrund des Prinzips praktischer Konkordanz

Ausgehend von einer Unanwendbarkeit der Schranken von Art. 136 Abs. 1 WRV stellt sich weiterhin die Frage, ob bzw. inwiefern der Religionsfreiheit dennoch Grenzen aufgezeigt werden können.

---

866 *Bauwens*, Paralleljustiz (Fn. 4), S. 99; *Kokott* (Fn. 611), Art. 4 Rn. 132; *Heckel*, Zukunftsfähigkeit (Fn. 863), S. 377 Fn. 161; dieser Auffassung hat sich beispielsweise das Bundesverwaltungsgericht in seiner Entscheidung zu betäubungslosem Schlachten angeschlossen: „Nach Auffassung des erkennenden Senats ergibt sich die Legitimation des Gesetzgebers für die in § 4a TierSchG getroffene Regelung aus Art. 140 GG i.V. mit Art. 136 I WRV. Nach der zuletzt genannten Bestimmung, die durch Art. 140 GG zum Bestandteil des Grundgesetzes geworden ist, werden die bürgerlichen und staatsbürgerlichen Rechte und Pflichten durch die Ausübung der Religionsfreiheit weder bedingt noch beschränkt. Damit wird die Ausübung der Religionsfreiheit, wie sie in Art. 4 II GG gewährleistet ist, ausdrücklich unter einen staatsbürgerlichen Pflichtenvorbehalt gestellt" BVerwGE 112, 227 (232); zu einer kritischen Einordnung dieses Urteils siehe *Korioth* (Fn. 540), Art. 136 Rn. 53; ein weiteres Argument ist zudem der enge Zusammenhang zwischen Art. 4 GG und den über Art. 140 GG weiterhin vollumfänglich anzuwendenden Weimarer Kirchenartikeln; siehe *Mager* (Fn. 611), Art. 4 Rn. 65; *Heckel*, Zukunftsfähigkeit (Fn. 863), S. 377 Fn. 161.

867 BVerfGE 33, 23 (30 f.); zustimmend *Bauwens*, Paralleljustiz (Fn. 4), S. 100; *Kokott* (Fn. 611), Art. 4 Rn. 134; *Korioth* (Fn. 540), Art. 136 Rn. 52, 54.

868 *Kokott* (Fn. 611), Art. 4 Rn. 134.

869 Zudem kann als historisches Gegenargument angeführt werden, dass nur die Art. 136 ff. WRV im Wege von Art. 140 GG Anwendung finden, jedoch Art. 135 WRV, der das Grundrecht auf Religionsfreiheit mitsamt eines Gesetzesvorbehalts in Satz 3 einschließt, gerade nicht inkorporiert wurde. Dieser Umstand könnte daher als Hinweis verstanden werden, dass der Verfassungsgeber gerade Art. 4 Abs.1, 2 GG nicht mit einem Vorbehalt versehen wollte; siehe *Morlok* (Fn. 611), Art. 4 Rn. 124; *Walter*, Religionsverfassungsrecht (Fn. 621), S. 515 f.; weiter ist es ein systematisches Argument, dass Art. 136 Abs. 1 WRV lediglich die Religionsfreiheit, aber nicht die Gewissensfreiheit erfasst und es damit unsinnig erscheint, diese ohne Gesetzesvorbehalt und damit stärker auszugestalten; siehe *Morlok* (Fn. 611), Art. 4 Rn. 124.

870 *Korioth* (Fn. 540), Art. 136 Rn. 54; *Wittreck*, Religionsfreiheit (Fn. 519), S. 553.

Da es im Rahmen des *forum internum* schon aufgrund der Definition als innere Überzeugungsbildung und daher mangels Betätigung nach außen keinen Konflikt mit anderen Rechtsgütern geben kann, stellt sich dieses Problem insbesondere bei Verhaltensweisen des *forum externum*[871] und damit der religiösen Paralleljustiz. Aufgrund der vielfältig denkbaren Konflikte mit anderen Werten von Verfassungsrang, wie unter Umständen der Gleichberechtigung der Geschlechter nach Art. 3 Abs. 2, 3 S. 1 GG[872], ist aufgrund der Einheit der Verfassung ein Ausgleich zwischen diesen Gütern herzustellen[873].

a) Beschränkung aufgrund eines Rechtswerts mit Verfassungsrang

Nach der zutreffenden Rechtsprechung des Bundesverfassungsgerichts unterliegt Art. 4 Abs. 1, 2 GG damit zwar keinem Gesetzesvorbehalt, jedoch kommt eine Beschränkung aufgrund der sog. verfassungsimmanenten Schranken des Grundgesetzes in Betracht[874], worunter

- die Grundrechte Dritter oder
- andere Rechtswerte mit Verfassungsrang

fallen[875].

Aufgrund des Grundsatzes der Einheit der Verfassung muss daher ein möglichst schonender Ausgleich im Wege der praktischen Konkordanz erzielt werden[876].

Das Prinzip der praktischen Konkordanz wurde wesentlich durch *Konrad Hesse* geprägt, der dazu folgendes formulierte: „Verfassungsrechtlich geschützte Rechtsgüter müssen in der Problemlösung einander so zugeordnet werden, dass jedes von ihnen Wirklichkeit gewinnt“[877]. Daher können entsprechende Normen nicht getrennt voneinander betrachtet werden, sondern müssen stets im Lichte der Einheit der Verfassung und somit in einem Gesamtzusammenhang interpretiert werden. Jedoch soll dabei keine Güterabwägung mit einem vorschnellen Ergebnis des Vorrangs eines Rechtswerts vollzogen werden, sondern vielmehr ein Ausgleich im Wege einer optimalen Wirksamkeit beider Güter sichergestellt

---

[871] *Kokott* (Fn. 611), Art. 4 Rn. 137.

[872] *v. Achenbach* (Fn. 90), Art. 3 II, III Rn. 102; *Kokott* (Fn. 611), Art. 4 Rn. 136.

[873] *K. Hesse*, Grundzüge des Verfassungsrechts der Bundesrepublik Deutschland, 20. Aufl. 1995, Rn. 72; *Kokott* (Fn. 611), Art. 4 Rn. 138; *Morlok* (Fn. 611), Art. 4 Rn. 127.

[874] Siehe beispielsweise: BVerfGE 32, 98 (107 f.); 41, 29 (50); 44, 59 (67), 52, 223 (246 f.).

[875] BVerfGE 28, 243 (260 f.); 41, 29 (50 f.); 41, 88 (107); 44, 37 (49 f., 53), 52, 223 (247); 93, 1 (21); 108, 282 (297); *Di Fabio* (Fn. 224), Art. 4 Rn. 85; *Korioth* (Fn. 540), Art. 136 Rn. 52; *Morlok* (Fn. 611), Art. 4 Rn. 127; *v. Campenhausen*, Religionsfreiheit (Rn. 598), § 157 Rn. 109.

[876] *Hesse*, Grundzüge (Fn. 873), Rn. 72; *Morlok* (Fn. 611), Art. 4 Rn. 127.

[877] *Hesse*, Grundzüge (Fn. 873), Rn. 72.

werden. Konkret soll diese Abwägung im Rahmen einer modifizierten Verhältnismäßigkeitsprüfung vollzogen werden[878].

b) Erfordernisse an eine Rechtsgrundlage

Unabhängig von einem Schrankenvorbehalt könnten aufgrund der zu erwartenden Kollision von Art. 4 Abs. 1, 2 GG mit Art. 3 Abs. 2, 3 S. 1 GG besondere rechtsstaatliche Anforderungen an solche Maßnahmen zu stellen sein, die genuin religiöse „Paralleljustiz" und damit auch den Schutzbereich der Religionsfreiheit verkürzen, geboten sein.

Wie zuvor erwähnt, bedürfen wesentliche grundrechtseinschneidende Maßnahmen aufgrund des Rechtsstaats- sowie Demokratieprinzips i.S.v. Art. 20 Abs. 3 GG seitens der Exekutive einer gesetzlichen Ermächtigung.

Darüber hinaus ist in der Literatur anerkannt, dass auch eine Rechtfertigung der Verkürzung des Schutzbereichs von einem schrankenlosen Grundrecht nicht allein auf eine verfassungsimmanente Schranke geschützt werden darf[879]. Konkret dürften entgegenstehende Grundrechte Dritter nicht einfach „zu Eingriffsnormen uminterpretiert werden"[880].

Korrespondierend hierzu hat auch das Bundesverfassungsgericht für Konflikte zwischen einem vorbehaltlosen Grundrecht und weiteren Rechtswerten mit Verfassungsrang einen „Verfassungsvorbehalt" angenommen. Danach bedarf die Einschränkung des vorbehaltlos gewährleisteten Grundrechtes nach Art. 4 Abs. 1, 2 GG – zum Schutz eines anderen Rechtswertes mit Verfassungsrang – einer hinreichend bestimmten gesetzlichen Grundlage[881]. Eine Ausnahme von diesem Erfordernis ist der Judikatur lediglich bei *Warnungen* vor religiösen Praktiken zu entnehmen. So ließ es die Rechtsprechung genügen, wenn anstelle der gesetzlichen Ermächtigung eine „verfassungsunmittelbare Aufgabe der Staatsleitung" erkennbar ist[882]. Diese Ansicht ist in der Literatur auf massive Ablehnung gestoßen, da die Verfassung selbst, mangels hinreichender Bestimmtheit für eine Befugnis zu solch öffentlichen Äußerungen – die in den Schutzbereich von Art. 4 Abs. 1, 2 GG eingreifen –, keine

---

[878] Ebda., Rn. 72; dazu *Di Fabio* (Fn. 224), Art. 4 Rn. 85; *Korioth* (Fn. 540), Art. 136 WRV Rn. 52; *Morlok* (Fn. 611), Art. 4 Rn. 127; *v. Campenhausen*, Religionsfreiheit (Rn. 598), § 157 Rn. 109.

[879] *Di Fabio* (Fn. 224), Art. 4 Rn. 85; *Mager* (Fn. 611), Art. 4 Rn. 68; *Schulze-Fielitz* (Fn. 496), Art. 20 Rn. 120; *R. Zuck*, Das Recht der Verfassungsbeschwerde, 5. Aufl. 2017, Rn. 413.

[880] *Mager* (Fn. 611), Art. 4 Rn. 68.

[881] BVerfGE 108, 282 (297); 83, 130 (142).

[882] So beispielsweise entschieden für die öffentliche Warnung der Bundesregierung vor der Osho-Bewegung: „Die Ermächtigung zur Erteilung derartiger Informationen ergibt sich aus der der Bundesregierung zugewiesenen Aufgabe, im Rahmen ihrer Öffentlichkeitsarbeit auch auf aktuelle streitige, die Öffentlichkeit erheblich berührende Fragen einzugehen und damit staatsleitend tätig zu werden" BVerfGE 105, 279 (301 ff.).

ausreichende Rechtsgrundlage liefert[883]. Dabei ist entscheidend, dass die Auslegung der grundrechtlichen Schranken – ohne eine demokratische Legitimation in Form einer parlamentarisch verabschiedeten Rechtsgrundlage – ansonsten allein der Rechtsprechung anvertraut würde, was angesichts der „Wesentlichkeit" der insbesondere schrankenlos garantierten Grundrechte nicht geboten sein kann[884]. Entsprechend ist *keine* solche Ausnahme vom Gesetzesvorbehalt bei Warnungen vor religiösen Gemeinschaften bzw. deren Praktiken anzuerkennen.

Bevor die Anforderungen an eine taugliche Gesetzesgrundlage für eine Einschränkung der genuin religiösen „Paralleljustiz" im Detail dargestellt werden, gilt es zu erläutern, inwiefern sich die Beteiligten gegen staatliche Einschränkungen des Verfahrens rechtsstaatlich wehren können.

c) Anwendungsbereiche der praktischen Konkordanz

Nach § 90 Abs. 1 BVerfGG kann Jedermann Rechtsschutz zur Durchsetzung seiner Grundrechte mittels der Verfassungsbeschwerde vor dem Bundesverfassungsgericht suchen[885]. Als Beschwerdegegenstand im Rahmen einer behaupteten Verletzung von Grundrechten (bzw. grundrechtsgleichen Rechten) durch die öffentliche Gewalt kann jedes potentielle, den Schutzbereich verkürzende Handeln oder Unterlassen von Gesetzgebung, vollziehender Gewalt oder Rechtsprechung gerügt werden. In Betracht kommen damit Hoheitsakte aller drei staatlichen Gewalten[886], wobei die Verfassungsbeschwerde gegen Verwaltungshandeln wegen der Rechtsweggarantie nach Art. 19 Abs. 4 GG und dem Gebot der Rechtswegerschöpfung nach § 90 Abs. 2 BVerfGG eine untergeordnete Bedeutung einnimmt[887].

Damit kann die praktische Konkordanz in zwei verschiedenen Fallkonstellationen relevant werden. So ist eine abstrakte Gesetzesprüfung, wie insbesondere hinsichtlich eines Verbotstatbestands zu Lasten religiöser Paralleljustiz, einerseits sowie eine Überprüfung der Anwendung dieses Gesetzes durch Gerichte oder die Verwaltung andererseits, gedanklich

883 Statt aller *H. Kremser*, Das Äußerungsrecht der Bundesregierung hinsichtlich der sog. Jugendsekten und neuen Jugendreligionen im Lichte von Art. 4 I und II GG, in: ZevKR 39 (1990), S. 160 (160).

884 Zustimmend *H. W. Alberts*, Die schwierige Toleranz, in: NVwZ 1992, S. 1165 f.; *Mager* (Fn. 611), Art. 4 Rn. 68; *W. Schatzschneider*, Informationshandeln im Bundestaat, in: NJW 1991, S. 3202 (3203); *Starck* (Fn. 362), Art. 4 Rn. 82; *R. Wahl/J. Masing*, Schutz durch Eingriff, in: JZ 1990, S. 553 (533).

885 *H. Bethge*, in: T. Maunz (Begr.), Bundesverfassungsgerichtsgesetz-Kommentar, BVerfGG, § 90 (2018), Rn. 125; umfangreich zur Zulässigkeit der Verfassungsbeschwerde: *A. Scherzberg/M. Mayer*, Die Zulässigkeit der Verfassungsbeschwerde (Teil 1), in: Jura 2004, S. 373 (373-379); *dies.*, Die Zulässigkeit der Verfassungsbeschwerde (Teil 2), in: Jura 2004, S. 513 (513-518).

886 *Bethge* (Fn. 885), § 90 Rn. 176; K. Schlaich (Begr.)/*S. Korioth*, Das Bundesverfassungsgericht, 11. Aufl. 2018, Rn. 4 ff.

887 *Korioth* (Fn. 886), Rn. 5.

zu trennen. Im ersten Fall hätte das Bundesverfassungsgericht zu prüfen, ob der Gesetzgeber abstrakt dafür Sorge getragen hat, dass die grundrechtlichen Interessen im Rahmen des verabschiedeten Gesetzes zu einem optimalen Ausgleich gebracht worden sind. Hinsichtlich der Anwendung von Gesetzen seitens der Gerichte sowie Verwaltung wäre dagegen zu differenzieren: Zunächst wäre die Verfassungsmäßigkeit des Gesetzes selbst zu prüfen und anschließend noch die verfassungskonforme Anwendung dieser Norm. Soweit bei der Gesetzesanwendung Auslegungsspielräume bestehen, wäre die praktische Konkordanz somit auf zwei Ebenen anzuwenden. Dazu jedoch der Hinweis, dass ein Gesetz mit Auslegungsspielraum schwerlich für verfassungswidrig erklärt werden kann, soweit noch die Möglichkeit der verfassungskonformen Auslegung im Raum steht[888]. Zu denken ist an dieser Stelle – zumindest grundsätzlich – an die auslegungsbedürftigen Klauseln des Zivilrechts mitsamt § 138 BGB[889] oder an eine neu geschaffene Norm zum Zwecke der Aufhebung unbillig erscheinender Sachentscheidungen der Paralleljustiz. Aufgrund der festgestellten mangelnden Drittwirkung von Art. 3 GG auf Fälle der „Paralleljustiz" ist ersterer Fall jedoch nicht weiter zu verfolgen.

IV. Herstellung praktischer Konkordanz zwischen Art. 4 Abs. 1, 2 GG und Art. 3 Abs. 2 S. 2 GG

Nachdem festgestellt wurde, dass die in Deutschland zu beobachtende „Paralleljustiz" im muslimischen Kulturkreis mit hinreichenden Argumenten als religiös i.S.v. Art. 4 Abs. 1, 2 GG qualifiziert und im selben Zuge ein Mangel an Gleichberechtigung zu Lasten von Frauen i.S.v. Art. 3 Abs. 2 S. 2 GG beobachtet werden kann, stellt sich nun die Frage, inwiefern diese beiden verfassungsrechtlichen Werte im Wege der praktischen Konkordanz in einen bestmöglichen Ausgleich gebracht werden können.

Dabei wird die praktische Konkordanz regelmäßig – jedoch irrtümlich – mit dem Grundsatz der Verhältnismäßigkeit gleichgesetzt. Einleitend unterliegt der Gesetzgeber bei einem Eingriff in ein Grundrecht aufgrund einer Grundrechtsschranke seinerseits verfassungsrechtlichen Beschränkungen, die auch als sog. Schranken-Schranken Form annehmen können. Diese dienen dazu, die Grundrechte vor einer willkürlichen Ausgestaltung durch die Legislative zu schützen und können insbesondere im Wege des Verhältnismäßigkeitsgrundsatzes ausgestaltet sein. Dieser Grundsatz, der im Rahmen der Prüfung eines Grundrechtseingriffs auch als sog. Übermaßverbot bezeichnet wird[890], fordert, „dass ein Grundrechtseingriff ei-

---

888 *T. Kalenborn*, Die praktische Konkordanz in der Fallbearbeitung, in: JA 2016, S. 6 (9).

889 *T. Riehm*, Abwägungsentscheidungen in der praktischen Rechtsanwendung: Argumentation, Beweis, Wertung, 2006, S. 203.

890 *M. Wienbracke*, Der Verhältnismäßigkeitsgrundsatz, in: ZJS 2013, S. 148 (148); *A. Voßkuhle*, Grundwissen – Öffentliches Recht: Der Grundsatz der Verhältnismäßigkeit, in: JuS 2007, S. 429

nem legitimen Zweck dient und als Mittel zu diesem Zweck geeignet, erforderlich und angemessen ist“[891]. Damit der Grundrechtsingriff nicht über ein hinnehmbares Maß hinausgeht, müssen Zweck und Mittel in einem ausgewogenen Verhältnis zueinander stehen[892]. In einem Umkehrschluss bedeutet der Ausschluss einer Außerverhältnismäßigkeit nicht, dass das Verhältnis der kollidierenden Rechtswerte auch *optimal* ausgestaltet ist. Genau dies fordert jedoch der Grundsatz der praktischen Konkordanz. So sind nicht die Grenzen des Erträglichen Maßstab der Maßnahme, sondern mehr ein optimaler Ausgleich der kollidierenden Rechtswerte. Damit soll der Verhältnismäßigkeitsgrundsatz aber nicht verdrängt werden. Viel mehr modifiziert er nur eine entsprechende Prüfung, indem er hohe Anforderungen an die Abwägungsentscheidung stellt[893].

1. Kollision zwischen Art. 4 Abs. 1, 2 GG und Art. 3 Abs. 2 S. 2 GG

Für eine ausgewogene Abwägung im Wege der praktischen Konkordanz von Art. 4 Abs. 1, 2 GG und Art. 3 Abs. 2 S. 2 GG ist der Überschneidungspunkt der Schutzbereiche und damit die Grundrechtskollision selbst darzustellen.

So wurde im Rahmen des Schutzbereichs des Art. 4 Abs. 1, 2 GG festgestellt, dass die „Paralleljustiz“ bzw. *ṣulḥ* auf islamische Rechtsnormen zurückgeführt werden *kann*. Auch aufgrund islamischer Normen werden Frauen schon bei der Ausgestaltung dieses informellen Verfahrens (also prozessual) gar nicht oder zumindest nicht auf Augenhöhe einbezogen. Zudem werden diese insbesondere bei den erzielten Vereinbarungen (bzw. Sachentscheidungen) benachteiligt, indem sich die getroffenen Regelungen häufig an klassisch islamischen Normen orientieren, die sich als patriarchalisch charakterisieren lassen. Zusammenfassend kann dieser gesamte Handlungskomplex als Bestandteil des forum externum einer islamischen Glaubensausrichtung interpretiert werden.

Dagegen sieht Art. 3 Abs. 2 S. 2 GG vor, dass die Gleichberechtigung der Geschlechter i.S.v. Chancengleichheit auch im Privatrechtsverkehr gefördert werden und dabei insbesondere tradierten, patriarchalische Rollenbildern entgegenwirkt werden soll. Aufgrund dieser Schutzwirkung kollidiert der Förderauftrag zugunsten der Gleichberechtigung von Frauen gegen die systematische Unterdrückung desselben Geschlechts im Rahmen der „religiösen Paralleljustiz“.

---

(429); weitergehend siehe noch *L. Michael*, Die drei Argumentationsstrukturen des Grundsatzes der Verhältnismäßigkeit – Zur Dogmatik des Über- und Untermaßverbotes und der Gleichheitssätze, in: JuS 2001, S. 148 (148 ff.).

[891] BVerfGE 120, 274 (318 f.).

[892] *V. Epping*, Grundrechte-Lehrbuch, 8. Aufl. 2019, Rn. 91, 93; *Wienbracke*, Verhältnismäßigkeitsgrundsatz (Fn. 890), S. 148 f.

[893] *Hesse*, Grundzüge (Fn. 873), Rn. 72; siehe noch *T. Barczak*, Die Glaubens- und Gewissensfreiheit des Grundgesetzes, in: Jura 2015, S. 463 (475 f.); *M. Ch. Jakobs*, Der Grundsatz der Verhältnismäßigkeit: mit einer exemplarischen Darstellung seiner Geltung im Atomrecht, 1985, S. 84 f.

2. Legitimer Zweck

Die legislative Maßnahme zur Einschränkung des Art. 4 Abs. 1, 2 GG aufgrund des Art. 3 Abs. 2 S. 2 GG müsste einem legitimen Zweck dienen. Solch ein legitimer Zweck besteht schon bei der Einschränkung von Grundrechten ohne verfassungsimmanente Schranke regelmäßig in der Verfolgung eines verfassungsrechtlich garantierten Gemeinwohlziels[894]. Da Eingriffen in Grundrechte mit verfassungsimmanenten Schranken besondere Qualität zukommt, beschränken sich taugliche Zwecke auf Rechtswerte, die aus Grundrechten Dritter oder anderer Werte von Verfassungsrang erwachsen[895]. Die Erzielung von Gleichberechtigung bei der genuin religiösen „Paralleljustiz" dient einem Allgemeinwohlinteresse, welches im grundrechtlichen Förderungsgebot des Art. 3 Abs. 2 S. 2 GG verankert ist. Damit liegt ein legitimer Zweck vor.

3. Beschränkungsmittel

Wie festgestellt, bedarf die Einschränkung eines Grundrechtswerts ohne Schrankenvorbehalt aufgrund der hohen Stellung in der verfassungsrechtlichen Ordnung einer parlamentarisch verabschiedeten Gesetzesgrundlage[896]. Zu denken wäre beispielsweise an eine Ermächtigungsgrundlage für behördliche Warnungen vor der genuin religiösen „Paralleljustiz" bzw. ihren Protagonisten, als auch an einen zivilrechtlichen Verbotstatbestand. Wie eingangs festgestellt, fordert zudem das Wesentlichkeitsgebot wegen der vielfach tangierten Rechtswerte von Verfassungsrang ein Tätigwerden des Gesetzgebers[897]. Das jeweilige Gesetz muss jedoch zur Zweckerreichung geeignet, erforderlich und im Sinne der praktischen Konkordanz angemessen sein.

a) Geeignetheit

Mit Hilfe der Gesetzesinitiative müsste der Zweck der Vermeidung von Geschlechterdiskriminierung schlicht gefördert werden können[898]. Dieses Kriterium erfordert eine Prognose, bei der jedoch nur gänzlich ungeeignete und daher sinnlose Mittel ausscheiden. Dem Gesetzgeber kommt damit ein hoher Beurteilungsspielraum zu[899]. Damit muss die jeweilige Gesetzesinitiative zumindest objektiv tauglich sein, um auf das Ziel der Geschlechtergleichberechtigung bei der genuin religiösen „Paralleljustiz" hinzuwirken.

---

894 *Epping*, Grundrechte (Fn. 892), Rn. 92; *Wienbracke*, Verhältnismäßigkeitsgrundsatz (Fn. 890), S. 149.

895 *Kalenborn*, Konkordanz (Fn. 892), S. 10.

896 BVerfGE 108, 282 (297); *Barczak*, Gewissensfreiheit (Fn. 893), S. 476.

897 Siehe Kap. III.2.b.cc).

898 *Voßkuhle*, Grundwissen (Fn. 890), S. 430.

899 *Wienbracke*, Verhältnismäßigkeitsgrundsatz (Fn. 890), S. 149; *S. Graf v. Kielmansegg*, Grundfälle zu den allgemeinen Grundrechtslehren, in: JuS 2009, S. 19 (21 f.).

b) Erforderlichkeit

Das Mittel zur Erreichung des Zwecks ist erforderlich, wenn dem Gesetzgeber kein anderes, das Grundrecht weniger einschränkendes Mittel zur Verfügung steht, welches jedoch dieselbe Wirkung erzeugt[900].

Zu denken wäre in diesem Rahmen insbesondere an die bereits stattfindenden Sensibilisierungsmaßnahmen in der Justiz, bei der beispielsweise Richter und Staatsanwälte über das Phänomen aufgeklärt werden, um insbesondere auf den Schutz von bedrohten Zeugen einwirken zu können[901]. Dabei entfällt das Kriterium der Erforderlichkeit jedoch nur, wenn das Alternativmittel mindestens genauso geeignet bzw. wirksam zur Zweckerreichung ist, wie das vom Staat Vorgesehene[902]. Damit ist dieses Kriterium restriktiv zu deuten, weshalb eine Erforderlichkeit nur dann ausscheidet, wenn die die alternative Maßnahme nachweislich in jeder Hinsicht sachlich Gleichwertigkeit zur Zweckerreichung ist[903].

Eine Verbotsnorm, wie auch eine gesetzliche Warnung an die Gesamtgesellschaft, geht jedoch bezüglich ihrer Effektivität über solch staatsinterne Maßnahmen hinaus. Das Merkmal der Erforderlichkeit ist damit gegeben.

c) Angemessenheit

Die Beschränkung eines vorbehaltlosen Grundrechts ist nur angemessen, soweit das Ausmaß der Beschränkung zwingend erforderlich ist, um der Schutzpflicht für das kollidierende Grundrecht Genüge zu leisten. Denn es muss sich stets vor Augen geführt werden, dass der Staat zum Schutze beider Rechtswerte von Verfassungsrang berufen ist. Zur Herstellung eines optimalen Schutzniveaus im Sinne der praktischen Konkordanz darf er daher einerseits nicht zu sehr in das vorbehaltlos gewährleistete Grundrecht (Art. 4 Abs. 1, 2 GG) eingreifen (Übermaßverbot), jedoch andererseits den Schutz des widerstreitenden Schutzgutes (Art. 3 Abs. 2 S. 2 GG) nicht außer Acht lassen (Untermaßverbot)[904].

---

900 *Wienbracke*, Verhältnismäßigkeitsgrundsatz (Fn. 890), S. 151; *v. Kielmansegg*, Grundfälle (Fn. 899), S. 122.

901 So wie es beispielsweise schon im Beschluss TOP I.2 Nr. 3 (Fn. 18) der 83. Konferenz der Justizministerinnen und Justizminister vorgesehen war. Weitergehend zu solch einer Strategie hinsichtlich des Umgangs mit der Paralleljustiz; siehe *Bausback*, Bayern (Fn. 4), S. 21; *Bauwens*, Paralleljustiz (Fn. 4), S. 162 f.; *BMJV*, Paralleljustiz (Fn. 3), S. 7, 49, 52; *Wittreck*, Justiz (Fn. 26), S. 30.

902 *Wienbracke*, Verhältnismäßigkeitsgrundsatz (Fn. 890), S. 151.

903 „Die sachliche Gleichwertigkeit zur Zweckerreichung muß vielmehr bei dem als Alternative vorgeschlagenen geringeren Eingriff in jeder Hinsicht eindeutig feststehen" BVerfGE 81, 70 (91); 30, 392 (319) m.w.N.

904 *H. Bielefeldt/M. Wiener*, Religionsfreiheit auf dem Prüfstand: Konturen eines umkämpften Menschenrechts, 2020, S. 113 f.; eine grafische Darstellung dieser widerstreitenden Interessen findet sich bei *Epping*, Grundrechte (Fn. 892), Rn. 97.

Dazu werden nachfolgend allgemeine Ausführungen zum Verhältnis von Religion und Gleichberechtigung der Geschlechter in einer pluralistischen Gesellschaft, die Charakteristika der Schutzbereiche der einschlägigen Grundrechte sowie die eigentliche Abwägung dargestellt.

aa) Religion und Gleichberechtigung im Pluralismus

Das Verhältnis von Religionsfreiheit und Gleichberechtigung der Geschlechter im säkularen Rechtsstaat ist zumindest seit Anerkennung der benannten Gleichberechtigung in Art. 3 Abs. 2 S. 2 GG sowie im supranationalen Recht ein stetiger Streitpunkt vor Gerichten[905], wie schon die Verfahren hinsichtlich der Kopftuchfrage[906] oder des koedukativen Schwimmunterrichts[907] aufzeigen[908].

Einleitend ist sich bei dieser Debatte vor Augen zu führen, dass es sich bei der Gleichberechtigung der Geschlechter um eine Frage eines weitreichenden Grund- und Menschenrechts handelt. Weiter gilt, dass es sich damit auch um eine primär juristische und daher nur mittelbar um eine Frage von Biologie, Soziologie oder gar des Glaubens handelt[909]. Ausgangspunkt der Diskussion muss daher der zugrundeliegende Rahmen der einschlägigen Verfassungsnorm Art. 3 Abs. 2 S. 2 GG sein.

In einem nächsten Schritt stellt sich die Frage, ob bei einer Abwägung im Lichte von Art. 3 Abs. 2 S. 2 GG religiöse Vorstellungen von Gleichberechtigung der Geschlechter einzubeziehen sind. Mit Blick auf das klassisch islamische Verständnis könnte beispielsweise argumentiert werden, dass in der klaren Rollenverteilung dergestalt, dass der Mann (zumindest während der Ehe) vollumfänglich für den Familienunterhalt zu sorgen hat und die Frau als *Ausgleich* für diese wirtschaftliche Absicherung den Haushalt führt und die Erziehung übernimmt, eine eigene Interpretation von Gleichberechtigung aus islamischer Perspektive Form annimmt[910]. Hinsichtlich dieser Frage ist erneut auf die Auslegung von Art. 3 Abs. 2 GG Bezug zu nehmen. So wurde festgestellt, dass Art. 3 Abs. 2 GG mindestens seit Ergänzung um den zweiten Satz begrifflich eine Gleichberechtigung vorsieht, die über eine

---

905 Aus der Perspektive des Europäischen Gerichtshofs für Menschrechte siehe *A. Nußberger*, Unauflösbare Wertungswidersprüche? Die Rechtsprechung des Europäischen Gerichtshofs für Menschenrechte zur Autonomie von Religionsgemeinschaften und zum Verbot der Diskriminierung aufgrund des Geschlechts, in: J. Kokott/U. Mager (Hrsg.), Religionsfreiheit und Gleichberechtigung der Geschlechter, 2014, S. 161 (161 ff.).

906 BVerfGE 108, 282 (282 ff.).

907 BVerwG NVwZ 2014, 81 (81 ff.).

908 Zu der menschenrechtlich verankerten Gleichberechtigung im Lichte der Religionsfreiheit siehe *Baer*, Gleichberechtigung (Fn. 362), S. 36; zum entsprechenden Konfliktpotential siehe noch *Bielefeldt/Wiener*, Religionsfreiheit (Fn. 904), S. 108 ff.

909 *Baer*, Gleichberechtigung (Fn. 362), S. 37 f.

910 Ebda., S. 37.

formale Deutung hinausgeht und somit nicht nur diskriminierende Regelungen des Gesetzgebers ins Auge fasst, sondern darüber hinaus auch auf Ungleichheiten in gesellschaftlichen Strukturen Bezug nimmt. Damit wird deutlich, dass das Verständnis von Gleichberechtigung in Art. 3 Abs. 2 S. 2 GG so zu verstehen ist, dass diese als menschenrechtliche Garantie grundsätzlich und damit über kulturelle oder religiöse Deutungen hinaus gilt und damit auch gesellschaftlich bedingte (strukturelle) Formen von Diskriminierungen missbilligt und diese zumindest einer besonderen Rechtfertigung unterzieht[911].

Auch könnte im Hinblick auf die christlichen Gemeinschaften augenscheinlich noch das Argument angeführt werden, dass Gleichberechtigung beispielsweise auch bei Verkündungsämtern wie dem Priestertum in der katholischen Kirche aufgrund religiöser Vorstellungen negiert wird ohne zugleich einen unauflösbaren Verstoß gegen Art. 3 Abs. 2 S. 2 GG zu begründen[912]. Jedoch wirkt zugunsten der großen christlichen Gemeinschaften das kirchliche Selbstbestimmungsrecht nach Art. 136, Art. 137, 138, 139, 141 WRV i.V.m. Art. 140 GG als eigenständiger Rechtswert von Verfassungsrang, was eine Ungleichbehandlung auch dahingehend ermöglicht, Frauen von sog. Verkündungsämtern auszuschließen[913]. Wie festgestellt, kommt dem Islam wegen seiner Diversität und mangelnden Institutionalisierung jedoch kein entsprechender Körperschaftsstatus zu[914], weshalb eine Übertragung entsprechender Privilegien schon nicht einschlägig ist. Dazu liegt die Begründung dieser Ungleichbehandlung auch nicht in einem religiösen Verständnis von Gleichberechtigung nach Art. 3 Abs. 2 GG, sondern ist mehr auf das kirchliche Selbstbestimmungsrecht zurückzuführen.

Zusammenfassend konstruiert die förderungswürdige Gleichberechtigung der Geschlechter nach Art. 3 Abs. 2 S. 2 GG als fundamentales Menschenrecht einen Mindeststandard an Gleichberechtigung i.S.v. Chancengleichheit mit Wirkungskraft im Privatleben, der keine Auslegung im Lichte einer bestimmten Glaubensrichtung möglich macht.

---

911 Ebda., S. 46.

912 Zu diskriminierenden Strukturen innerhalb christlicher Religionsgemeinschaften siehe *Bielefeldt/Wiener*, Religionsfreiheit (Fn. 904), S. 115 ff.

913 *J. Joussen*, Die Folgen der europäischen Diskriminierungsverbote für das kirchliche Arbeitsrecht, in: RdA 2003, S. 32 (38); dazu eingehend *D. Buser*, Die unheilige Diskriminierung: eine juristische Auslegeordnung für die Interessenabwägung zwischen Geschlechtergleichstellung und Religionsfreiheit beim Zugang zu religiösen Leitungsämtern, 2014; aufgrund des kirchlichen Selbstbestimmungsrechts ist beispielsweise auch der Ausnahmetatbestand bei arbeitsrechtlicher Diskriminierung nach § 9 AGG entstanden; siehe *P. Berg*, in: W. Däubler/J. P. Hjort u.a. (Hrsg.), NomosKommentar Arbeitsrecht, 4. Aufl. 2017, AGG, § 9 Rn. 1.

914 *M. Friehe*, Der Körperschaftsstatus der Kirchen – ein rätselhaftes Missverständnis, in: NVwZ 2020, S. 1388 (1389).

bb) Charakteristika der einschlägigen Schutzgüter

Um die Erträglichkeit einer Einschränkung der Religionsfreiheit zu Lasten der „Paralleljustiz" einerseits sowie möglicherweise schwachen Verfolgung des Staatsziels der förderungsbedürftigen Gleichberechtigung feststellen zu können, ist ferner ein Blick auf die charakteristischen Merkmale des jeweils einschlägigen Schutzgutes zu werfen. Denn nur so kann festgestellt werden, wie massiv ein denkbarer Eingriff in den jeweiligen Schutzbereich greift. Dabei muss jedoch darauf hingewiesen werden, dass an die unterschiedlichen denkbaren Eingriffe in die Religionsfreiheit, wie beispielsweise Verbotsnormen oder Warnungen, auch unterschiedliche Rechtfertigungsanforderungen erwachsen können. Aufgrund der vielfältigen Konstellationen werden nachfolgend nur generalisierende Ausführungen zu den Grundrechtswerten angestellt, die sich jedoch ohne große Mühe auf den jeweiligen Eingriff in Handlungsweisen der „Paralleljustiz" im Einzelfall übertragen lassen sollten.

So gilt hinsichtlich Art. 3 Abs. 2 S. 2 GG, dass das Geschlecht eine Eigenschaft ist, die Menschen ab der Geburt zukommt und damit grundsätzlich indisponibel ist. Daher können sich die an der genuin religiöser „Paralleljustiz" beteiligten Frauen auch nicht einfach den patriarchalischen Strukturen als Begleiterscheinung entziehen, ohne sich vom gesamten Familienverbund zu lösen, da sie nicht einfach ihre Geschlechteridentität ablegen können. Ohnehin ist eine solche Abkehr vom Familienverbund mit sozialer Ächtung verbunden und kann auch zu Selbstjustiz führen und sogar in einem Ehrenmord enden[915]. Dazu kommt der Gleichberechtigung der Geschlechter aufgrund der eindeutigen Qualifikation als Menschenrecht ein hoher Stellenwert in der verfassungsrechtlichen Ordnung zu. Weiter betrifft die Frage des Geschlechts einen jeden Menschen, während die nach der Gestaltung des Lebens im Sinne einer Religion nur die Anhänger einer bestimmten Glaubensrichtung und damit deren Identität betrifft und zudem auch grundsätzlich disponibel[916] ist.

Zwar wird der Religionsfreiheit nach Art. 4 Abs. 1, 2 GG auch der Rang eines Menschenrechts zuteil[917], jedoch ist hinsichtlich der vom forum externum erfassten genuin religiösen „Paralleljustiz" schon der Grad der Verbindlichkeit anzuzweifeln[918]. So wurde festgestellt, dass dieses informelle Verfahren Bestandteil eines forum shoppings ist, dessen sich die Beteiligten nur bedienen, wenn es im jeweiligen Einzelfall – und dies augenscheinlich aufgrund von schambehafteten Verfahrensgegenständen – geboten erscheint. Wenn aber der Prozess der „Paralleljustiz" bereits selbst nicht verpflichtend ist, kann die Sachentscheidung

---

[915] Diese Erkenntnis deutet auch auf das Dilemma hin, dem sich muslimische Frauen ausgesetzt sehen, wenn sie sowohl freie Religionsausübung, als auch Gleichberechtigung im Sinne eines integrativen Prozesses begehren; siehe *Bielefeldt/Wiener*, Religionsfreiheit (Fn. 904), S. 119 f.

[916] Anderer Ansicht sind *Baer/Markard* (Fn. 112), Art. 3 Rn. 506.

[917] *Morlok* (Fn. 611), Art. 4 Rn. 23 ff.

[918] *Jarass* (Fn. 95), Art. 4 Rn. 12; *Morlok* (Fn. 611), Art. 4 Rn. 92.

als Resultat dieses Prozesses im Einzelfall auch nicht verbindlich sein. Eine im Wege des forum externum *stets* verpflichtende Glaubenshandlung scheidet damit diesbezüglich aus. Dazu gilt, dass eine religiöse „Paralleljustiz", die unter gleichberechtigenden Umständen vollzogen wird, auch nicht die Wesensgrundlage entzogen wird. Sie wäre weiterhin möglich. Den zitierten islamischen Normen zur Betreibung der genuin religiösen „Paralleljustiz" lässt sich nämlich schwerlich entnehmen, dass eine verfahrensrechtliche Ungleichbehandlung der Frau ein *unbedingtes* Prozessmerkmal ist. Vielmehr ist das klassisch islamische Frauenbild wohl vornehmlich eine Begleiterscheinung der patriarchalischen Strukturen und äußert sich auch weniger im Rahmen der prozessualen Ausgestaltung als mehr in den letztlich ergehenden Sachentscheidungen.

cc) Abwägung

Insbesondere aufgrund ihrer engen Verknüpfung mit der Menschenwürde ist der Gleichberechtigung der Geschlechter dahingehend der Vorrang einzuräumen, dass die genuin religiöse „Paralleljustiz" als Gesamterscheinung – und damit sowohl prozessual als auch materiell – gleichberechtigt ausgestaltet werden muss. Dies ist maßgeblich der Fall, da sie nicht grundsätzlich verpflichtend für Muslime ist und die Ungleichbehandlung von Frauen auch nicht wesensnotwendig zur Betreibung ist. Ohnehin könnte die „Paralleljustiz" selbst ohne die Gegenstände von partnerschaftlichen Vereinbarungen weiter betrieben werden. Zudem zielt das Förderungsgebot des Art. 3 Abs. 2 S. 2 GG auch auf eine weitreichende Beseitigung von patriarchalischen Strukturen und differenziert daher auch nicht zwischen etwaigen prozessualen Erwägungen oder den darauffolgenden Sachentscheidungen. Vielmehr sollen entsprechende (tradierte) Strukturen, die Diskriminierungen von Frauen begünstigen, in ihrer Gesamtheit beseitigt werden. Diesem Ziel ist aufgrund des Art. 3 Abs. 2 S. 2 GG bei solch erkannten patriarchalischen Strukturen in jedem Fall zu begegnen. Bei Untätigkeit trotz gesicherter Faktenlage wäre anderenfalls das in diesem Rahmen einschlägige Untermaßverbot verletzt[919].

Wegen des Übermaßverbots hinsichtlich der Einschränkung von Grundrechten ist jedoch noch die genaue Grenze zur Einschränkung von Art. 4 Abs. 1, 2 GG zu ziehen. Dabei sind insbesondere mit Blick auf eine zivilrechtliche Verbotsnorm, die – über § 138 BGB hinausgehend – partnerschaftliche Vereinbarungen der „Paralleljustiz" aufgrund mangelnder Gleichberechtigung negiert, noch einmal die Grenzen der Privatautonomie zu berücksichtigen. Um dem Übermaßverbot nicht zu widersprechen muss dabei folglich derselbe Maßstab angelegt werden, den Zivilrichter auch bei zivilehelichen Vereinbarungen anlegen. So wäre auch sichergestellt, dass keine besondere Skepsis gegenüber Muslimen Eingang in die Norm findet, sondern ein Maßstab mit Allgemeingültigkeit gelten würde. Auf diesem Wege

---

[919] *Epping*, Grundrechte (Fn. 892), Rn. 94 f., 100.

könnten Muslime auch weiterhin ihren Glauben relativ unbeschwert in Deutschland ausleben. Schließlich wäre die Vertragsfreiheit sowie die grundsätzliche Förderungswürdigkeit alternativer Streitbelegung im Privatrechtsverkehr weiterhin gewahrt.

Zusammenfassend kann selbst die schärfste Maßnahme – in Form einer Verbotsnorm – im Wege der praktischen Konkordanz die Gleichberechtigung der Geschlechter zulasten der Religionsfreiheit herstellen. Ein unbedingtes bzw. weitreichendes Recht auf Frauendiskriminierung aufgrund der Religionsfreiheit ist aufgrund der Indisponibilität des Geschlechts sowie des hohen Rangs im Rahmen der Menschenrechte ohnehin schwer denkbar[920]. Vielmehr ist dem Grundsatz der Gleichberechtigung damit regelmäßig der Vorrang vor der Religionsfreiheit zuzubilligen und das insbesondere, wenn Zwang behaftete religiöse Praxen zu Lasten von Frauen im Raum stehen, die nicht einmal Verbindlichkeit für sich beanspruchen[921].

Letztlich ist eine Einschränkung der Religionsfreiheit bei der genuin religiösen „Paralleljustiz" aufgrund der Förderung von Geschlechtergleichberechtigung in den aufgezeigten Grenzen damit verhältnismäßig im Sinne der praktischen Konkordanz.

4. Zwischenergebnis

Zusammenfassend gilt, dass die in Deutschland gelebte „Paralleljustiz" wohl wenig bis gar nicht glaubensgeleitet ist. Unter Berücksichtigung der einschlägigen islamischen Normen ist es jedoch denkbar, dass sich Muslime in Zukunft – unter Umständen auch in Folge neuer Migrationsprozesse mitsamt einem Import einer eindeutig islamisch geleiteten „Paralleljustiz" – auf die Religionsfreiheit bei der Ausübung der „Paralleljustiz" berufen könnten. Unter der weiteren Hypothese, dass Frauen im Rahmen der Sachentscheidungen Diskriminierungen in Form mangelnder Chancengleichheit bei der Vertragsgestaltung erfahren, könnte eine Legitimationsgrundlage zu Einschränkungen dieser Glaubenspraxis vollzogen werden. Dies gilt insbesondere angesichts des Umstands, dass das Merkmal des Geschlechts einen besonderen Stellenwert im Rahmen der hochrangingen Menschenrechte einnimmt sowie der Gegensatz zur religiösen Weltanschauung weitestgehend nicht disponibel ist.

F. Ergebnis

Im Ergebnis hat sich gezeigt, dass die in Deutschland gelebte „Paralleljustiz" ein vielschichtiges Phänomen ist. Aufgrund ihrer Eigenschaft als ein informelles Verfahren mitsamt man-

---

920 Ein solches Resümee findet sich bei *Hötte*, Schiedsgerichtsbarkeit (Fn. 85), S. 233; *J. Kokott*, in: Diskussion zu den Referaten Coester-Waltjen, Kronke, Kokott, in: Deutsche Gesellschaft für Völkerrecht (Hrsg.), Die Wirkungskraft der Grundrechte bei Fällen mit Auslandsbezug, 1997, S. 139.

921 *Looschelders*, Ausstrahlung (Fn. 195), S. 487.

gelnder Institutionalisierung lässt sie sich schwerlich auf einheitliche Wesensmerkmale reduzieren. Daher gilt es auch eindringlich darauf hinzuweisen, dass etwaige Pauschalisierungen – namentlich seitens der Politik bzw. einzelner populistischer Autoren – mit Skepsis zu behandeln sind. Unter dieser Prämisse sind dennoch einige Schlussfolgerungen möglich, die nun noch einmal im Lichte der verfassungsrechtlichen Prüfung nach Art. 3 und Art. 4 GG zusammenfassend dargestellt werden.

Zunächst gilt, dass die von Menschen mit muslimischer Identität bzw. einem Migrationshintergrund, der auf den Nahen Osten hindeutet, praktizierte „Paralleljustiz" vornehmlich auf der Grundlage der jeweiligen (Familien-)Tradition in Deutschland ausgeübt wird. Weiterhin ist die Praxis darauf zurückzuführen, dass – auch aufgrund integrationspolitischer Versäumnisse – Parallelgesellschaften gebildet wurden, in deren Rahmen die Streitschlichtung konserviert und ein besonderes ausgeprägtes Ehrverständnis entwickelt wurde. Dabei ist die Aktualität dieses Ehrverständnisses auch auf die diversen Zugangs- und Erfolgsbarrieren hinsichtlich der Teilnahme an rechtsstaatlichen Justizmechanismen zurückzuführen.

Darüber hinaus kann unter Berücksichtigung der entsprechenden Theologie jedoch auch eine religiös geleitete Praktik glaubhaft gemacht werden. Insbesondere das im Nahen Osten als *ṣulḥ* bezeichnete Streitbeilegungsverfahren kann im Lichte des maßgeblichen Selbstverständnisses des Grundrechtsträgers aufgrund einer individuellen Auslegung im Sinne der *fiqh* als verbindliche Glaubenspraxis in der Diaspora dargelegt werden. Auch wenn daneben festgestellt wurde, dass die „Paralleljustiz" angesichts des forum shoppings nicht unbedingt als verbindlich verstanden werden muss und zudem eine Zurückführung auf rein *rechtlich* geprägte islamische Normen möglich ist, kann dies das entscheidende Selbstverständnis zur Eröffnung des Schutzbereichs der die Religiösität schützenden Grundrechte nicht entkräften.

Trotz der einschlägigen Grundrechte zum Schutze der Religiösität nach Art. 3 Abs. 3 S. 1 GG sowie Art. 4 Abs. 1, 2 GG kann ein Eingriff aufgrund einer parlamentarisch verabschiedeten Norm zum Zwecke der Herstellung von „Chancengleichheit" von Frauen gerechtfertigt werden. Dies zum einen, da der Gesetzgeber aufgrund der Schutzpflicht des Art. 3 Abs. 2 S. 2 GG maßgeblich und umfänglich auf eine Beseitigung von frauendiskriminierenden Strukturen in der sozialen Realität hinwirken soll. Diesbezüglich wurde festgestellt, dass die familien- und unterhaltsrechtlichen Regelungen des Zivilrechts zulasten von Frauen umgangen werden, indem zunächst eine standesamtliche Trauung vermieden wird. Im Nachgang an diese sog. Nichtehen werden sodann eigene – teils auch islamisch geprägte – Normen mit diskriminierender Wirkung zur Anwendung gebracht. Im selben Zuge wurden vorherrschende patriarchalische Strukturen festgestellt, aufgrund derer Frauen zur Unterwerfung unter die „Paralleljustiz" genötigt, bei der Verhandlung erst gar nicht einbezogen werden sowie Zwang zur Durchsetzung der getroffenen Entscheidungen ausgeübt wird. Aufgrund der weitreichend zu interpretierenden Schutzpflicht zur Förderung von Gleichberechtigung kann daher eine Regelung auch mit Wirkung für den von Art. 2

Abs. 1 GG geschützten Privatrechtsverkehr, in dessen Rahmen sich die „Paralleljustiz" vollzieht, geschaffen werden. Aufgrund des gegebenen Rahmens der Privatautonomie darf als Maßstab für Diskriminierungsfragen jedoch nicht über das hinausgegangen werden, was die Rechtsprechung des Bundesgerichtshofs insbesondere hinsichtlich der Sittenwidrigkeit von Eheverträgen statuiert. So ist bei festgestellter mangelnder Parität erst bei Hinzutreten besonderer objektiver und subjektiver Merkmale eine verwerfliche Gesinnung der begünstigten Partei anzunehmen.

Zuletzt kann die Norm auch einen Ausgleich im Wege der praktischen Konkordanz zu den kollidierenden Verfassungswerten der Initiatoren von „Paralleljustiz" aus Art. 4 Abs. 1, 2 GG gefunden werden. Denn insofern ist der Gleichberechtigung der Geschlechter Vorrang zu gebieten. So kann ein Recht auf Frauendiskriminierung aufgrund der Religionsfreiheit schon wegen der Indisponibilität des Geschlechts sowie des hohen Rangs im Rahmen der Menschenrechte kaum angenommen werden.

Aufgrund dieser multiplen Betroffenheit von verfassungsrechtlichen Gütern spricht insbesondere noch die Wesentlichkeitstheorie für eine legislastive Lösung. Dies ist der Fall, da der Gesetzgeber im Rahmen eines parlamentarischen Verfahrens zur Verabschiedung der Norm seiner Begründungspflicht zur Regelung sämtlicher betroffener Verfassungswerte am besten gerecht werden kann. Eine mittelbare Drittwirkung im Rahmen auslegungsbedürftiger Generalklauseln durch die Judikative ist dagegen mit Blick auf mangelnde Bindungswirkungen der Beteiligten nach Art. 1 Abs. 3 GG abzulehnen.

Abseits möglicher benannter geschlechtsbezogener Merkmale in einem potenziellen Gesetz müsste jedoch darauf geachtet werden, dass betroffene Menschen mit muslimischem Glauben bzw. der Herkunft aus dem Nahen Osten nicht einseitig bzw. faktisch aufgrund einer neu geschaffenen Regelung i.S.v. Art. 3 Abs. 3 S. 1 GG benachteiligt werden. Entsprechend wäre an dieser Stelle auf eine möglichst neutrale Formulierung zu achten, die insbesondere nicht Muslime bzw. deren Herkunft aus dem Nahen Osten einseitig adressiert.

Bevor ein gehäuftes Auftreten entsprechender Sachverhalte nicht hineinreichend empirisch nachgewiesen wird, ist jedoch kein Tätigwerden des Gesetzgebers gefragt. Vielmehr sollte auch zum Schutze der grundsätzlich förderungswürdigen privatautonomen Streitschlichtung differenziert mit dem Phänomen verfahren werden. Zu diesem Zwecke könnten zunächst weitere Studien angestellt werden, inwiefern sich Muslime tatsächlich aufgrund ihrer Religion zu der „Paralleljustiz" berufen fühlen sowie wie Frauenrechte bei der Streitschlichtung tatsächlich ausgestaltet sind. Angesichts der seit *Wagners* Veröffentlichung kontinuierlich abflachenden medialen wie auch wissenschaftlichen Debatte ist jedoch anzuzweifeln, dass dem Phänomen abseits der kürzlich veröffentlichten Studie aus Nordrhein-Westfalen noch eine weitreichende empirische Beobachtung zuteilwird. Daher scheint es viel mehr geboten, dass neben der bereits stattfindenden Sensibilisierung des Justizpersonals noch weitere Zugangs- und Erfolgsbarrieren abgebaut werden, damit die Betroffenen der entsprechenden (Parallel-)Gesellschaften – auch losgelöst von „Paralleljustiz“ – künftig mehr auf die staatlich bereitgestellten Streitmechanismen zurückgreifen. Auf diesem Wege wäre auch sichergestellt, dass Muslimen keine besondere, im Lichte der für Jedermann geltenden Privatautonomie jedoch unangebrachte, Skepsis entgegengebracht wird.

Literaturverzeichnis

Ab Aziz, Norjihan/Hussin, Nasimah: The Application of Mediation (Sulh) in Islamic Criminal Law, in: Shariah Journal 24/1 (2016), S. 115-136.

Abdel Salam, Hamed: Integration. Ein Protokoll des Scheiterns, 2. Aufl. 2018.

Abdul Hak, Nora/Ambaras Khan, Hanna: The Application of Sulh in Resolving Community Disputes, in: SSRN Electronic Journal 2013, S. 1-21, abrufbar unter: https://www.researchgate.net/publication/272526525_The_Application_of_Sulh_in_Resolving_Community_Disputes/link/5c1736654585157ac1c7c0f9/download (1.10.2023).

Akyol, Çiğdem: Friedensrichter, die Bestrafung verhindern, in: Zeit online, 2.5.2018, abrufbar unter: https://www.zeit.de/gesellschaft/zeitgeschehen/2012-05/friedensrichter-islam-justiz (1.10.2023).

Alberts, Hans. W.: Die schwierige Toleranz, in: NVwZ 1992, S. 1164-1166.

al-Mudarris, Abdulbary: Papyrologische Untersuchungen zur arabischen Diplomatik anhand von Eheurkunden aus den ersten islamischen Jahrhunderten, 2009.

Al-Ramahi, Aseel: Sulh: A Crucial Part of Islamic Arbitration, in: LSE Law, Society and Economy Working Papers 12 (2008), S. 1-23.

Al-Alwani, Taha J.: The Testimony of Women in Islamic Law, in: The American Journal of Islamic Social Sciences 1996, S. 173-196.

Ammann, Birgit: Kurden in Europa: Ethnizität und Diaspora, 2001.

Andrae, Marianne: Anwendung des islamischen Rechts im Scheidungsverfahren vor deutschen Gerichten, in: NJW 2007, S. 1730-1733.

Andrae, Marianne: Flüchtlinge und Kinderehen, in: NZFam 2016, S. 923-929.

Anschütz, Gerhard: Die Verfassung des deutschen Reiches vom 11. August 1919, 14. Aufl. 1933.

Ateş, Seyran: Im Schatten des deutschen Rechtsstaats entsteht islamische Paralleljustiz, in: DIE ZEIT 49 (2012), S. 66.

Babka von Gostomski, Christian: Fortschritte der Integration: zur Situation der fünf größten in Deutschland lebenden Ausländergruppen, Forschungsbericht 8 im Auftrag des Bundesministeriums des Innern, 2010.

Baer, Susanne: „Ende der Privatautonomie" oder grundrechtlich fundierte Rechtsetzung? – Die deutsche Debatte um das Antidiskriminierungsrecht, in: ZRP 2002, S. 290-294.

Baer, Susanne: Gleichberechtigung in pluralen Gesellschaften, in: Kokott, Juliane/Mager, Ute (Hrsg.), Religionsfreiheit und Gleichberechtigung der Geschlechter, 2014, S. 36-48.

Baldwin, James: Islamic Law and Empire in Ottoman Cairo, Edinburgh 2017.

Barczak, Tristan: Die Glaubens- und Gewissensfreiheit des Grundgesetzes, in: Jura 2015, S. 463-476.

Baumbach, Adolf/Lauterbach, Wolfgang (Begr.): Kommentar zur Zivilprozessordnung, 79. Aufl. 2021.

Bauwens, Kathrin: Religiöse Paralleljustiz: Zulässigkeit und Grenzen informeller Streitschlichtung und Streitentscheidung unter Muslimen in Deutschland, 2016.

Bausback, Winfried: Rechtspolitische Überlegungen zum Thema „Deutsche Justiz und Friedensrichter", 2004, abrufbar unter: http://www.kas.de/upload/dokumente/2014/11/141107_Berliner_Rechtspolitische_Konferenz_Bausback.pdf (1.10.2023).

Bausback, Winfried: Bayern sagt Schattenrichtern den Kampf an, in: Im Fokus: Paralleljustiz – Sprengstoff für den Rechtsstaat, Politische Studien 469 (2016), S. 16-23.

Becker, Florian: Öffentliches und Privates Recht, in: NVwZ 2019, S. 1385-1392.

Becker, Hans-Jürgen: Das Gewaltmonopol des Staates und die Sicherheit des Bürgers – Der Ewige Landfriede – vor 500 Jahren, in: NJW 1995, S. 2077-2081.

Bergner, Jörg: Außergerichtliche Konflikteinigung in der islamischen Welt: Alternative Konflikteinigungsmethoden in der islamischen Tradition und deren Umsetzung in der Moderne, 2015.

Bergschneider, Ludwig/Wolf, Annette: Richterliche Inhaltskontrolle von Eheverträgen, in: NZFam 2018, S. 392-395.

Bernhardt, Reinhold: Der Absolutheitsanspruch des Christentums: Von der Aufklärung bis zur Pluralistischen Religionstheologie, 2. Aufl. 1993.

Bernhardt, Reinhold: Zwischen Größenwahn, Fanatismus und Bekennermut. Für ein Christentum ohne Absolutheits-anspruch, 1994.

Bezzenberger, Tilman: Ethnische Diskriminierung, Gleichheit und Sittenordnung im bürgerlichen Recht, in: AcP 196 (1996), S. 395-434.

Bielefeldt, Heiner: Das Islambild in Deutschland: Zum öffentlichen Umgang mit der Angst vor dem Islam, 2. Aufl. 2008, abrufbar unter: https://www.ssoar.info/ssoar/bitstream/handle/document/32817/ssoar-2008-bielefeldt-

Das_Islambild_in_Deutschland_.pdf?sequence=1&isAllowed=y&lnkname=ssoar-2008-bielefeldt-Das_Islambild_in_Deutschland_.pdf (1.10.2023).

Bielefeldt, Heiner/Wiener, Michael: Religionsfreiheit auf dem Prüfstand: Konturen eines umkämpften Menschenrechts, 2020.

Blankenburg, Eberhardt: Mobilisierung von Recht, in: ZfRSoz 1 (1980), S. 33-64.

Bock, Wolfgang: Die Religionsfreiheit zwischen Skylla und Charybdis, in: AöR 123 (1998), S. 444-475.

Böhnke, Petra/Dittmann, Jörg/Goebel, Jan (Hrsg.): Handbuch Armut: Ursachen, Trends, Maßnahmen, 2018.

Bolz, Michael: Verstoßung der Ehefrau nach islamischem Recht und deutscher ordre public, in: NJW 1990, S. 620-622.

Bösel, Martina: Religiöse und kulturelle Probleme von Muslimen in Deutschland: Möglichkeiten und Irrwege einer uneingeschränkten Integration, 2012.

Böttger, Barbara: Das Recht auf Gleichheit und Differenz, 1990.

Brocker, Manfred: Buchbesprechung zu Joachim Wagners Richter ohne Gesetz, in: ZfP 2011, S. 474-476.

Brocker, Manfred: Scharia-Gerichte in westlichen Demokratien. Eine Betrachtung aus Sicht der Politischen Philosophie, in: ZfP 2012, S. 314-331.

Brosius-Gersdorf, Frauke: Dritte Gewalt im Wandel – Veränderte Anforderungen an Legitimität und Effektivität?, in: Veröffentlichungen der Vereinigung der Deutschen Staatsrechtslehrer 74, S. 170-218.

Brosius-Gersdorf, Frauke (Hrsg.): Dreier-Grundgesetz-Kommentar, 3 Bände; Bd. I: 4. Aufl. 2023.

Bundeskriminalamt: Organisierte Kriminalität: Bundeslagebild 2018, abrufbar unter: https://www.bka.de/SharedDocs/Downloads/DE/Publikationen/JahresberichteUndLagebilder/OrganisierteKriminalitaet/organisierteKriminalitaetBundeslagebild2018.html?nn=27988 (1.10.2023)

Bundesminister des Innern/Bundesminister der Justiz (Hrsg.): Staatszielbestimmungen/Gesetzgebungsaufträge, Berichte der Sachverständigenkommission, 1983.

Bundesministerium der Justiz und Verbraucherschutz: Gibt es eine Paralleljustiz in Deutschland? Streitbeilegung im Rechtsstaat und muslimischer Traditionen, 2014, abrufbar unter: https://www.berlin.de/sen/justva/_assets/gesamtstudie-paralleljustiz.pdf (1.10.2023).

Bundesministerium für Familie, Senioren, Frauen und Jugend: Familienreport 2012, abrufbar unter: https://www.bmfsfj.de/bmfsfj/service/publikationen/familienreport-2012--75292 (1.10.2023).

Bundesministerium für Familie, Senioren, Frauen und Jugend: Zwangsverheiratung in Deutschland – Anzahl und Analyse von Beratungsfällen (Kurzfassung), 2011, abrufbar unter: https://www.bmfsfj.de/bmfsfj/service/publikationen/zwangsverheiratung-in-deutschland-anzahl-und-analyse-von-beratungsfaellen-80740 (1.10.2023).

Bundesministerium für Familie, Senioren, Frauen und Jugend/Hans Böckler Stiftung (Hrsg.): Erosion des männlichen Ernährermodells? Die Erwerbstätigkeit von Frauen mit Kindern unter drei Jahren, 2005, abrufbar unter: https://www.bmfsfj.de/blob/jump/76490/erosion-maennliches-ernaehrermodell-data.pdf (1.10.2023).

Busche, Jan: Privatautonomie und Kontrahierungszwang, 1999.

Brenneisen, Ute: Lehrbuch Familien- und Erbrecht, 4. Aufl. 2020.

Buser, Denise: Die unheilige Diskriminierung: eine juristische Auslegeordnung für die Interessenabwägung zwischen Geschlechtergleichstellung und Religionsfreiheit beim Zugang zu religiösen Leitungsämtern, 2014.

Calliess, Christian/Ruffert, Matthias (Hrsg.): Kommentar EUV/AEUV, 5. Aufl. 2016.

Campenhausen, Axel Freiherr von: Neue Religionen im Abendland – Staatskirchenrechtliche Probleme der Muslime – der Jugendsekten und der sogenannten destruktiven religiösen Gruppen, in: ZevKR 25 (1980), S. 135-172.

Canaris, Claus-Wilhelm: Grundrechte und Privatrecht, in: AcP 184 (1984), S. 201-246.

Chege, Victoria: EU-Antidiskriminierungsrichtlinien und EU-Gleichstellungsrecht: Praktische Erfahrungen bei Fällen mehrdimensionaler Diskriminierung, in: NJ 2012, S. 503-511.

Däubler, Wolfang/Hjort, Jens Peter/Schubert, Michael/Wolmerath, Martin (Hrsg.): Nomos-Kommentar Arbeitsrecht, 4. Aufl. 2017.

De Wall, Heinrich/Wagner, Roland: Die sogenannte Drittwirkung der Grundrechte, in: JA 2011, S. 734-740.

Di Fabio, Udo: Sicherheit in Freiheit, in: NJW 2008, S. 421-425.

Dienstbühl, Dorothee: Paralleljustiz in Deutschland: machtlose Polizei?, in: DP 10 (2013), S. 4-8.

Dittrich, Karl-Heinz/Hommel, Gudula: Staatsrecht: Grundlagenwissen, 5. Aufl. 2006.

Dörr, Oliver/Grote, Rainer/Marauhn, Thilo (Hrsg.): EMRK/GG Konkordanzkommentar, 2. Aufl. 2013.

Dralonge, Richard N.: Economics and Geopolitics of the Middle East, New York 2008.

Dreier, Horst: Ein Staatsrechtslehrer in Zeiten des Umbruchs: Gerhard Anschütz (1867-1948), in: ZNR 20 (1998), S. 28-48.

Dreier, Horst (Hrsg.): Grundgesetz-Kommentar, 3 Bände; Bd. I: 3. Aufl. 2013, Bd. II: 3. Aufl. 2015, Bd. III: 3. Aufl. 2018.

Drobinski, Matthias/Preuß, Roland: Kritik an Wulff-Rede über Islam: „Es gilt das Grundgesetz und nicht die Scharia", in: Süddeutsche Zeitung online, 6.10.2010, abrufbar unter: https://www.sueddeutsche.de/politik/kritik-an-wulff-rede-ueber-islam-es-gilt-das-grundgesetz-und-nicht-die-scharia-1.1009094 (1.10.2023).

Dürig, Günter/Herzog, Roman/Scholz, Rupert (Hrsg.): Grundgesetz-Kommentar, 7 Bände (Stand: 99. Ergänzungslieferung September 2022; früher bekannt als Maunz/Dürig).

Ebert, Hans-Georg: Tendenzen der Rechtsentwicklung, in: Werner Ende/Udo Steinbach (Hrsg.), Der Islam in der Gegenwart, 5. Aufl. 2005, S. 199-229.

Ebner, Markus/Müller, Martin: Zeugnisverweigerungsrecht gemäß § 52 StPO bei in der Bundesrepublik Deutschland geschlossener „Imam-Ehe"?, in: NStZ 2010, S. 658-662.

Eidenmüller, Horst: Vertrags- und verfahrensrechtliche Grundfragen der Mediation: Möglichkeiten und Grenzen privatautonomen Konfliktmanagements, in: Stephan Breidenbach, u.a. (Hrsg.), Konsensuale Streitbeilegung. Akademisches Symposium zu Ehren von Peter F. Schlosser aus Anlass seines 65. Geburtstages, 2001, S. 54-99.

Elliesie, Hatem/Foblets, Marie-Claire/Sadyrbek, Mahabat/Jaraba, Mahmoud: Konfliktregulierung in Deutschlands pluraler Gesellschaft: "Paralleljustiz"? Konzeptioneller Rahmen eines Forschungsprojekts, 2019.

Elliesie, Hatem/Heller, Frank Michael: Der „Paralleljustiz" in Deutschland begegnen, in: DRiZ 2020, S. 100-103.

Elliesie, Hatem/Rigoni, Clara: Paralleljustiz in Nordrhein-Westfalen aus strafrechtlicher Sicht, 2022.

Erath, Marc: Der Koran als Gesetz – Schariagerichte in Deutschland, in: Deutsche Welle, Sendung der Reihe Politik Direkt, 16.3.2012, abrufbar unter: https://www.dw.com/de/der-koran-als-gesetz-schariagerichte-in-deutschland/av-6730844 (1.10.2023).

Europäische Kommission: RELIGARE – Ergebnis in Kürze, Religion versus Säkularismus in der EU, 2012, abrufbar unter: https://cordis.europa.eu/project/rcn/94078/brief/de (1.10.2023).

Europäische Kommission: Final Report Summary – RELIGARE (Religious Diversity and Secular Models in Europe – Innovative Approaches to law and Policy), 2014, abrufbar unter: https://cordis.europa.eu/project/rcn/94078/reporting/en (1.10.2023).

Epping, Volker: Grundrechte-Lehrbuch, 8. Aufl. 2019.

Epping, Volker/Hillgruber, Christian (Hrsg.): Beck'scher Online-Kommentar Grundgesetz (Stand: 45. Edition 2020).

Erichsen, Hans-Uwe: Die Drittwirkung der Grundrechte, in: Jura 1996, S. 527-533.

Fatoohi, Louay: Abrogation in the Qur'an and Islamic Law. A Critical Study of the Concept of "naskh" and Its Impact, New York 2013.

Farsoun, Samih: Culture and Customs of the Palestinians, Wesport 2004.

Fenz, Hendrik: SULH – Islamische Mediation, in: Spektrum der Mediation 51 (2013), S. 4-7.

Ferchl, Dieter (Übers.): Aal-Buḫārī: Die Sammlung der Hadithe, 2010.

Fontana, Sina: Universelle Frauenrechte und islamisches Recht: Zur Umsetzung von Menschenrechten in einer islamisch geprägten Rechtsordnung, 2017.

Freudenreich, Daniel: Muslimische Schlichter sind Richter ohne Gesetz, in: WAZ online, 29.8.2011, abrufbar unter: https://waz.de/politik/muslimische-schlichter-sind-richter-ohne-gesetz-id5011879.html (1.10.2023).

Friehe, Matthias: Der Körperschaftsstatus der Kirchen – ein rätselhaftes Missverständnis, in: NVwZ 2020, S. 1388-1392.

Fuhrmann, Nora: Geschlechterpolitik in Europa: Supranationale Gestaltungsimpulse und mitgliedstaatliche Systemtraditionen, in: Ingeborg Tömmel/Chryssoula Kambas/Patricia Bauer (Hrsg.), Die EU — eine politische Gemeinschaft im Werden, 2002, S. 95-103.

Funke, Andreas: Parallelwelten des Rechts? Die Anerkennung des Rechts und der Gerichtsbarkeit von Religionsgemeinschaften durch den Staat, in: Anja Bettenworth/Andreas Funke /Mirja Lecke/Klaus von Stosch (Hrsg.), Herausforderung Islam, 2011, S. 42-72.

Fuss, Ernst-Werner: Gleichheitssatz und Richtermacht, in: JZ 1959, S. 320-339.

Gaier, Reinhard: Schiedsgerichtsbarkeit vs. staatliche Justiz, in: Rüdiger Wilhelmi/Michael Stürner (Hrsg.), Post-M&A-Schiedsverfahren: Recht und Rechtsfindung jenseits gesetzlichen Rechts, 2019, S. 61-71.

Geißler, Rainer: Die Sozialstruktur Deutschlands. Zur gesellschaftlichen Entwicklung mit einer Bilanz zur Vereinigung, 6. Aufl. 2011.

Ghadban, Ralph: Die Libanon-Flüchtlinge in Berlin: Zur Integration ethnischer Minderheiten, 2. Aufl. 2008.

Ghadban, Ralph: The Impact of Immigration Policies on Palestinians in Germany, in: Abbas Shiblak (Hrsg.): The Palestinian Diaspora in Europe. Challenges of Dual Identity and Adaptation, Refugee and Diaspora Studies Series No. 2, Jerusalem 2005, S. 32-43.

Grandel, Mathias/Stockmann, Ronald (Hrsg.): StichwortKommentar Familienrecht, 2. Aufl. 2014.

Greger, Reinhard: Autonome Konfliktlösung innerhalb und außerhalb des Prozesses, in: ders./Irmgard Gleußner/Jörn Heinemann (Hrsg.), Neue Wege zum Recht: Festgabe für Max Vollkommer, 2006, S. 3-22.

Grüneberg, Christian: Kommentar zum Bürgerlichen Gesetzbuch, 82. Aufl. 2023; früher bekannt als Palandt.

Grunow, Daniel/Schulz, Florian/Blossfeld, Hans-Peter: Was erklärt die Traditionalisierung häuslicher Arbeitsteilung im Eheverlauf: Soziale Normen oder ökonomische Ressourcen?, in: ZfS 2007, S. 162-181.

Guckelberger, Annette: Die Drittwirkung der Grundrechte, in: JuS 2003, S. 1151-1157.

Haas, Volker: Der neue Straftatbestand der Zwangsheirat (§ 237 StGB) – eine kriminalpolitische Bewertung, in: JZ 2013, S. 72-81.

Hager, Johannes: Verkehrsschutz durch redlichen Erwerb, 1990.

Hager, Johannes: Grundrechte im Privatrecht, in: JZ 1994, S. 373-383.

Halil, Huseyin: The Testimony of Women in the Qur'an, in: Al-BayĀn – Journal of Qur'Ān and Ḥadīth Studies 2016, S. 18-29.

Halm, Dirk/Sauer, Martina: Muslime in Europa: Integriert, aber nicht akzeptiert?, 2017, abrufbar unter: https://www.bertelsmann-stiftung.de/fileadmin/files/BSt/Publikationen/GrauePublikationen/Studie_LW_Religionsmonitor-2017_Muslime-in-Europa.pdf (1.10.2023).

Haug, Sonja/Müssig, Stephanie/Stichs, Anja: Muslimisches Leben in Deutschland, Forschungsbericht 6 im Auftrag der Deutschen Islam Konferenz, 2009.

Härtel, Ines: Mediation im Verwaltungsrecht, in: JZ 2005, S. 753-763.

Heckel, Martin: Religionsfreiheit und Staatskirchenrecht in der Rechtsprechung des Bundesverfassungsgerichts, in: Peter Badura/Horst Dreier (Hrsg.), Festschrift 50 Jahre Bundesverfassungsgericht, 2 Bände; Bd. 2: 2001, S. 379-421.

Heckel, Martin: Zur Zukunftsfähigkeit des deutschen „Staatskirchenrechts“ oder „Religionsverfassungsrechts“?, in: AöR 134 (2009), S. 309-390.

Heinig, Hans Michael: Öffentlich-rechtliche Religionsgesellschaften: Studien zur Rechtsstellung der nach Art. 137 Abs. 5 WRV korporierten Religionsgesellschaften in Deutschland und in der Europäischen Union, 2003.

Heintschel-Heinegg, Bernd von: Islamische Paralleljustiz gefährdet unseren Rechtsstaat, in: Beck-Blog online, 2014, abrufbar unter: https://community.beck.de/2014/04/22/islamische-paralleljustiz-gef-hrdet-unseren-rechtsstaat (1.10.2023).

Heintschel-Heinegg, Bernd von (Hrsg.): Beck'scher Online Kommentar StGB (Stand: 46. Edition 2020).

Heitmüller, Ulrike: Forschungslücke Paralleljustiz, Interview mit dem Juraprofessor und Islamwissenschaftler Mathias Rohe, in: Heise online, 2014, abrufbar unter: https://heise.de/tp/features/Forschungsluecke-Paralleljustiz-3363137.html (1.10.2023).

Hennig, Wiebke: Muslimische Gemeinschaften im Religionsverfassungsrecht: Die Kooperation des Staates mit muslimischen Gemeinschaften im Lichte der Religionsfreiheit, der Gleichheitssätze und des Verbots der Staatskirche, 2010.

Henning, Max (Übers.): Der Koran: Vollständige Ausgabe, 8. Aufl. 2018.

Heisig, Kirsten: Das Ende der Geduld. Konsequent gegen jugendliche Gewalttäter, 2017.

Heller, Frank-Michael: Paralleljustiz im Strafverfahren, in: Im Fokus: Paralleljustiz – Sprengstoff für den Rechtsstaat, Politische Studien 469 (2016), S. 33-41.

Hermann, Friederike: Unbemerkte Botschaften. Wie Populismus in die Leitmedien einfließt, in: Michael Müller/Jørn Precht (Hrsg.): Narrative des Populismus: Erzählmuster und -strukturen populistischer Politik, 2019, S. 147-162.

Hesse, Konrad: Grundzüge des Verfassungsrechts der Bundesrepublik Deutschland, 20. Aufl. 1995.

Hillgruber, Christian: Der deutsche Kulturstaat und der muslimische Kulturimport. Die Antwort des Grundgesetzes auf eine religiöse Herausforderung, in: JZ 1999, S. 538-547.

Hirsch, Günther: Außergerichtliche Beilegung von Verbraucherstreitigkeiten – ein alternativer Zugang zum Recht entsteht, in: NJW 2013, S. 2088-2094.

Hofmann, Hasso: Die versprochene Menschenwürde, in: AöR 118 (1993), S. 353-377.

Hötte, Franziska: Religiöse Schiedsgerichtsbarkeit: Angloamerikanische Rechtspraxis, Perspektive für Deutschland, 2013.

Huster, Stefan: Frauenförderung zwischen individueller Gerechtigkeit und Gruppenparität, in: AöR 118 (1993), S. 109-130.

Isak, Axel: Das Selbstverständnis der Kirchen und Religionsgemeinschaften und seine Bedeutung für die Auslegung staatlichen Rechts, 1994.

Isensee, Josef/Kirchhof, Paul (Hrsg.): Handbuch des Staatsrechts der Bundesrepublik Deutschland, 12 Bände; Bd. VII: 3. Aufl. 2009, Bd. VIII: 3. Aufl. 2010; Bd. IX: 3. Aufl. 2011.

Islam, Zahidul: Provision of Alternative Dispute Resolution Process in Islam, in: Journal of Business and Management 6/3 (2012), S. 31-36.

Jakobs, Michael Ch.: Der Grundsatz der Verhältnismäßigkeit: mit einer exemplarischen Darstellung seiner Geltung im Atomrecht, 1985.

Jauernig, Othmar (Begr.): Kommentar zum Bürgerlichen Gesetzbuch, 18. Aufl. 2021.

Janßen, Peter: Islam und Sozialrecht, in: Stefan Muckel (Hrsg.), Der Islam im öffentlichen Recht des säkularen Verfassungsstaates, 2010, S. 399-438.

Jaraba, Mahmoud: „Paralleljustiz" in Berlin's Mhallami Community in View of predominately Customary Mechanisms, in: Zeitschrift für Recht & Islam 2017, S. 225-239.

Jarass, Hans D./Pieroth, Bodo (Begr.): Kommentar zum Grundgesetz für die Bundesrepublik Deutschland, 16. Aufl. 2020.

Jennings, Ronald C.: Divorce in the Ottoman Sharia Court of Cyprus, 1580-1640, in: Studia Islamica 78 (1993), S. 155-167.

Joecks, Wolfgang/Miebach, Klaus (Hrsg.): Münchener Kommentar zum Strafgesetzbuch, 8 Bände; Bd. II: 4. Aufl 2020; Bd. IV: 3. Aufl. 2017.

Johannsen, Kurt H.(Begr.)/Henrich, Dieter/Althammer, Christoph (Hrsg.): Kommentar zum Familienrecht, 7. Aufl. 2020.

Johansen, Baber: Staat, Recht und Religion im sunnitischen Islam – Können Muslime einen religionsneutralen Staat akzeptieren?, in: Heiner Marré/Johannes Stüting (Hrsg.), Essener Gespräche zum Thema Staat und Kirche 20 (1986), S. 12-60.

Joussen, Jacob: Die Folgen der europäischen Diskriminierungsverbote für das kirchliche Arbeitsrecht, in: RdA 2003, S. 32-39.

Kalenborn, Tristan: Die praktische Konkordanz in der Fallbearbeitung, in: JA 2016, S. 6-12.

Kaminski, Andrea: Islamische Paralleljustiz? Interkultureller Interessenausgleich? Patriarchalischer Druck?, in: Betrifft JUSTIZ 108 (2011), S. 170-172.

Kaminski, Andrea/Nolte, Frank: „Ich will nur Frieden, Ruhe und Sicherheit". Interview mit dem Berliner deutsch-libanesischer „Friedensrichter" Hassan Allouche, in: Betrifft JUSTIZ 108 (2011), S. 173-177.

Kandel, Johannes: Referat Interkultureller Dialog: Organisierter Islam in Deutschland und gesellschaftliche Integration, 2014, abrufbar unter: http://library.fes.de/pdf-files/akademie/berlin/50509.pdf (1.10.2023).

Kästner, Karl-Hermann: Hypertrophie des Grundrechts auf Religionsfreiheit? Über das Verhältnis der Religions- und Weltanschauungsfreiheit zum Geltungsanspruch des allgemeinen Rechts, in: JZ 1998, S. 974-982.

Keller, Claudia: Scharia: Parallele Gesellschaft, eigene Justiz?, in: DRiZ 2014, S. 163.

Keshavjee, Mohamed M.: Islam, Sharia and Alternative Dispute Resolution: Mechanisms for Legal Redress in the Muslim Community, London/New York 2013.

Khoury, Adel Theodor: Was sagt der Koran zum Heiligen Krieg?, 2. Aufl. 2007.

Khoury, Adel Theodor: In einem nicht-islamischen Land leben?, in: Adel Theodor Khoury/Peter Heine/Janbernd Oebbecke (Hrsg.): Handbuch Recht und Kultur des Islams in der deutschen Gesellschaft. Probleme im Alltag – Hintergründe – Antworten, 2001, S. 276-287.

Kielmansegg, Sebastian Graf von: Grundfälle zu den allgemeinen Grundrechtslehren, in: JuS 2009, S. 19-23.

Kingreen, Thorsten/Poscher, Ralf: Polizei- und Ordnungsrecht, 11. Aufl. 2020.

Klein, Eckart: Grundrechtliche Schutzpflicht des Staates, in: NJW 1989, S. 1633-1640.

Klein, Ute: Geschlechterverhältnisse und Gleichstellungspolitik in der Europäischen Union: Akteure – Themen – Ergebnisse, 2. Aufl. 2012.

Knauer, Christoph/Kudlich, Hans/Schneider, Hartmut (Hrsg.): Münchener Kommentar zur Strafprozessordnung, 4 Bände; Bd. I: 1. Aufl. 2014.

Koch, Katharina/Nguyen, Alexander: Schutz vor mittelbarer Diskriminierung – Gleiches Recht für alle?, in: EuR 2010, S. 364-378.

Koenig, Matthias: Gerichte als Arenen religiöser Anerkennungskämpfe: eine rechtssoziologische Skizze, in: Astrid Reuter/Hans G. Kippenberg, (Hrsg.), Religiöse Konflikte im Verfassungsstaat, 2010, S. 144-164.

Krebs, Klaus: Internationales Privatrecht, 3. Aufl. 2019.

Kremser, Holger: Das Äußerungsrecht der Bundesregierung hinsichtlich der sog. Jugendsekten und neuen Jugendreligionen im Lichte von Art. 4 I und II GG, in: ZevKR 39 (1990), S. 160-188.

Kugelmann, Dieter: Polizei- und Ordnungsrecht, 2. Aufl. 2011.

Lackner, Karl/Kühl, Kristian: Strafgesetzbuch-Kommentar, 29. Aufl. 2018.

Lang, Heinrich/Wilms, Heinrich: Staatsrecht II, 2. Aufl. 2020.

Laskowski, Silke Ruth: Der Streit um das Kopftuchverbot geht weiter – Warum das Diskriminierungsverbot wegen der Religion nach nationalem und europäischen Recht immer bedeutsamer wird, in: KJ 2003, S. 420-444.

Laufke, Franz: Vertragsfreiheit und Grundgesetz, in: Festschrift für Heinrich Lehmann Bd. 1, 1956, S. 145-188.

Leaman, Oliver: The Qur'an: An Encyclopedia, London 2008.

Lehmann, Hartmut: Säkularisierung: Der europäische Sonderweg in Sachen Religion?, 2004.

Leitmeier, Lorenz: Das Kopftuchverbot für Rechtsreferendarinnen, in: NJW 2020, S. 1036-1038.

Leitner, Sigrid/Ostner, Ilona/Schratzenstaller, Margit (Hrsg.): Wohlfahrtsstaat und Geschlechterverhältnis im Umbruch. Was kommt nach dem Ernährermodell?, 2004.

Lemmen, Thomas/Miehl, Melanie: Islamisches Alltagsleben in Deutschland, 2. Aufl. 2001.

Lemmen, Thomas: Muslime in Deutschland: eine Herausforderung für Kirche und Gesellschaft, 2001.

Liebl, Karlhans: Wirtschafts- und Organisierte Kriminalität, 3. Aufl. 2020.

Lizzio, Celene Ayat: Law: Islamic Traditions, in: Robert E. Emery (Hrsg.): Cultural Sociology of Divorce: An Encyclopedia, 3. Bände; Bd. 2, Los Angeles 2013, S. 670-673.

Löbinger, Thomas: Entwicklung, Stand und Perspektiven des europäischen Antidiskriminierungsrechts, 2015.

Löhnig, Martin: Über schariatische „Friedensrichter", „Schülergerichte" und die Strukturmerkmale des Rechtsstaats, in: Christoph Althammer/Jörg Eisele/Heidi Ittner/ders. (Hrsg.): Grundfragen und Grenzen der Mediation, 2012, S. 65-76.

Lohse, Eckart: Wenn Friedensrichter ihre Visitenkarten verteilen, in: Frankfurter Allgemeine Zeitung online, 18.4.2014, abrufbar unter: https://faz.net/aktuell/politik/inland/paralleljustiz-in-deutschland-wenn-friedensrichter-ihre-visitenkarten-verteilen-12899082.html (1.10.2023).

Looschelders, Dirk: Die Ausstrahlung der Grund- und Menschenrechte auf das Internationale Privatrecht, in: RabelsZ 2001, S. 463-491.

Lübbe-Wolff, Gertrude: Die Grundrechte als Eingriffsabwehrrechte, 1988.

Mangoldt, Hermann von/Klein, Friedrich/Starck, Christian: Kommentar zum Grundgesetz, 3 Bände, 7. Aufl. 2018.

Maisel, Sebastian: Das Gewohnheitsrecht der Beduinen: Der Stellenwert von Urf in den Rechtsvorstellungen tribaler Gruppen im Norden der Arabischen Halbinsel, 2006.

Majer, Christian F.: Scharia-Gerichte in Deutschland – eine rechtliche Bewertung, in: Zeitschrift Jura Studium & Examen 2 (2014), S. 128-135.

Majer, Christian F.: Polygamie in Deutschland – Rechtslage und Reformdiskussion, in: NZFam 2019, S. 242-244.

Maisch, Andreas: Migranten in Roben: Richterinnen und Richter mit Migrationshintergrund an deutschen Gerichten, 2019.

Martens, Sebastian A. E.: Wider die Bekämpfung der Mehrehe, in: ZRP 2018, S. 242-245.

Matyssek, Ulf: Zum Problem der Trennung von Religion und Politik im Islam, in: Stefan Muckel (Hrsg.), Der Islam im öffentlichen Recht des säkularen Verfassungsstaates, 2010, S. 158-232.

Maunz, Theodor (Begr.): Bundesverfassungsgerichtsgesetz-Kommentar (Stand: 60. Ergänzungslieferung Juli 2020).

Merten, Detlef/Papier, Hans-Jürgen (Hrsg.): Handbuch der Grundrechte in Deutschland und Europa, 12 Bände; Bd. V: 2013.

Meyer, Ruth: Diaspora: Eine kritische Begriffsbestimmung, 2005.

Meyer-Ladewig, Jens/Nettesheim, Martin/Raumer, Stefan von (Hrsg.): Handkommentar Europäische Menschenrechtskonvention, 4. Aufl. 2017.

Michael, Lothar: Die drei Argumentationsstrukturen des Grundsatzes der Verhältnismäßigkeit – Zur Dogmatik des Über- und Untermaßverbotes und der Gleichheitssätze, in: JuS 2001, S. 148-155.

Möller, Lena-Maria: Die Golfstaaten auf dem Weg zu einem modernen Recht für die Familie?: Zur Kodifikation des Personalstatuts in Bahrain, Katar und den Vereinigten Arabischen Emiraten, 2015.

Möller, Manfred/Warg, Gunter: Allgemeines Polizei- und Ordnungsrecht, 6. Aufl. 2011.

Mousa, Hassan: Schächten im Islam, in: Richard Potz/Brigitte Schinkele/Wolfgang Wieshaider (Hrsg.), Schächten. Religionsfreiheit und Tierschutz, 2001, S. 16-26.

Morlok, Martin: Selbstverständnis als Rechtskriterium, 2019.

Muckel, Stefan: Grundrechtsberechtigung und Grundrechtsverpflichtung – Wer kann sich auf Grundrechte berufen und wer wird durch sie verpflichtet, in: JA 2020, S. 411-417.

Muckel, Stefan: Mittelbare Drittwirkung des allgemeinen Gleichheitssates, in: JA 2018, S. 553-556.

Muckel, Stefan: Muslimische Gemeinschaften als Körperschaften des öffentlichen Rechts, in: DÖV 1995, S. 311-317.

Muckel, Stefan: Religiöse Freiheit und staatliche Letztentscheidung: Die verfassungsrechtlichen Garantien religiöser Freiheit unter veränderten gesellschaftlichen Verhältnissen, 1997.

Muckel, Stefan/Tillmanns, Reiner: Die religionsverfassungsrechtlichen Rahmenbedingungen für den Islam, in: Stefan Muckel (Hrsg.), Der Islam im öffentlichen Recht des säkularen Verfassungsstaates, 2010, S. 234-272.

Mückl, Stefan: Religionsfreiheit und Sonderstatusverhältnisse – Kopftuchverbot für Lehrerinnen? Transformation des "alten" Sozialstaates in den "aktivierenden" Staat?, in: Der Staat 40 (2001), S. 91-127.

Münch, Christof (Hrsg.): Familienrecht in der Notar- und Gestaltungspraxis, 3. Aufl. 2020.

Münch, Ingo von/Kunig, Philipp (Begr.): Grundgesetz-Kommentar, 2 Bände, 7. Aufl. 2021.

Münz, Rainer/Seifert, Wolfang/Ulrich, Ralf: Zuwanderung nach Deutschland. Strukturen, Wirkungen, Perspektiven, 2. Aufl. 1999.

Neuner, Jörg: Das BVerfG im Labyrinth der Drittwirkung, in: NJW 2020, S. 1851-1855.

Neuner, Jörg: Diskriminierungsschutz durch Privatrecht, in: JZ 2003, S. 57-66.

Nickel, Rainer: Handlungsaufträge zur Bekämpfung von ethnischen Diskriminierungen in der neuen Gleichbehandlungsrichtlinie 2000/43/EG, in: NJW 2001, S. 2668-2672.

Nikodem, Claudia: Kopfzerbrechen um das Kopftuch oder die Frage, wie mit Differenz umgegangen wird, in: Markus Ottersbach/Erol Yildiz (Hrsg.), Migration in der metropolitanen Gesellschaft: zwischen Ethnisierung und globaler Neuorientierung, 2004, S. 141-152.

Nipperdey, Hans Carl: Gleicher Lohn der Frau für gleiche Leistung, in: RdA 1950, S. 121-125.

Nußberger, Angelika: Unauflösbare Wertungswidersprüche? Die Rechtsprechung des Europäischen Gerichtshofs für Menschenrechte zur Autonomie von Religionsgemeinschaften und zum Verbot der Diskriminierung aufgrund des Geschlechts, in: Juliane Kokott/Ute Mager (Hrsg.), Religionsfreiheit und Gleichberechtigung der Geschlechter, 2014, S. 161-177.

Obermaier, Frederik/Steinke, Ronen: Um Gottes Willen, in Süddeutsche Zeitung online, 3.3.2012, abrufbar unter: https://sueddeutsche.de/bayern/scharia-statt-buergerliches-gesetzbuch-um-gottes-willen-1.1298962 (1.10.2023).

Ohlenschlager, Maximilian: Scharia und Grundgesetz: Über die Anwendbarkeit islamischen Rechts im Geltungsbereich des Grundgesetzes, 2017.

Olsen, Frances: Das Geschlecht des Rechts, in: KJ 1990, S. 303-317.

Özkaraca, Erol: Paralleljustiz in Einwanderervierteln, in: ZJJ 2013, S. 36-39.

Pauli, Hans-Georg: Islamisches Familien- und Erbrecht und ordre public, 1994.

Paulus, Christoph G./Zenker, Wolfgang: Grenzen der Privatautonomie, in: JuS 2001, S. 1-9.

Pieroth, Bodo: Das Demokratieprinzip des Grundgesetzes, in: JuS 2010, S. 473-481.

Pieroth, Bodo/Görisch, Christoph: Was ist eine Religionsgemeinschaft? in: JuS 2002, S. 937-941.

Pollack, Detlef/Müller, Olaf/Rosta, Gergely/Dieler, Anna: Integration und Religion aus der Sicht von Türkeistämmigen in Deutschland. Repräsentative Erhebung von TNS Emnid im Auftrag des Exzellenzclusters „Religion und Politik" der Universität Münster, 2016.

Popp, Maximilian: Allahs Richter, in: Der Spiegel 35 (2011), 29.8.2011, S. 57-59.

Porscher, Ralf: Grundrechte als Abwehrrechte, 2003.

Preuß, Roland: Wie islamische Schiedsgerichte für mehr Frieden sorgen sollen, in: Süddeutsche Zeitung online, 2.2.2012, abrufbar unter: https://www.sueddeutsche.de/politik/justiz-in-deutschland-wie-islamische-schiedsgerichte-fuer-mehr-frieden-sorgen-sollen-1.1274279 (1.10.2023).

Prütting, Hanns: Schlichten statt Richten?, in: JZ 1985, S. 261-269.

Prütting, Hanns: Verfahrensrecht und Mediation, in: Stephan Breidenbach/Martin Henssler (Hrsg.), Mediation für Juristen. Konfliktbehandlung ohne gerichtliche Entscheidung, 1997, S. 57-74.

Rademacher, Sonja: Diskriminierungsverbot und „Gleichstellungauftrag": Zur Auslegung des Art. 3 Abs. 2 Satz 2 GG, 2004.

Radtke, Henning: Referat auf dem 70. Deutschen Juristentag, in: Ständige Deputation des Deutschen Juristentages (Hrsg.): Verhandlungen des 70. Deutschen Juristentages, Bd. II/1: Sitzungsberichte – Referate und Beschlüsse, 2015, L. 27-43.

Radtke, Bernd: Der sunnitische Islam, in: Werner Ende/Udo Steinbach (Hrsg.), Der Islam in der Gegenwart, 5. Aufl. 2005, S. 55-67.

Raiser, Thomas: Grundlagen der Rechtssoziologie, 6. Aufl. 2013.

Rehbinder, Manfred: Rechtssoziologie. Ein Studienbuch, 8. Aufl. 2014.

Reifner, Udo: Erfolgs- und Zugangsbarrieren in der Justiz. Eine kritische Bestandsaufnahme der empirischen Forschung, in: DuR 1981, S. 143-154.

Riehm, Thomas: Abwägungsentscheidungen in der praktischen Rechtsanwendung: Argumentation, Beweis, Wertung, 2006.

Risse, Jörg: Wirtschaftsmediation, in: NJW 2000, S. 1614-1620.

Roellecke, Gerd: Die Entkoppelung von Recht und Religion, in: JZ 2004, S. 105-110.

Rohe, Mathias: Alternative Dispute Resolution in Europe under the Auspices of Relgious Norms, in: RELIGARE Working Paper No. 6, Brussels 2011, abrufbar unter: https://patternsofgoverningreligion.weebly.com/uploads/2/7/0/3/27037565/religare_report_alternative_dispute_resolution_in_europe.pdf (1.10.2023).

Rohe, Mathias: Das islamische Recht: Geschichte und Gegenwart, 3. Aufl. 2011.

Rohe, Mathias: Das islamische Recht: Eine Einführung, 2013.

Rohe, Mathias: Paralleljustiz? – Chancen und Gefahren außergerichtlicher Streitbeilegung in Deutschland, in: TOA-Magazin 2 (2013), S. 34-37.

Rohe, Mathias: ADR und „Paralleljustiz“, in: Im Fokus: Paralleljustiz – Sprengstoff für den Rechtsstaat, Politische Studien 469 (2016), S. 24-32.

Rohe, Mathias: Der Islam in Deutschland: Eine Bestandsaufnahme, 2. Aufl. 2018.

Rohe, Mathias: Paralleljustiz. Eine Studie im Auftrag des Ministeriums der Justiz und für Europa Baden-Württemberg, 2019, abrufbar unter: https://www.ezire.fau.de/files/2022/03/studie_paralleljustiz_bw_rohe_2019.pdf (1.10.2023).

Rohe, Mathias/Jaraba, Mahmoud: Paralleljustiz, Eine Studie im Auftrag des Landes Berlin, vertreten durch die Senatsverwaltung für Justiz und Verbraucherschutz, 2015, abrufbar unter: https://www.berlin.de/sen/justva/_assets/gesamtstudie-paralleljustiz.pdf (1.10.2023).

Rohe, Mathias/Jaraba, Mahmoud u.a.: ISLAM IN BAYERN, Policy Paper für die Bayerische Staatsregierung im Auftrag der Bayerischen Akademie der Wissenschaften, 2018, abrufbar unter: https://badw.de/fileadmin/user_upload/Files/BADW/pressemitteilungen/2018/pm-27-18/2018_07_18_BAdW_EZIRE_Islam_in_Bayern_policy_paper.pdf (1.10.2023).

Röhl, Klaus F.: Rechtssoziologie: Ein Lehrbuch, 1987.

Rohne, Holger-Christoph: Cultural Aspects of Conflict Resolution – Comparing Sulha and Western Mediation, in: Hans-Jörg Albrecht, u.a. (Hrsg.): Conflicts and Conflict Resolution in Middle Eastern Societies: Between Tradition and Modernity, 2006, S. 187-214.

Rosenthal, Michael: Referat auf dem 70. Deutschen Juristentag, in: Ständige Deputation des Deutschen Juristentages (Hrsg.): Verhandlungen des 70. Deutschen Juristentages, Bd. II/1: Sitzungsberichte – Referate und Beschlüsse, 2015, L. 45-54.

Rottleuthner, Hubert: Mediation im Schatten des Strafrechts, in: Kritische Justiz 45 (2012), S. 444-459.

Ruffert, Matthias: Privatrechtswirkung der Grundrechte: Von Lüth zum Stadionverbot – und darüber hinaus?, in: JuS 2020, S. 1-6.

Rusconi, Alessandra/Wimbauer, Christine/Motakef: Paare und Ungleichheit(en) – eine Einleitung, in: Alessandra Rusconi/Christine Wimbauer/Mona Motakef/Beate Kortendiek/Peter A. Berger (Hrsg.): Paare und Ungleichheit(en): Eine Verhältnisbestimmung, GENDER Sonderheft 2, 2013, S. 10-36.

Sabinsky-Wolf, Holger: Scharia-Gerichte: Im Schatten der Justiz, in: Augsburger Allgemeine online, 29.6.2012, abrufbar unter: https://www.augsburger-allgemeine.de/bayern/Scharia-Gerichte-Im-Schatten-der-Justiz-id20870846.html (1.10.2023).

Sachs, Michael: Diskriminierungsverbote im Spannungsfeld zu Freiheitsrechten, in: Eckart Klein/Christoph Menke (Hrsg.), Universalität – Schutzmechanismen – Diskriminierungsverbote, 2008, S. 325-356.

Sachs, Michael/Jasper, Christian: Der allgemeine Gleichheitssatz. Das Eingriffsmodell zu Art. 3 I GG als Abwehrrecht, in: JuS 2016, S. 769-776.

Sachs, Michael (Hrsg.): Grundgesetz-Kommentar, 8. Aufl. 2018.

Sachs, Michael: Grundrechte: Drittwirkung von Gleichheitsrechten, in: JuS 2020, S. 185-186.

Säcker, Franz-Jürgen: „Vernunft statt Freiheit!" – Die Tugendrepublik der neuen Jakobiner – Referentenentwurf eines privatrechtlichen Diskriminierungsgesetzes, in: ZRP 2002, S. 286-290.

Säcker, Franz Jürgen/Rixecker, Roland/Oetker, Hartmut/Limpberg, Bettina (Hrsg.): Münchener Kommentar zum Bürgerlichen Gesetzbuch, 13 Bände; Bd. I: 8. Aufl. 2018, Bd. II: 8. Aufl. 2019, Bd. IX: 8. Aufl. 2019, Bd. XI: 8. Aufl. 2020, XII: 8. Aufl. 2020.

Sacksofsky, Ute: Das Grundrecht auf Gleichberechtigung, 2. Aufl. 1996.

Sacksofsky, Ute: Religiöse Freiheit als Gefahr?, in: VVDStRL 68 (2009), S. 9-46.

Şahinöz, Cemil: Der deutsche Islam, 3. Aufl. 2020.

Schatzschneider, Wolfgang: Informationshandeln im Bundestaat, in: NJW 1991, S. 3202-3203.

Schenke, Wolf-Rüdiger: Polizei- und Ordnungsrecht, 11. Aufl. 2021.

Schoch, Friedrich: Grundrechtsfähigkeit juristischer Personen, in: Jura 2001, S. 201-207.

Schoch, Friedrich: Die Grundrechtsdogmatik vor den Herausforderungen einer multikonfessionellen Gesellschaft, in: Joachim Bohnert/Christof Gramm/Urs Kinderhäuser/Joachim Lege/Alfred Rinken/Gerhard Robbers (Hrsg.), Festschrift für Alexander Hollerbach, 2001, S. 149-169.

Seifert, Wolfgang: Geschlossene Grenzen – offene Gesellschaften? Migrations- und Integrationsprozesse in westlichen Industrienationen, 2000.

Schachtschneider, Karl Albrecht: Grenzen der Religionsfreiheit am Beispiel des Islam, 2. Aufl. 2011.

Scherzberg, Anro/Mayer, Matthias: Die Zulässigkeit der Verfassungsbeschwerde (Teil 1), in: Jura 2004, S. 373-379.

Scherzberg, Anro/Mayer, Matthias: Die Zulässigkeit der Verfassungsbeschwerde (Teil 2), in: Jura 2004, S. 513-518.

Schirrmacher, Christine: Islam, in: Berthold Budde/Christine Laue-Bothen (Hrsg.): Harenberg Lexikon der Religionen: Die Religionen und Glaubensgemeinschaften der Welt: Ihre Bedeutung in Alltag, Geschichte und Gesellschaft, 2002.

Schirrmacher, Christine/Spuler-Stegemann, Ursula: Frauen und die Scharia: Die Menschenrechte im Islam, 2004.

Schirrmacher, Christine: Friedensrichter, Streitschlichter, Schariagerichtshöfe: Ist die Rolle der Vermittler auf den säkularen Rechtsstaat übertragbar?, in: Rechtspolitisches Forum 62 (2013).

Schladebach, Marcus: Staatszielbestimmungen im Verfassungsrecht, in: JuS 2018, S. 118-122.

Schlaich, Klaus(Begr.)/*Korioth, Stefan*: Das Bundesverfassungsgericht, 11. Aufl. 2018.

Schmid, Jens: NomosKommentar Religiöse Kindererziehungs-Gesetz, 2012.

Schmidt, Tanja: Gender und Genderregime, in: Forschungsverbund Sozioökonomische Berichterstattung (Hrsg.), Berichterstattung zur sozio-ökonomischen Entwicklung in Deutschland – Teilhabe im Umbruch. Zweiter Bericht, 2012, S. 89-110.

Schmitt, Sabine: Der Arbeiterinnenschutz im Deutschen Kaiserreich, 1995.

Schnitzler, Klaus (Hrsg.): Münchener Anwaltshandbuch Familienrecht, 5. Aufl. 2020.

Scholz, Harald (Begr.)/Stein, Rolf (Hrsg.): Praxishandbuch Familienrecht (Stand: 39. Ergänzungslieferung September 2020).

Scholz, Peter: Scharia in Tradition und Moderne – Eine Einführung in das islamische Recht, in: Jura 2001, S. 525-534.

Scholz, Peter: Islam-rechtliche Eheschließung und deutscher ordre public, in: StAZ 2002, S. 321-334.

Scholz, Peter: Ein überschätztes Problem: Zum Spannungsverhältnis zwischen Staat und Islam in der deutschen Justiz am Beispiel des sogenannten Friedensrichters, in: Betrifft JUSTIZ 108 (2011), S. 168-169.

Schönke, Adolf (Begr.)/Schröder, Horst: Kommentar zum Strafgesetzbuch, 30. Aufl. 2019.

Schreier, Michael: Das Allgemeine Gleichbehandlungsgesetz – wirklich ein Eingriff in die Vertragsfreiheit?, in: KJ 2007, S. 278-286.

Schulz, Werner/Hauß, Jörn (Hrsg.): Handkommentar Familienrecht, 3. Aufl. 2018.

Schulze, Reiner/Dörner, Heinrich u.a. (Hrsg.): Handkommentar Bürgerliches Gesetzbuch, 10. Aufl. 2019.

Schulze, Reiner/Jannsen, André/Kadelbach, Stefan (Hrsg.): Europarecht. Handbuch für die deutsche Rechtspraxis, 4. Aufl. 2020.

Schweizer, Kerstin: Der Gleichberechtigungssatz – neue Form, alter Inhalt?: Untersuchung zu Gehalt und Bedeutung des neugefassten Art. 3 Abs. 2 GG unter Einbeziehung Europäischen Gemeinschaftsrechts, 1998.

Schwöbel, Christoph: Christlicher Glaube im Pluralismus: Studien zu einer Theologie der Kultur, 2003.

Sickor, Jens Andreas: Das Geständnis: Rechtsnatur und Bedeutung im reformierten Strafverfahren, 2014.

Simsek, Nazan: Recht ... Herzlich Willkommen, in: Im Fokus: Paralleljustiz – Sprengstoff für den Rechtsstaat, Politische Studien 469 (2016), S. 42-47.

Slupik, Vera: Die Entscheidung des Grundgesetzes für Parität im Geschlechterverhältnis: Zur Bedeutung von Art. 3 Abs. 2 und 3 GG in Recht und Wirklichkeit, 1988.

Smets, Christoph: Die Stadionverbotsentscheidung des BVerfG und die Umwälzung der Grundrechtssicherung auf Private, in: NVwZ 2019, S. 34-38.

Spuler-Stegemann, Ursula: Muslime in Deutschland: Informationen und Klärungen, 2002.

Stadler, Astrid: Außergerichtliche obligatorische Streitschlichtung – Chance oder Illusion?, in: NJW 1998, S. 2479-2487.

Statistisches Bundesamt/Wissenschaftszentrum Berlin für Sozialforschung (Hrsg.): Datenreport 2018. Ein Sozialbericht für die Bundesrepublik Deutschland, 2008, abrufbar unter: https://www.wzb.eu/system/files/docs/sv/iuk/dr2018_bf_pdf_ganzes_buch.pdf (1.10.2023).

Staudinger, Julius von (Begr.): Kommentar zum Bürgerlichen Gesetzbuch, 111 Bände; Bd. §§ 1297-1352: 2018.

Steinbach, Udo: Der Islam – Religion ohne Kirche, in: Heidrun Abromeit/Göttrik Wewer, (Hrsg.), Die Kirchen und die Politik, S. 109-122.

Stern, Klaus/Becker, Florian (Hrsg.): Grundrechte-Kommentar, 3. Aufl. 2019.

Stern, Klaus: Das Staatsrecht der Bundesrepublik Deutschland, 5 Bände; Bd. III/1: 1988; Bd. IV/2: 2011.

Stern, Klaus/Sachs, Michael (Hrsg.): Kommentar zur Europäische Grundrechte-Charta, 2016.

Stieber, Kea-Sophie: Paralleljustiz – Ein Fall für Deutschland, in: Im Fokus: Paralleljustiz – Sprengstoff für den Rechtsstaat, Politische Studien 469 (2016), S. 12-15.

Stoldt, Till-Reimer: Der Kampf gegen die Paralleljustiz, in: Die Welt online, 16.6.2018, abrufbar unter: https://www.welt.de/regionales/nrw/article177638534/NRW-Justizminister-Peter-Biesenbachs-Kampf-gegen-die-Paralleljustiz.html (1.10.2023).

Stosch, Klaus von/Schmitz, Sabine/Hofmann, Michael: Einleitung, in: Klaus von Stosch/Sabine Schmitz/Michael Hofmann (Hrsg.), Kultur und Religionen: Eine interdisziplinäre Bestandsaufnahme, 2016, S. 7-12.

Stumpf, Christoph A.: Alternative Streitbeilegung im Verwaltungsrecht: Schiedsgerichtsbarkeit – Schiedsgutachten – Mediation – Schlichtung, 2006.

Uhle, Anrd: Staat – Kirche – Kultur, 2004.

Ungern-Sternberg, Antje von: Religionsfreiheit in Europa: Die Freiheit individueller Religionsausübung in Großbritannien, Frankreich und Deutschland – ein Vergleich, 2009.

Unruh, Peter: Der Verfassungsbegriff des Grundgesetzes: eine verfassungstheoretische Rekonstruktion, 2002.

Stürner, Rolf: Formen der konsensualen Prozessbeendigung in den europäischen Zivilprozessrechten, in: Stephan Breidenbach u.a. (Hrsg.), Konsensuale Streitbeilegung. Akademisches Symposium zu Ehren von Peter F. Schlosser aus Anlass seines 65. Geburtstages, 2001, S. 5-29.

Tillmanns, Reiner: Die Erteilung von Ausnahmegenehmigungen zum betäubungslosen Schlachten nach § 4a Abs. 2 Nr. 2 TierSchG, in: NuR 2002, S. 578-592.

Porsche-Ludwig, Markus: Wie parallel ist die „Paralleljustiz"?: Rechtliche und politische Vermessungen, in: Recht und Politik 52 (2016), S. 218-228.

Qubaja, Ulrike: Fallstudie von Ulrike Qubaja: Ein Ṣulḥ-Verfahren nach einem tödlichen Unfall in der Region Hebron – Wahlmöglichkeiten und Normen im Kontext von rechtlichem Pluralismus, in: GAIR-Mitteilungen 6 (2014), S. 207-226.

Uerpmann-Wittzack, Robert: Gleiche Freiheit im Verhältnis zwischen Privaten: Artikel 3 Abs. 3 GG als unterschätzte Verfassungsnorm, in: ZaöRV 2008, S. 359-370.

Voßkuhle, Andreas/Kaiser, Anna-Bettina: Grundwissen – Öffentliches Recht: Funktionen der Grundrechte, in: JuS 2001, S. 411-413.

Voßkuhle, Andreas: Grundwissen – Öffentliches Recht: Der Grundsatz der Verhältnismäßigkeit, in: JuS 2007, S. 429-431.

Voßkuhle, Andreas/Wischmeyer, Thomas: Grundwissen – Öffentliches Recht: Das Sozialstaatsprinzip, in: JuS 2015, S. 693-695.

Wagner, Joachim: Richter ohne Gesetz: Islamische Paralleljustiz gefährdet unseren Rechtstaat – Wie Imame in Deutschland die Scharia anwenden, 2. Aufl. 2012.

Wahl, Rainer/Masing, Johannes: Schutz durch Eingriff, in: JZ 1990, S. 533-563.

Walter, Christian: Religionsverfassungsrecht: in vergleichender und internationaler Perspektive, 2006.

Weber, Hermann: Die Verleihung der Körperschaftsrechte an Religionsgemeinschaften. Grundsätzliche und aktuelle Probleme, in: ZevKR 34 (1989), S. 337-382.

Weber, Klaus (Hrsg.): Creifelds Rechtswörterbuch, 23. Aufl. 2019.

Wellenhofer, Marina: Die Inhaltskontrolle von Eheverträgen und die gestörte Vertragsparität, in: NZFam 2020, S. 229-233.

Wendl, Philipp (Begr.)/Dose, Hans-Joachim (Hrsg.): Das Unterhaltsrecht in der familienrechtlichen Praxis, 10. Aufl. 2019.

Wienbracke, Mike: Der Verhältnismäßigkeitsgrundsatz, in: ZJS 2013, S. 148-155.

Wichard, J. Christian: Recht und Religion im islamischen Recht, in: Verfassung und Recht in Übersee 1997, S. 533-544.

Wittreck, Fabian: Religionsfreiheit als Rationalisierungsverbot. Anmerkungen aus Anlaß der Schächtentscheidung des Bundesverfassungsgerichts, in: Der Staat 42 (2003), S. 519-555.

Wittreck, Fabian: Paralleljustiz in ethnischen Minderheiten? – Die bundesdeutsche Perspektive, in: Astrid Deixler-Hübner/Martin Schauer (Hrsg.), Migration, Familie und Vermögen, 2014, S. 91-118.

Wittreck, Fabian: Deutsche Justiz und „Friedensrichter". Plädoyer für den säkularen Verfassungsstaat, in: Katja Gelinsky (Hrsg.), Schlichten statt Richten?, 2015, S. 25-34.

Wittreck, Fabian: Dritte Gewalt im Wandel – Veränderte Anforderungen an Legitimität und Effektivität?, in: Veröffentlichungen der Vereinigung der Deutschen Staatsrechtslehrer 74 (2015), S. 115-168.

Worbs, Susanne: „Parallelgesellschaften" von Zuwanderern in Städten?, in: Gesemann, Frank/Roth, Roland (Hrsg.), Lokale Integrationspolitik in der Einwanderungsgesellschaft. Migration und Integration als Herausforderung von Kommunen, 2009, S. 217-233.

World Economic Forum: The Global Gender Gap Report 2020, abrufbar unter: http://www3.weforum.org/docs/WEF_GGGR_2020.pdf (1.10.2023).

Wunn, Ina: Muslimische Gruppierungen in Deutschland: Ein Handbuch, 2007.

Yassari, Nadjma: Die Brautgabe im Familienvermögensrecht: Innerislamischer Rechtsvergleich und Integration in das deutsche Recht, 2014.

Zacharias, Diana: Die sog. Ewigkeitsgarantie des Art. 79 Abs. 3 GG, in: Thiel, Markus (Hrsg.), Wehrhafte Demokratie, 2003, S. 57-97.

Zacharias, Diana: Islamisches Recht und Rechtsverständnis, in: Stefan Muckel (Hrsg.), Der Islam im öffentlichen Recht des säkularen Verfassungsstaates, 2010, S. 43-155.

Zado, Julian: Privatisierung der Justiz: Zur Bedeutung und verfassungsrechtlichen Zulässigkeit von Privatisierungen in Rechtsprechung, Strafvollzug, Zwangsvollstreckung und Handelsregister, 2013.

Zeineddine, Nora: Die Methodik der islamischen Jurisprudenz – Usul al-Fiqh, 2019.

Zuck, Rüdiger: Das Recht der Verfassungsbeschwerde, 5. Aufl. 2017.

Neue Juristische Beiträge

herausgegeben von
Prof. Dr. Klaus-Dieter Drüen (Ludwig-Maximilians-Universität München)
Prof. Dr. Georg Steinberg (Universität Potsdam)
Prof. Dr. Fabian Wittreck (Universität Münster)

Band 148: Kerstin Biroth: **Datenschutzrechtliche Sperrstellung kartellrechtlicher Zugangsansprüche zu Daten** · Zur Frage des Konfliktfeldes Datenschutzrecht – Kartellrecht bei Nutzung menschlicher Information als Wirtschaftsgut
2024 · 302 Seiten · ISBN 978-3-8316-5060-6

Band 147: Mirela Babic: **Das Informationsfreiheitsgesetz und die Justiz**
2024 · 216 Seiten · ISBN 978-3-8316-5022-4

Band 146: Carsten Brodersen: **Die Vereinbarkeit „religiöser Paralleljustiz" mit den Gleichheitssätzen nach Art. 3 GG**
2024 · 210 Seiten · ISBN 978-3-8316-5052-1

Band 145: Johannes von Aulock: **Die Landesverfassung von Mecklenburg (1947)** · Im Spannungsfeld zwischen Weimar und der Sowjetunion
2024 · 326 Seiten · ISBN 978-3-8316-5028-6

Band 144: Christian Becker: **Religiosität von Eidesformeln in deutschen Verfassungen des 19. und 20. Jahrhunderts**
2024 · 192 Seiten · ISBN 978-3-8316-5020-0

Band 143: Christina Doppmeier: **Untersuchung des rechtlichen Spielraums der Landesschiedsstelle nach § 18a Abs. 1 KHG und der gerichtlichen Kontrolle**
2023 · 440 Seiten · ISBN 978-3-8316-5014-9

Band 142: Josephine Schuster: **Der strafrechtliche Schutz rechtlich bemakelter Vermögenspositionen** · Eine Analyse der höchstrichterlichen Rechtsprechung
2023 · 312 Seiten · ISBN 978-3-8316-5002-6

Band 141: Tobias Jürgen Werner List: **Private-Equity-Investments im Gesundheitssektor** · Der grundgesetzliche Schutz von Investoren im System der gesetzlichen Krankenversicherung unter besonderer Berücksichtigung des Vertragszahnarztrechts
2022 · 290 Seiten · ISBN 978-3-8316-4984-6

Band 140: Harasch Yakubi: **Im Spannungsfeld zwischen islamischem Fiqh und freiheitlich-demokratischer Grundordnung** · Eine Untersuchung der Kompatibilitätsfrage im Lichte des Gleichberechtigungsgebots
2023 · 242 Seiten · ISBN 978-3-8316-4964-8

Band 139: Jennifer Grafe: **Zur Strafbarkeit von Konversionsmaßnahmen unter besonderer Berücksichtigung des „Gesetzes zum Schutz vor Konversionsbehandlungen"**
2022 · 236 Seiten · ISBN 978-3-8316-4972-3

Band 138: Franziska Meese: **Psychische Schädigungen des Tatopfers als Körperverletzung gemäß §§ 223, 229 StGB**
2021 · 170 Seiten · ISBN 978-3-8316-4945-7

Band 137: Christian Soll: **Die Strafbarkeit von Wettbewerbsmanipulationen im E-Sport unter besonderer Berücksichtigung des Sportwettbetrugs nach § 265c StGB**
2021 · 200 Seiten · ISBN 978-3-8316-4929-7

Band 136: Beatrix Freiin zu Knyphausen: **Das Hochschulzulassungsrecht auf dem verfassungsrechtlichen Prüfstand**
2021 · 220 Seiten · ISBN 978-3-8316-4913-6

Band 135: Carl Prior: **Die Förderung des Breitbandausbaus im EU-beihilfenrechtlichen Fokus**
2021 · 222 Seiten · ISBN 978-3-8316-4907-5

Band 134: Kai-Klemens Wehlage: **Die Anforderungen an den Sorgfaltsmaßstab von Vorstandsmitgliedern und Aufsichtsratsmitgliedern bei der Einholung externer Beratung**
2021 · 222 Seiten · ISBN 978-3-8316-4899-3

Band 133: Alpercan Öz: **Das Spannungsverhältnis zwischen dem Selbstbestimmungsrecht des Opfers und dem strafrechtlichen Lebensschutz** · Eine Bewertung der höchstrichterlichen Rechtsprechung
2021 · 294 Seiten · ISBN 978-3-8316-4895-5

Band 132: Dominic Reitner: **Die Kenntnis vom Steueranspruch und ihr Nachweis in der Rechtsprechung zu § 370 AO**
2020 · 162 Seiten · ISBN 978-3-8316-4887-0

Band 131: Ramona Seufer: **Fiskalentstrickung als Strukturproblem im Binnenmarkt**
2019 · 254 Seiten · ISBN 978-3-8316-4832-0

Band 130: Anja Lausberg: **Voraussetzungen und Rechtsfolgen der unzulässigen Begünstigung von Betriebsratsmitgliedern**
2019 · 508 Seiten · ISBN 978-3-8316-4805-4

Band 129: Juliane Gröper: **The Mutual Agreement Procedure in International Taxation** · The Need for Procedural and Administrative Rules
2019 · 246 Seiten · ISBN 978-3-8316-4809-2

Band 128: Katharina Schmitt: **Das österreichische ÄsthOpG als Vorbild für Deutschland?** · Eine vergleichende Untersuchung zu rechtlichen Anforderungen an die Durchführung von Schönheitsoperationen und ästhetischen Behandlungen
2019 · 406 Seiten · ISBN 978-3-8316-4802-3

Band 127: Jonathan Möller: **Die Einführung von Volksgesetzgebung in das Grundgesetz mit Blick auf Quoren und Finanzierung**
2019 · 336 Seiten · ISBN 978-3-8316-4793-4

Band 126: Florian Jacobi: **Steuerhinterziehung durch aktives Tun und durch Unterlassen**
2019 · 174 Seiten · ISBN 978-3-8316-4791-0

Erhältlich im Buchhandel oder direkt beim Verlag:
utzverlag GmbH, München
089-277791-00 · info@utzverlag.de

Gesamtverzeichnis mit mehr als 3000 lieferbaren Titeln: www.utzverlag.de